음식이
아닌
음식에
중독되다

초가공
식품

ULTRA-PROCESSED PEOPLE

Copyright ⓒ Christoffer van Tulleken, 2023

All rights reserved.

Korean translation copyright ⓒ 2024 by Woongjin Thinkbig Co., Ltd.
Korean translation rights arranged with Rogers, Coleridge and White Ltd.
through EYA Co.,Ltd.

이 책의 한국어판 저작권은 EYA Co.,Ltd를 통한
Rogers, Coleridge & White Ltd.사와의 독점계약으로 ㈜웅진씽크빅이 소유합니다.
저작권법에 의하여 한국 내에서 보호를 받는 저작물이므로 무단전재 및 무단복제를 금합니다.

음식이
아닌
음식에
중독되다

초가공
식품

ULTRA-PROCESSED PEOPLE

크리스 반 툴레켄
지음

김성훈
옮김

웅진 지식하우스

디나, 리라, 사샤에게 바칩니다.

추천의 글

전공의 시절, 당직실에는 컵라면, 청량음료, 캔 커피, 과자가 잔뜩 쌓여 있었다. 초가공식품으로 끼니를 때우는 습관이 반복되자 몸에 이상한 반응이 오기 시작했다. 계단 오르기가 힘겹게 느껴진 것은 평생 처음이었다. 하루 종일 머리에 구름이 낀 듯했고, 오후가 되면 종아리가 부었다. 성분표를 살피며 저칼로리 음식을 고르려 애썼지만, 허리 벨트는 순식간에 한 칸씩 후퇴했다. 불편함을 참지 못하고 식단을 바꿨다. 팜유와 대두, 밀, 옥수수와 사탕수수를 이리저리 가공한 물건들을 치워버리고, 렌틸콩 통조림과 구운 계란, 맹물을 먹기 시작한 지 몇 달 만에 체형과 체중, 신체 기능이 모두 회복되었다. 컵라면으로 끼니를 때울 때보다 훨씬 배불리 먹어도 살이 찌지 않았다. 먹는 것이 사람의 대사에 얼마나 극적인 변화를 일으키는지 관심을 갖게 된 시점이다. 같은 양의 탄수화물을 먹더라도 혈당을 올리는 방식, 인슐린을 분비하는 방식 등에 따라 식욕, 기초대사량, 체성분이 모두 변할 수 있다는 것이 이후 연구들에서 밝혀졌다. 결국 초가공식품을 끊고 진짜 음식을 먹으면 문제의 씨앗은 사라진다. 그럼에도 많은 사람들이 여전히 초가공식품이 치밀하게 유도한 중독성에서 헤어 나오지 못하며 자극적인 음식을 먹어야 스트레스가 풀린다고 말한다. 초가공식품을 끊어야 스트레스가 준다고 말해도 듣지 않는다. 안 좋은 줄 알면서도 오래도록 지속해온 나쁜 식습관을 어떻게 바꿀 수 있을까?

다행히 여기 우리에게 좋은 가이드가 있다. 의사이면서 의생명과학 연구를 하는 크리스 반 툴레켄의 이 책은 근경과 원경을 넘나들며 초가공식품이 어떻게 사람과 지구에 해를 끼치는지 조망한다. 이제야 조금씩 사람들이 인식을 갖게 된 초가공식품에 대해 이토록 자세히 알려주는 책이 있었던가. 우리가 일상적으로 먹는 음식의 이면에 실제로 무슨 일이 벌어지고 있는가를 알아가는 과정은 놀라움의 연속이었다. 부디, 이 책이 식사의 악순환을 선순환으로 바꾸는 계기가 될 수 있기를 바란다. 이 책을 읽은 이상, 더 이상은 초가공식품의 해악을 모르는 체할 수 없을 것이다.

_**정희원**(서울아산병원 노년내과 교수, 『당신도 느리게 나이 들 수 있습니다』 저자)

평생 식생활이나 영양에 관해서 단 한 권의 책만 읽어야 한다면 이 책을 선택하라. 이 책은 당신의 음식을 먹는 방식뿐만 아니라 음식에 대한 사고방식까지 바꾸어놓을 것이다. 그리고 이 책은 도덕적으로 훈계를 하려 들거나, 독자의 몸 상태를 비난하지도 않으면서 이 모든 것을 해내고 있다. 초가공식품이 장내미생물에게 어떤 영향을 미치는지, 초가공식품을 생산하는 것이 왜 그렇게 많은 이윤을 남기는지, 코코팝을 한 그릇만 먹고 내려놓기가 왜 그리 어려운지, 그리고 건강에 좋다고 광고하는 식품들이 십중팔구 건강에 좋지 않은 이유 등을 알 수 있다. 이 책을 읽고 나니 초가공식품의 모든 측면에 대해 훨씬 잘 이해하게 된 기분이다.

_**비 윌슨**(『식사에 관한 생각』 저자)

크리스 반 툴레켄은 식품이 만들어지는 과정에 대해, 그리고 그것이 우리 건강에 어떤 일을 하고 있는지에 대해 논란을 무릅쓰고 강력하게 조사했다. 이 책 덕분에 초가공식품이라는 단어가 누구나 한 번쯤 들어봤을 용어가 되었다. 이제부터 우리는 식탁에 올리는 것의 정체가 무엇인지 다시 한번 생각해보게 될 것이다.

_《선데이 타임스》

가공 과학 덕분에 기업들이 진짜 식품을 모방해서 만든 제품 속에는 이제 원래 식품의 흔적조차 남지 않게 됐다. 이 책은 어쩌다 그렇게 되었는지, 그리고 오늘날의 세계에서 식사와 관련된 생물학과 심리학에 대해 증거들은 무엇을 보여주고 있는지에 대해 살펴본다. 반 툴레켄은 자신의 과학적 전문성을 활용해 독자들이 쉽게 접근할 수 없는 과학, 데이터, 역사를 살펴볼 수 있도록 최선을 다하고 있으며, 우리가 실제로 무엇을 먹고 있는지에 대해서도 정확히 설명하고 있다.

_《뉴욕 타임스》

설득력 있는 분석과 논평이 어우러진 이 책에서 반 툴레켄은 초가공식품의 인기가 어떻게 어둠의 마케팅과 비뚤어진 과학에서 비롯되고 있는지 보여준다.

_《월스트리트 저널》

알 수 없는 성분이 가득된 음식을 먹는다는 것은 소름 끼치는 일이다.

_《뉴요커》

산업화된 식품 시스템에 대해 파헤치고 있는 매혹적이면서, 무서운 탐구.

_《타임스》

우리가 어쩌다 초가공식품에 중독되었는지에 대해 겁 없이 파헤친 이 책을 읽고 나면 당신은 당장 부엌 찬장으로 달려가 식품 라벨을 확인하게 될 것이다. _**《파이낸셜 타임스》**

정크푸드에 대해 잘 알면서도 먹는 걸 멈출 수 없었다. 하지만 초가공식품에 대해 알게 되는 건 완전히 새로운 경험이다. 어떤 음식은 전혀 음식이 아니다. _**《애틀랜틱》**

건강에 신경 쓰는 사람이라면 누구나 읽어보아야 할 책이다. _**《데일리 메일》**

음식과 건강에 관한 고통스러울 정도로 놀라운 연구. _**《커커스 리뷰》**

통렬한 폭로! 이 격렬한 비판은 우리가 먹는 음식에 대해 두 번 생각하게 만든다.
_**《퍼블리셔스 위클리》**

인류 역사에서 값싸고 쉽게 구할 수 있는 칼로리는 환영받았지만 이 책은 말한다. 저렴함과 풍부함에는 대가가 따른다고. _**《이코노미스트》**

크리스 반 툴레켄은 우리가 먹는 것에 대해 정말로 중요한 혁명과 대화를 시작하고 있다. 정확한 순간에, 정확한 언어로, 독자의 요구를 정확하게 반영하는 책은 어쩌다 한 번, 2년 정도에 한 번, 한 세대에 한 번 정도 나온다. 이 책이 바로 모두가 읽어보아야 할 훌륭한 책이다. 이런 책이 세상을 바꾼다.

_**스티븐 바틀렛**(유튜브 'CEO의 다이어리The Diary of a CEO' 운영자)

지난 10년 동안 인류의 역사는 새로운 변곡점을 맞이했으며, 이제 전 세계적으로 너무 못 먹어서 죽는 사람보다 너무 많이 먹어서 죽는 사람이 더 많아졌다. 이 시대의 긴급한 사안을 다루고 있는 이 매혹적인 책은 초가공식품의 급증에 대해 깊이 탐구해 들어간다.

_**자일스 예오**(유전학자)

우리가 먹고 있는 음식에 대해 법의학적으로 조사해 들어간 이 책은 흥미진진하면서도 두려운 폭로를 담고 있다. 반 툴레켄은 어느 것 하나 빠짐없이 샅샅이 조사해서 영양이라는 가면을 쓰고 우리 앞에 나타나는 초가공식품의 어두운 구석들을 파헤치고 있다. 이 책을 읽고 나면 당신의 밥상은 결코 예전과 같지 않을 것이다! _**마리엘라 프로스트럽**(언론인)

이 흥미진진한 책을 읽고서 나는 즐겨 먹던 도리토스 과자를 당장 끊었다.

_**마리나 하이드**(언론인)

이상한 성분들로 만들어진 초가공식품이라는 식용 가능 물질이 지구에서 제일 부유한 회사에 의해 제조되어, 걱정스럽게도 우리 식단에서 점점 큰 부분을 차지하고 있다. 이 책은 초가공식품에 대한 놀랍고도 매혹적인 폭로다. 크리스 반 툴레켄이 보여준 것처럼 이런 식품은 우리가 아무 생각 없이 쉬지 않고 먹도록 만들어졌을 뿐 아니라, 우리 뇌에 영향을 미쳐 먹는 것을 조절할 능력을 빼앗아간다. 그는 자신을 대상으로 한 실험을 통해, 그리고 엄격하고도 충격적인 수많은 조사를 통해 자신의 주장을 뒷받침하고 있다. 이 책을 읽고 나면 자신이 먹고 있는 것의 정체가 무엇인지, 그것이 어떻게 생산되었는지 의심의 눈길로 바라보게 될 것이다. _**마이클 모슬리**(작가 겸 방송인, 『간헐적 단식법』 저자)

충격적인 내용. 이제 당신은 음식이나 자신의 몸을 예전과 똑같은 시선으로 바라볼 수 없을 것이다.

_**앨리스 로버츠**(『이상한 해부학』 저자)

서문

내가 일했던 연구실은 수요일 오후마다 저널 클럽journal club이라는 행사를 진행했다. '클럽'이라는 단어 덕분에 이 행사가 실제보다 더 재미있게 들린다. 전 세계 연구실에서 시행하고 있는 이 행사는 이렇게 진행된다. 연구실의 구성원 중 한 명이 우리의 연구와 관련이 있다고 생각되는 최신의 과학 문헌을 골라 발표를 한다. 그럼 나머지 사람들이 그 문헌을 철저하게 찢어발기며 분석한다. 만약 논문의 수준이 충분하지 못한 것으로 판명되면 그 논문을 고른 불행한 사람의 마음도 갈기갈기 찢어진다.

그레그 타워스Greg Towers가 운영하는 연구실은 유니버시티칼리지 런던University College London에 자리 잡고 있다. 이 학교는 런던 자연사박물관을 설계한 건축가가 지은 빅토리아 시대 병원을 개조한 건물 안에 있다. 이곳은 쥐가 쉴 새 없이 들락거리고 여기저기 물이 새지만 아름답고 낡은 건물이다. 내가 박사과정을 밟기 위해 2011년에 도착했을 때만 해도 이곳이 세계적인 수준의 분자 바이러스학 연구가 이루어지고 있는 곳이라는 사실이 도저히 믿어지지 않았다.

저널 클럽에서 그레그와 다른 선임 연구원들은 과학이 단순히 규칙이나 사실의 나열이 아니라 활발한 토론임을 내게 가르쳐주었다. 그레그는 그 이전이나 이후로 내가 만나본 그 누구보다도 논문에 실린 데이터포인트를 두고 토론을 벌이는 데 진심이었다. 그는 무엇 하나 검토하지 않고 유야무야 넘기는 법이 없었다. 이것은 더 이상 바랄 것이 없는 최고의 과학 훈련이었다.

그레그의 연구실의 전문 분야는 HIV(에이즈 바이러스) 같은 바이러스와 그 바이러스가 번식을 위해 감염시켜야 할 세포들 사이에 이루어지는 지속적인 경쟁을 연구하는 것이었다. 이 경쟁은 군비경쟁과 비슷하다. 모든 세포는 바이러스의 공격으로부터 자신을 지키는 방어체계를 갖추고 있다. 그리고 모든 바이러스는 이런 방어체계를 극복하기 위한 무기를 갖고 있다. 세포가 더 정교한 방어체계를 진화시키면 바이러스 역시 더 나은 무기를 끊임없이 진화시킨다. 그럼 이것이 다시 더 다양한 세포 방어체계의 진화를 유도한다. 이런 식으로 물고 물리며 끝없이 경쟁이 이어진다.

우리는 대부분 새로운 약물과 백신을 개발한다는 등의 이유로 HIV와 그 사촌 바이러스를 연구했지만, 연구실 안에는 다른 유형의 바이러스를 연구하는 분파가 있었다. 과연 바이러스가 맞나 싶은 바이러스였다. 우리 몸을 구성하고 있는 세포의 DNA 중 거의 절반 정도는 죽은 고대 바이러스 유전자로 이루어져 있다. 오랫동안 쓰레기[junk] DNA로 알려져 있던 이 주제는 과학의 변두리에 남아 있었다. 그러다 2014년 10월에 이 분파의 구성원 중 한 명이 저널 클럽에서 《네이처[Nature]》에 실린 논문 하나를 가져와서 발표했다. 제목에 전문용어가 잔뜩 들어 있는 논문이었다. 「KRAB 아연손가락 유전자 $ZNF_{91/93}$와 SVA/L_1 레트로트랜스포존 사이의 진화적 군비경쟁」.[1]

모임 전에 논문을 잠깐 훑어보았는데 도통 이해가 되지 않았다. 저널 클럽에서 발표되는 논문 열 편 중 대략 일곱 편 정도는 박살이 나고, 두 편 정도는 살아남아 유용하고 새로운 정보를 제공해주며, 한 편 정도는 적나라한 사기극으로 드러난다. 나는 이 논문을 어느 부류에 포함시켜야 할지 알 수 없었다.

모임에서 논문의 데이터를 검토하면서 분위기가 바뀌는 것이 느껴졌다. 사람의 유전체genome 전체에서 발견되는 오래된 죽은 바이러스들이 사실은 죽은 것이 아님을 보여주는 데이터가 나오자 사람들의 자세가 달라졌다. 이 바이러스들은 더 많은 바이러스를 만들 준비가 되어 있는 기능성 유전자를 갖고 있었다. 사람 몸속의 모든 세포들은 잠재적인 바이러스 공장인 셈이다. 하지만 무언가가 이 바이러스 유전자들을 억누르고 있었다. 알고 보니 이 유전자들은 세포 속의 다른 유전자에 의해 억제되고 있었다.

이 논문에 따르면 우리 유전체 속의 한 부분은 다른 부분과 끊임없이 전쟁을 벌이고 있었다.

군비경쟁의 본질에 대해 익히 잘 알고 있는 연구실 사람들 모두 이 주장이 지니는 함축적 의미를 알아보았다. 무릇 경쟁은 바이러스 간의 경쟁이든, 지역 간의 분쟁이든, 스포츠 경기든, 선거 유세든, 초강대국 간의 경쟁이든 반드시 '복잡성'을 만들어낸다. 반란이 일어나면 반드시 대반란 조치가 이루어지고, 첩보 활동은 반드시 두 배, 세 배의 비밀 요원을 동원하는 대첩보 활동을 초래한다. 더욱 정교한 무기의 진화는 더욱 정교한 방어체계의 진화를 이끌어낸다.

사람의 유전체는 DNA의 한 부분이 다른 부분과 전쟁을 벌이면서 일어나는 내부의 군비경쟁 때문에 반드시 가차 없는 복잡성의 증가를 일으킨다. '죽어 있던' 오래된 바이러스가 진화하면, 유전체의 나머지 부분도 그들을 조용히 잠재우기 위해 진화해야 한다. 이런 일이 수천 세대를 거치며 진행되어왔다.

유전체 안의 군비경쟁은 생명의 여명기 이후로 계속되어왔기 때문에 복잡성 그 자체를 이끌어낸 원동력이라 해도 무리가 아닐 것이다. 사람 유전체와 침팬지 유전체 사이의 가장 큰 차이는 단백질을 암호화하는 부분에 있지 않다(이 부분에서는 사람과 침팬지가 96퍼센트 정도 유사하다). 그 차이는 죽어 있는 오래된 바이러스에서 비롯되는 것으로 보인다.[2]

나 자신이 나의 다른 유전자들과 전쟁을 벌이고 있는 오래된 바이러스들의 집합체라는 개념을 이해하는 데 시간은 좀 걸렸지만, 이 논문은 나 자신에 대한 이해를 바꾸어놓았다. 당신이 스스로를 바라보는 방식 역시 바뀔지 모른다. 당신은 단순히 서로 다른 유전자 간에 벌어지는 군비경쟁과 더불어 살아가고 있는 것이 아니라, 그 군비경쟁의 산물이다. 서로 경쟁하는 유전적 요소들이 세운 불안정한 연합체인 셈이다.

이런 연합과 경쟁은 우리 유전자 안에서만 일어나는 것이 아니다. '당신'이 끝나고 '당신이 아닌 것'이 시작되는 경계는 대단히 모호하다. 당신은 당신의 생명을 유지해주는 미생물로 뒤덮여 있다. 간이 당신의 일부인 것처럼 미생물 역시 당신의 일부다. 하지만 당신을 살아있게 해주는 미생물이 몸의 엉뚱한 부위에 있으면 당신을 죽일 수도 있다. 우리 몸은 기계라기보다는 사회에 훨씬 더 가깝다. 이 사회는 영장류 한 마리를 제외하면 나머지는 수십억 마리의 세균, 바이러스, 그리고 다른 형태의 작은 생명체들로 이루어져 있다. 우리 몸은 기묘한 협상을 통해 만들어진 타협과 불완전함으로 가득하다. 군비경쟁은 경계를 모호하게 만든다.

나는 그레그의 연구소에서 6년간 연구하다가 다시 의사의 자리로 되돌아왔지만 군비경쟁과 그것이 만들어내는 복잡성, 그리고 군비경쟁에 의해 모호하게 흐려지는 경계라는 개념은 내가 세상에 대해 생각하는 방식에서 핵심적인 요소로 자리 잡았다. 나는 계속해서 연구를 이어갔지만, 바이러스 연구 대신 편향되거나 사기성이 짙은 과학 연구를 조사하는 쪽으로 방향이 바뀌었다. 이제 나는 식품업계와 그것이 인간의 건강에 미치는 영향에 대해 주로 연구하고 있다. 연구소에서 쌓은 기초 지식이 무척 큰 도움이 된다. 이 책 전반에서 군비경쟁과 그 영향에 대한 이야기가 많이 등장할 것이다.

우선 먹는다는 것은 수십억 년 동안 지속되어온 군비경쟁 속에서 경쟁하는 것을 의미한다. 우리 주변 세상에서 사용할 수 있는 에너지의 양은 상대적으로 고정되어 있다. 그래서 모든 생명체는 그 에너지를 차지하기 위해 다른 생명체들과 경쟁을 벌이고 있다. 결국 생명체에게는 오직 두 가지 목적만 존재한다. 번식하는 것, 그리고 그 번식에 사용할 에너지를 추출하는 것이다.

포식 동물들은 먹잇감을 확보하기 위해 서로 경쟁할 뿐만 아니라, 당연히 먹잇감 그 자체와도 경쟁해야 한다. 먹잇감들은 일반적으로 자신의 고기 속에 들어 있는 에너지를 고스란히 보존하길 원한다. 먹잇감 동물도 먹이가 될 식물을 차지하기 위해 서로 경쟁할 뿐만 아니라 식물 그 자체와도 경쟁한다. 식물은 동물에게 먹히지 않으려고 독소, 가시, 기타 방어체계를 만들어낸다. 식물끼리도 햇살, 물, 토양을 차지하기 위해 서로 경쟁한다. 미생물, 세균, 바이러스, 곰팡이도 생태계 안에서 가능한 한 많은 에너지를 뽑아내기 위해 모든 생명체를 끊임없이 공격하고 있다. 그 누구도 이 군비경쟁에서 오랫동안 앞서 나갈 수는 없다. 늑대는 사슴을 잡아먹기 좋게 적응했지만, 사슴 역시 늑대에게 잡아먹히지 않도록 잘 적응되어 있고, 때로는 사슴이 늑대를 죽이기도 한다.•

그렇다면 우리는 먹는 행위를 통해서 서로 복잡하게 연결되어 있는 군비경쟁에 참여하여 생명체들 사이에 흐르는 에너지를 얻기 위해 경쟁하는 것이다. 모든 군비경쟁과 마찬가지로 이런 경쟁은 복잡성을 낳는다. 따라서 먹는 행위와 관련된 모든 것은 복잡하다.

우리의 미각과 후각, 면역계, 손재주, 치아, 턱 해부학, 시력 등등 사람의 생물학, 생리학, 문화 중에서 에너지의 역사적 필요성에 큰 영향을 받지 않은 경우는 찾아보기 힘들다. 수십억 년의 시간 동안 우리의 몸은 다양한 음식을 이용하는 데 훌륭하게 적응해왔다.

하지만 지난 150년 동안 음식은 더 이상 음식이 아니게 됐다.

우리는 새로운 분자를 이용해서 만든 음식을 먹기 시작했고, 우리의 진화 역사에서 한 번도 접해보지 못한 과정을 이용해서 만든, '음식'이라 부를 수도 없는 물질을 먹기 시작했다. 우리가 섭취하는 칼로리 중에는 변성전분 modified starch, 전화당 invert sugar, 가수분해 분리단백질

• 늑대가 먹잇감에게 죽임을 당한다는 것을 보여주는 중요한 과학 문헌이 나와 있다. 한 분석에서는 늑대의 머리뼈 중 40퍼센트에서 먹잇감 동물에게 부상을 당한 증거가 남아 있었다. 그리고 늑대가 무스, 사향소, 사슴에게 죽임을 당했다는 기록도 잘 남아 있다.[3, 4]

hydrolysed protein isolate, 정제하고 탈색하고 탈취하고 수소를 첨가하고 상호 에스테르화한 종자 기름seed oil을 통해 섭취하는 양이 점점 많아지고 있다. 그리고 합성 유화제, 저칼로리 감미료, 안정제 검stabilizing gum, 습윤제, 향미제, 식용색소, 색안정제, 탄산제, 고화제, 증량제, 반증량제anti-bulking agent 등 우리의 감각이 한 번도 접해보지 못했던 분자들로 이루어진 이상한 혼합물을 만들어내 먹고 있다.

이런 물질들은 19세기 말부터 우리의 식단으로 침투해 들어왔다. 처음에는 속도가 느렸다. 하지만 1950년대 이후로는 침투 속도가 빨라져 현재는 영국과 미국에서 사람들이 먹는 음식의 대다수를 차지하게 됐고, 전 세계 거의 모든 사회에서 중요한 부분을 차지하고 있다.

그리고 우리는 이런 익숙하지 않은 음식 환경에 진입하는 것과 때를 같이해서 나란히 생겨난 새로운 생태계로 진입하게 됐다. 이 생태계 역시 자체적으로 군비경쟁이 일어난다. 그런데 그 군비경쟁은 에너지의 흐름이 아니라 돈의 흐름에서 동력을 얻는다. 이것은 산업식품 생산이라는 새로운 시스템이다. 이 시스템 안에서는 사람이 먹잇감이다. 사람이 이 시스템에 동력을 제공하는 돈의 원천이다. 이 돈을 차지하기 위한 경쟁이 거대한 초국가적 기업에서 수천 개의 소규모 국내 기업에 이르기까지 끝없이 진화하는 기업들로 구성된 생태계에서 일어나면서 복잡성과 혁신을 이끌어낸다. 이들이 우리 주머니에서 돈을 뽑아내기 위해 사용하는 미끼가 바로 초가공식품ultra-processed food이다. 초가공식품은 지난 수십 년 동안 진화의 선택 과정을 통해 자리 잡았다. 이 안에서는 사람들이 제일 많이 구입해서 먹는 제품이 시장에서 오래 살아남는 제품이 된다. 이렇게 시장에서 살아남기 위해 이 식품들은 체중이나 다른 많은 기능을 조절하는 신체 시스템을 전복하도록 진화해왔다.•

초가공식품은 이제 영국과 미국의 평균 식단에서 무려 60퍼센트 정도를 차지한다.[5-7] 내 아이들을 비롯해서 수많은 아동이 대부분의 칼로리를 이런 물질에서 얻고 있다. 초가공식품은 우리의 식품 문화로 자리 잡았으며, 우리 몸을 구성할 때 사용하는 주요 물질이 됐다. 호주, 캐나다, 영국, 미국 사람들에게는 이것이 국가적 식단이다.

초가공식품의 공식적인 과학적 정의는 아주 길지만 간단히 이렇게 요약할 수 있다. 비닐이나 플라스틱으로 포장되어 있고 표준의 가정 주방에서 흔히 볼 수 없는 성분이 한 가지라도 들어 있다면 초가공식품이다. 이 중에는 우리에게 '정크푸드'로 익숙하게 알려진 것이 많지만 유기농 식품, 방목 식품, 윤리적 식품이라는 것들 중에도 초가공식

• 표준 생태계에서는 제일 덜 먹히는 것이 생존하는데, 이 생태계에서는 이상하게 본말이 전도되어 제일 많이 먹히는 것이 생존한다.

품이 많다. 이런 제품은 건강에 좋다거나, 영양이 풍부하다거나, 환경친화적이라거나, 체중 감량에 도움이 된다는 명목으로 팔리기도 한다 (경험적으로 보면 포장지에 건강에 이롭다고 적혀 있는 음식도 대개는 초가공식품이다).

보통 식품을 가공한다고 하면 튀기기, 압출하기, 물에 불리기 등 음식을 물리적으로 처리하는 방식을 떠올린다. 하지만 초가공$^{ultra\text{-}processing}$에는 소비자를 현혹하는 기만적인 마케팅, 사이비 법정 소송, 비밀스러운 로비, 사기성 연구 등 다른 간접적인 과정도 포함되어 있다. 이런 것들이 모두 기업이 소비자의 주머니에서 돈을 뽑아내는 데 핵심적인 역할을 한다.

초가공식품에 대한 공식적인 정의를 처음 이끌어낸 것은 2010년 브라질의 한 연구팀이었지만, 그 후로 초가공식품이 인체에 해를 입히고, 암, 대사질환, 정신질환의 발생률을 높이며, 음식 문화를 망치고, 불평등과 가난, 조기 사망을 불러오고, 지구에도 해를 입힌다는 가설을 뒷받침하는 방대한 데이터가 등장했다. 초가공식품의 생산에 필수적인 식품 시스템과 그 필수 산물인 초가공식품은 생물다양성 감소의 주요 원인이고, 전 세계 탄소 배출에 두 번째로 크게 기여하고 있다. 따라서 초가공식품은 기후 변화, 영양실조, 비만이 서로 꼬리를 물며 상승하게 만드는 역할을 하고 있다. 그중 비만이 가장 활발히 연구됐지만, 입에 올리기는 제일 어렵다. 식품과 체중에 관한 이야기는 아무리 좋은 의도로 말해도 많은 사람들을 기분 나쁘게 만들기 때문이다.*

초가공식품에 관한 많은 증거들이 체중에 미치는 영향을 중심으로 나와 있기 때문에 이 책에서도 체중에 대해 상당히 많이 다루고 있다. 하지만 초가공식품은 체중에 미치는 영향과는 별개로 여러 방식으로 고통을 초래한다. 초가공식품이 심장질환, 뇌졸중, 조기 사망을 일으키는 이유는 단순히 비만을 야기하기 때문이 아니다. 체중과 상관없이 초가공식품 소비량에 따라 그 위험이 커진다. 그런데 초가공식품을 먹는 사람은 체중이 늘지 않아도 치매와 염증성 장질환 위험이 높아지지만, 이런 문제가 생겼다고 환자를 탓하는 경우는 드물다. 반면 비만은 식단 관련 질병 중, 사실은 거의 모든 질병 중에서 유일하게 의사에게 핀잔을 듣는 질병이라는 점에서 독특하다.

비만에 대해 잠시 얘기해보자. 우리는 아직 이것에 대해 논의할 때 어떤 용어를 사용해야 할지 고민 중이다. 비만이라는 단어가 많은 사람에게 불쾌감을 줄 수 있고, 비만을 질병이라 부르면 일종의 낙인이 되어버린다. 많은 사람이 비만을 질병이 아니라 정체성의 일부로 받

- 비만과 관련된 건강 문제 중에는 비만에 대한 낙인에서 직접 비롯된 것이 많다. 연구에 따르면 의사들과 기타 의료인들 사이에 다른 어떤 형태의 신체적 차이보다도 지방과 관련한 부정적인 편견이 뿌리 깊게 자리 잡고 있다. 편견은 비만 치료에 거대한 장벽으로 작용한다.

아들이고 있다. 일부 사람들에게 비만은 그저 존재의 한 가지 방식일 뿐이며, 오히려 비만은 점점 정상적인 삶의 방식으로 자리 잡아가고 있다. 체중이 증가한다고 해서 필연적으로 건강 문제의 위험이 높아지는 것은 아니며, 사실 과체중으로 사는 많은 사람이 '건강 체중'으로 사는 사람보다 사망률이 낮다. 그럼에도 나는 비만이라는 단어를 종종 사용하려고 한다. 그리고 비만에 질병이라는 프레임을 사용할 것이다. 질병이라고 해야 연구와 치료를 위한 자금을 지원받을 수 있고, 때로는 질병이라는 딱지가 오히려 낙인을 줄여주기 때문이다. 질병은 생활 방식이나 선택이 아니니까 말이다. 그리고 질병이라는 단어를 사용하면 당사자가 져야 할 책임의 무게를 덜어주는 효과도 있다.

이것은 중요한 부분이다. 언론 기사든 스스로의 생각이든 체중 증가에 대한 이야기는 비난으로 가득하다. 그리고 그 비난은 항상 불어난 체중을 안고 사는 사람에게 향한다. 그들이 비난받아 마땅하다는 생각이 과학적, 도덕적 검토에서 걸러지지 않고 살아남은 이유는 투명하다 싶을 정도로 단순하다. 의지력이 부족해서 더 움직이고, 덜 먹는 데 실패한 것이라 생각하기 때문이다. 내가 뒤에서 거듭 밝혀 보이겠지만 꼼꼼하게 검토해보면 이런 생각은 근거가 없음을 알 수 있다. 예를 들어 1960년 이후로 미국 국립 보건 설문조사에서 국민들의 체중을 정확히 기록해왔는데, 그 데이터에 따르면 남성과 여성, 그리고 백인, 흑인, 히스패닉 등의 인종에 상관없이 모든 연령에서 1970년대부터 비만이 극적으로 증가했다.[8] 비만이 책임감 부족 때문이라면 모든 인종, 모든 연령, 남녀 모두에서 동시에 개인적 책임감이 붕괴했다는 말인데, 설득력이 없는 얘기다. 당신이 비만이라면 당신의 의지력 부족 때문이 아니다. 그것은 당신의 잘못이 아니다.

사실 스키를 타는 사람이 다리를 부러뜨리고, 미식축구 선수가 무릎을 다치고, 박쥐 과학자가 동굴에서 연구하다가 곰팡이성 폐감염에 걸리는 것에 비하면 체중은 우리의 책임이 훨씬 덜하다. 식생활 관련 질병은 일부 고대 유전자가 과도한 섭취를 이끌어내기 위해 공학적으로 가공한 새로운 식품 생태계와 충돌하면서 생기는 것이다. 현재 우리는 새로운 생태계를 개선할 능력이 없거나, 그럴 의지가 없다.

지난 30년간 정책 입안자, 과학자, 의사, 부모들의 긴밀한 감시 아래서도 비만이 놀라운 속도로 증가했다. 이 시기 동안 영국에서 689가지 다양한 정책을 포함한 14가지 정부 전략이 발표됐지만,[9] 초등학교를 졸업하는 아동의 비만율이 700퍼센트 이상 증가했고, 심각한 비만의 비율은 1,600퍼센트나 증가했다.[10]

초가공식품 섭취율이 제일 높은 국가인 영국과 미국의 아동들은 거의 모든 다른 고소득 서구 국가의 또래 아동보다 체중이 많이 나갈 뿐만 아니라 키도 더 작다.[11, 12] 발육부진은 전 세계에서 비만과 함께 나타나고 있다. 이는 발육부진이 과도한 영양으로 생기는 장애가 아니라 일종의 영양실조임을 시사한다.

아동이 성년기에 도달할 무렵이면 또래 중에서 비만 집단에 합류하는 사람이 워낙 많다 보니 비만을 안고 사는 인구 비율이 3명당 1명꼴로 높아진다. 중증 비만을 안고 사는 성인이 전문가의 도움 없이 건강한 체중을 달성하고 유지할 확률은 1,000분의 1도 안 된다. 따라서 대다수의 사람에게 중증 비만은 약도 수술 방법도 없는 불치병이다. 이제 아동의 4분의 1, 성인의 절반 정도가 과체중이다.[13]

영국 및 다른 거의 모든 국가의 정책들이 비만 문제를 해결하는 데 실패하는 이유는 비만을 상업 유발성 질병commerciogenic disease이라는 틀에서 바라보지 않고 있기 때문이다. 비만은 중독성 물질에 대한 마케팅과 소비로 인해 생기는 질병이다. 마약이나 흡연과 비교하면 다시금 비만에 낙인을 찍게 될 위험이 있지만 신중하게 다루어보겠다. 식생활과 관련된 모든 질병과 마찬가지로 비만에는 초가공식품 말고도 유전적 취약성, 가난, 불공정, 불평등, 정신적 외상, 피로, 스트레스 등 더 깊은 원인이 존재한다. 흡연은 폐암의 가장 큰 원인이고 가난은 흡연의 가장 큰 원인이다. 영국에서는 최빈곤층의 흡연율이 부유층보다 네 배나 높다. 그리고 영국에서 빈곤층과 부유층 사이의 사망률 차이 중 절반은 흡연으로 설명할 수 있다.[14]

담배처럼 초가공식품도 다양한 유해 물질의 집합체고 사람의 건강을 해친다. 이런 방식을 통해 사회적 불공정이 표출되고, 정신적 외상과 가난이 매개되고, 숨어 있었을 유전자들도 발현된다. 가난을 개선하면 폐암과 비만 모두 상당 부분 예방될 것이다. 하지만 이런 부분을 다루려면 한 권의 책이 따로 필요할 듯싶다.

이 책은 우리에게 먹을 것을 제공하는 시스템에 관해 다루면서 우리가 무엇을 먹어야 하는지 말해주는 책이다. 나는 당신에게 다른 구조로 짜인 세상, 모든 사람에게 더 많은 기회와 선택권을 부여하는 세상을 상상해보라고 촉구하고 싶다. 그래서 이 책에는 무언가에 세금을 매기거나, 무언가를 금지하자는 제안은 싣지 않았다. 다만 초가공식품에 관한 정보를 개선하고, 진짜 식품에 대한 접근성을 개선하자는 요구만을 담았다.

이 책은 체중 감량에 관한 책이 아니다. 그 이유는 첫째, 아직 그 누구도 사람들이 안전하고 지속 가능한 방식으로 체중을 감량하는 데 도움이 될 방법을 고안해내지 못했고, 둘째, 나는 당신이 체중을 감량해야 한다는 사실을 인정하지 않기 때문이다. 나는 '올바른' 몸매를 갖고 있지 못하고, 어떤 몸매를 가져야 하는지에 대해서도 별다른 의견이 없다. 나는 당신이 어떤 음식을 먹어야 하는지에 대해서도 별 의견이 없다. 그것은 당신에게 달린 문제다. 나는 항상 건강에 이롭지 못한 선택을 하고 있다. 그것이 위험한 스포츠이든, 정크푸드를 먹는 것이든 말이다. 하지만 나는 선택을 하기 위해서는 우리 모두가 식품이 안고 있는 잠재적 위험에 대해 정확한 정보를 알고 있어야 하고, 본질을 호도하는 공격적인 마케팅에 대한 노출을 줄여야 한다고 생각한다.

따라서 이 책에서는 인생을 어떻게 살아야 하고, 아이에게 무엇을 먹이는 게 좋은지에 대한 조언은 거의 찾아볼 수 없을 것이다. 내가 할 일이 아니기도 하지만, 가장 큰 이유는 조언을 해봐야 무의미하다고 생각하기 때문이다. 우리가 무엇을 먹을지는 자기 주변에서 접하는 음식, 음식의 가격, 그리고 그 음식을 마케팅하는 방식에 의해 결정된다. 이것이 우리가 진실로 바꾸어야 할 부분이다.

하지만 이 책을 읽는 방식에 관해서는 한 가지 제안할 것이 있다. 만약 초가공식품을 끊고 싶은 생각이라면 그러지 말기를 바란다. 계속 먹자.

이유를 설명하겠다. 당신은 스스로 원하지 않았던 실험의 참가자다. 이 실험은 주머니에서 돈을 뽑아내는 데 가장 효과적인 물질이 무엇인지 확인하기 위해 우리를 상대로 항상 새로운 물질을 테스트 중이다. 계란 대신 합성 유화제를 사용하면 어떨까? 유지방 대신 종자기름을 써보면 어떨까? 딸기 대신 딸기 향 성분인 에틸 메틸페닐글리시데이트를 집어넣으면 어떨까? 초가공식품을 구입함으로써 우리는 그런 음식을 계속 진화시키고 있다. 우리가 이 실험에서 위험을 감수하는 대가로 생기는 이득은 초가공식품을 생산하는 회사의 소유자에게 넘어가고, 그로 인해 생기는 결과는 우리 눈에 보이지 않게 숨겨져 있다. 우리 건강에 미치는 영향을 통해서만 확인 가능할 뿐이다.

내가 제안하고 싶은 내용은 이렇다. 이 책을 읽고 있는 동안에는 초가공식품을 먹는 실험을 계속 이어가자. 하지만 이 실험은 당신을 위해 하는 것이지 초가공식품 생산자를 위해 하는 것이 아니다. 초가공식품에 관한 내용은 내가 말해줄 수도 있지만, 초가공식품에 대해 가장 잘 알려줄 수 있는 스승은 초가공식품 그 자체다. 그것을 먹음으로써만 당신은 그런 식품의 진정한 본질을 이해할 수 있다. 나도 직접 실험을 해봐서 아니까 하는 얘기다.

초가공식품의 영향에 대한 연구를 시작하면서 나는 유니버시티칼리지 런던병원의 동료들과 협력했다. 이 연구에서 첫 환자는 나였다. 나에게서 얻은 데이터를 바탕으로 더 큰 규모로 연구를 진행하는 데 필요한 자금을 확보하자는 생각이었다(현재 그 대규모 연구를 진행 중이다). 아이디어는 간단했다. 한 달 동안 초가공식품을 끊었다가 체중을 재고, 측정할 수 있는 모든 신체 관련 수치를 측정한다. 그리고 다음 한 달 동안 칼로리의 80퍼센트를 초가공식품에서 얻는 식단으로 생활한다. 이것은 영국과 미국 사람들 다섯 명 중 한 명 정도가 먹고 있는 식단이다.

두 번째 달에는 일부러 과식하는 일 없이 평소처럼 어느 때든 먹고 싶을 때, 손에 잡히는 것은 아무것이나 먹었다. 그렇게 먹으면서 나는 식품, 영양, 식사, 초가공에 관해 학계, 농업 분야, 그리고 제일 중요한 식품업계의 세계적 전문가들과 이야기를 나눴다.

평소에 먹고 싶어도 먹으면 안 된다고 거부하던 음식을 먹고 있었으니 초가공식품 식단이 즐거웠어야 했다. 하지만 이상한 일이 벌어졌다. 전문가들과 이야기를 나눌수록 그런 음식에 대한 혐오감이 커진 것이다. 나는 앨런 카Allen Carr의 베스트셀러『스탑 스모킹The Easy Way to Stop Smoking』(한언, 2002)이 떠올랐다. 이 책은 실제로 연구가 진행된 바 있고, 책에서 권장하는 개입 방식이 꽤 효과가 좋았다는 점에서 독특한 자기계발 서적이다. 이 책의 기본 아이디어는 흡연이 얼마나 나쁜 것인지에 관한 글을 읽으면서 계속 흡연을 하는 것이다. 그러다 보면 결국 담배가 역겹게 느껴지기 시작한다.

그러니 모두 내려놓고 초가공식품의 공포를 온전히 경험해보자. 그렇다고 폭식이나 과식을 하라는 것은 아니다. 그냥 초가공식품에 대한 저항을 멈추라는 것이다. 나는 4주 동안 그렇게 했다. 만약 당신도 시도해봐야겠다는 생각이 든다면 이 책을 완독할 때까지 해보기 바란다. 당신에게 이런 행동을 권하는 것이 윤리적으로 과연 옳은 일인가 하는 의문이 들 수도 있지만 나는 사실 별로 불편한 마음이 들지 않는다. 첫째, 당신은 이미 하루 종일 초가공식품을 권하는 환경에 둘러싸여 있다. 둘째, 당신이 일반적인 경우에 해당한다면 이미 칼로리의 60퍼센트 정도를 초가공식품으로부터 얻고 있을 것이므로 한 달 동안 그 비율을 80퍼센트로 올린다고 해서 큰 차이는 없을 것이다.

이 책을 읽는 동안에는 당신이 먹는 음식 포장지 뒷면에 적혀 있는 성분 목록도 함께 읽어봤으면 좋겠다. 그 목록에는 이 책에서 일일이 열거할 수 없을 정도로 많은 물질이 들어 있을 것이다. 하지만 이 책의 끝에 가서는, 마케팅 전략에서부터 먹고 난 후에도 이상하게 포만감이 느껴지지 않는 이유에 이르기까지 그 모든 것이 당신의 건강을 해치고 있다는 사실을 이해했으면 좋겠다. 그리고 나이를 먹어서, 아이를 낳아서, 업무 스트레스 때문에 생겼다고 생각했던 인생의 많은 문제들이 사실은 당신이 먹는 음식 때문에 생겼음을 이해하게 될 수도 있다.

이 책을 읽은 모두가 기이함과 역겨움을 느끼고 초가공식품 먹기를 중단할 거라고 장담하지는 못하겠다. 하지만 분명 몇몇의 독자는 자신이 먹는 것들에 혐오감을 느끼고 초가공식품을 포기하게 될 것이다. 이 책에는 초가공식품을 먹지 않으면 몸과 뇌에 좋은 변화가 나타난다는, 그리고 지구에도 좋은 영향을 끼친다는 여러 가지 증거를 소개하고 있다. 나와 팟캐스트를 함께했던 사람들과 이 책을 만드는 데 참여했던 많은 사람들이 초가공식품을 더 이상 먹지 않기로 선택했고, 긍정적인 변화를 느꼈다. 여러분에게도 이런 변화가 찾아올지 궁금하다.

Contents

추천의 글 006
서문 010

Part 1　초가공식품, 음식이 아닌 음식

Chapter 1　녹지 않는 아이스크림　035
Chapter 2　초코 맛 시리얼은 공학의 놀라운 승리다　057
Chapter 3　초가공식품은 어떻게 건강을 망치는가　089
Chapter 4　궁극의 초가공식품, 석탄 버터　112

Part 2　먹는 행위를 둘러싼 오해와 진실

Chapter 5　우리는 먹기 위해 어떻게 진화했는가　127
Chapter 6　자기 조절 능력이 위태로워진 이유　157
Chapter 7　당분은 너무 많은 비난을 받고 있다　169
Chapter 8　당신의 의지력 문제가 아니다　188
Chapter 9　식품 늪에 빠진 가난한 아이들　209
Chapter 10　어떤 음식은 당신의 뇌를 해킹한다　228

Part 3 우리의 몸과 뇌는 어떻게 망가지는가

Chapter 11　초가공식품은 미리 씹어서 나온다　257
Chapter 12　초가공식품은 수상쩍은 냄새가 난다　270
Chapter 13　초가공식품은 맛이 이상하다　288
Chapter 14　식품첨가물의 세계　309

Part 4 위태로운 식탁

Chapter 15　규제의 사각지대　331
Chapter 16　전통 식단의 종말　347
Chapter 17　프링글스의 진짜 가격　366

Part 5 우리가 할 수 있는 것

Chapter 18　어떻게 과잉 섭취를 유도하는가　395
Chapter 19　정부에 무엇을 요구할 수 있는가　418
Chapter 20　달라지고 싶다면 해야 할 일　439

출간 후일담 442 | 자주 받는 질문들 471 | 감사의 말 479 | 참고 문헌 497

초가공식품

Part 1
초가공식품,
음식이 아닌 음식

Chapter 1

|||||||||||||||||||||||||||||||

녹지 않는
아이스크림

내가 초가공식품 80퍼센트 식단을 시작한 첫 주에는 잠시 여름 같은 가을이 찾아왔다. 우리는 공원으로 향하면서 가족 모두가 먹을 아이스크림을 샀다. 내 아내 디나Dinah는 프리즈 팝Freeze Pop을 샀다. 스위즐Swizzels이라는 브랜드에서 밝은 파란색의 액체를 튜브에 넣고 얼려서 만든 제품이었다. 나는 월스Wall's에서 나온 트위스터Twister를 샀다. 우리 세 살배기 리라는 해크니 젤라토Hackney Gelato라는 브랜드에서 나온 피스타치오 아이스크림을 골랐다. 그리고 한 살배기 여동생 사샤는 다른 가족들의 아이스크림을 핥아 먹었다.

리라가 친구 두 명을 만나 아이스크림을 들고 내리쬐는 햇빛 아래 앉아 세 살 아이들이 할 만한 대화를 나누다가 그네를 타러 갔다. 리라는 아이스크림 통을 내게 건네주고 달려갔다. 거의 손을 대지 않은 초록색의 피스타치오 아이스크림 덩어리가 완벽한 원형으로 반짝이고 있었다. 그런데 잠시 후 이상하다는 생각이 들었다. 어떻게 아직도 원형을 유지하고 있지? 통 바깥 면은 손을 대면 따듯하게 느껴질 정도였다. 어째서 아이스크림이 녹지 않았을까?

한 숟가락 떠서 먹어보았다. 입안에서 미지근한 젤리 같은 폼^{foam}(미세한 거품 방울이 모여 형성된 물질로 면도용 거품 크림, 소화기 거품 등이 그런 예다—옮긴이)이 느껴졌다. 무언가가 아이스크림이 녹지 않게 막고 있었다.

온라인으로 성분 목록을 찾아보았다. '신선한 우유, 설탕, 피스타치오 반죽(브론테 피스타치오 4퍼센트, 아몬드 2퍼센트, 설탕, 대두단백, 대두 레시틴, 코코넛유, 해바라기유, 엽록소, 레몬 등의 천연 향미료), 덱스트로스, 신선한 더블 크림, 포도당, 탈지분유 분말, 안정제(로커스트콩검, 구아검, 카라지난), 유화제(지방산의 모노글리세라이드와 디글리세라이드), 말돈 소금.'

안정제, 유화제, 검, 레시틴, 포도당, 몇 가지 다른 오일… 이런 것들은 초가공식품에서 전형적으로 등장하는 성분이다. 초가공식품의 정의를 보면 첨가물을 첨가하는 것 이상의 큰 의미를 담고 있지만(이 정의는 꽤 길다. 이것에 대해서는 다음 장에서 제대로 다루겠다), 일단 부엌에 구비되어 있지 않은 성분의 존재는 그 음식이 초가공식품임을 말해주는 한 가지 지표라는 점을 기억하자. 뒤에서 살펴보겠지만 가공의 다른 측면들도 인체에 미치는 영향에 있어서는 첨가물 이상은 아닐지언정 그만큼이나 중요하다.

그리고 이런 유형의 성분들을 해크니 젤라토에서만 사용하는 것도 아니다. 당신이 가게에서 구입하는 아이스크림에는 거의 보편적으로 이런 성분들이 들어 있다. 하지만 가정의 주방에서는 이런 성분들을 찾아볼 수 없다. 제조사의 관점에서 이 모든 재료들이 대체 왜 필요한 것인지 정확히 이해되지 않았다. 재료를 줄일수록 만들기도 간단하고 비용도 저렴해지는 것 아닌가?

  초가공식품을 왜 이런 식으로 만드는지, 그리고 왜 초가공식품이 그렇게 널리 퍼져 있는지 이해하려고, 나는 폴 하트^{Paul Hart}와의 만남을 마련했다. 폴은 식품업계의 내부자다. 그는 학교를 졸업하고 곧장 유니레버^{Unilever}에 견습생으로 들어가 20년 동안 그곳에서 일했다. 처음에는 생화학자로 훈련을 받았고 그다음에는 식품 생산 시스템의 설계를 맡았다. 초가공식품과 그것을 만드는 산업에 대해 그가 모르는 것은 거의 없다고 보면 된다. 그리고 그는 독창적인 사람이다. "나는 거대 식품 회사에서 일했어요. 어릴 때 시작해서 이 나이까지. 이제는 너무 늙어서 젊게 죽기는 글렀지!"

  폴은 긴 생각을 축약해서 짧은 문장으로 내뱉고는 했다. 마치 뇌가 입으로 내뱉을 수 있는 것보다 더 빠른 속도로 작동하고 있어서 모든 것을 최소의 단어로 축약해야만 하는 것 같다(그래도 여전히 말이 많지만). 폴에게 질문을 던지면 고압으로 눌려 있던 병마개를 딴 것처럼 대답이 터져 나온다. 대화를 좀 할 수 있겠느냐고 묻는 메일을 보냈더니, 그가 다섯 페이지짜리 브리핑 정보를 보내주었다.

  나는 런던 펜턴빌 로드에 있는 맥도날드에서 폴과 그의 아내 샤론^{Sharon}을 만났다. 그는 프랑크푸르트에서 개최된 식품 재료 유럽 무역 박람회^{Food Ingredients Europe trade show}에 참가했다가 막 돌아온 상태였다. 그가 내가 들어보지도 못했던 식품 재료 회사에서 나눠준 온갖 책자들을 한 보따리 꺼내서 끈적거리는 플라스틱 테이블 위에 펼쳤다. "A 전시관. 세상에 여기는 정말 끔찍해요. 맙소사! 이 요구르트 사진을 보세요."

폴이 프리바이오틱스^{prebiotics}, 프로바이오틱스^{probiotics}, 오메가-3에 대한 온갖 문구가 가득 담긴 라벨을 보여주며 요구르트는 이런 식품 재료에 대한 주장을 펼치기 위해 사용하는 매개체에 불과하다고 설명했다. "첨가물이 잔뜩 들어 있는 이 요구르트를 먹으면 우리 식생활에서 부족한 무언가를 채울 수 있다는 말로 소비자를 현혹하는 거죠."

폴과의 대화는 재미있었지만 모호해서 이해하기 어려울 때도 있었다. 하지만 요구르트 얘기를 통해 리라의 아이스크림이 녹지 않았던 이유로 자연스럽게 넘어갈 수 있을 것 같았다. "크리스, 아이스크림을 예로 들면 초가공식품에 관한 거의 모든 것을 설명할 수 있어요." 그가 말했다.

아주 이상적으로 느껴졌다. 우리는 맥도날드를 나와서 샤론과 폴이 가야 하는 기차역을 향해 리젠트 운하를 따라 걸어갔다. 두 사람은 결혼한 지 40년이 됐고, 함께 보내는 시간을 참 즐거워한다. 이들은 서로의 아이디어에 여전히 관심이 많다. 샤론은 은퇴한 간호사이고 내가 헷갈려 하는 부분이 있으면 차근차근 설명해주었다. 아이스크림이라는 주제로 들어가기에는 더할 나위 없이 완벽한 상황이었다…. 그런데 폴이 자신이 참가했던 토르티야 학회에 관해 이야기를 시작했다. "한 회사에서 농담으로 자기네 제품은 사실상 방부 처리를 해서 유통기한이 몇 년이나 늘어났다고 자랑하더군요." 그가 말했다. 나도 모르게 경악하는 표정을 지었나 보다. 그가 재빨리 이렇게 말한 것을 보면 말이다. "모두들 즐거워했어요!"

우리는 빠르게 달리는 자전거를 피하며 운하를 따라 걸었다. 눈부신 햇살 덕에 다시 아이스크림 얘기로 돌아갈 기회가 생겼다. 내가 샤론과 폴에게 지역 랜드마크를 소개하며 런던을 안내해주는 동안 폴은 아이스크림에 대해 안내해주었다. 나는 우리 동네 테스코Tesco(영국의 대형 유통업체. 식료품 및 잡화 등의 소매 유통업을 주로 한다—옮긴이)에서 아이스크림들을 살펴본 적이 있는데, 거의 모든 아이스크림에 잔탄검, 구아검, 유화제, 글리세린이 들어 있었다. 폴이 그 이유를 설명할 수 있을까? "결국 가격과 비용의 문제예요. 그런 성분을 넣으면 돈을 아낄 수 있거든요."

이것은 영국의 소비자에게는 중요한 일이다. 그들은 현재의 생활비 위기가 닥치기 전이었던 2017년에도 가계 예산에서 식료품에 겨우 8퍼센트만을 지출했다. 이는 6퍼센트를 소비하는 미국을 제외한 거의 모든 다른 국가보다도 낮은 수치다. 이웃인 독일, 노르웨이, 프랑스, 이탈리아 등은 모두 가계 예산의 11·14퍼센트를 식료품에 쓰고, 저소득 국가의 경우 60퍼센트 이상을 지출한다.[1, 2]

영국을 비롯한 많은 국가에서는 주택, 연료, 교통에 들어가는 비용이 놀라울 정도로 비싸기 때문에 식료품 예산을 졸라맬 수밖에 없다. 부자들에게는 이것이 문제가 되지 않는다. 하지만 식료품재단Food Foundation의 분석에 따르면[3] 제일 가난한 50퍼센트 가정의 경우 국가에서 제시한 건강 식사 지침을 고수하며 식생활을 유지하려면 가처분소득 중 거의 30퍼센트를 식료품에 지출해야 한다. 소득 측면에서 제일 가난한 10퍼센트 가정이라면 거의 75퍼센트를 지출해야 한다. 일반적으로 초가공식품은 집에서 해 먹는 음식보다 저렴하고, 신속하게 먹을 수 있으며, 영양 측면에서도 더 풍부하지는 못하더라도 뒤떨어지지는 않는 것으로 추정된다. 낮은 임금과 시간 부족, 그리고 맛있는 음식에 대한 기대감이 복합적으로 작용하여 우리 식생활에서 초가공식품의 비율을 높이는 데 기여하는 것으로 보인다. 어쩌면 비슷한 다른 고소득 국가보다 경제적 불평등이 더 심한 영국과 미국 같은 국가에서 사람들이 초가공식품을 더 많이 찾는 것은 당연한 일인지도 모른다.

어쨌거나 폴은 유화제나 검 같은 성분이 초가공식품을 만들고 비용을 낮추는 데 어떻게 도움이 되는지 설명해주었다. 우선, 이런 성분은 아이스크림이 따뜻한 온도에서 견딜 수 있게 해준다. 덕분에 아이스크림을 여기저기로 운반하기가 쉬워진다. 공장에서 트럭으로, 트럭에서 슈퍼마켓으로, 슈퍼마켓에서 한 가정의 냉장고에 이르기까지 아이스크림은 섭씨 영하 18도에서 영하 5도 사이를 여러 번 왔다 갔다 한다. 검, 글리세린, 유화제는 모두 물을 가까이 붙잡아두어 얼음 결정이 형성되는 것을 막는다. 그래서 아이스크림을 한 공장에서 대량으로 생산한 다음 전국 곳곳으로 운송하는 것이 가능해진다. 덕분에 운송의 각 단계에서 조금은 덜 서둘러 옮겨도 되고, 아주 낮은 온도를 유지해야 할 필요도 줄어든다. 폴이 말했다. "소비자들은 날카로운 얼음 조각이 아니라 크림 같은 느낌을 좋아합니다!" 중앙집중식 제조는 또한 회사가 전국의 소매업체와 가격 협상을 할 수 있게 해준다. 이 역시 비용을 절감해준다.

유니레버에서 폴이 처음으로 맡은 일은 아이스크림 개발 연구실 근무였다. 그는 그 연구실의 야심이 얼마나 컸는지 설명했다. 그들의 목적은 실온에서도 안정적으로 유지되는 폼 덩어리를 만들어 전 세계로 유통하고, 현장에서 얼려서 판매하는 것이었다. 이것이 가능해지면 막대한 비용을 절감할 수 있을 것이다. 사실 내가 공원에서 발견했던 것처럼 많은 아이스크림이 이런 목표에 가까워졌다. 폴이 말했다. "딱 한 가지 문제가 남아 있습니다. 균이죠. 균은 아이스크림을 좋아해요. 그래서 아직도 얼려서 유통해야 하는 겁니다."

폴이 장인 정신이 깃든 브랜드인 크림 오 갤러웨이Cream o' Galloway를 예로 들었다. 여기서 파는 바닐라 아이스크림은 우유, 크림, 설탕, 탈지분유 분말, 계란 노른자, 바닐라 에센스 등 거의 집에서 사용할 만한 성분으로 만들어진 것 같다. 좋은 일이다. 하지만 그 결과 이 아이스크림은 전국적으로 팔리지 못한다. 운송 과정을 버티기 힘들기 때문이다. 이런 재료를 선택한 결과는 가격에도 반영되어 있다. 크림 오 갤러웨이의 바닐라 아이스크림 가격은 500밀리리터에 3.6파운드(한화 약 6,350원)다. 이 정도면 테스코 독점으로 2리터에 1파운드인 미즈 몰리스Ms Molly's 바닐라 아이스크림보다 열네 배 정도 비싼 가격이다. 당연히 미즈 몰리스에서는 아주 다른 재료를 사용한다. 환원 탈지분유 농축액, 부분환원 유청가루(우유), 포도당 시럽, 설탕, 덱스트로스, 팜스테아린, 팜유, 팜핵유, 유화제(지방산의 모노글리세라이드와 디글리세라이드), 안정제(구아검, 알긴산나트륨), 향미료, 식용색소(카로틴) 등.

폴에 따르면 이런 재료들이 비용을 절감해주는 또 하나의 이유는 팜스테아린, 팜핵유, 환원유, 유화제 등 그중 상당수가 우유, 크림, 계란같이 현실의 값비싼 재료들을 그냥 흉내만 내주기 때문이라고 한다.* 이런 종류의 분자 대체가 모든 초가공식품의 핵심이다. 전통적인 음식(사실 그냥 '음식'이라고 부르는 것이 더 적절하다)에서 맛과 질감, 칼로리를 제공하는 분자는 크게 지방, 단백질, 탄수화물, 이렇게 세 가지 범주로 나뉜다.

전통적인 아이스크림은 얼음 결정, 액체 상태의 물(물에 녹은 설탕이 들어 있어서 액체 상태를 유지), 우유 단백질, 우유 지방 방울이 모두 기포에 둘러싸여 있는 복잡한 배열을 통해 질감이 만들어진다. 이것은 보통 내부 공간의 50퍼센트 정도가 공기로 채워져 있는 폼이다. 차가운 상태에서도 지나치게 딱딱해지지 않는 이유이자, 집에서 만들기가 쉽지 않은 이유다. 아이스크림을 얼리는 동안에 계속해서 저어줘야 이런 상태를 만들 수 있기 때문이다.**

모든 초가공식품과 마찬가지로 이런 초가공 아이스크림의 비밀 역시 지방, 단백질, 탄수화물이라는 세 가지 필수 분자의 가장 저렴한 버전을 이용해 만들어진다는 것이다.

가끔은 젤리나 렌틸폼 크리스프$^{lentil\text{-}foam\ crisps}$와 같이 완전히 새로운 제품이나 질감이 만들어지기도 하지만 보통 초가공식품의 목표는 사

• 식료품 제조사가 인건비, 제조간접비, 에너지 비용을 줄이는 것은 불가능하다. 다른 회사들과의 경쟁 때문에 이런 요소들은 이미 줄일 수 있는 데까지 줄인 상태이기 때문이다. 폴은 이렇게 말했다. "가격으로 두더지 잡기 게임을 할 수 있는 것은 딱 한 가지, 재료밖에 없어요." 이것은 초가공식품의 유혹을 뿌리치는 것이 얼마나 복잡한 일인지 보여준다. 이런 생산과 유통의 비용 절감 효과가 우리에게 돌아오기 때문이다.

•• 1850년대에 미국에서는 당장 마시지 않으면 버려질 폐우유를 활용하기 위해 공장 가공 아이스크림 제조가 가속화됐다. 결국 사람이 한 번에 마실 수 있는 신선한 우유의 양은 한정되어 있고, 우유는 빨리 상한다. 이런 폐우유를 아이스크림으로 바꾸면 유통기한이 연장될 뿐 아니라 새로운 가치를 창출할 수 있다. 뒤에서 거듭 확인하겠지만 폐기물의 용도를 변경해서 사용하는 것이 초가공식품에서 핵심적인 부분이다. 그리고 이것이 저렴한 가격과 더불어 초가공식품의 등장을 문제가 아니라 긍정적인 발전으로 인식하게 만든 또 하나의 이유다.

람들에게 사랑받는 전통적인 음식의 성분을 더 저렴한 재료와 첨가물 성분으로 대체해서 유통기한을 늘리고, 중앙집중식 유통을 용이하게 만들고, 더 나아가 과도한 섭취를 이끌어내는 것이다.

파이, 프라이드치킨, 피자, 버터, 팬케이크 믹스, 페이스트리, 그레이비gravy(고기를 끓일 때 나오는 육즙으로 만든 소스—옮긴이), 마요네즈 같은 것들은 모두 진짜 식품에서 시작했다. 하지만 초가공식품이 아닌 음식은 비싸기 때문에 전통적인 재료 성분을 저렴한 재료로 대체하는 경우가 많다. 합성물질을 사용하기도 한다. 이런 대체 재료는 일반적으로 동물 사료로 키운 작물에서 추출한다. 일부 국가에서는 이런 작물에 막대한 보조금을 지급하기 때문에 굉장히 저렴하다. 폴은 여기서 나온 분자로 무엇이든 만들 수 있게 그 분자들을 정제하고 또 변성시킨다고 말했다.

"거의 모든 재료를 저렴하게 변성된 재료로 대체할 수 있어요. 전분과 버터에 대해 말해봅시다. 아주 간단헤요." 간단하지 않았다. 이즐링턴 터널 입구에 잠시 멈춰서 짝짓기하는 잠자리 한 쌍이 덤불에 앉는 것을 보고 있는데 폴이 합성 탄수화물의 화학에 대해 설득력 있고 밀도 높은 설명을 시작했다.

그는 전분에 대한 이야기로 시작했다. 식물은 전분을 이용해서 에너지를 저장한다. 묘목이 자랄 연료를 만들기 위해 씨앗에 저장하기도 하고, 덩이줄기의 싹을 틔울 연료로 사용하기 위해 뿌리에 저장하기도 한다. 씨앗이나 감자를 땅에 심으면 이것들은 사실상 스스로를 먹이로 삼아 뿌리와 이파리를 만들어낸다.

전분은 포도당 분자의 사슬로 이루어진 미세한 알갱이로 구성되어 있다. 이 사슬이 어떻게 조직되고 얽혀 있느냐에 따라 가열되고 냉각되는 방식, 입안에서의 질감 같은 전분의 속성이 영향을 받는다. 이것은 아주 복잡한 화학이다. 하지만 분자의 정확한 본질을 이해하지 못한 상태에서도 인류는 지난 1만 년 동안 요리와 작물 재배를 통해 전분의 과학을 상당 부분 완성해놓았다.

감자를 예로 들어보자. 저지 로열$^{Jersey\ Royal}$같이 찰기가 강한 감자 품종은 전분 알갱이가 견고하다. 그래서 끓여도 단단한 상태를 유지하기 때문에 감자 샐러드에서 자신의 구조를 유지한다. 반면 러셋^{russet}같이 보슬보슬한 감자 품종은 그 안에 들어 있는 당분자 사슬이 잘 뭉치지 않는다. 그래서 이 품종은 구워 먹기에는 좋지만 감자 샐러드에 넣으면 쉽게 부서져서 으깬 마요네즈 샐러드처럼 변해버린다. 한편 매리스 파이퍼$^{Maris\ Piper}$ 같은 품종도 있다. 이 품종의 전분은 딱 중간의 적절한 식감을 갖고 있어서 다양한 요리에 활용된다. 그래서 영국에서 가장 인기가 많은 감자 품종이 됐다.

서로 다른 식물에서 만들어낸 서로 다른 전분을 추출해보면 대조적인 특성을 갖고 있음을 알 수 있다. 이것을 물과 혼합하면 다른 온도에서 다른 질감을 갖는 온갖 다양한 젤과 반죽을 만들 수 있다. 19세기에 화학자들은 전분을 화학적으로 변성하면 자기가 원하는 정확한 물성을 만들 수 있음을 깨달았다. 이제 초가공식품의 성분 목록을 보면 변성전분이 많이 보이기 시작할 텐데 이 성분은 지방과 유제품을 대체할 수 있고, 얼음이 어는 동안에 물을 잡아둘 수도 있으며, 어떤 소스라도 더 두껍게 바를 수 있게 해준다. 전분을 잘 길들이면 아주 저렴한 곡물을 상상할 수 없을 만큼 많은 돈으로 바꿀 수 있는 가능성이 열린다.

1930년대에 식품 회사 크라프트^{Kraft}는 마요네즈 생산에 옥수수와 갈분 반죽을 이용하기 시작했다. 이 성분은 계란이나 기름보다 훨씬 저렴하지만 입안에서 비슷한 크림 질감을 느끼게 해준다. 1950년대에는 칼라일 '코키' 콜드웰$^{Carlyle\ 'Corky'\ Caldwell}$, 모지스 코니그스버그$^{Moses\ Konigsberg}$, 오토 뷔르츠부르크$^{Otto\ Wurzburg}$ 등 대단히 산업적인 이름을 갖고 있는 과학자들 덕분에 변성전분이 본격적으로 사용되기 시작했다.[4]

일단 전분을 정확히 변성시킬 수만 있다면 못할 것이 거의 없다.● 산을 첨가해서 전분을 묽게 만들면 섬유나 세탁물에 유용하게 사용할 수 있다. 프로필렌옥사이드$^{propylene\ oxide}$로 처리하면 샐러드드레싱의 끈적한 질감을 얻을 수 있다. 인산과 섞으면 여러 번 얼었다 녹았다 해도 견딜 수 있는 안정성을 향상시킬 수 있다. 파이 속$^{pie\ filling}$을 만드는 데도 안성맞춤이다. 그리고 말토덱스트린^{maltodextrin}(짧은 포도당 중합체, 일종의 변성전분)은 표면에 광택을 더하고 크림같이 만들어주어 '밀크셰이크'처럼 보이게 해준다. 이제 더 이상 값비싼 유지방을 쓸 필요가 없다. 이런 전분은 저렴한 비용에 대규모로 경작이 가능한 작물에서 얻을 수 있다.

이어서 폴은 내가 리라의 아이스크림 성분 목록에서 보았던 검에 대한 이야기로 자연스럽게 넘어갔다.

● 변성전분은 1950년대에 나온 초기 초가공식품에서 보편적으로 사용됐지만, 광산 채굴과 석유 시추에서도 유용했다. 이 경우 시추하는 진흙의 점도를 변성전분을 사용해서 조절해주면 진흙의 점도가 너무 묽거나 되지 않아 펌프나 스크루로 쉽게 지표면으로 퍼낼 수 있었다.

구아검, 로커스트콩검, 알긴산염, 카라기난, 그리고 거의 어디에나 들어 있는 잔탄검 등등…. 이 중에 당신에게도 익숙한 이름이 있을지 모르겠다. 그중 잔탄검은 역겹게도 세균 삼출물이다. 이것의 정체는 세균이 표면에 달라붙기 위해 분비하는 점액이다. 식기세척기를 청소할 때 보이는 필터에 쌓인 끈적끈적한 오물을 생각하면 된다.

변성전분처럼 이 검들도 값비싼 분자를 대체하고 유통기한을 늘릴 수 있다. 폴은 검과 관련해서 특별한 경험이 있다. 1980년대에 그는 세계적 수준의 유니레버 연구진에 합류했다. 이 연구진의 검 연구는 드레싱과 스프레드^{spread}(빵에 발라 먹는 식품—옮긴이)를 비롯한 저지방, 심지어 무지방 제품의 질감에 엄청난 발전을 가져왔다. 당신도 아마 폴이 연구한 분자들을 여러 번 먹어봤을 것이다.

이런 저지방 제품들은 사람들에게 지방 섭취를 줄이라고 권고한 1970년대 분위기와도 맞아떨어졌다. 몸에 안 좋은 성분이라고 하면 예전에는 지방을 떠올렸지만 요즘에는 탄수화물을 떠올리는 사람이 많다. 하지만 그럼에도 저지방 드레싱은 여전히 큰 사업이다.

물질의 형태가 변형되는 방식에 따라 우리는 입안에서 서로 다른 질감을 느낀다. 이런 물질의 형태 변형을 연구하는 과학을 유동학^{rheology}이라고 한다. 산업 유동학 센터$^{Centre\ for\ Industrial\ Rheology}$에서 두 곳의 거대 마요네즈 제조업체인 헬만스$^{Hellmann's}$와 하인즈^{Heinz}가 저지방 마요네즈의 지방을 대체한 전략을 비교해보았다.[5] 거의 전체가 지방으로 이루어진 마요네즈 같은 제품에서 지방을 제거하는 것이 말처럼 쉬운 일은 아니다. 지방은 미각에 영향을 미치고, 마요네즈 특유의 질감에도 영향을 미친다. 마요네즈는 건드리지 않을 때는 고체처럼 작용하고, 건드렸을 때는 구조를 갖춘 액체처럼 반응한다.

두 제조업체는 서로 다른 해결책을 선택했다. 헬만스는 점도를 높이는 데 검과 전분을 사용한 반면, 하인즈는 변성전분만을 사용했다. 이런 차이는 질감의 차이에서 그대로 나타났다. 저지방 하인즈 마요네즈는 흐름의 성질이 전지방$^{full\ fat}$ 마요네즈와 아주 비슷한 반면, 저지방 헬만스 마요네즈는 전지방 마요네즈보다 훨씬 점도가 높았다. 검을 사용하면 점액처럼 끈적거릴 위험이 있는데 이렇게 콧물처럼 끈적거리는 마요네즈는 인기를 끌지 못한다. 하지만 검을 적절히 사용하면 윤활 작용이 좋아져 아주 바람직한 특성을 나타낸다. 입안에서 마치 기름처럼 느껴지기 때문이다. 양쪽의 경우 모두 전분과 검은 제조업체로 하여금 비용을 절감하면서 동시에 고객의 건강에 이롭다는 주장을 펼칠 수 있게 해준다.

모든 사람이 마요네즈를 집에서 직접 만들어 먹어야 한다는 소리는 아니지만 아무래도 저지방 마요네즈가 건강에 이롭지는 않을 것 같다. 사실 여론은 저지방 대체품들을 훨씬 선호한다. 하지만 인공감미료가 전체적인 칼로리 섭취를 줄여주지도, 질병으로부터 보호해주지도 않는 것으로 보이듯이(이 부분은 뒤에서 다루겠다), 새로운 합성 분자를 이용해서 저지방 버전의 마요네즈나 다른 많은 제품을 만들어내는 것 역시 효과는 없어 보인다. 독립적으로 나온 증거들을 보면 이런 초가공식품들이 체중 증가 및 식생활 관련 질병과 강력한 상관관계를 나타낸다(다음 장에서 살펴보겠다). 더군다나 저지방 제품이 도입되어 널리 섭취된 이후로 비만율이 계속해서 오르고 있다. 이것은 이런 제품을 더 많이 먹어서 생긴 것일 수도 있고(우리가 실제로 필요한 만큼의 지방을 섭취하지 못하기 때문에), 지방을 대체한 분자 중 일부가 직접적으로 다양하게 해로운 영향을 발휘하기 때문일 수도 있다(이 부분도 뒤에서 아주 자세히 다루어보겠다).

마요네즈 이야기를 끝으로 전분과 검에 대한 폴의 설명도 마무리 됐다. 하지만 그는 지방에 대한 이야기를 이어가고 싶어 했다. 이른 초저녁 운하에서 반사된 햇빛이 예쁜 강둑의 꽃밭을 비추는 가운데 폴이 녹는점 특성과 탄소사슬 포화에 대한 이야기를 시작했다.

입안에서 음식에 향미를 부여해주는 방향 분자$^{aromatic\ molecule}$는 거의 모두가 지용성이다. 이것이 혀에서 증발되어 코 뒤쪽을 타고 올라가서 향기를 느끼게 해준다. 그래서 지방 성분이 대단히 중요하다. 버터가 빵을 맛있게 만들고 기름 성분의 드레싱이 샐러드를 먹기 좋게 만들어주기 때문이다. 사실 어떤 음식이든 크림에 찍어 먹거나 지방 성분이 많은 스프레드를 발라 먹으면 맛이 없기가 힘들다. 그리고 특히나 그 자체로 맛있는 지방과 설탕의 정확한 조합이 존재한다.

하지만 지방이 그냥 맛만 좋은 칼로리 공급원은 아니다. 지방은 음식에 구조를 부여해준다. 이 두 번째 목적을 위해서는 고형지방$^{solid\ fat}$이 특히나 유용하다. 제빵사라면 다들 아는 이야기다. 특히 버터는 여러 가지 요리와 완벽하게 맞아떨어지는 녹는점 특성을 갖고 있다. 버터는 우유를 휘저어 만든다. 이렇게 휘저으면 지방이 덩어리로 분리되어 나오면서 당분과 단백질은 제거되고, 지용성 비타민들은 모두 그 안에 보존된다.

폴은 버터의 가치를 우유와 비교해 설명했다. 우유는 액상 에멀션$^{liquid\ emulsion}$(지방, 당분, 단백질이 모두 물속에 흩어져 있다는 의미)이다. "세균은 우유 속을 쉽게 떠다니며 우유를 먹고 번식할 수 있습니다. 우유는 거의 완벽한 세균 배양액이죠. 하지만 버터는⋯." 그가 내 주의를 완전히 끌어내기 위해 잠시 말을 멈추었다. "버터는 인버티드 에멀션$^{\text{inverted emulsion}}$입니다."

에멀션은 물속에 다른 성분이 흩어져 있는 것인 데 반해 인버티드 에멀션은 주로 지방 성분 속에 약간의 물이 흩어져 있는 것을 말한다. 버터는 액체가 아니기 때문에 세균이 뚫고 다닐 수 없고, 그래서 냉장 보관하지 않아도 오랫동안 보관이 가능하다. 그리고 지용성 비타민과 필수지방산이 아주 풍부하다. 폴이 말했다. "버터는 정말 환상적인 음식입니다. 버터는 초기 인류 사회를 바꾸어놓았을 겁니다." 폴의 말이 옳다. 실제로 그랬다.

═ 대량 생산된 최초의 초가공식품 ═

버터 생산이 이루어졌다는 최초의 증거는 뜻밖의 장소에서 발견됐다. 리비아, 알제리, 니제르의 국경이 사하라 사막 한가운데서 만나는 거대한 사암 절벽이다. 온라인에서 메삭 멜렛$^{\text{Messak Mellet}}$을 찾아보자. 그럼 사방이 거대한 노란색 모래 바다로 둘러싸인 타드라르트 아카쿠스산맥의 짙은 노란색 바위가 나올 것이다. 위성사진으로 보면 이곳에 설마 악어, 코끼리, 기린의 그림과 조각이 들어 있는 동굴이 있으리라고는 생각하기 힘들다.[6] 하지만 정말 그런 동굴이 있다. 그리고 그 안에는 더 놀라운 이미지도 있다. 소, 그리고 그 소에서 우유를 짜는 모습이 담긴 이미지다.* 이 그림의 연대를 측정하기는 힘들지만 근처에서 발견된 뼈를 보면 소, 양, 염소는 이 지역에 8,000년 전부터 존재했고, 7,000년 전쯤에는 아주 흔해졌다. 낙농이 이루어졌다는 확실한 증거는 2012년에 발견됐다. 브리스톨대학교 연구진이 타카코리 바위 동굴에 있던 토기 조각에서 우유 잔여물을 발견한 것이다. 그 연대는 기원전 5,000년 전이었다.[8] 분석해보니 이 우유는 치즈나 버터 비슷한 생산물로 가공되고 있는 중이었다.

그때만 해도 성인은 다른 모든 포유류와 마찬가지로 젖을 떼고 나면 절대로 우유를 마실 일이 없었고, 따라서 젖당분해효소^{lactase}를 생산하지 않았다. 젖당분해효소는 젖당^{lactose}(우유에 들어 있는 주요 탄수화물)을 소화시켜주는 효소다. 하지만 최근의 연구에 따르면 젖당분해효소를 생산하지 못한다고 해서 우유를 즐기지 못하는 것은 아니다.[9] 처음에 우유 가공을 시작하게 된 가장 큰 동기는 보존이었을 것이다. 요구르트(유산균이 젖당을 섭취해서 천연 방부제인 젖산$^{lactic\ acid}$이 생기면 만들어진다)와 버터는 우유보다 훨씬 오랫동안 보관이 가능했다. 그리고 그 후로 수천 년간 버터는 전 세계 식품 문화에서 중심을 차지하게 됐다.

버터는 언제나 비싼 게 문제였다. 결국 버터를 얻기 위해서는 가축을 키워서 우유를 짜야 했으니까 말이다. 식물성 지방은 훨씬 저렴하지만 대부분 액상 기름이다. 그래서 저장하기가 어렵고 음식에 질감을 부여하는 데는 별로 쓸모가 없다. 한마디로 그건 버터가 아니다. 따

- 1만 2,000년 전에 사하라 사막은 마지막 빙하기가 끝난 이후로 신록이 무성한 지역이었다. 그곳에는 한곳에 정착해서 살아가는 수렵인, 어부, 채집인 인구가 살았고, 이들은 약 1만 년 전에 생활 방식을 바꾸기 시작하여 반유목민으로 소, 양, 염소를 키우며 살게 됐다.[7]

라서 일찍이 1869년부터 값싼 인공 고체지방 버터 대용품을 만들기 위한 탐구가 시작된 것이 그리 놀랄 일은 아니다.

그해에 모두가 아는 그 나폴레옹의 조카인 나폴레옹 3세가˙ 이 지방의 연금술을 찾아내는 사람에게 상금을 걸었다. 그 상금의 수여자는 프랑스의 화학자 겸 약사 이폴리트 메주 무리에Hippolyte Mège-Mouriès였다. 그는 이미 제빵 기술을 개선한 공로로 레지옹 도뇌르 훈장을 받은 적이 있는 사람이었다. 그가 기술한 버터 대용품 생산 방법이 어쩌면 최초의 초가공이었는지도 모른다.[10-13]

메주 무리에는 소에서 나온 저렴한 고형지방인 수엣suet(소나 양의 콩팥, 허리통 주위를 둘러싸고 있는 단단한 지방—옮긴이)을 가져다가 녹인 다음(물을 조금 첨가하여 가열), 양의 위장에서 채취한 효소로 소화시켜 지방을 한데 붙잡고 있는 세포 조직을 분해한 뒤, 체로 걸러서 굳히고, 판 두 개 사이에 넣고 압출해서 산으로 표백하고, 물로 씻어내고, 다시 데운 다음 마지막으로 중탄산나트륨, 우유 단백질, 소 젓통 조직, 아나토annatto(아치오떼achiote 나무의 씨앗에서 유래한 노란색의 식용색소)와 혼합했다.[14] 그 결과 발라 먹을 수 있는 그럴듯한 버터 대용품이 탄생했다.

메주 무리에는 자신의 창조물에 '올레오마가린Oleomargarine'이라는 이름을 붙여주었다. 하지만 원래의 마가린 제조법에는 동물성 지방이

- 나폴레옹 3세는 나폴레옹 1세의 조카였다(나폴레옹 1세는 엘바섬으로 추방됐다가 탈출해서 그다음에는 워털루 전투에서 패배했던, 한쪽 손을 옷 속에 넣고 다니던 그 나폴레옹을 말한다). 그는 대체로 인기가 많았고 통치 기간 동안 프랑스 노동자에게 파업권과 조직권을 부여하고, 여성에게 대학에 입학할 권리를 부여하는 등 노동자 계층의 생활을 개선하는 프로젝트를 추진했다. 그는 옷 속에 손을 넣고 다니지는 않았지만 적어도 두 가지 측면에서는 삼촌의 발자취를 따랐다. 우선 스당 전투에서 패배했고, 추방당한 상태에서 사망했다(엘바섬이 아니라 세인트헬레나에서).

051

여전히 필요하다는 점이 작은 문제점으로 남아 있었다.• 19세기와 20세기 초에 산업화학 분야에서 마련한 돌파구가 동물성 기름 대신 식물성 기름으로부터 마가린을 만드는 문을 열어주었다.

여기서의 핵심은 식물성 기름을 고형으로 만드는 방법을 찾아내는 것이었다. 이것은 20세기로 접어들 무렵에 수소화hydrogenation라는 공정을 통해 이뤄낼 수 있었다. 고압의 수소 가스가 존재하는 상태에서 기름을 가열하면 화학구조를 바꾸어 녹는점을 바꿀 수 있다는 것이 밝혀졌다. 기름을 완전히 수소화하면 얼음처럼 단단한 지방을 얻을 수 있다. 하지만 부분적으로만 수소화하면 녹는점을 원하는 온도로 만들 수 있다. 그래서 실온에서 고형이면서도 냉장고에서 꺼냈을 때도 발라 먹기 편한 지방을 만드는 것이 가능해졌다.••

다음 단계는 최대한 저렴한 기름을 찾아내는 것이었다. 목화씨는 면방직 산업에서 나오는 가치 없는 부산물이었고, 1860년대까지는

• 1930년 즈음에는 액상 고래기름으로부터 고형 마가린을 만드는 것이 가능해졌다. 이것으로 만든 스프레드는 섭씨 30도에서 녹았기 때문에 입안에서도 녹았다. 1960년 즈음에는 고래기름이 마가린 생산에 사용되는 전체 지방의 17퍼센트를 차지했다.**15**

•• 여기에는 한 가지 안타까운 부작용이 따라온다. 이 과정에서 심장질환이나 다른 건강 문제를 일으키는 트랜스지방이 만들어지는 것이다. 요즘에는 부분적 수소화 대신 가열해서 분자들을 서로 다른 크기별로 분리한 후에(분별fractionation), 효소를 이용해 서로 다른 지방들 사이에서 탄화수소 사슬을 교환(효소 에스테르 교환enzymatic interesterification)하는 방법으로 서로 다른 기름을 섞는 경우가 많다. 하지만 트랜스지방이 몸에 좋지 않다는 우려가 널리 퍼져 있음에도 일부 식품 제조업체에서는 여전히 수소화 공정을 사용하고 있다. 영국에서는 2010년에 당시 보건부 장관이던 앤드루 랜슬리Andrew Lansley가 트랜스지방의 전면 금지를 거부했다. 랜슬리와 그의 특별고문 모두 예전에 그런 금지령에 영향을 받을 다수의 회사, 즉 피자헛, 크라프트, 테스코 등에 자문해주는 회사에서 일했던 적이 있었다. 어떤 사람들은 이것을 이해 충돌이라 여겼다.

그냥 쓰레기로 여겨졌다. 그래서 면화에서 솜과 씨를 분리하는 기계인 조면기를 그냥 강둑에 갖다 놓고 씨앗이 강물에 씻겨 나가게 했다. 하지만 1907년에 초창기의 P&G Procter&Gamble(나중에 프링글스Pringles라는 브랜드를 만든다)사에서 목화씨 기름을 식용 가능한 고형지방으로 바꾸는 방법을 찾아냈다.• 한 가지 어려움이 있었는데, 그 기름에 고시폴gossypol이라는 독소가 들어 있다는 점이었다. 이 독소는 식물을 곤충으로부터 보호하는 역할을 하지만 남성의 생식 능력도 감소시킨다. 그리고 고시폴 말고도 고약한 맛이 나는 다른 불순물들도 몇 가지 들어 있었다.[16]

이런 문제를 해결하기 위해 등장한 방법을 지금은 RBD(refined, bleached, deodorised: 정제, 표백, 악취 제거) 가공이라고 부른다.

팜유를 예로 들어보자. 갓 짜낸 팜유는 거의 선명한 진홍색을 띠고, 강한 향기에 매콤하고 풍미가 뛰어나며, 팜 토코트리에놀 같은 항산화 성분이 풍부하다. 하지만 초가공식품 제조업체의 입장에서는 이 모든 향미와 색이 장점이 아니라 문제가 된다. 매콤한 붉은색 기름으

• 1883년에 출간된 『미시시피강에서의 삶Life on the Mississippi』에서 마크 트웨인Mark Twain은 새로 등장한 과학에 대해 멋지게 묘사하고 있다. "목화씨 기름 1갤런 안에 아주 작은 알갱이가 하나씩 들어 있습니다. 에센스이든 무엇이든 간에 그것 때문에 나는 냄새나 맛이 있죠. 그것만 제거하면 그만입니다. 그럼 이제 그 기름을 당신이 원하는 어떤 기름으로도 쉽게 바꿀 수 있습니다. 아무도 가짜를 진짜와 구분하지 못합니다. 우리는 그 작은 알갱이를 제거하는 법을 알지요. 그런 방법을 아는 회사는 우리밖에 없습니다. 이것으로 완벽한 올리브유를 만들 수 있습니다. 그게 인공 올리브유라는 것을 아무도 모릅니다. 우리는 아주 멋진 거래도 진행하고 있습니다. 제 주문대장을 보시면 아시겠지만 머지않아 멕시코만에서 캐나다까지 모두들 이 기름으로 만든 버터를 빵에 발라 먹고, 이 기름을 샐러드에 쳐서 먹게 될 겁니다. 백 퍼센트 확실한 이야기죠."

로는 누텔라^{Nutella}를 만들 수 없다. 초가공식품에 사용하는 기름은 아무런 맛과 풍미가 없어야 한다. 그래야 그것으로 어떤 식용제품이라도 만들 수 있기 때문이다. 그래서 RBD 가공을 한다. 제조업체에서는 가열해서 기름을 정제하고, 인산을 이용해서 검과 왁스 성분을 모두 제거하고, 가성 소다$^{caustic\ soda}$로 중성화하고, 벤토나이트 점토로 표백한 다음, 마지막으로 고압 증기를 이용해서 탈취한다.• 이런 공정을 통해 콩기름, 팜유, 카놀라유(유채씨유), 해바라기유(이 네 가지 기름이 전 세계 시장의 90퍼센트를 차지한다), 그리고 처음 짠 기름$^{virgin\ oil}$이나 냉압착 기름$^{cold-pressed\ oil}$을 제외한 다른 모든 기름이 만들어진다.

목화씨 기름의 문제를 해결할 방법을 찾아낸 P&G는 독소를 제거한 기름이라며 크리스코^{Crisco}라는 이름으로 대대적인 홍보전을 시작했다(이들은 '크리스트^{Cryst}'라는 이름도 고려했지만 종교적인 뉘앙스를 품고 있어서 사용하지 않기로 했다). 1920년에는 이 제품이 널리 사용됐다. 사실상 가짜 라드^{lard}(돼지비계를 정제하여 하얗게 굳힌 것—옮긴이)인 크리스코 쇼트닝은 대량 생산된 최초의 초가공식품이라 할 수 있다.••

이제 당신도 비스킷에서 아이스크림에 이르기까지 온갖 식품에서 시어 지방, 팜 지방, 망고씨 지방, 팜 스테아르산염, 코코넛 지방 등 아주 긴 지방의 목록이 눈에 들어오기 시작할 것이다(이 중에는 인간의 식단에 한 번도 올라오지 않았던 것들이 많다). 이 수많은 지방은 지방 가공 기술이 남긴 유산이다. 일단 RBD 가공이 된 기름은 사실상 상호 교환

• RBD 가공에서는 항산화 성분인 팜 토코트리에놀이 제거되지만, 산패를 막기 위해 나중에 다시 추가한다. 폴은 이렇게 말했다. "이건 절대 꾸며낸 이야기가 아닙니다!"

이 가능하다. 얼룩덜룩 그늘진 햇빛 아래 서서 샤론이 손목시계를 바라보고 있는 동안 폴은 모든 초가공식품 제조업체에게 이것이 어떤 장점이 되는지 설명했다. 아이스크림을 만드는 업체에게만 장점으로 작용하는 것이 아니었다. "제조업체에서는 그냥 시장 가격이 제일 저렴한 기름을 쓰면 됩니다. 그리고 포장지에 성분 목록을 다시 적는 데 드는 비용을 아끼려고 온갖 서로 다른 지방을 하나로 통칭하는 명칭을 고수하죠."

식품 성분 목록에 집에서 사용하지 않는 이런 지방이 하나라도 보인다면(예를 들면 변성 팜 지방) 그 제품은 초가공식품이다. 기름의 시장 가격이 요동치는 바람에 나중에는 생각지도 못했던 성분들이 우리 음식에 들어갈지도 모른다. 우크라이나 전쟁으로 해바라기유의 가격이 치솟았고, 그와 동시에 인도네시아에서는 치솟는 국내 식품 가격을 안정시키기 위해 팜유의 수출을 일시적으로 금지했다. 그 영향으로 이런 식물성 지방의 가격이 버터의 가격에 가까워지기 시작했다. 폴은 이렇게 말했다. "이미 식물성 지방의 가격이 소기름이나 닭기름과

●● 처음에는 사람들이 마가린과 새로 등장한 가짜 버터를 싫어했다. 미국에서 마가린의 수입과 제조가 시작되면서 마가린 전쟁이 시작됐다. 메인주, 미시간주, 미네소타주, 그리고 이름이 'M'으로 시작하는 일부 다른 주에서 마가린을 금지했다. 어떤 주에서는 마가린에 엄청난 관세를 매겼다. 낙농업 지역인 미네소타의 주지사 루서스 허바드Lucius Hubbard는 이렇게 선언했다. "올레오마가린과 그와 비슷한 혐오스러운 것들을 만들어냄으로써 타락한 인간의 천재성이 정점을 찍었다." 또 다른 낙농업 지역인 위스콘신주의 상원의원 조지프 퀼스Joseph Quarles는 이렇게 말했다. "나는 생명력과 건강이 느껴지는 천연의 향기를 품은 버터를 원한다. 죽음의 냉기 아래 숙성시켜 식물성 기름을 섞고, 화학품으로 맛을 낸 대망막 지방caul fat(소, 양, 돼지 등 동물의 내부 장기를 둘러싸고 있는 지방질의 얇은 막—옮긴이) 대용품을 받아들이기를 거부한다." 《하퍼스 위클리Harper's Weekly》에는 이런 글이 올라왔다. "미식가들은 버터의 탈을 쓴 오래된 양초 동강과 소기름 찌꺼기를 먹고 있다는 사실에 경악하고 있다."

비슷한 수준으로 올라왔어요. 아마 어쩌면 머지않아 아이스크림에서 닭기름이 보이기 시작할지도 모릅니다. 어떨지 한번 상상해보세요!"

생각만으로도 속이 거북해졌다. 폴과 샤론은 기차에 타기 위해 자리를 떠났다.

Chapter 2

|||||||||||||||||||||||||||||||||||

초코 맛 시리얼은
공학의 놀라운 승리다

리라의 아이스크림이 녹지 않는다는 사실을 발견하기 정확히 7일 전에 나는 코코팝Coco Pops 시리얼 아침 식사로 초가공식품 식생활 실험을 시작했다.

"내가 먹을 거예요?" 리라가 물었다. "아니, 넌 오트밀을 먹어야 돼." 내가 리라에게 말했다.

"나도 미키 마우스 시리얼 먹을래요!" 리라가 코코 몽키를 가리키며 말했다.

- 내가 태어나기도 전부터 영국에서는 이 원숭이 마스코트가 열심히 코코팝을 팔았다. 그리고 유튜브에서 시리얼에 대한 채널을 운영하는 기베 폰세가Gabe Fonseca에 따르면 이 시리얼이 코코팝, 초코팝, 혹은 초코 크리스피라는 이름으로 팔리는 국가에서도 마찬가지다. 반면 코코아 크리스피라는 이름으로 팔리고 있는 미국에서는 원숭이와 코끼리가 마스코트로 쓰여왔지만 현재의 마스코트는 스냅, 크래클, 팝이다. 이 마스코트들은 캐나다에서도 사용되고 있다.

나는 리라가 코코팝을 한 번도 먹어본 적이 없으니 전혀 관심이 없을 거라 생각했다. 하지만 켈로그는 아이가 한 입 먹어보기도 전에 이미 아이의 마음을 사로잡았다. 리라도 이 제품이 세 살배기 아이를 염두에 두고 만들어진 것임을 알고 있었다. 내가 다시 안 된다고 말하자 아이는 바닥에 드러누워 소리를 지르며 울어댔다. 그 바람에 아내 디나가 사샤를 데리고 방으로 들어갔다.

내가 리라에게 오트밀을 만들어준 이유는 코코팝이 세 살 아이에게 건강한 아침 식사가 아니라고 본능적으로 느꼈기 때문이다. 물론 포장지에는 그와 반대로 말하는 온갖 문구들이 쓰여 있다. 상자에는 사람들을 안심시키는 영양 정보가 적혀 있다. "하루 비타민 D 섭취량의 50퍼센트", "설탕 30퍼센트 저함량."● 영국에서는 식품이 건강에 좋은 것인지를 표시하는 '신호등'을 사용한다. 코코팝 영양 정보에는 '지방'과 '포화지방'에 대해서는 초록색 신호등 두 개, '염분'과 '당분'에 대해서는 주황색 신호등 두 개가 켜져 있다. 그리고 상자에 만화로 그려진 원숭이는 이 시리얼이 아이들이 먹어도 안전할 뿐 아니라, 일부러 아이들을 위해 만든 것임을 암시하고 있다. 어쩌면 아이들이 먹어도 괜찮을지 모르겠다.

내가 생각에 잠겨 있는 동안 리라가 식탁 밑에서 기어 나와 자기 그릇에 시리얼을 채우고 마른 코코팝을 한 주먹씩 집어 먹기 시작했다. 그리고 황홀경에 빠진 듯 눈이 휘둥그레졌다. 나는 졌다 싶어 아이의

● '설탕 30퍼센트 저함량'이라는 주장 옆에는 작은 별표가 그려져 있다. 알고 보니 코코팝은 설탕 함량이 다른 초콜릿 맛 튀긴 쌀 시리얼보다 평균 30퍼센트 적다는 말이었다. 사실상 무의미한 주장이다.

그릇에 우유를 따라주고 식품 성분을 읽어보았다. 쌀, 포도당 시럽, 설탕, 저지방 코코아 분말, 코코아 매스$^{cocoa\ mass}$(코코아 배젖을 분쇄하여 코코아 버터를 빼낸 액체—옮긴이), 소금, 보리엿기름 추출물, 향미료.

코코팝은 포도당 시럽, 코코아 매스, 향미료가 들어 있어서 초가공식품의 정의를 충족한다. 이 세 가지는 공학의 놀라운 승리다.

튀긴 쌀 시리얼을 매일 먹는 사람이라면 별다른 감흥이 없었겠지만 그날 아침 나는 내 어린 시절의 아침 식사 시간으로 돌아간 것 같았다. 리라가 넋을 잃은 듯이 눈을 감고 그릇에 귀를 갖다 대더니 다시 먹기 시작했다.

그리고 먹고, 먹고, 또 먹었다. 지켜보고 있으니 마치 완전히 통제력을 잃은 아이 같았다. 포장지에는 성인의 한 끼 권장량이 30그램, 대략 한 줌 정도로 나와 있었다. 하지만 리라는 숨 한번 제대로 쉬지 않고 30그램을 게 눈 감추듯 먹어치웠다. 보통 식사 시간이면 나는 아이에게 밥을 먹이기 위해 온갖 재롱을 부려야 한다. 그런데 코코팝 한 그릇이 눈 깜짝할 사이에 사라졌다. 내가 아이에게 한 그릇이면 됐다고 말했지만, 아이는 귓등으로도 듣지 않았다. 내 말은 마치 흡연자에게 담배를 한 번에 한 대만 피우라고 말하는 것과 비슷했다. 아이는 그냥 생각 없이 먹는 수준을 넘어서 마치 무아지경에 빠진 사람처럼 먹었다.

═ 초가공 식단 실험을 시작하다 ═

코코팝이 전형적인 체중 감량 식품으로 보이지 않은 것은 내가 근무하는 유니버시티칼리지 런던병원에서 동료들의 도움을 받아 한 달 동안의 식생활 실험을 시작했기 때문이다. 이 아이디어는 방송 프로듀서로 일하는 동료인 리지 볼튼Lizzie Bolton이 읽어보라고 강력히 추천한 두 논문에서 나왔다. 나는 몇 주가 지나고 나서야 내 책상 위 종이 무더기 속에 놓여 있던 그 논문들을 읽어봤다. 처음에 언뜻 보아서는 별로 흥미로워 보이지 않았지만 결국 그 두 편은 내가 읽어본 논문 중 가장 중요한 논문들이 됐다.

첫 번째 논문은 10여 년 전에 비교적 알려지지 않은 브라질 공중보건 학술지에 포르투갈어로 발표된 논문이었다. 이 논문은 「가공의 정도와 목적에 따른 새로운 식품 분류A new classification of foods based on the extent and purpose of their processing」라는 밋밋하고 다소 구체적인 제목을 달고 있었다. 주 저자는 상파울루의 영양학 교수 카를루스 몬테이루Carlos Monteiro였다.

두 번째 논문의 제목은 훨씬 덜 매력적이었다. 아마도 새로운 다이어트 유행을 촉발하지 않을까 싶은 체중 증가에 관한 식생활 실험이었다. 「초가공 식단이 과도한 칼로리 섭취와 체중 증가를 초래한다: 입원 환자를 대상으로 한 무제한 음식 섭취 무작위 대조군 실험Ultra-processed diets cause excess calorie intake and weight gain: an inpatient randomized controlled trial of ad libitum food intake」(주 저자: 케빈 홀Kevin Hall).

첫 번째 논문에서 몬테이루는 이론을 제시했다. 두 번째 논문에서 홀은 그 이론을 검증하는 실험을 기술했고, 언뜻 보아서는 그 이론이 옳다고 확인해주는 것으로 보였다. 그 이론의 골자는 전 세계적으로, 특히나 1980년대 이후로 과체중과 비만이 급증한 주요 이유는 초가공식품과 초가공 음료 제품의 생산과 소비가 급증했기 때문이라는 것이었다.

나는 초가공식품에 대해서는 한 번도 들어본 적이 없었고, 전 세계적인 비만 유행을 이렇게 한 가지 요인으로 설명하는 것에 회의를 느꼈다. 당시만 해도 비만 유행은 여러 요인이 작용하는 복잡한 현상으로 널리 알려져 있었기 때문이다. 하지만 몬테이루가 제안한 분류 체계에는 무언가 신선하고 흥미롭게 느껴지는 구석이 있었다.

이 분류 체계를 지금은 NOVA 시스템이라고 부른다. 이 시스템에서는 식품을 네 개의 그룹으로 나눈다.[1] 1그룹은 '미가공 혹은 최소가공식품'이다. 여기에는 고기, 과일, 채소 등 자연에서 발견되는 식품이 포함되지만 밀가루나 파스타 등도 포함된다. 2그룹은 '가공된 요리용 재료'다. 여기에는 기름*, 라드, 버터, 설탕, 소금, 식초, 꿀, 선분 등 산업 기술을 이용해서 제조되는 전통적인 식품이 포함된다. 이런 음식만 먹고는 살 수 없다. 이런 음식은 영양소는 빈약하고 에너지 밀도는

- 폴 하트는 가장 최근에 나오는 기름들은 정제, 표백, 탈취 과정을 거치기 때문에 4그룹에 포함해야 한다고 주장한다. 타당성 있는 지적이지만 이 분류 체계는 몬테이루의 브라질 데이터에서 나온 것이고, 그 데이터를 보면 이런 기름은 음식을 직접 만들어 먹는 사람들이 사용하는 것임을 알 수 있다. 즉 설탕이 식탁 위에 놓여 있는 경우처럼 건강한 식생활의 신호라는 의미다. 이런 종자 기름이 우리가 일반적으로 섭취하는 용량으로도 몸에 해롭다는 설득력 있는 증거들이 나오고 있지만, 해바라기유로 직접 요리를 해 먹는 것과 해바라기유가 여러 성분 중 하나로 포함되어 있는 공장 가공 식제품을 먹는 것은 완전히 다른 얘기다. 각각의 NOVA 그룹에 무엇을 포함하고, 무엇을 포함하지 않아야 하는지에 관한 논의는 뒤에서 다시 여러 차례 등장할 것이다.

높은 경향이 있기 때문이다. 하지만 이런 음식을 1그룹의 음식과 섞어서 먹으면 맛있는 음식의 토대가 된다. 3그룹은 '가공식품'이다. 주로 보존을 목적으로 가공한 것으로, 1그룹과 2그룹을 혼합해서 만든 기성 식품이 여기에 해당한다. 콩 통조림, 가염 견과류, 훈제 고기, 생선 통조림, 시럽에 절인 과일, 제대로 갓 구워낸 빵 등이 있다.

그리고 드디어 4그룹, '초가공식품'이 나왔다. 이것의 정의는 아주 길다. 아마도 내가 과학 분야에서 읽었던 정의 중에 제일 길 것이다. "정교한 장비와 기술을 요하는 경우가 많은 일련의 산업 공정에 의해 만들어지며 주로 산업 전용으로 사용되는 성분을 이용해서 제조되는 식품."

정의는 계속 이어진다. "초가공식품을 만드는 데 사용되는 산업 공정에는 다음의 것들이 있다. 자연식품을 성분으로 분해해서, 그 성분을 화학적으로 변성하고…."

정확히 폴이 설명한 대로다. 옥수수나 콩 같은 작물을 기름, 단백질, 전분 등의 성분으로 분해한 다음 거기에 추가적으로 변형을 가한다. 기름은 정제, 표백, 탈취, 수소화, 에스테르 교환 등을 하고, 단백질은 가수분해하고, 전분은 변성시킨다. 이렇게 변성된 식품 성분들을 다시 첨가물과 결합해서 성형, 압출, 압력 변화 같은 산업 기술을 이용해 조립한다. 나는 실험을 하는 내내 이 패턴을 계속 접하게 됐다. 피자에서 초콜릿 바에 이르기까지 다양한 성분 목록들이 똑같이 보이기 시작했다. 초가공식품의 정의는 이렇게 길게 이어지다가 갑자기 다음과 같이 공감되는 결론을 내린다.

"초가공식품을 제조하는 공정과 성분들은 수익성 높고(저렴한 재료, 긴 유통기한, 강력한 브랜드) 편리한(바로 먹을 수 있는) 초기호성 식품

hyperpalatable product을 만들어 다른 모든 NOVA 식품 그룹의 재료로 만든 신선한 요리와 식사를 대체할 수 있도록 설계되어 있다."

내가 몬테이루의 연구를 처음 접했을 때는 식품을 만든 목적이 중요하다는 개념이 머리에 잘 들어오지 않았다. 하지만 이제는 여러 해 동안 내 머릿속에 모호하게 구름처럼 떠다니던 아이디어들이 선명해졌다. 나는 물리적, 화학적 과정이 식품과 몸의 상호작용 방식에 영향을 미칠 수 있다는 것을 적어도 이론적으로는 이해할 수 있다. 하지만 가공의 목적에 대한 정의에 "수익성 높은 제품을 만드는 것"을 포함하는 것은 완전히 새로운 아이디어였다.

수천억 달러의 매출을 올리는 다국적 기업에서 식재료 물질을 만드는 목적이 전통적인 식품을 만드는 목적과 완전히 다를 수 있다는 점을 식품과 영양에 대한 과학적, 정책적 논의에서 고려하는 경우는 거의 없었다. 하지만 언제 식사를 멈추어야 하는지 신호를 보내도록 진화한 몸의 메커니즘을 교란하는 식품이 시장에서 살아남기에 유리하다는 것은 어렵지 않게 상상할 수 있었다.

몬테이루의 연구를 읽고 나니 NOVA 시스템과 초가공식품이 개념으로서는 매력적이지만 그저 하나의 가설에 불과하다는 생각이 들었다. 그래서 그 개념을 실제로 검증해본 홀의 논문을 이어서 읽었다.

이 논문은 권위 있는 전문 학술지 《세포 대사Cell Metabolism》에 발표됐다. 실험은 간단했다. 한 집단에는 초가공 식단을 제공하고, 다른 집단에는 지방, 소금, 설탕, 식이섬유 등의 영양분은 동일하지만 초가공식품이 전혀 없는 식단을 제공한 것이다. 그리고 2주 후에는 두 집단이 식단을 서로 바꾸었다. 양쪽 기간 모두 참가자들이 원하는 만큼 식사를 할 수 있게 했다. 그 결과 초가공 식단에서는 참가자들이 더 많이 먹어 체중이 늘어난 반면, 비가공 식단을 먹을 때는 원하는 대로 마음껏 음식을 먹었음에도 참가자들의 체중이 줄어들었다. 당시 나는 이런 종류의 실험에 대한 전문 지식이 없어서 구체적인 사항에 대해 판단하고 비판할 수 있는 처지가 아니었다. 하지만 보고서에서 무게감이 느껴졌고, 데이터도 탄탄해 보였다.

그래도 여전히 확신이 들지는 않았다. 탄탄한 데이터가 뒷받침하고, 잘 정리된 매력적인 개념으로 가득한 일류 학술지 논문이라도 결국에는 완전히 잘못된 것으로 판명되는 경우가 많기 때문이다. 실제로 대부분의 과학 논문이 틀렸을지도 모른다는 믿을 만한 추정도 나와 있다.[2] 두 편의 논문만으로는 이 분야 전체를 뒤집기에 충분하지 않았다. 그리고 나는 다른 논문과 보고서들을 조사하면서 영국을 기반으로 활동하는 영양 전문가 수십 명과 인터뷰를 했는데 그중에 카를루스 몬테이루, 케빈 홀, 초가공식품에 대해 언급하는 사람이 한 명도 없는 것을 보고 이상하다고 생각했다. 영국이나 미국의 영양 가이드라인에는 가공에 관한 언급이 전혀 없다. 식품 포장지에는 초가공식품 여부에 대한 라벨 표시도 없다.

그럼에도 그날 밤 리라와 사샤를 재우고 난 후에 이 논문들을 읽으면서 조심스럽게 마음속에서 흥분이 느껴졌던 것이 기억난다. 식품에 대한 기존의 사고방식으로는 점차 늘어나고 있는 식생활 관련 질병의 문제를 해결할 기미가 보이지 않았다.

다음 날 나는 유니버시티칼리지 런던병원의 친구 겸 동료 레이철 배터햄Rachel Batterham을 만나러 갔다. 그녀는 비만, 당뇨, 내분비학 교수이고, 비만 연구로 국제적으로 명성이 높다. 그녀는 식욕 조절 및 섭식 행위와 관련해서 중요한 과학 논문을 몇 편 발표했고, 그중에는 《네이처》에 발표된 혁신적인 논문도 포함되어 있다. 그녀는 똑똑하고 재미있는 사람이며, 내가 비만, 그리고 비만을 안고 사는 사람들에 대해 생각하는 방식도 바꾸어주었다.●

나는 레이철에게 그 논문들을 보여주었다. 그녀 역시 초가공식품에 대해서는 거의 들어본 적이 없었지만 케빈 홀의 연구에 대해서는 좀 더 전반적으로 알고 있었고, 성분의 물리적 가공 방식이 몸에서 그만 먹으라고 하기 전까지 섭취하는 음식의 양에 어떻게 영향을 미치는지에 대해 즉각적으로 감을 잡았다. 그리고 언제나 과학적 엄격함을 고수하며 큰 문제와 씨름하기를 좋아하는 사람이기에 즉각 이런 가설들을 검증할 수 있는 접근 방식을 짜기 시작했다.

우리는 실험을 진행하기로 했다. 내가 한 달 동안 초가공식품으로 식단을 꾸려서 먹고 레이칠의 팀이 내 뇌와 몸의 모든 측면을 모니터링하기로 했다. 거기서 무엇이든 흥미로운 결과가 나오면 그것을 예비 데이터 삼아 더 큰 규모의 연구를 위한 지원금을 확보하기로 했다.●● 당시 초가공식품 식단에 대한 몸의 반응을 살펴본 논문은 홀의

● 그녀가 미친 가장 큰 영향은 내가 더 이상 비만인obese이라는 표현을 사용하지 않는다는 것이다. 사람들은 암이나 당뇨에 걸리듯 과체중과 비만에 '걸릴' 뿐, 비만 자체가 그 사람의 정체성은 아니다. 의학계 전반에서도 이런 방향으로 나아가고 있는 추세다. 사람이 무언가를 안고 살아간다고 해서 그것으로 그 사람을 정의할 필요는 없다.

●● 소규모 연구라도 잘 수행하면 아주 유익한 정보를 줄 수 있다. 물론 여기서 나온 결론은 대규모 실험군을 통해 꼼꼼한 검증이 필요하다. 실데나필(비아그라)의 효과에서 백신의 효능에 이르기까지 수많은 발견이 처음에는 소수의 환자를 대상으로 하는 연구에서 나왔다.

논문이 유일했고, 그 실험은 실험실 환경에서 진행된 것이었다. 우리는 그 실험을 현실 세계로 가지고 나왔다.

내 식단의 조건은 간단했다. 아이처럼 먹는 것이다. 영국에서는 다섯 명 중 한 명이 칼로리의 최소 80퍼센트를 초가공식품에서 얻는다. 그리고 아동과 청소년에서도 일반적으로 이런 수치가 나온다.[3] 전체 인구로 보면 평균 60퍼센트의 칼로리를 초가공식품에서 얻는다.[4-7]

그래서 나는 초가공식품으로 80퍼센트를 먹되, 억지로 먹지는 않기로 했다. 이것은 〈슈퍼 사이즈 미$^{Super Size Me}$〉(비만의 주범을 패스트푸드라 가정하고 그 유해성을 고발하기 위해 30일간 맥도날드 음식만 먹으며 신체의 변화를 보여준 다큐멘터리 영화—옮긴이)가 아니니까 말이다. 나는 그냥 먹고 싶을 때 먹기로 했다. 솔직히 레이철이나 나나 겨우 한 달 만에 별일이 생기리라고는 기대하지 않았다. 그래도 추가 실험의 정당성을 뒷받침해줄 무언가를 찾을 수 있을지도 모른다고 생각했다.

첫 단계는 준비 차원에서 4주 동안 초가공식품 섭취를 중단하는 것이었다. 나는 여전히 초가공식품은 '정크푸드'와 동일한 용어라는 사고방식에 젖어 있었다. 그래서 평소 식생활대로 1주일간 식품 일기를 작성하고 나서 내가 칼로리의 30퍼센트 정도를 초가공식품으로부터 얻고 있다는 사실을 알고 깜짝 놀랐다.

수년에 걸쳐 식품에 대해 글을 쓰고 방송을 하면서 느리지만 꾸준한 속도로 체중이 증가했는데, 내 평소 식단을 보니 이런 식이었다. 아침 식사로 블랙커피 한 잔, 점심에는 샌드위치와 감자칩, 저녁은 건강에 좋은 가정식(닭고기, 쌀, 브로콜리는 빠지지 않고 들어갔다), 그리고 이어서 슈퍼마켓에서 구입한 디저트를 먹었다. 며칠에 한 번씩은 직접 요리하지 않고 전자레인지에 데워서 먹는 초가공식품 라자냐나 오븐 피자를 먹었다. 그리고 일주일에 한 번 정도는 테이크아웃 음식을 먹었다. 테이크아웃 음식은 보통 변성전분과 화학조미료를 마음껏 사용한 초가공식품이었다.

이런 초가공식품을 끊는 것은 놀라울 정도로 힘들었다. 나는 전자레인지에 데워 먹는 식사류나 스낵바, 테이크아웃 음식들이 정말 먹고 싶었다. 하지만 식품 라벨과 성분 목록을 보기 시작하니 샌드위치 가게와 병원 구내식당에서 나오는 대부분의 식품 역시 배제해야 한다는 것을 알게 됐다. 빵에 사용한 유화제와 스프레드에 들어간 말토덱스트린과 방부제 때문에 점심으로 샌드위치를 사 먹지 못했다. 그래서 내가 직접 샌드위치를 만들어 가야 했다. 샌드위치 재료는 주로 치즈, 버터, 동네 빵집에서 제대로 발효시켜 만든 사워도우 빵sourdough bread을 사용했다. 심지어 내가 좋아하는 헬만스 마요네즈도 넣을 수 없었다.•

바지가 헐거워지는 것은 좋았지만 초가공식품이 진짜 먹고 싶어지기 시작했다. 금지된 음식이 엄청나게 먹고 싶어졌다. 나는 평소 같으면 별로 생각나지 않았을 것들에 집착하기 시작했다. 내 주변의 유혹적인 음식들, 특히 병원 길 건너편에 있는 맥도날드와 KFC의 음식에 온통 마음이 쏠렸다.

초가공식품 식단을 시작하기로 한 전날에 나는 유니버시티칼리지 런던의 연구실로 가서 반나절 동안 체중을 재고 다양한 측정을 했

• 헬만스 마요네즈 성분: 유채씨유(78퍼센트), 물, 저온살균 계란 및 노른자, 주정식초, 소금, 설탕, 조미료, 레몬 주스 농축액, 항산화제(EDTA 칼슘이나트륨), 파프리카 추출물.

다. 나는 체성분 측정 체중계에 올라섰다. 체중은 82킬로그램, 신장은 185센티미터, BMI는 24.2, 체지방은 17퍼센트. 전체적으로 보면 나는 또래 남성 집단 내에서 우울할 정도로 평균적인 몸이었다. 레이철의 연구진은 내 염증 수치를 측정하고 내 몸이 음식에 어떻게 반응하는지 확인하기 위해 채혈을 했다. 나는 밤새 금식을 한 상태였다. 연구진이 내게 정확한 용량의 지방, 단백질, 설탕이 들어 있는 맛있는 바나나 밀크셰이크를 먹인 다음 포만 호르몬의 상승을 관찰하고, 인슐린 반응도 함께 살펴보았다. 그리고 심리 측정 테스트도 받고, 기분과 식욕에 관한 설문지도 작성했다.

마지막으로 다양한 뇌 부위들이 서로 어떻게 연결되어 있는지 지도를 작성하기 위해 MRI 스캔을 받았다. 스캐너 안에 누워서 이 검사가 좀 터무니없다는 생각을 했다. 전국에서 수백만 명의 사람들이 매일 일반적으로 먹고 있는 식단을 겨우 4주만 먹으면서 MRI 스캔에 감지 가능한 변화가 나올 리는 없어 보였다.

리라가 코코팝 한 그릇을 뚝딱 해치우고 서투른 동작으로 한 그릇을 더 퍼 담는 것을 보며 나는 대체 아이가 언제까지 먹을지 궁금해지기 시작했다. 우리가 코코팝을 먹는 동안 나는 이것을 담배와 비교해봤다. 코코팝 첫 숟갈은 두 사람 모두에게 황홀한 맛을 선사해줬다. 시리얼은 내가 기억하는 것보다 훨씬 풍부하고 복잡하며 강렬한 초콜릿 맛이 났다. 첫 한 입의 식감은 정말 뛰어났다. 일부 '팝'은 거의 즉각적으로 쫄깃한 맛을 내는 한편, 나머지는 바삭한 식감을 그대로 유지하면서 혀 위에서 타닥거렸다.

하지만 세 숟가락을 먹고 나니 그런 재미는 사라졌다. 이제는 그저 배를 채우려고 먹는 갈색의 곤죽 같은 것만 남았다. 담배를 피우는 사람들이 다음 한 모금에 끌리듯이 리라와 나도 다음 한 입에 끌렸다. 첫 숟갈을 떴을 때의 경험을 재현할 수는 없었지만 시리얼에 들어 있는 무언가가 계속 그것을 입으로 가져가게 만들었다.

리라가 나와 대화를 나눌 상황이 아니어서 나는 상자를 살펴보았다. 그 내용을 보니 영국과 미국에서 사람들이 음식에 대해 생각하는 방식을 아주 분명하게 보여주고 있었다. 바로 '영양 프로필nutritional profile'이다. 음식에는 '좋은' 영양소와 '나쁜' 영양소가 들어 있다. 영양 프로필은 이런 성분이 얼마나 들어 있는지 자세하게 말해준다. 음식이 얼마나 건강에 이로운지 알고 싶을 때 대부분의 사람은 포화지방, 소금, 설탕, 식이섬유, 비타민, 미네랄이 그 안에 얼마나 포함되어 있는지 묻는다. 1인분에 칼로리는 얼마나 되나? 비타민 C 함량은? 이런 사고방식이 머릿속에 워낙 깊이 각인되어 있어서 음식에 대해 다른 방식으로 생각하기가 힘들다.

음식에 대한 이런 접근 방식을 멜버른대학교의 식품 정치학 및 정책학과food politics and policy 조교수 기오르기 스크리니스Gyorgy Scrinis는 경멸하듯 '영양주의nutritionism(식품을 영양소의 집합체로 간주하여 음식 자체보다는 영양의 적절한 배합을 더 중요시하는 관점—옮긴이)'라고 이름 붙였다(그는 어쩌면 음식이 성분의 합 이상의 것일지도 모른다는 개념을 일찍이 제시한 사람 중 한 명이다). 하지만 영양주의는 한 가지 중요한 문제를 해결해준다. 무언가를 연구하기로 결심하고 나면 그 대상을 '조작화operationalization(추상적인 개념이나 아이디어를 관찰 가능하고 측정 가능한 현상으로 바꾸는 과정—옮긴이)'해야 한다. 이것이 대부분 현대 과학의 핵심적인 부분이다. 측정할 수 없는 대상을 측정 가능한 것을 이용해 정의해야 하는 경우가 종종 생긴다. 부와 건강이 좋은 사례다. 부를 정의하기는 쉽다. 부는 직접 측정이 가능하며 수치를 부여할 수도 있다. 하지만 건강은 정의하기가 쉽지 않다. 분명 존재하는 것이기는 하지만 그것을 정량화할 구체적인 단위가 존재하지 않는다. 그래서 우리는 대신 노쇠지수$^{frailty\ index}$, BMI, 혈압, 만성질환 유무, 철분 수치 등등을 이용해 건강을 정의한다.

  식품도 측정 가능한 구체적인 수치가 없다는 점에서 건강과 비슷하다. 식품을 과학적으로 연구하려면 영양 성분같이 측정 가능한 값으로 분해해야 한다. 이런 것은 칼로리, 비타민 C 함량 등의 수치로 나타낼 수 있다. 전 세계적으로 식생활 관련 질환이 폭발적으로 증가하면서 우리는 영양소가 생리학에 미치는 영향을 거의 모든 측면에서 샅샅이 조사했다. 하지만 카를루스 몬테이루 이전에는 건강과 영양 분야 연구 종사자 중 그 누구도 식생활을 다른 방식으로 기술하는 방법에 대해 크게 고민해본 적이 없었다.

  리라가 두 그릇째 갈색 곤죽을 줄줄 흘리며 먹고 있는 동안 나는 아이가 무엇을 얼마나 많이 먹어야 하는지 알고 싶을 때는 영양주의가 별로 도움이 안 되겠다는 생각이 들었다. 예를 들어 리라가 그 나이 아동에 비해 설탕을 너무 많이 먹었을까? 분명 그럴 거라 생각하지만, 얼마나 먹게 놔두어야 하는지에 대한 정보가 없었다. 포장지에는 설탕과 소금의 그램당 함량에 관해서 약간의 데이터가 표시되어 있었지만, 아이가 몇 그램이나 먹었는지는 알 수 없었다. 그리고 포장지에는 세 살배기 아이가 코코팝을 몇 그램까지 먹어도 되는지에 대한 정보가 없었다. 원숭이 그림에는 포장지 지면을 그렇게 많이 할애하고 있으면서 정작 이런 내용은 없다니 이상한 일이었다.

그다음에는 소금 함량을 살펴보기 시작했다. 코코팝의 소금 함량은 0.65퍼센트였지만, 이게 얼마나 되는 양인지 감을 잡을 수 없었다. 그래서 비교를 위해 다른 식품의 소금 함량을 찾아보았다. 이런 식으로 비교하면 코코팝의 소금 함량을 더 잘 설명할 수 있을 거라 생각했다. 코코팝에는 일반적인 전자레인지용 라자냐보다 소금이 20퍼센트 더 많이 들어 있었다. 대부분의 아침 식사용 시리얼이 이렇게 믿기 어려울 정도로 짜다. 이런 짠맛은 놀라운 맛이 나게 해준다. 그럼 어째서 소금 섭취량에 대한 경고는 없을까?

내 생각에는 성인의 1회 섭취 권장량이 30그램이기 때문이 아닐까 싶다. 이것은 큰 숟가락 네 개 정도의 양이다. 당신이 성인이고 시리얼을 그 정도만 먹었다면 소금을 지나치게 많이 섭취하는 일은 없을 것이다. 하지만 내가 라자냐의 영양 성분표를 보고 있는 동안 리라는 분명 30그램이 넘는 시리얼을 먹었다.

아이를 지켜보고 있으니 영양 '신호등'(초록색 두 개, 주황색 두 개)이라는 것이 점점 더 무의미하게 느껴지기 시작했다. 영국에서는 지방, 포화지방, 소금, 설탕 함량을 강조해서 보여주는 이 시스템이 순수하게 자발적으로 시행되고 있다(다른 많은 국가도 비슷한 시스템을 갖고 있다). 하지만 뒷좌석에 세 살배기 아이를 태우고 차를 운전하고 있는데 네 개의 신호등과 마주쳤다고 상상해보자. 두 개는 초록색이고, 두 개는 주황색이다. 그럼 계속 운전을 하란 소리인가, 말라는 소리인가?

신호등 시스템 말고도 영국에는 식품을 판단하는 또 다른 방식이 존재한다. 영국 언론에서 꽤 자주 얼굴을 내미는 방식으로, HFSS$^{\text{High in (saturated) fat, salt and sugar}}$라는 표시다. 이것은 (포화)지방, 소금, 설탕의 함량이 높다는 표시다. 영국에서 판매되는 포장식품은 영양소 프로필 모형$^{\text{Nutrient Profile Model}}$(NPM 2004/5)이라는 모호한 기준에 따라 HFSS인 것과 아닌 것으로 공식 분류된다. 이 모형은 아동을 대상으로 하는 식품 광고를 규제하는 도구로 개발됐다.•

자녀에게 건강한 식습관을 안내하기 위해 식품 포장지에 나와 있는 영양소 데이터 표를 이해하는 데 어려움을 겪고 있는 사람이라면 NPM 2004/5를 보고 기가 찰 것이다. 한 식품의 NPM 점수를 확인하기가 쉽지 않아서 다음의 세 단계를 거치며 직접 계산해야 한다. 그냥 이것이 얼마나 복잡한지 보여주기 위해 그 과정을 설명해보겠다.

우선 칼로리, 포화지방, 설탕, 나트륨 등 나쁜 것에 점수를 매겨야 한다. 이것을 'A' 점수라고 한다. 두 번째로는 과일, 채소, 견과류, 식이섬유, 단백질 등 좋은 것의 점수를 구해서 더해야 한다. 이것을 'C' 점수라고 한다. (참고로 이런 정보를 수집하기 위해 닐슨IQ 브랜드뱅크$^{\text{NielsenIQ Brandbank}}$ 같은 영양 데이터베이스에 접속하려면 돈을 지불해야 할 수도 있다.) A 점수와 C 점수를 계산한 다음에는 다른 규칙들을 고려해야 한다. 예를 들면 이런 규칙이다. "A 점수가 11점 이상인 식품이나 음

• NPM 2004/5는 아동 대상 텔레비전 식품 광고에서 영양 성분 조성을 바탕으로 식품을 구별할 수 있는 도구를 방송 규제 당국인 오프콤^{Ofcom}에게 제공하기 위해 식품표준국$^{\text{Food Standards Agency}}$에서 개발했다. HFSS는 NPM 2004/5의 범주 중 하나다. 현재 HFSS로 분류된 식품은 아동을 대상으로 한 온라인 광고와 텔레비전 광고가 제한된다. 하지만 아동들은 여전히 해당 브랜드 광고를 볼 수 있으며(예를 들면 맥도날드와 코카콜라), 가게에서 장난감이나 만화 캐릭터로 아이들에게 브랜드를 홍보할 수도 있다.

료는 과일, 채소, 견과류에서도 5점을 따지 않는 한 단백질 부분에서 점수를 획득할 수 없다."

여기까지는 이해가 되는가? 그다음에는 A 점수에서 C 점수를 빼서 30점 만점으로 계산한다. 여기서 4점 이상이 나온 식품은 모두 HFSS로 분류된다. 하지만 이 계산을 모두 해도 아이가 이 HFSS 식품을 먹어야 하는지 말아야 하는지, 혹은 얼마나 먹어야 하는지가 분명하지 않다. 이 표시는 식품을 특정 시간대에 특정 방식으로 아동에게 광고할 수 있는지 여부만을 판단해준다.

NPM 2004/5 계산기에 대한 2018년의 한 리뷰에서는 다음과 같이 말하고 있다. "이런 식품들을 더 건강하다거나, 덜 건강하다고 정의할 수 있는 하나의 단일 측정치는 존재하지 않는다."[8] 하지만 리라가 파자마에 흘린 초콜릿 우유를 닦아내는 모습을 보면서 카를루스 몬테이루의 초가공식품 정의가 더 단순할지도 모르겠다는 생각이 들었다. 물론 그의 정의, 그리고 건강과의 관련성을 뒷받침해준 증거가 있다는 전제 아래서 말이다.

분명 신호등 표시, 영양 데이터 표, HFSS 표시 모두 사람들이 음식을 선택하고 먹는 방식에 대한 망상을 보여주고 있는 듯하다. 제조업체의 주장과 뒤섞여 있는 정보를 일반인이 이해할 수 없다는 점도 그렇지만, 식욕이 아니라 수치에 따라 음식 섭취량을 조절할 수 있다는 개념 자체가 망상에 불과하다.

인간은 다른 모든 동물과 마찬가지로 영양분 섭취를 조절할 수 있는 시스템을 진화시켰다. 자료를 읽을수록 초가공식품이 정상적인 식욕 조절 능력을 붕괴시켜 포장지에 적혀 있는 권장량과는 상관없이 계속 먹게 만드는 것이 아닌가 하는 의심이 들기 시작했다.

몬테이루의 가설을 대략적으로 설명하고 있는 논문은 내가 연구실 저널 클럽에서 읽은, 세상에 대한 나의 이해를 영원히 바꾸어놓았던 논문들만큼이나 잠재적으로 중요해 보였다. 그는 식품을 가공의 수준에 따라 분류하는 개념을 어떻게 생각해냈을까?

나는 몬테이루가 발표한 논문들을 훑어보기 시작했다. 이것은 영양과 비만의 역사를 살펴보는 여정이었다.

그는 1948년에 브라질의 사회계층에서 아주 특별한 위치를 차지하고 있는 가정에서 태어났다. 그의 가족은 빈곤층의 꼭대기와 부유층의 밑바닥 사이에 걸쳐 있었다. 덕분에 카를루스는 양쪽 모두를 볼 수 있었다. 어쩌면 그가 사회 정의에 관심을 갖게 된 것은 주변에서 쉽게 보이는 절대 빈곤층으로의 전락이 운에 좌우되는 경우가 많아서였는지도 모른다.

그는 가족 중에서 처음으로 대학에 진학했고, 미국의 후원을 등에 업은 군사 쿠데타 직후인 1966년에 의대에 들어갔다. 의사로서의 그의 경력은 연이은 군사 정권과 국가 폭력의 증가를 배경으로 시작됐고, 가장 소외된 계층의 건강에 대한 관심이 점점 커졌다.

그의 연구 경력은 상파울루 근처의 최빈곤 지역 중 한 곳인 히베이라 계곡에서 시작됐다. 그는 교육이나 수입이 아닌 사회적 계층이 농장 노동자들의 영양 상태에 미치는 영향을 연구하고 있었다. 프로젝트에는 몇 가지 모호한 경계가 있었다. '사회적 계층'과 '영양 상태'를 정의하기는 쉽지 않다. 몬테이루는 수학, 의학, 인류학, 경제학의 기술을 결합해서 다양한 데이터를 구성하고 분석했다. 그는 나중에 초가공식품이라는 범주를 만드는 데 적용할 기술들을 배우기 시작했다.

1977년부터 나온 그의 초기 논문들은 당시 브라질에서 큰 골칫거리였던 영양실조에 초점을 맞추고 있다. 그중에는 모유 수유, 성장 부진, 아동의 철분 보충에 관한 연구가 있다. 당시에는 과체중의 위기라는 것은 상상조차 할 수 없었다.

전 세계적으로 영양학은 이런 식으로 시작됐다. 영양학은 북서항로를 항해하는 선원에게 찾아오는 괴혈병, 요오드 결핍으로 생기는 '랭커셔 목Lancashire neck' 등 주로 결핍으로 인한 질병을 연구하는 학문이었다. 각기병, 펠라그라pellagra(니코틴산 결핍으로 일어나는 병—옮긴이), 구루병 등은 비타민 결핍으로 생기는 익숙한 질병들이다. 몸의 건강을 유지하는 데 필요한 최소의 요구 조건을 찾아내는 것이 가장 시급한 문제였고, 영양소 하나만 추가해주면 끔찍한 고통을 완화할 수 있었던 시절에 영양학이 만들어졌다. 아마도 이런 사정 때문에 식단을 개별 화학물질로 분해해서 각각 필요한 용량을 정확히 밝혀내면 건강한 식생활을 구성할 수 있다는 개념이 등장했을 것이다.

몸이 과잉에 대해 어떻게 반응하는지에 관해서는 별로 이해하는 바가 없었다. 몬테이루는 1990년대 중반부터 이런 과잉을 관찰하기 시작했다. 한때는 불가능해 보였던 과체중의 위기가 그저 그럴듯한 이야기가 아니라 갑자기 그가 시선을 두는 모든 곳에서 현실로 나타났다. 그는 부유층 지역에서는 비만율이 떨어지기 시작하는데 극빈층에서는 오히려 비만이 증가하는 것을 보고 이를 '영양 전환nutritional transformation'이라고 불렀다.

그의 논문에는 복잡한 방정식이 잔뜩 들어 있지만 그 안에 담긴 내용은 일상적으로 느껴진다. 암을 치료하거나 유전체 염기 서열을 분석하는 것처럼 느껴지기보다는 쇼핑 영수증을 들여다보는 느낌이다. 나는 몬테이루의 연구를 피상적으로 훑어보면서 수많은 중요한 개념들을 방해하는 문제가 본질을 가리고 있다는 느낌이 들었다. 즉 복잡하고 지루한 것이 문제였다. 하지만 그의 논문 중 통계적 방법론을 다룬 부분에서 한발 뒤로 물러나 본체를 보면 그가 무언가 대단히 특별한 현상을 꼼꼼하게 기록하고 있다는 것을 알 수 있었다. 비만이 그저 학문적 관심사에 불과했다가 이제는 가장 심각한 공중보건 문제가 된 브라질의 영양 전환 현상이었다.

이 내용이 흥미로웠던 이유는 영국과 미국 같은 나라에서는 비가공식품으로 이루어졌던 식단이 초가공 식단으로 바뀌는 순간을 지켜보지 못하고 놓쳐버렸기 때문이다. 우리는 전국적인 가계 소비 데이터 말고는 1950년대, 1960년대, 1970년대에 사람들이 무엇을 먹었는지 알려주는 개인의 식생활 데이터를 직접 취합한 자료가 거의 없다. 하지만 몬테이루는 미국과 영국에서 무슨 일이 일어났었는지 알고 있었고, 그 현상이 브라질에서 더 빠른 속도로 진행되는 것을 지켜봤다.

2003년 무렵부터 그는 사람들이 지방과 설탕을 얼마나 먹고 있는지에 대해 더 많은 논문을 펴내기 시작했다. 이 논문들은 데이터를 특이한 방식으로 바라보았다. 실제로 과체중, 비만, 설탕, 지방에 관한 그의 논문들은 이상한 역설을 드러내고 있었다.

식생활에 관한 전통적인 조언을 보면 과일과 채소뿐만 아니라 시리얼, 빵, 쌀밥, 파스타, 감자 등 탄수화물 중심의 식생활을 권장하고 있다. 그와는 반대로 기름, 지방, 소금, 정제 설탕은 조금씩만 섭취할 것을 권장했다. 하지만 몬테이루는 브라질의 비만율이 폭발적으로 올라갔던 1980년대 중반과 2010년대 사이에 시리얼, 파스타, 빵같이 몸에 좋다는 식품의 구매는 증가한 반면, 기름, 설탕 등의 성분이 들어간 건강에 해로워 보이는 식품의 구매는 크게 떨어졌음을 알아냈다.[9]

이 역설의 원인을 밝혀내기 위해 몬테이루는 단일 영양소나 식품에 초점을 맞추지 않고 전체적인 식생활 패턴을 들여다봐야겠다고 판단했다. 그와 그의 연구진은 '나쁜 음식'의 경계를 그리는 작업에 다른 방식으로 접근했다. 미시적인 수준의 출발점에서 시작하는 것이 아니라 도착점에서 시작한 것이다. 이들은 문제를 일으키는 식품을 먼저 찾아낸 다음 역으로 거슬러 올라가면서 이들의 공통점이 무엇인지 확인했다.

이렇게 하려면 영양 분야에서 기존에 사용하지 않았던 통계적 방법을 사용해야 했다. 수학적 분석을 통해 브라질의 서로 다른 식생활 패턴 두 가지가 등장했다. 하나는 주로 쌀과 콩 같은 전통적 식품으로 구성된 식생활이었고, 또 하나는 청량음료, 쿠키, 기성품 디저트, 인스턴트 면과 시리얼 등으로 구성된 식생활이었다. 후자의 식생활 패턴이 전통적인 식품을 몰아내고 대세로 자리 잡고 있었다. 1974년부터 2003년 사이에 브라질의 비스킷 소비는 400퍼센트 증가했고, 청량음료 소비 역시 400퍼센트 증가했다. 문제를 일으키는 인기 제품들 사이의 연관성이 분명하게 드러났다. 이들은 모두 기존의 식재료를 해체해서 그 성분을 변성한 다음 첨가물을 더해서 만들어진 것이었고, 공격적인 마케팅이 이루어지는 경우가 많았다.

몬테이루와 그의 연구진이 건강과 관련된 식품 구입을 분석해보니 설탕과 기름이 포함되어 있었다. 그렇다고 설탕이나 기름이 건강에 좋다는 의미는 아니다. 하지만 이것은 가정에서 여전히 쌀과 콩을 직접 요리해서 먹고 있음을 보여주는 지표였다.

이로써 몬테이루와 그 연구진은 오랫동안 끌어온 문제와 직면하게 됐다. 비만에 관한 한 문제는 음식에 있다. 하지만 1980년, 아니 사실 1890년부터 풀지 못한 난제가 있었다. 정확히 어느 음식이 문제냐는 것이었다.

나쁜 음식은 분명 존재한다. 하지만 그것을 어떻게 정의할 것인가?

다 예전에 들어본 것이라는 생각이 들지도 모르겠다. 똑똑한 사람들은 오래전부터 '가공식품'에 대해 걱정했지만 이것이 정확히 꼬집어 말하기 어려운 개념임을 알았다. 우리 어머니만 해도 그랬다.

그 당시 몬테이루는 히베이라 계곡에서 농장 노동자들을 연구하고 있었고, 우리 어머니는 타임 라이프$^{Time\ Life}$의 편집자였다. 어머니는 다양한 책을 작업했지만 가장 열정을 보인 프로젝트는 '좋은 요리$^{The\ Good\ Cook}$'라는 시리즈 출판물이었다. 이 시리즈는 리처드 올니$^{Richard\ Olney}$라는 음식 순수주의자가 썼다. 그는 직접 밀을 재배해서 밀가루를 만들어 먹는 유형의 요리사였다. 이런 사람이나 우리 어머니 같은 사람들이 '정크푸드'에 대해 이야기했다.

내 형제들과 나는 과학에 대해 눈을 뜨면서 고상한 척하지 말라며 어머니와 논쟁을 했다. 우리는 어머니에게 어머니가 만든 요리에도 우리에게는 금지 식품인 맥도날드 못지않은 양의 소금과 지방이 들어 있다는 점을 지적했다. 우리가 의대에서 배운 음식에 대한 개념은 어머니가 직접 요리한 짭짤하고 지방분 많은 음식과 산업적으로 생산해서 나온 그와 동등한 식품을 구분하지 않았다. 하지만 카를루스 몬테이루의 데이터는 그 둘이 분명 다르다는 것을 보여주고 있었다. 그리고 이런 구분은 그 이후로 점점 더 분명해졌다.

피자를 예로 들어보자. 영양 면에서 보면 피자는 밀가루, 토마토, 치즈로 만들어져서 다 그게 그거다. 우리 집 도로 끝에 있는 피자 가게인 스위트 서즈데이$^{Sweet Thursday}$에서 10파운드 정도면 살 수 있다. 이 피자는 여섯 가지 재료로 만들어졌고 초가공식품이 아니다. 그러나 영양 프로필로 따지면 이웃 슈퍼마켓에서 1파운드에 파는 방부제, 안정제, 항산화제가 들어 있는 초가공식품 피자와 다를 바가 없다. 두 피자 모두 칼로리, 소금, 지방, 설탕의 양이 거의 같다. 하지만 하나는 비만이나 식생활 관련 질병과 관련이 없는 전통 식품이고, 다른 하나는 그렇지 않다.

음식에 대한 토론은 고상한 척하내, 마네 하는 진창으로 빠져들 수밖에 없다. 보통 음식에 돈을 넉넉하게 쓸 여력이 있는 사람들은 가처분 소득이 적은 사람들과 먹는 음식의 종류와 다양성에 차이가 있기 때문이다. 뒤에서 살펴보겠지만 이것이 전체적으로 볼 때 돈이 없는 사람의 비만율이 더 높다는 사실에 기여하고 있다. 그리고 현재는 비만 및 기타 식생활 관련 질병이 선택의 문제가 아니라는 주장이 주류를 이루고 있다.

우리 어머니 세대도 '정크푸드' 혹은 '가공식품'에 대해 걱정한 첫 번째 세대는 아니다. 가공식품이 가난과 연관되기 전부터도 우려의 목소리가 있었다. 지방과 지방의 체내 대사에 대한 이해의 토대를 다진 화학자 휴 맥도널드 싱클레어$^{\text{Hugh MacDonald Sinclair}}$는 우리 어머니가 요리 책을 편집하고 몬테이루가 무대에 등장하기 훨씬 전부터 이미 가공식품에 대해 걱정하고 있었다. 옥스퍼드대학교의 카리스마 넘치는 괴짜 싱클레어는 1956년에 의학 저널 《랜싯$^{\text{The Lancet}}$》에 원고를 투고한 적이 있다. 그는 스스로 자신의 글을 "《랜싯》에서 발표됐던 투고문 중 가장 길고 무례한 글"이라 표현했다.

이 글에서 그는 필수지방산의 만성 결핍이 폐암, 관상동맥혈전증, 백혈병과 관련이 있다고 했다. 그는 이런 결핍이 고도로 가공한 밀과 제조 마가린 때문에 생긴다고 주장했다. "나는 장발을 하고 다니는 사람들이 말하는 자연주의에는 공감하지 않지만 밀을 추출, '개선'하고, 마가린을 제조해서 만든 세련된 사료를 의심 없이 받아들이는 대중에게 속여 팔기 전에 좀 더 생각해보고, 더 많은 연구를 진행해야 한다고 간청하는 바이다."

싱클레어보다 훨씬 전에는 시카고의 소아과의사 클래라 데이비스$^{\text{Clara Davis}}$가 있었다. 그녀는 신비로운 사람이며 인간 영양학의 거물이므로 뒤에서 다시 제대로 만나볼 것이다. 그녀는 일찍이 1920년대부터 흰 밀가루와 제과류, 설탕에 대해 걱정했다. 데이비스 이전인 1820년대에도 식품 불순물 첨가와 가공의 해로움에 대한 최초의 주요 학술 논문이 발표됐다. 프레더릭 아컴$^{\text{Frederick Accum}}$의 「냄비 속의 죽음: 식품 불순물 첨가와 요리에 사용하는 독, 그리고 그것을 찾아내는 방법에 관한 논문$^{\text{Death in the Pot: A Treatise on Adulterations of Food, and Culinary Poisons, and Methods Of Detecting Them}}$」이었다.

그리고 약 6,000년 전에 북아프리카의 목축민이 동물의 위장에 우유를 보관했다가 결국 우연히 치즈를 발명했을 때도 보관 기간이 늘어났다고 해서 그 새로운 형태의 가공 방식을 모두가 반기지는 않았을 것 같다.

식품을 가공식품과 비가공식품으로 나누기는 불가능하다. 정말로 가공 처리가 전혀 안 된 음식을 하나라도 생각해보자. 통째로 날것 그대로 먹을 수 있고, 선발 육종도 이루어지지 않은 것으로 말이다. 몇 가지 야생 산딸기류, 굴, 생우유, 버섯 정도를 빼면 그리 많지 않다. 인류가 침팬지와 분리되어 나오고 갓 100만 년 정도가 지났을 때부터 식품 가공이 시작됐다. 매머드 시체에서 고깃덩어리를 잘라냈다고? 그것도 가공이다. 불에 익혔다고? 그것 역시 가공이다. 문자가 등장하기도 전에 나온 방법인 선발 육종을 통해 작물과 동물의 유전자를 변형한 것은? 그것 역시 가공이다.

영양에 관한 지침을 만들 때 가공이 건강에 미치는 영향에 대한 우려를 아예 하지 않았던 이유는 우리가 먹는 식품은 거의 모두 어느 정도 가공되어 나온 것이라는 데 있을 것이다. '정크푸드'가 해롭다고 여긴 이유는 그냥 포화지방과 설탕 같은 '나쁜' 성분은 너무 많이 들어 있고 좋은 성분은 너무 적게 들어 있기 때문이었다.

2007년에 몬테이루가 이 문제와 씨름하고 있는 동안 그와 그의 연구진에게 큰 영향을 미친 글 두 개가 발표됐다. 첫 번째는 마이클 폴란Michael Pollan이 《뉴욕 타임스》에 발표한 글로 "음식을 먹되, 너무 많지 않게, 대부분 식물성으로 먹어라"라는 잘 알려진 문장으로 시작한다.[10] 폴란은 전통적인 식단은 종류를 막론하고 거의 모두가 건강에 이로우며 그 안에 무엇이 들어가는지는 상관이 없다는 점을 강조했다. 예를 들면 프랑스에서는 알코올과 포화지방을 많이 먹고, 이탈리아에서는 피자와 파스타를 많이 먹지만 그런 경우도 모두 건강에 이롭다.

두 번째는 미네소타대학교의 전염병학자 데이비드 제이컵스^{David} ^{Jacobs}와 호주 울런공대학교의 린다 탭셀$^{Linda\ Tapsell}$이 다소 덜 알려진 학술지인《영양학 리뷰$^{Nutrition\ Reviews}$》에 발표한 글이었다. 이 글의 제목은「영양의 기본 단위는 영양소가 아니라 식품이다$^{Food,\ not\ nutrients,\ is\ the\ fundamental\ unit\ in\ nutrition}$」이다. 이 글은 아직 설명되지 않은 현상, 즉 통곡물, 견과류, 올리브, 기름기 많은 생선 등의 식품이 만성질환의 위협을 낮춰주는 것으로 확인됐지만 베타카로틴, 어유$^{fish\ oil}$, 비타민 B 등 그와 관련된 영양소를 식품에서 추출해 보충제로 복용하는 순간 그 이로움이 바로 사라져버리는 현상을 지적했다.

간단히 말해서 건강한 사람에게 도움이 되는 보충제는 없다는 얘기다. 이로운 영양소들은 상황에 맞게 섭취할 때만 도움이 되는 것으로 보인다. 생선에서 나온 어유는 이롭지 않지만 기름기 많은 생선은 이롭다. 믿기 어려운 얘기라는 것은 나도 안다. 하지만 건강한 사람의 경우에는 그 어떤 보충제도, 비타민도, 항산화제도 사망의 위험을 낮추지 못한다. 심지어 종류를 막론하고 질병의 발생 위험도 줄여주지 못한다. 독립적으로 이루어진 거의 모든 대규모 연구에서 종합비타민과 항산화제 보충제는 오히려 사망 위험을 높이는 것으로 나타났다. 특히 비타민 E, 베타카로틴, 고용량 비타민 C가 그랬다.[11-13] 결핍 가능성이 있는 상황이 아니면 비타민 보충제가 효과 없다는 것을 이해할 수 있으면 식품과 식품의 추출물이 같은 것이 아님을 이해하기 시작한 것이다. 군비경쟁의 효과를 기억하자. 음식은 복잡하다.

이 두 편의 글이 몬테이루의 다음 단계를 위한 지식의 토대가 되었다. 다음 단계는 나쁜 음식을 대상으로 하는 연구가 가능하도록 나쁜 음식을 공식적으로 기술하는 것이었다. 그는 농장에서 연구하며 보냈던 시간 덕분에 이 과제를 진행할 준비가 되어 있었다. 그의 연구진은 자신의 데이터에서 빈약한 건강상의 결과와 관련된 식품을 살펴보고, 그것에 대해 기술하기 시작했다. 2010년 무렵에는 NOVA 분류 체계를 생각해냈다. 몬테이루는 그것이 자신의 아이디어가 아니라 공동 작업의 결과물이라고 주장했다. 그리고 '유레카!'의 순간도 없었다고 말했다. 그에 따르면 그 정의는 여러 해에 걸친 세심한 데이터 분석에서 나온 것이라고 한다. 몬테이루의 연구진 중 그 누구도 언제, 어떻게 이런 정의에 도달했는지 말해주지 못했다. 확실한 부분은 장 클로드 무바라크Jean-Claude Moubarac가 어느 날 대학 구내식당에서 'NOVA'라는 이름을 생각해냈다는 것밖에 없었다.

= 초가공식품이라는 가설에 대하여 =

아침 식사 시간에 나도 모르게 오래된 TV 광고에 나오는 시엠송을 흥얼거렸다. "차라리 코코팝을 한 그릇 먹겠어요!" 리라도 다른 것을 먹느니 코코팝을 한 사발 뚝딱 먹으려는 건가. 리라는 배가 빵빵해질 때까지 코코팝을 먹었다. 숟가락을 내려놓을 즈음에 보니 성인 권장량 2인분에 우유를 가득 따라 먹어치웠다. 이 정도면 아이의 하루치 칼로리 권장량을 다 먹은 셈이다. 식사를 마친 후에 나는 디지털 저울을 꺼내서 아이의 그릇을 다시 채우고 우리가 먹은 음식의 무게를 모두 확인해보았다. 굳이 디지털 저울을 갖고 있는 이유는 내가 아는 최고의 레시피들이 전부 연구실 동료들이 재료의 무게를 그램 단위까지 정확하게 적어준 것들이기 때문이다. 한 동료는 향신료의 무게를 아예 미량저울 단위로 측정해놓았다. 그래서 그녀의 레시피에는 '곱게 간 정향 100mg'과 같은 내용이 들어 있다. 나는 미량저울은 사지 않았다.

초가공 식단의 첫 끼 식사로 나는 5인분을 먹었다. 1950년대 후반에 발명된 코코팝은 우리 부모님 세대에게는 아침 식사에 빠지지 않는 식품이었고, 내 어린 시절에는 단연 가장 인기 많은 시리얼이었다. 걱정해야 할 식품이 아니라 거의 전통 음식의 한 종류처럼 느껴질 정도다.

몬테이루의 NOVA 분류 체계가 처음 발표된 이후로 상당한 반발이 있었다. 비판자들은 이렇게 물었다. 어떻게 식품에 칼로리를 더하거나 화학적 조성을 변화시키지 않는● 일련의 과정이 체중 증가나 건강 악화를 일으킬 수 있단 말인가? 이런 반대가 나오는 것도 이해할 만하다. 당신도 조금 불편한 느낌을 받았을지 모른다. 초가공식품의 정의가 조금은 임의적이라는 느낌 말이다.

반대론자인 저널리스트 크리스토퍼 스노든^{Christopher Snowdon}은 2022년 1월에 「'초가공식품'이란 무엇인가?」라는 제목으로 올린 블로그 게시물에서 이 점을 정확히 지적했다.[14] 스노든은 이 글이 《영국의학 저널^{British Medical Journal}》에 실린 초가공식품에 대한 '미친' 특별 기고

● 조리 과정은 화학적 조성을 변화시키지만 다른 많은 가공은 그러지 않는다.

문에서 영감을 받아 쓴 글이라고 밝혔다. 초가공식품의 정의에서 보이는 이런 '임의성'을 그는 깔끔하게 요약했다. "'정크푸드'라는 표현은 너무 협소하다. 대부분의 사람들이 그것을 몇 종류 안 되는 체인점에서 판매하는 '패스트푸드'를 의미하는 것으로 해석하기 때문이다. 그렇다 보니 식생활을 망치는 범인이 누구인지 분명하지 않은 상태에서 공중보건 로비 활동이 '초가공식품'에 반대하는 운동 쪽으로 옮겨가고 있다."

스노든은 특별 기고문에 나온 초가공식품 확인법에 관한 경험적 법칙 하나에 대해 특히 불만이 많았다. 초가공식품이 다섯 가지 이상의 성분을 함유할 가능성이 높다는 법칙이었다. 그는 이렇게 적었다. "이 얼마나 터무니없고 임의적인 기준인가? 이 중 어떤 것도 과학적 근거가 없다!"

그가 말하는 바는 어렵지 않게 이해할 수 있다. 성분이 다섯 가지면 안 될 이유가 무엇이고, 네 가지넌 안 될 이유는 또 무엇인가? 하지만 과학자에게는 이런 임의성이 문제가 되지 않는다.

몬테이루의 연구진이 별자리처럼 임의성이 분명한 대상을 가지고 시작했다고 상상해보자. 그럼 초가공식품 대신 사자자리에 태어난 것이 비만의 원인이라는 가설을 세울 수 있다. 과학에서는 증거로 뒷받침할 수만 있다면 어떤 가설을 세우든 문제가 되지 않는다.

어떤 사람이 사자자리 사람들에게 비만이 더 많다는 것을 관찰했다고 해보자. 그럼 연구자들은 계절, 임신 당시의 날씨, 산모의 식생활, 출생 당시에 유행하고 있던 바이러스 등 해당 현상이 생긴 이유를 설명할 지적 모형을 구축해야 할 것이다. 동물실험을 통해 7월 23일과 8월 22일 사이에 태어난 생쥐를 다른 기간에 태어난 쥐들과 비교해볼 수도 있다. 그런데 그 모형을 철저하게 검증해보았더니 태양이 황경黃經 120도와 150도 사이, 즉 사자자리를 지날 때 태어났다는 사실이 이 모든 차이를 만들어냈고, 다른 것들은 아무 영향도 미치지 않는다는 결론이 나왔다고 해보자. 그럼 어쩔 수 없이 그것을 받아들여야 한다. 아무리 이상해 보이고, 그 출발점이 완전히 임의적이었다고 해도 거기서 나온 결론은 여전히 참이다.

과학철학자들은 지식의 기원에 대해 생각이 갈리기도 하지만, 과학이 관찰에서 시작해 모형을 구축하고 그 관찰을 검증하는 과정을 거친다는 것은 대부분 인정한다. 천체의 운동 측정값이나 선형충돌기 linear collider 같은 최첨단 기계에서 나온 판독 수치를 보면 관찰 데이터가 아주 '과학스럽게' 느껴지기도 한다. 하지만 때로는 개를 산책시키던 사람이 공원에서 발견한 죽은 거위가 조류독감 유행병의 첫 데이터포인트가 되기도 한다.

물론 현실에서는 점성술에서 나온 임의적인 가설을 뒷받침해줄 데이터가 나오지 않을 테니 그런 모형은 붕괴할 수밖에 없다. 그럼 연구자들은 다른 원인을 찾아 나서야 할 것이다. 예를 들면 산업적으로 생산된 식품을 많이 먹을 수밖에 없도록 강요하는 식품 시스템이라든지, 궁수자리 출생이라든지. 좋은 과학의 힘은 나쁜 가설, 틀린 가설, 임의적인 가설을 모두 다룰 수 있다는 데 있다. 그것이야말로 과학의 결정적인 특징이다.

현실의 과학은 보통 임의적인 것에서 시작하는 경우가 많다. 사물을 범주로 나누어 분류하기, 집단으로 한데 묶기, 이름 붙이기 등 모두 임의적으로 이루어지는 활동이다. 어딘가에서 경계선을 긋고, 관심의 대상을 기술해야 한다. 자연과학은 그 경계선이 더 명확한 편이다. 물리학은 입자들을 집단별로 묶은 후에 중력장이나 전자기장에서 행동하는 방식에 따라 기술한다. 화학은 아원자 수준에서의 구성 방식과 화학적 행동에 따라 주기율표에서 원소를 정렬한다. 이런 시스템은 객관적이고 개별적이다.

가끔은 생명과학 분야에서도 잘 정의된 범주가 나온다. 이제 HIV는 감염되었느냐 아니냐 하는 이분법적인 진단이 가능하다. 하지만 가장 시급한 문제 중에는 훨씬 모호한 것이 많다. 성인의 비만 같은 경우는 BMI 30 이상이라고 임의적으로 정의되어 있다. 사실 그 기준을 29나 31로 잡았어도 문제될 것은 없다.● BMI가 정확히 30이 됐을 때 갑작스럽게 생기는 건강상의 변화는 없다. 수치가 높아지면 위험이 점진적으로 커질 뿐이다. 혈압, 헤모글로빈, 폐활량 등 거의 모든 생물학적 측정치는 연속선상에 존재한다. 우리는 이 연속선 위에 임의적으로 기준선을 그은 후에 어느 한쪽은 고혈압, 빈혈, 혹은 비만이고, 그 반대쪽은 아니라고 말한다.

기준선을 긋는 행위, 그것이 바로 몬테이루 연구진의 천재성이 돋보인 부분이다. 아니, 어쩌면 기준선을 그릴 수 있다고 생각한 것, 즉 해로운 음식이 존재하며, 그것을 정의할 수 있다고 판단한 것 자체가

● 여기서 언급하기에는 BMI 사용의 한계로 인한 문제점이 너무 많다. 하지만 아직까지는 인구 집단에 대해 생각할 때 사용할 수 있는 최고의 도구이다. BMI의 문제점에 대한 자세한 논의는 다음의 자료를 참고하기 바란다. 오브리 고든Aubrey Gordon, 「BMI의 기이하고 인종차별적인 역사The bizarre and racist history of the BMI」.15

천재적이었는지도 모른다. 기준선을 정확히 어디에 그을 것인지는 임의적이지만, 질병을 일으키는 식생활 패턴과 그렇지 않은 패턴이 존재한다는 개념 자체는 임의적이지 않다. 이 개념은 세심하게 수집하고 분석한 막대한 양의 데이터로부터 나온 것이다. 그리고 이윤 추구를 위해 생산된 식품은 고의적으로든 실수로든 우리로 하여금 과도한 양의 음식을 먹게 하도록 설계되었다는 주장 역시 임의적이지 않다.

NOVA 분류 체계는 케빈 홀과 다른 많은 사람들이 엄격한 검증을 해볼 수 있도록 식품을 범주별로 분류해놓은 가설이자 모형이다. 그리고 이것은 식품을 연구하면서 만나는 사회적 지뢰들을 적어도 부분적으로는 피해 가고 있다. 특정 피자가 과도한 섭취를 유도하는지 여부는 그것의 가격이 얼마인지, 그것을 먹는 사람이 누구인지와는 상관이 없다. 여기서는 오직 그 음식이 초가공식품인지 여부만을 묻고 있다.

2010년에 정의가 나왔으니 이제 초가공식품은 연구를 위한 조작화가 마무리됐다. 하지만 과연 이 가설이 엄격한 검증에서 살아남을 수 있을까?

Chapter 3

||||||||||||||||||||||||||||||||||||

초가공식품은 어떻게 건강을 망치는가

식생활 실험 2주차에 나는 내 쌍둥이 형 잰드, 그리고 두 명의 처남 리처드, 라이언과 함께 캠핑 여행을 갔다. 우리는 런던을 출발해 서쪽으로 웨일스를 향해 가다가 중간에 리 델라미어 휴게소에 들렀다. 이곳은 초가공식품의 향연이다. 나는 여행 중에 먹으려고 쿨 오리지널 도리토스 과자, 레드불 에너지 드링크 두 캔, 스키틀스 초콜릿과 하리보 슈퍼믹스 젤리를 몇 봉지 샀다.

우리는 브레컨 비컨스 국립공원에 있는 한 폭포수 근처의 아름다운 장소에서 잠을 잤지만, 나는 음식과 몸에 관한 꿈 때문에 단잠을 망치고 말았다. 소금과 설탕의 농도가 너무 높아진 내 피가 걸쭉해지고 끈적해지는 꿈이었다. 결국 나는 안 좋은 기분으로 이른 시간에 잠을 깼다.

나는 물 한 잔으로 몸을 희석해주고 기분 전환을 위해 아침을 먹으며 산등성이를 바라보았다. 우리는 켈로그에서 나온 크런치 넛츠 클러스터(인공색소와 향미료가 들어가지 않은 통곡물로 만든 것이고 성인에게는 레고랜드 무료 입장권을 제공한다고 홍보한다)와 알펜(통곡물 시리얼과 바를 만드는 영국의 식품 브랜드—옮긴이)의 오리지널 레시피 '건강에 좋은 천연 뮤즐리'를 먹었다.

호주 출신의 명망 있는 심리학 교수 라이언은 내가 초가공 식단 실험이라며 알펜을 먹고 있는 모습을 보고 깜짝 놀랐다. "알펜이 초가공 식품이라고요? 건강에 좋은 천연 성분인데." 그래서 나는 그에게 이 제품은 가정에서 조리할 때는 사용하지 않는 성분인 우유 유청 분말이 들어 있기 때문에 엄밀하게 따지면 초가공식품에 해당한다고 말해주었다.

그는 정말 당황한 표정이었다. "포장지에 그려진 산을 보세요. 깨끗한 자연 그대로의 모습이잖아요!" 나는 그래도 여전히 초가공식품이라고 대답해주었다. 리처드와 잰드도 라이언의 말에 동의했다. "맛만 좋은데요, 뭘." 그가 계속 우겼다. 심리학자인 라이언마저 포장지에 설득당했으니, 이 포장지는 세상 누구라도 설득할 수 있을 것이다.

차를 몰고 집으로 가는 길에 BBC 라디오의 한 프로듀서로부터 전화를 받았다. 그는 사람들에게 초가공식품이라는 개념을 소개하는 짧은 라디오 다큐멘터리를 만들고 싶어 했다. 보아하니 이 다큐를 제작하면 내 80퍼센트 초가공 식단 실험에서 무언가 흥미로운 것을 발견할 경우 연구에 필요한 자금을 구하는 데 도움이 될 것 같았다(연구비 제공자들은 자기가 후원한 연구가 사람들에게 널리 알려지는 것을 좋아한다).

이것은 또한 잠재적 연구 동료와 관계를 구축할 수 있는 기회이기도 했다. 그래서 나는 몬테이루의 가설을 검증했던 논문의 저자 케빈 홀에게 연락해서 초가공식품이 실제로 체중 증가를 일으키는지 확인해 보았다.

나는 방음 처리된 라디오 부스에서 홀에게 전화를 걸어 그의 경험에 대해 물어보았다. 그는 이렇게 말했다. "식품 속에 들어 있는 영양소가 아니라 가공의 정도와 목적에 대해 걱정해야 한다는 의견을 들었을 때는 사실 말도 안 되는 얘기라고 생각했습니다." 그가 놀라운 얘기로 말을 시작했다.

홀은 메릴랜드주 베세즈다에 있는 사무실에서 통화 중이었다. 그는 미국 국립당뇨병소화기신장질환 연구소US National Institute of Diabetes and Digestive and Kidney Diseases의 수석 연구원으로 일하고 있었고, '생물학 모델링 연구소 통합 생리학과 과장'이라는 다소 관료주의적으로 들리는 직함을 갖고 있었다. 이 직함만 보면 그가 영양학과 훈련을 받은 사람이 아님에도 21세기 영양학의 주요 인물 중 한 사람이란 사실을 모르고 지나칠 수 있다. 그는 비선형 동역학이라고 불리는 수학 모델링 박사학위가 있는 물리학자였다.

캐나다에서 육체노동을 하는 영국인 부모 밑에서 태어난 홀은(그의 아버지는 최초의 원자력발전소에서 터빈을 건설한 실력 있는 기계 제작자였고, 어머니는 물리치료실의 행정보조원으로 일했다) 카를루스 몬테이루처럼 가족 중에서 처음으로 대학에 진학한 사람이었다. 홀은 맥마스터대학교 물리학과에 다니는 동안 고에너지 입자물리학 강의에서 거의 수석을 할 정도로 뛰어난 성적을 받았다. 그는 자신의 학업 성적에 대해 특유의 겸손한 태도로 이야기했다. "수석을 하는 학생이 너무 쉽게 수석을 차지하는 것을 보고 내가 더 잘할 수 있는 다른 분야를 찾아야겠다고 생각했죠."

그는 전기생리학 연구실에서 여름 일자리를 얻어서 개의 내장이 수축 운동을 어떻게 조직화하는지를 연구했다. 그는 그곳에서 생물학적 과정의 수학 모델을 구축하기 시작했고, 이것이 영양학 연구 분야로 그를 이끌었다. 그 후로 그는 영양학을 완전히 바꾸어놓았다.

그는 내게 이렇게 말했다. "누구에게 묻느냐에 따라 저는 다음 세 가지 중 하나로 알려져 있습니다." 그리고 그가 그 세 가지를 깔끔하게 정리해서 말했다.

첫째, 그는 성인 인체 대사의 수학적 모형으로 알려져 있다.[1] 홀은 몇 년 전에 이 모형을 이용해서 저탄수화물 식단이 체중 변화에 별다른 효과가 없을 것이라 예측했다.

그의 그다음 업적은 밀레니엄 시대에 접어들면서 자라나고 있던, 설탕이 비만의 가장 큰 주범이라는 개념을 검증한 것이다. 그는 설탕이 우리의 대사에 어떻게 영향을 미치는지에 대해 결정적인 연구를 진행했는데 이 부분은 뒤에서 살펴보겠다.

그다음에는 '〈도전! FAT 제로Biggest Loser〉 연구'가 있다.[2] 이 연구에서 홀은 공전의 히트를 친 미국 예능 프로그램인 〈도전! FAT 제로〉의 참가자들을 6년간 추적했다. 이 참가자들은 모두 BMI가 40이 넘는 3급 비만(예전에는 병적 비만이라고 불렀다) 상태에서 프로그램을 시작했고, 몇 달 동안 목장에 고립되어 극단적인 칼로리 제한과 운동 프로그램을 진행했다. 이 경쟁이 끝나고 난 후에 평균 감량 체중은 60킬로그램 정도였다. 그 후로 참가자들이 고강도 운동을 유지했음에도 불구하고 6년 후에 평균 증가 체중은 41킬로그램이었다. 홀의 연구는 감량 체중을 유지하는 것이 엄청나게 어렵다는 것을 여실히 보여주었다.

홀은 이렇게 말했다. "그리고 마지막으로는 초가공식품에 대한 연구입니다. 사실 모두 네 가지가 있는 것 같네요." 이 마지막 연구가 내가 그와 대화하게 된 계기다. 나는 그가 처음에는 몬테이루의 초가공식품 이론이 말도 안 된다고 생각했었다는 얘기로 시작할 줄 미처 몰랐다. 그는 한 학회에서 펩시콜라 간부 옆자리에 앉아 있다가 초가공식품에 대해 처음 들었다고 했다. 이때는 초가공식품에 대한 논문이 몇 편 등장하기 시작하던 2017년이었다. "펩시콜라 간부가 말하기를 식품에 대해 새로 등장한 생각 때문에 걱정이라며 내 의견이 듣고 싶다고 했죠. 제 첫 반응은 이랬습니다. '세상에 그런 얘기를 진지하게 귀담아듣는 사람도 있답니까?'"

홀은 수십 년에 걸친 중요한 발전 덕분에 우리 음식에 들어 있는 영양소 중 어떤 것이 몸에 좋고 어떤 것이 나쁜지 밝혀내고, 결핍성 질병에 대한 치료법도 발견할 수 있었다고 생각하고 있었다. 그는 이렇게 말을 이었다. "영양학이 영약학이라 불리는 이유는 영양소에 관한 학문이기 때문 아니겠습니까? 그런데 몬테이루의 연구진이 나타나서 이렇게 말하는 거예요. '아니죠, 아니에요. 당신들은 잘못 이해하고 있습니다.'"

그는 특히나 몬테이투가 초가공식품을 '자연식품은 최소로 들어가 있고 대부분 산업 생산을 통해 나온 저렴한 식이 에너지와 영양소에 첨가물을 더하고 일련의 가공 과정을 거쳐서 제조하는 식품'이라고 묘사한 부분이 마음에 들지 않았다. 그는 이것이 이런 식품의 진짜 문제점을 전혀 말해주지 않는 애매모호하고 불만족스러운 정의라고 생각했다.

홀은 몇 가지 질문을 던져볼 필요가 있다고 생각했다.

1. 초가공식품이 몸에 안 좋은 이유는 소금, 지방, 설탕으로 만들어져 있고, 식이섬유는 별로 없어서가 아닌가? 그렇다면 초가공식품이란 그냥 '지방, 소금, 설탕이 많이 들어 있는 음식'을 다른 이름으로 부르는 것에 불과하지 않나?
2. 그게 아니면 이 사람들이 말하고 싶은 것은 이런 음식들 때문에 사람들의 식단에서 좋은 음식들이 밀려나고 있다는 얘기인가?
3. 그것도 아니면 흡연이나 가난 같은 것을 대변한다는 얘기인가?
4. 아니면 이런 것들의 조합인가?
5. 아니면 몬테이루와 그 동료들은 무언가 다른 문제가 있다고 주장하는 것인가? 화학물질, 물리적 가공, 첨가물, 마케팅 등등 실제 가공 과정 자체에 어떤 문제가 있다고?

그는 초가공식품에 대해 자기한테 제일 먼저 말해준 사람들(이들은 몬테이루의 연구진에 소속된 사람이 아니었다)에게 질문을 던져보았다. 그 사람들은 높은 함량의 소금, 설탕, 지방과 식이섬유 부족이 문제라고 대답했다. 대화가 여기까지 오자 홀은 꽤 흥분해 있었다. "제가 말했죠. '잠깐만요. 양다리를 걸치면 안 되죠! 영양소의 문제가 아니라고 했다가 내가 그럼 그 메커니즘이 뭐냐고 물으니까 소금, 설탕, 지방,

식이섬유 같은 영양소 문제를 다시 들먹이다니요!'"

홀에게는 초가공식품이라는 개념 자체가 혼란스러웠다. 그래서 그는 초가공식품 가설이 틀렸음을 입증해 보일 실험을 진행하기로 마음먹었다. 그는 가공과 관련된 것은 아무런 차이도 만들어내지 않으며, 중요한 것은 식품의 화학적, 영양학적 조성밖에 없음을 증명해 보이고 싶었다.

그가 고안한 실험은 아주 간단했다. 두 가지 다른 식생활을 직접 비교해보는 방법이었다.[3] 그는 한 집단은 80퍼센트의 NOVA 1그룹 식품(우유, 과일, 채소 등)에 약간의 NOVA 2그룹 식품(부엌에서 보이는 기름이나 식초 등의 재료)과 NOVA 3그룹(통조림, 버터, 치즈 등의 가공식품)을 먹되 NOVA 4그룹에 해당하는 초가공식품은 전혀 먹지 않게 했다. 그리고 다른 한 집단은 적어도 80퍼센트의 NOVA 4그룹 식품, 즉 80퍼센트의 초가공식품으로 구성된 식단을 먹게 했다.

결정적으로 두 집단의 식단은 소금, 설탕, 지방, 식이섬유 함량이라는 측면에서 서로 정확히 일치했고, 참가자들은 원하는 만큼 음식을 마음껏 먹을 수 있었다. 그리고 모든 참가자에게 헐렁한 옷을 입게 하여 자기가 체중이 늘고 있는지 쉽게 알 수 없게 했다.

다양한 체형과 체구를 가지고 있고 체중이 비교적 안정적인 20명의 남녀가 실험에 참가했다. 참가자의 평균 나이는 30세 정도였다. 이 참가자들은 일주일에 7일, 하루 24시간 연속으로 4주 동안 국립보건원 임상센터에서 생활했다. 그중 절반은 초가공식품 식단으로 시작했고, 나머지 절반은 홀이 '비가공 식단'이라 부르는 식생활로 시작했다.• 2주 후에는 두 집단이 식단을 바꾸었다. 그래서 모든 사람이 2주씩 각각의 식단을 경험했다. 초가공식품은 전형적인 미국인들의 식단에 맞추어 가게에서 사 왔다. 나머지 식단은 자연식품 재료만을 이용해서 연구센터의 재능 있는 영양사와 사내 주방장들이 직접 식단을 짜고 요리했다.

홀이 이렇게 회상했다. "내가 초가공 식단의 성분과 동일하게 요리해달라고 했더니 그들이 저를 미친 사람 보듯이 보더군요." 실험 논문의 부록에는 식단의 구체적인 목록과 함께 각각의 식품을 촬영한 사진이 실려 있다. 사진으로 보면 비가공 식단은 식욕을 돋우는 반면, 초가공 식단은 내가 보기에는 솔직히 역겨워 보였다.••

5일 차 점심 초가공 식단 메뉴를 예로 들어보자. 점심 식단은 다이어트 레모네이드를 포함한 스팸 샌드위치였다. 샌드위치는 삼각형으로 잘려 있었고, 짓이겨진 스팸이 접시 위로 삐져나와 있었다. 심지어 레모네이드도 설거지물 같은 우울한 회색이었다. 저녁 식사도 나을 것이 없었다. 말라비틀어져 암울하기 짝이 없어 보이는 버거 두 개, 회색 기운이 도는 콩 통조림, 통조림 옥수수, 상처에서 흘러나온 진물처럼 보이는 맥앤드치즈(마카로니와 피자치즈를 섞은 요리—옮긴이) 등 말라붙은 베이지색과 갈색의 식품들이 이어지는데, 그 식품들을 올려놓고 촬영한 꽃무늬 식탁용 매트 때문에 칙칙함이 더 두드러져 보였다. 그냥 그 식품들을 바라보고만 있어도 변비가 생길 것 같았다. 초가공식품은 식이섬유 함량이 낮기 때문에 대부분의 식사에는 추가로 뉴트리

• 사실 이 식단에는 치즈, 파스타 등 일부 '가공식품'이 포함되어 있었지만 초가공식품은 없었다.
•• 홀에게 이 부분에 대해 물었는데 많은 사람이 초가공 식단이 더 보기 좋다고 말했다고 한다.

소스^{NutriSource} 식이섬유가 첨가되어 있었다.

그와는 대조적으로 비가공식품들은 마치 새 레스토랑의 광고처럼 보였다. 1일 차 점심 식단은 닭가슴살을 곁들인 시금치 샐러드, 사과 슬라이스, 불구르 휘트$^{\text{bulgur wheat}}$(데친 밀을 말린 뒤에 빻아 만든 시리얼―옮긴이), 해바라기씨와 포도였다. 그리고 올리브유로 만든 비네그레트 드레싱과 갓 짜서 만든 레몬주스, 사과초, 갈아놓은 겨자씨, 후추, 소금 등이 있었다. 저녁 식단은 바스마티 라이스$^{\text{basmati rice}}$('향기 나는 쌀'이라는 뜻의 벼 품종―옮긴이), 찐 브로콜리, 토마토 곁들임 샐러드, 발사믹 비네그레트 소스, 오렌지 슬라이스와 피칸을 곁들인 소고기구이였다. 요리 팀이 음식을 다 준비하고도 재능이 남아 있었는지 슬라이스로 저민 고기들을 약간의 고명으로 꾸며서 접시 위에 깔아놓았다.

사진에는 어떤 모습으로 나왔든 참가자들은 익숙함과 즐거움이라는 측면에서 양쪽 식사에 거의 동일한 점수를 매겼다. 아무도 자기 앞에 나온 음식을 다 먹지는 못했다. 이것이 중요한 부분이다. 이 테스트는 대부분의 사람이 원하는 만큼의 칼로리를 양껏 섭취할 수 있는 미국에서의 '일반적인 생활'과 아주 유사하다.

실험 결과가 나왔을 때 홀은 충격을 받았다. 자기가 틀렸고, 몬테이루의 주장이 옳았음이 증명된 것이다. 통조림에서 나온 회색의 칙칙한 초가공 식단을 먹은 사람은 비가공 식단을 먹은 사람보다 하루에 평균 500칼로리를 더 먹었다. 그리고 그에 따라 체중도 불었다. 더 놀라운 점은 비가공 식단을 먹은 참가자들은 원하는 만큼 양껏 먹었는데도 불구하고 오히려 체중이 줄었다는 점이다. 앞에서도 이미 언급했지만 초가공식품이 더 맛있었던 것도 아니다. '맛'을 넘어서 초가공식품을 과식하게 만드는 무언가 다른 속성이 존재하고 있었다.

더군다나 이 연구 결과는 초가공식품이 미치는 영향을 과소평가했을 가능성이 있다. 연구 기간 동안 참가자들을 대상으로 초가공식품의 마케팅이 전혀 이루어지지 않았으니까 말이다. 실험 공간에는 건강과 관련된 주장을 하는 포스터도 없었고, 매력적인 사진으로 장식된 포장지도 모두 제거해서 보이지 않았다. 하지만 현실 세계에서는 포장과 광고 역시 가공의 일부로서 영향을 발휘하고 있다. 초가공식품에서는 포장과 광고가 거의 보편적으로 이루어진다. 소고기, 버섯, 우유 같은 것은 광고를 찾아보기 힘들다. 그리고 그 포장지에도 건강 관련 주장 같은 것은 적혀 있지 않다. 하지만 초가공식품은 포장지 가득 만화 캐릭터가 등장하고, 비타민을 강화했다는 등의 이야기가 인쇄되어 있다. 뒤에서 마케팅은 형태에 상관없이 모두 과도한 섭취를 유도한다는 강력한 증거를 살펴보겠다.

더군다나 실험 참가자들은 음식에 돈을 지불하지도 않았고, 음식을 직접 준비할 필요도 없었다. 홀의 연구진은 초가공식품으로 하루에 2,000칼로리를 제공하는 데 100달러 정도가 들었다. 비가공 식단의 경우 동일한 칼로리를 제공하는 데 들어가는 돈이 150달러 정도였다. 초가공식품으로 먹으면 돈이 엄청나게 절약된다. 그리고 시간도 절약되는 것은 덤이다. 홀은 센터 주방장들의 요리 솜씨를 강조했다. 그들은 어떤 음식이라도 어떤 방식으로든 만들 수 있지만 그래놀라를 매끼 신선하게 직접 만들어 먹고 네 가지 과일과 채소를 썰거나, 드레싱과 견과를 곁들일 시간적 여유가 있는 사람은 많지 않다. 대부분의 사람이 집에서 급하게 만들어 먹을 수 있는 비가공 식단을 초가공 식단과 비교해보는 것이 더 공정했을 것이다. 내가 집에서 피자를 직접 만들어 먹을 때는 결국 구운 식빵 위에 치즈와 토마토를 올려서 전자레인지에 돌리는 것이 고작이다(리라가 냉동식품으로 나온 초가공 피자를 더 좋아하는 것도 당연하다).

이런 요소들을 따로 고려하지 않았음에도 홀의 생각이 틀렸다고 나왔으니 그가 얻은 실험 결과에 더욱 힘이 실렸다. 이 실험의 영향력은 결코 작다 할 수 없었다. 이 연구는 규모는 작았지만 워낙에 잘 진행되었기 때문에 감질나게나마 몬테이루의 이론이 실제로 전체 인구 집단에서 관찰되는 비만 증가를 설명할 수 있을지도 모른다는 증거를 제공해주었다. 그의 연구는 NOVA 분류 체계에 과학적 중요성을 부여해주었고 많은 과학자가 그것을 비만과 관련된 식품의 범주를 정의하는 합리적인 방법이라 여기기 시작했다. 이것은 지방과 당분을 두고 생겨나는 혼란, 체중 감량에 도움이 되지 않는 다이어트 제품, 전 세계적으로 가차 없는 비만율의 증가 등 영양학 연구를 오랫동안 괴롭히던 모순된 관찰을 해소해주는 듯했다. 홀의 연구 결과는 새로운 연구가 대규모로 진행되는 촉매제 역할을 했고, 수백 건의 다른 과학 논문과 수십 건의 정책 보고서에서 인용됐다.

홀의 연구와 비슷한 임상 연구에는 수백만 달러의 비용이 들어가고, 전 세계적으로 몇몇 전문화된 센터에서만 진행이 가능하다. 하지만 홀의 실험을 뒷받침하는 실제 세계의 역학적 증거들이 차곡차곡 쌓여갔다. 2010년 이후로, 초가공식품이 비만뿐만 아니라 다른 온갖 잠재적 건강 문제가 전 세계적으로 급증하게 된 1차적 원인일 가능성을 보여주는 증거가 점점 더 늘어났다. 한때는 찔끔찔끔 흘러나오던 증거가 2019년에 홀의 연구가 발표된 이후로는 홍수처럼 쏟아져 나왔다.

당뇨, 암, 치매를 부르는 음식

내가 아직 식생활 실험을 하고 있는 동안 레이철 배터햄이 점점 쌓여가던 방대한 초가공식품 관련 문헌들을 살펴보기 위해 연구진에 누군가를 데려오기로 했다. 샘 디킨Sam Dicken이라는 젊은 과학자였다. 샘은 케임브리지에서 교육을 받았고 지금은 영국 의학연구회Medical Research Council로부터 연구비를 지원받고 있다.

나는 유니버시티칼리지 런던에 있는 레이철의 사무실에서 그를 만났다. 공교롭게도 이 사무실은 내가 매주 환자들을 치료하는 진료실과 마당을 가로질러 마주 보는 곳에 있었다. 샘은 나에게 보여줄 연구 발표 자료를 준비해 왔고 첫 번째 슬라이드를 보여주며 이야기를 시작했다. 총 250편 정도의 논문을 살펴본 샘은 이런 종류의 연구를 전문으로 하고 있었다. 그는 홀이 던졌던 모든 질문과 당신의 머릿속에 떠올랐을 만한 질문에 체계적으로 답했다. 발표를 하면서 그의 말이 점점 빨라졌고 말을 멈추는 일도 없었다. 마치 산소가 필요 없는 사람처럼 보였다.

NOVA 분류 체계에 관한 주요 비판 중 하나는 초가공식품이 건강에 좋지 않은 이유는 그냥 포화지방, 나트륨, 첨가당은 많고 영양소는 빈약한 음식이기 때문이라는 주장이다. 그리고 초가공식품을 많이 먹는 사람은 과일, 채소, 시리얼, 콩, 해산물 같은 최소가공식품의 섭취가 줄어들기 때문에,[4] 즉 초가공식품이 식단에서 좋은 식품을 몰아내기 때문에 건강 악화로 이어지는 것이라는 비판도 있다. 그렇다면 초가공식품을 먹으면서도 콩이나 브로콜리를 함께 많이 먹으면 나쁜 영향이 사라질까? 아니면 혹시 설탕과 지방은 줄이고 비타민과 미네랄 성분을 보강해서 초가공식품을 새로 만든다면 어떨까?

또한 초가공식품은 전체적으로 보면 굉장히 저렴하기 때문에 초가공식품을 대량으로 먹는 사람은 수입이 낮을 가능성이 더 크고, 따라서 비극적인 얘기지만 그것이 빈약한 건강과 강력한 상관관계를 나타내는 것일 수 있다는 주장도 있다. 영국에서 가장 궁핍한 지역의 성인과 아동은 덜 궁핍한 지역보다 비만 유병률이 거의 두 배나 된다.[5] 초가공식품 섭취의 진짜 중요성은 그것이 가난을 대변한다는 데 있는 게 아닐까?

아니면 혹시 건강에 나쁜 행동은 나란히 손을 잡고 나타나기 때문에 초가공식품의 섭취가 높다는 것은 전반적으로 건강에 좋지 못한 식습관이나 생활 방식을 말해주는 표지가 아닐까? 그러니까 초가공식품을 많이 먹는 사람은 술도 많이 마시고, 담배도 많이 피우는 것이 아닐까? 이런 경우라면 실제로는 흡연과 음주의 문제인데 마치 초가공식품의 문제인 것처럼 보일 수도 있다.

하지만 샘 같은 역학자들은 이런 문제를 아주 잘 인식하고 있다. 이런 것을 가려내는 것이 이들의 일이다. 그리고 샘이 지적한 바와 같이 초가공식품과 그것이 일으키는 것으로 보이는 의학적 문제 사이에 실제 관계가 존재하는지 여부를 판단하기 위해 수많은 연구가 진행됐다.

예를 들어 10만 명 이상의 사람을 대상으로 진행되어 《영국 의학 저널》에 발표된 한 대규모 연구는 초가공식품과 암 사이의 상관관계를 암시했다.[6] 프랑스와 브라질의 연구진들이 유방암, 전립선암, 대장암, 그리고 전체적인 암에 대해 살펴보았는데 식단에 초가공식품 비율이 10퍼센트 증가하면 전체적인 암의 발생 위험과 유방암의 발생 위험도 10퍼센트 정도 증가했다. 이런 '용량 의존적 효과$^{dose-dependent}$ $_{effect}$(어떤 물질이나 처리의 효과가 투여량에 따라 변하는 현상—옮긴이)'는 증거에 강력한 힘을 실어주는 요인이다.

그게 다가 아니었다. 과학자들은 참가자들의 식단이 정확히 어떤 영양소로 구성되어 있는지 데이터를 갖고 있었다. 따라서 암 발생 위험 증가가 단지 초가공식품이 설탕, 소금, 지방의 함량이 많고 식이섬유 함량이 낮은 경향이 있기 때문인지 여부를 들여다볼 수 있었다. 그리고 이들은 또한 초가공식품이 그저 전체적으로 건강하지 못한 식생활 패턴의 일부에 불과한 것인지 여부도 살펴보았다. 어떻게 보면 이들은 케빈 홀이 제기했던 것과 동일한 질문에 대한 답을 찾고 있었다. 다만 대규모로 연구가 진행되었다는 차이만 있었다. 이들이 발견한 바에 따르면 이런 식으로 영양소 함량을 보정한 이후에도 연구 결과가 통계적 유의성을 유지했다. 다시 한번 영양소보다는 가공 방식이 문제인 것으로 보였다.

"이런 결과가 이 실험에서만 나온 것이 아닙니다." 샘이 이렇게 말하며 또 다른 논문을 꺼냈다. 이번 것은 미국인 9만 2,000명의 데이터를 분석한 중국 연구진의 논문이었다.[7] 연구자들이 연령, 성별 등의 일반적인 사항들을 보정해보았더니(초가공식품의 영향이 단순히 나이가 더 많은 사람이 먹었다는 등의 이유로 생긴 것이 아님을 확실히 하기 위해 이런 요인들을 고려했다는 의미이) 초가공식품의 섭취 증가와 심혈관질환으로 인한 사망 증가 사이에 상관관계가 드러났다. 이어서 지방, 소금, 설탕에 대해서도 보정해보았는데 영향이 그대로 유지됐다. 그리고 이번에는 지방과 설탕은 신경 쓰지 않고 초가공식품이 그냥 전반적으로 빈약한 식생활을 말해주는 것인지 확인하기 위해 더 많은 부분을 보정해보았는데 역시나 영향이 동일하게 유지됐다.

이제 샘은 리듬을 타고 있었다. 슬라이드가 한 장, 또 한 장 넘어갔다. 슬라이드마다 수치와 데이터가 빼곡하게 덮여 있어 주눅이 들 정도였다. 모두가 한결같이 홀의 연구를 뒷받침하고 있었다. 초가공식품이 해로운 것은 그저 지방이 많아서, 소금이 많아서, 설탕이 많아서가 아니었다.

레이철이 이 점을 강조하고 샘에게 숨 돌릴 틈을 주기 위해 말을 이어갔다. "초가공식품이 영양소 면에서 형편없는 식품이고, 일반적으로 식생활이 건강하지 못한 사람이 먹는 음식이기 때문에 그런 것이라고 생각하는 사람들도 있어요. 하지만 그런 점을 모두 보정해도 사망, 우울증, 체중, 심장마비에 미치는 영향은 모두 동일하게 유지됩니다." 영양소의 내용물이 아니라 초가공 자체가 문제인 것이다.

샘은 50가지가 넘는 건강 관련 결과를 들여다보는 수십 편의 연구에 대해 자세히 발표했다. 그렇게 빠른 속도로 진행하는데도 거의 두 시간이나 걸렸다.● 그는 초가공식품에 관한 각각의 연구에서 그 결과

● 이 만남은 한 달 후에 발표할, 초가공식품에 관한 최종 리뷰를 준비하면서 이루어진 것이다.

가 포화지방, 소금, 설탕, 혹은 식생활 패턴 때문에 생긴 것이 아님을 분명히 하기 위해 어떻게 신중한 단계를 밟아나갔는지 꼼꼼하게 검토했다.

그리고 데이터는 여러 가지 방식으로 검증이 이루어졌다. 어쩔 수 없이 대부분의 연구가 비만에 초점을 맞추고 있지만 초가공식품의 섭취 증가가 다음과 같은 것들의 위험 증가와 강력하게 연관되어 있다는 증거도 나와 있다.

- 사망 – 전 원인 사망률all-cause mortality(특정 기간 동안 모든 원인으로 인해 발생한 사망자 수의 비율—옮긴이)[8-12]
- 심혈관질환(뇌졸중과 심장마비)[13-15]
- 암(특히 유방암을 비롯해서 모든 암)[16]
- 2형 당뇨병[17, 18]
- 고혈압[19-21]
- 지방간[22]
- 염증성 장질환(궤양성 대장염과 크론병)[23, 24]
- 우울증[25]
- 혈중 지방 구성 악화[26]
- 노쇠(악력으로 측정)[27]
- 과민성 대장증후군과 소화불량[28]
- 치매[29]

아마도 치매 가족력이 있는 사람에게는 마지막 항목이 제일 걱정스러울 것이다. 2022년에 학술지 《신경학^{Neurology}》에 발표된 한 연구에서는 7만 2,000명 이상을 통해 추출한 데이터를 살펴보았다.[30] 그 결과 초가공식품 섭취량이 10퍼센트 늘면 치매 위험이 25퍼센트 올라가고, 알츠하이머병의 위험은 14퍼센트 올라갔다.

건강에 미치는 이런 여러 가지 영향이 결코 작지 않다. 이탈리아에서 이루어진 한 대규모 연구에서는 식생활 패턴을 보정한 이후에도 초가공식품을 제일 많이 먹은 4분의 1의 참가자가 제일 적게 먹은 4분의 1과 비교했을 때 사망 위험이 26퍼센트 높았다.[31] 비슷하게 보정한 미국의 한 연구에서도 비슷한 결과를 보고했다.[32] 6만 명의 영국 환자들을 대상으로 한 연구에서는 전 원인 사망 위험률이 22퍼센트 증가했다.[33] 스페인의 한 연구에서는 전 원인 사망 위험률이 62퍼센트 증가했다.[34] 이런 규모의 영향이 거의 모든 연구에서 전형적으로 나타난다.

샘은 다른 중요한 부분도 지적했다. 국가에서 제시하는 식생활 지침에서는 가공 방식을 따지지 않기 때문에 실제로는 지방, 소금, 설탕의 함량이 상대적으로 낮지만 초가공식품의 비율이 높은 식단을 먹는 것이 가능하다는 점이다. 지침에 따르면 이런 식습관이 있는 사람은 건강에 좋은 식생활을 하고 있는 것이 되지만, 앞에 나온 증거에 따르면 이 식생활이 죽음을 불러오고 있을 것이다.

식품 포장과 관련해서 유럽 전역에서 널리 사용되고 있는 또 하나의 신호등 라벨인 뉴드리-스코어 시스템$^{Nutri\text{-}Score\ system}$을 예로 들어보자. 이 시스템은 식품을 영양 품질 등급이 높은 것부터 낮은 것까지 순위를 매기고 있지만, 소위 '고품질' 식품이라는 것 중 무려 4분의 1 정도가 초가공식품이다.[35] 이런 식품은 식물성에 지방, 설탕, 소금의 함량이 낮아지도록 재가공된 경우가 많다. 그래서 포장지의 정보에 따르면 건강한 식품이지만 실제로는 대량의 초가공식품을 섭취하고 있는 것이다. 체중을 감량해준다고 주장하는 다이어트용 셰이크와 음료를 먹고 있는 많은 사람도 이 경우에 해당할 것이다.

샘이 발표한 수많은 연구와 홀의 임상 연구를 종합하면, 내가 보기에 NOVA 시스템은 전통적인 영양 분류 시스템이 하지 못했던 방식으로 식품이 건강에 미치는 영향을 설명하고 있는 듯하다. 하지만 NOVA 시스템이 보편적으로 인정받고 있지는 못하다는 점에 유의해야 한다.

이것을 비판하는 논문들도 나와 있다. 그중 잘 알려진 것으로는 2017년에 《미국 임상영양학 학술지American Journal of Clinical Nutrition》에 발표된 「사람의 건강에서의 초가공식품: 비판적 평가Ultra-processed foods in human health: a critical appraisal」가 있다.[36]

이 논문의 저자들이 이야기하는 주요 반대 의견은 NOVA 시스템이 조잡하고 단순하다는 것이다. 사실일지도 모른다. 하지만 그렇다면 현재 하고 있는 것처럼 세 가지 다량영양소macronutrient와 소금만 가지고 식품에 대해 평가하는 방식 역시 지나치게 단순화된 것이라 말할 수 있다.

이 논문은 다음과 같은 주장으로 시작한다. "지난 반세기 동안 공중보건 영양학은 비전염성 만성질환에 기여하는 잠재적 식이 요인의 규명을 통해 자신의 역할을 충실히 수행해왔다." 과연 이 말이 사실인지 나는 확신이 서지 않는다. 어쨌거나 비만과 대사질환의 유병률이 지속적으로 상승하고 있고, 식품에 대한 표준의 영양학적 접근은 이런 상황을 완화하는 데 거의 아무런 역할도 하지 못했다. 지방과 설탕을 줄이는 것으로는 문제가 해결되지 않았다.

저자들은 곧이어 NOVA 시스템을 직접 비판하기 시작하며 이렇게 주장한다. "식품 가공이 부정적인 영양소 섭취나 화학적 혹은 미생물학적 위험을 통해 소비자의 건강에 위협을 가하기는 하는지, 가한다면 어떻게 가하는지에 대한 논거가 전혀 제시된 바 없다." 이것 역시 내가 보기에는 사실이 아니다. 나는 뒤에서 식품 가공이 어째서, 그리고 어떻게 건강에 부정적인 영향을 미치는지 보여주는 증거들을 제시하고 있다. 그리고 2017년 이전에 이 주제와 관련해서 발표된 수십 건의 논문이 있었고, 2021년의 한 리뷰 논문은 이 내용들을 한데 모았다.[37]

사실 여기서 NOVA 시스템을 비판하는 사람은 역학적 문헌들에 대해서는 전혀 언급하지 않고 있다. 이 논문은 하나의 논평일 뿐 셈이 쓴 것 같은 공식적인 과학 리뷰 논문이 아니다. 하지만 그 저자들은 초가공식품과 비만 사이의 명확한 관련성을 밝히는 데 실패한 논문을 하나 간신히 찾아내기는 했다.

그렇다면 내가 애초에 논평에 불과한 이 논문에 대해 언급한 이유는 무엇일까? '이해 충돌' 섹션 때문이다. 이해 충돌 섹션은 과학 논문에서 저자가 자신의 연구 결과를 편향시킬 가능성이 있는 이해관계에 대해 밝혀놓는 부분이다. 이 논문의 저자 중 한 명인 마이크 J. 기브니Mike J. Gibney는 네슬레Nestlé와 시리얼 파트너스 월드와이드Cereal Partners Worldwide의 과학위원회에서 활동하고 있다고 밝혔지만, 나머지 저자들은 아무런 이해 충돌 관계가 없다고 밝혔다. 참 이상한 일이다. 저자 중 한 명인 키어런 포드Ciarán Forde는 이전에 식품업계에서 여러 해 동안 다양한 역할을 맡았기 때문이다. 그는 최근 5년 동안 네슬레 연구센터에서 선임 연구 과학자로 활동했다. 아동의 섭식 행동에 관한 그의 연구 중 일부는 네슬레에서 부분적으로 연구비를 지원받았으며, 현재는 케리 그룹Kerry Group plc의 과학자문위원회에 소속되어 있다. 케리 그룹은 월스 소시지Wall's sausage나 끈적한 요구르트 사탕인 욜리스Yollies 등의 초가공식품을 많이 만들어 90억 유로의 수익을 올리는 식품 회사다.* 포드는 논문이 발표되고 대략 4개월 후에 이를 정정하며 자신이 2014년까지 네슬레 연구센터의 직원이었으며, 케리 테이스트 앤드 뉴트리션Kerry Taste and Nutrition으로부터 출장 경비를 지원받았고, 아동의 섭식 행동에 관한 자신의 연구 중 일부는 네슬레 연구센터로부터 부분적으로 공동 자금 지원을 받았다고 말했다.[38]

어찌 보면 이것은 별일 아닐 수 있다. 포드가 네슬레에서 일했다는 사실은 어렵지 않게 확인할 수 있는 부분이다. 하지만 모든 이해관계를 완전히 투명하게 밝히는 것은 신뢰성 구축을 위한 최소한의 조치이며, 산업이 연구 결과에 영향을 미치는지 여부를 이해하는 데 필수적인 부분이다(실제로 영향을 미친다).

• 월스 소시지: 돼지고지, 물, 러스크(밀), 식물성 단백질(콩), 감자전분, 소금, 덱스트로스, 향미료, 안정제(이인산염), 양념, 허브, 효모 추출물, 양파 분말, 허브 추출물(샐비어), 방부제(소디움 메타다이설파이트), 항산화제(아스코르브산, 알파-토코페롤), 케이신(소고기 단백질). 욜리스: 크림, 요구르트, 농축유청단백질(우유), 건조 포도당 시럽, 설탕, 딸기 퓌레, 전분, 이눌린, 안정제(한천, 로커스트콩검, 구아검), 인산칼슘, 천연 향미료, 시트르산, 색소(카민), 비타민 D.

이런 종류의 영향력은 흔히 찾아볼 수 있다. 초가공식품이란 개념에 반대하는 또 다른 논문[39]에서는 이렇게 주장한다. "NOVA는 식생활 지침에 필요한 기준인 이해 가능성understandability, 경제성affordability, 작업 가능성workability, 실용성practicality을 입증해 보이는 데 실패하고 있다." 이 논문은 공식적으로는 줄리 밀러 존스Julie Miller Jones의 것이라 나와 있지만 끝 부분에 이 논문이 실제로 어떻게 작성되었는지에 관한 설명이 적혀 있다. "이 논문에 등장하는 개념과 배경 중 상당 부분은 임시 합동 식품 및 영양학 솔루션 대책위원회Ad Hoc Joint Food and Nutrition Science Solutions Task Force의 연구에서 나왔습니다."

알고 보니 이 대책위원회는 영양 및 식이요법 학회Academy of Nutrition and Dietetics(이 학회는 애보트Abbott, 그리고 세계 최대 설탕 제조 회사의 자회사인 베네오BENEO 같은 주요 영양 회사의 후원을 받는다), 미국 영양학회American Society for Nutrition(이 학회의 지속적인 파트너는 애보트, 다농Danone, 마스Mars, 몬델리즈Mondelēz, 네슬레, 펩시코PepsiCo, 제너럴 밀스General Mills 등이다), 그리고 초가공식품을 만드는 수많은 회사로부터 자금 지원을 받은 여러 기관들을 대표하고 있었다.

그리고 존스가 단독 저자였다고 해도 비난을 피할 수 없었을 것이다. 그녀는 퀘이커 오츠Quaker Oats와 캠벨 수프 컴퍼니Campbell Soup Company 같은 회사의 과학 자문이고, 시미트CIMMYT(국제 옥수수 밀 개량 센터)와 거대 설탕 기업 테이트 앤드 라일Tate&Lyle을 위해 논문을 쓰고 강연도 했다.

초가공식품과 NOVA의 정의에 대해 비판하는 또 다른 논문은 초가공식품 같은 용어가 설명에 도움이 되기보다는 오히려 본질을 호도

한다고 주장하고 있는데, 이 논문의 저자인 헤리베르트 바츠케[Heribert Watzke]는 스위스 네슬레에서 식재료학 부서를 설립한 사람이다.[40] 초가공식품이 없는 식단도 마찬가지로 권장 칼로리를 초과할 수 있다고 주장한 논문의 저자는 크리스티나 새들러[Christina Sadler]와 그 동료들이다.[41] 새들러와 그 외 저자 중 한 명은 유럽 식품정보위원회[European Food Information Council]에 고용되어 있다. 이 위원회는 자금의 3분의 1을 식품 및 음료 산업으로부터 지원받고 있다. 새들러의 연구는 부분적으로 몬델리즈와 매케인 푸드[McCain Foods]에서 자금을 지원받고 있다.

초가공식품과 빈약한 건강 사이의 상관관계에 의문을 제기하는 데 초가공식품 회사들이 관여하는 것이 놀랄 일은 아니다. 하지만 제약 산업을 비롯한 다른 산업 분야에서도 업계가 과학에 연구 자금을 지원하는 경우 연구 결과가 해당 산업에 유리하게 편향된다는 것을 보여주는 데이터가 많이 나와 있다.[42-47]

물론 NOVA에 비판적인 목소리를 내는 논문이 모두 이해 충돌에 얽혀 있는 것은 아니다. 하지만 그 논문들은 모두 이해 충돌이 있는 저자가 쓴 논문으로부터 나온 증거를 인용하고 있으며, 그중에 어느 것도 초가공식품이 건강 악화와 관련이 있다는 강력한 증거를 반박하는 설명을 내놓지 않는다.

레이철, 샘과 대화를 나누었을 당시 나는 식생활 실험을 일주일째 하고 있었는데, 건강 악화와 연관이 있는 이런 식품 범주가 존재한다는 것이 이미 분명해 보였다. 여기에는 세 가지 강력한 증거가 있다.

첫째, 그런 상관관계에 타당성을 부여해주는 기본적인 생물학적 증거가 존재한다. 초가공식품의 제조에 일상적으로 사용되는 일부 특정 성분이 해로울 수 있으며, 초가공식품 특유의 일부 특성(예를 들면 부드러운 질감과 에너지 밀도 등)이 체중 증가 및 건강 악화와 상관관계가 있다는 증거가 점점 많아지고 있다. 이 부분은 모두 뒤에서 다시 살펴보겠다.

둘째, 케빈 홀의 임상 연구가 있다. 규모는 작지만 엄격하기로 소문난 회의주의자가 수행한 빈틈없는 실험이었다. 그리고 마지막으로 그모든 역학적 증거가 있다. 업계 자금과 독립적으로 수행된 수십 편의 연구가 초가공식품이 조기 사망을 비롯한 다양한 질병과 확실한 상관관계가 있음을 보여주고 있다.

이제 나는 초가공식품의 해로움을 보여주는 증거를 이해하고 있고, 폴 하트와의 대화를 통해 그런 식품이 우리 시스템을 장악하게 된 논리도 이해하게 됐다. 하지만 폴이 합성지방의 역사에 대해 말해준 내용을 듣고 독자들과 그 이야기를 나누고 싶은 마음이 생겼다. 나는 궁극의 초가공식품이라 할 만한 것, 우리 식품 진열대에 올리오는 식품의 세계에 대해 완전히 새롭게 이해하게 해줄 물질을 찾고 있었다. 이제 그 이야기를 풀어보겠다.

Chapter 4

||||||||||||||||||||||||||||||||

궁극의 초가공식품, 석탄 버터

1989년 2월 21일 자《뉴욕 타임스》신문을 집어 든 사람이라면 비즈니스 저널리즘의 역사에서 아주 눈길을 끄는 첫 문장 중 하나를 접했을 것이다. "리비아의 독가스 생산 공장 건설에 핵심적인 역할을 한 것으로 의심되는 서독의 한 회사가 오늘 엑스터시라는 불법 마약을 생산해서 미국으로 운송하였음을 공식적으로 인정했다."

문제의 그 회사는 임하우젠 케미Imhausen-Chemie라는 이름의 독일 회사다. 그 회사의 대변인은 자기 회사에서 약물을 제조해서 선적한 것은 맞지만 그 물질이 서독 마약법을 적용받는다는 사실은 알지 못했다고 공식적으로 확인했다. 물론 화학 회사들은 다른 회사의 실제 사용 목적이 무엇인지 온전히 파악하지 못한 상태에서 그들을 위해 다양한 분자를 생산하는 경우가 있고, 엑스터시는 1990년대 중반까지만 해도 대중에게 위험한 약물로 인식되지 않았기 때문에 임하우젠 케미에 무죄추정의 원칙을 적용하고 싶은 마음이 들 수도 있었다. 독가스 공장이라는 심란한 얘기만 없었다면 그랬을 것이다.

그보다 딱 한 달 전에 동일한 신문에서 동일한 회사에 대해 또 다른 뉴스를 이런 헤드라인으로 내보낸 바 있다. "리비아의 신경가스 생산 공장 건설을 도운 혐의로 기소된 독일인들." 임하우젠 케미의 회장 위르겐 히펜슈틸 임하우젠Jürgen Hippenstiel-Imhausen(친구와 동료들 사이에서는 히피Hippi라는 이름으로 알려져 있다)은 한 인터뷰에서 본인의 회사가 리비아와 비닐봉지 제조 계약을 추진했다는 논란에 대해서는 인정했지만 그가 말하는 '리비아에서 화학무기를 제조할 것으로 추정되는 공장'과의 연관성은 전면 부정했다. (이 공장은 머스타드 가스mustard gas와 신경작용제nerve agent의 1일 추정 생산치가 1만~3만 8,000킬로그램에 이르는 대규모 화학무기 제조 공장 중 하나로 밝혀졌다.)

히피는 고분고분 물러서는 유형의 사람이 아니었고, 자기네 회사 홍보팀의 일을 수월하게 만들어주는 유형도 분명 아니었다. 그는 자기 회사의 이름이 악용된 것이라고 주장했다. "모든 게 의혹과 소문에 바탕을 둔 이야기에 불과합니다. 리비아인은 그런 것에 지불할 돈이 없어요. 우리는 그 일과 아무런 관련이 없습니다. 리비아인은 너무 멍청해서 그런 공장을 운영하지도 못해요. 아랍인들은 모두 게으름뱅이라서 일도 외국에서 노예를 불러다 시킵니다."[1] 다음 해에 그는 징역 5년을 선고받았다. 검사는 히피를 '죽음의 특급 세일즈맨'이라고 표현했다.

그런데 놀랍게도 이 일은 이 회사 역사상 가장 추악한 사건이 아니다. 진짜 추악한 사건은 따로 있다. 그 일은 1912년으로 거슬러 올라간다. 그해에 히피의 처조부 아르투어 임하우젠Arthur Imhausen은 비누 공장을 인수해서 제1차 세계대전 동안에 폭발물을 비롯한 화학물질을 만들기 시작했다.² 전쟁이 끝난 후에는 회사에서 바르타Warta라는 희한한 이름으로 새로 출시한 비누가 독일에서 인기를 끌었다.

바르타가 날개 돋친 듯이 팔려나가는 것과 때를 같이해서 카이저 빌헬름 연구소Kaiser Wilhelm Institute의 두 과학자 프란츠 피셔Franz Fischer와 한스 트로프슈Hans Tropsch는 탱크, 비행기, 자동차를 굴리는 데 필요한 기름을 외국산에 의존해야 하는 독일의 상황을 타개할 방법에 대해 연구하고 있었다.³ 독일은 기름은 나지 않았지만 탄소 함유량이 30퍼센트 정도밖에 안 되는 갈탄이라는 질 낮은 석탄이 풍부하게 매장되어 있었다.

피셔와 트로프슈의 아이디어는 아주 간단했다. 증기와 산소로 석탄을 깨뜨려서 일산화탄소와 수소로 바꾸는 것이다. 이것들이 유용한 분자들을 거의 무한할 정도로 다양하게 만들어낼 수 있는 기본 재료이기 때문이다. 그다음에 그 가스를 촉매제에 통과시키면 촉매에 의해 탄소, 수소, 산소가 재결합해서 액체 연료가 나온다. 두 사람은 이 방법을 점차 완벽하게 다듬어나갔다.• 그래서 1940년대 초반에는 아홉 곳의 생산지에서 석탄으로부터 연간 60만 톤의 연료를 생산했다. 이 생산 과정에서 남는 부산물이 있었다. 조랍slack wax이라는 물질로, 우

• 1925년에 이들은 돌파구를 마련했다. 이들은 산화아연(선크림과 기저귀 발진 크림에 들어가는 것과 동일한 성분)을 이용해서 가장 단순한 알코올인 메탄올을 만들었다. 그런 다음 철과 코발트를 첨가하면 더 복잡한 분자를 만들 수 있었다.

리에게는 파라핀으로 알려져 있다.⁴

바르타 비누 사업으로 여전히 잘나가던 아르투어 임하우젠은 파라핀 폐기물에 대한 이야기를 듣고 어쩌면 그것을 자기가 소속된 나치당을 위해 사용할 수 있을지도 모르겠다는 생각이 들었다. 그의 아이디어는 독일이 연료뿐만 아니라 식용 지방도 부족하다는 사실에서 나온 것이었다. 1930년대에 독일은 연간 150만 톤의 지방을 소비했지만 국내에서 생산 가능한 양은 그 절반 정도에 불과했다. 그래서 이들은 남미 대륙에서 수입한 아마씨와 동아시아에서 수입한 대두, 남극 지역에서 수입한 고래기름에 의존하고 있었다.⁵,⁶ 임하우젠은 파라핀을 비누로 바꾸는 기술에 대해 연구하고 있었고, 비누는 화학적으로 지방과 대단히 유사했기 때문에 둘 중 어느 하나를 만들 수 있다면 나머지 하나도 만들 수 있음을 깨달았다.●

그는 독일의 회사들을 나치 정권과 연결해주는 핵심 인물이었던 빌헬름 케플러Wilhelm Keppler라는 정치인과 접촉했다.⁷ 케플러는 독일을 지급자족 국가로 만드는 계획 중에서 산업용 지방과 기름의 자급자족을 담당하고 있었다. 그는 석탄을 액체 연료로 만들 때 생기는 부산물인 파라핀으로 식용 지방을 만들자는 임하우젠의 제안에 귀가 솔깃했다.⁸

임하우젠은 퍼실Persil 세제의 발명가인 후고 헨켈Hugo Henkel과 제휴를 맺고 1937년에 독일 지방산 가공공장Deutsche Fettsäure Werke이라는 회사를

● 양쪽 모두 지방산이라는 분자에서 시작한다. 지방산은 탄소와 수소로 이루어신 긴 사슬 끝에 산소 두 개가 결합되어 있는 분자다. 지방산을 알칼리와 반응시키면 비누가 나온다. 그리고 글리세린과 결합시키면 동물과 식물에 들어 있는 지방인 트리글리세라이드, 즉 중성지방이 나온다.

설립했다. 이 회사는 다시 독일의 대형 화학공장인 이게파르벤IG Farben 과 합병해서 1938년에는 질 좋은 지방산을 생산했다. 여기에 글리세린을 첨가해서 식용 기름을 만드는 것은 아주 간단한 과정이었다.

이 식용 기름은 하얀 색깔에 아무런 맛이 느껴지지 않고 왁스 같은 질감을 갖고 있어서 버터 같은 느낌은 전혀 들지 않았다. 하지만 임하우젠 같은 화학자에게 이것은 사소한 문제였다. 버터의 맛은 다이아세틸이라는 화학물질에서 나온다. 팝콘에 맛을 낼 때 아직도 향미료로 사용하는 성분이다.• 임하우젠은 식용 기름에 다이아세틸, 물, 소금, 그리고 색을 내기 위해 약간의 베타카로틴을 혼합함으로써 독일산 석탄을 '석탄 버터coal butter'로 탈바꿈하는 과정을 완성했다. 이것은 최초의 완전합성식품이었다.

케플러는 결과에 기뻐했고, 이 성과를 통해 대중의 자신감을 북돋우는 선전 활동을 이끌어내고 싶었다. 하지만 두 가지 문제점이 있었다. 첫째, 임하우젠의 어머니는 유대인이었다. 1937년에 독일 지방산 가공공장이 가동을 시작할 무렵 케플러는 나치 지도자 헤르만 괴링Hermann Göring에게 편지를 써서 임하우젠이 '비아리아계 후손'인데도 취임식에 참석할 것인지 물었다. 괴링은 이에 대해 다시 히틀러에게 물었고, 히틀러는 이렇게 대답했다고 한다. "그 사람이 정말로 자질이 있는 사람이라면 아리아인으로 만들면 되지!"[10, 11]

그래서 괴링은 임하우젠에게 다음과 같은 편지를 보냈다. "당신이

• 팝콘 제조 공장 노동자들은 폐가 망가지는 질병에 잘 걸린다. 이 질병을 공식적으로는 폐쇄성 기관지염bronchiolitis obliterans이라 부르지만 '팝콘 노동자의 폐'라고도 한다. 다이아세틸은 일부 액상 전자담배에서도 아주 낮은 농도로 검출된다.[9]

석탄으로부터 합성비누와 조리용 합성지방을 개발한 공로를 인정하여 총통께서 저의 제안에 따라 당신을 완전한 아리아인으로 인정해주셨습니다."[12-15]

첫 번째 문제는 해결됐다. 두 번째 문제는 석탄 버터의 안정성 문제였다. 이것이 군대 식량으로 사용될 경우 군인들의 전투력을 떨어뜨려서는 안 될 일이었다.

1943년에 임하우젠은 《콜로이드와 고분자 과학Colloid and Polymer Science》에 다음과 같은 제목으로 글을 발표했다. 「지방산 합성, 그리고 독일의 지방 공급 확보를 위한 지방산 합성의 중요성Fatty acid synthesis and its importance for securing the German fat supply」.[16] 이 글은 합성지방의 제조 과정에 대해 자세히 설명하고, 안정성 검사에 대해서는 간접적으로 언급하고 있다. "플로스너 박사가 이끈 수천 건의 검사를 통해 조리용 합성지방이 높은 가치를 갖고 있음이 확인되었고, 세계 최초로 사람의 섭취를 승인받은 합성식품이 됐다."

오토 플로스너Otto Flössner는 라이히 공공영양작업반 생리학과의 과장이었다. 그가 합성지방에 대해 폭넓은 실험을 한 것은 사실이지만 실험의 맥락은 제대로 언급되지 않았다. 이 실험은 6,000명 이상의 강제수용소 수감자를 대상으로 진행됐다.[17-19] •

결국 나치 정권은 그 지방을 사람이 먹어도 좋다고 승인했다. 하지만 제2차 세계대전 이후에 영국 정보국에서 나치의 미발표 데이터를

- 이 실험 결과는 1944년 베를린에서 열린 한 학회에서 발표됐다. 학회 참가자에는 1938년 노벨화학상 수상자 리하르트 쿤Richard Kuhn 등의 영양 전문가가 포함되어 있었고, 당연히 플로스너도 참가했다. 투표 결과는 실험을 계속 이어가는 데 만장일치 찬성이 나왔다.

찾아냈다. 예를 들면 일부 연구에서는 합성지방의 장기적 섭취가 동물에게 심각한 콩팥 문제와 뼈의 칼슘 손실을 일으키는 것으로 나타났다. 들리는 얘기로는 개가 먹기를 거부했다고 한다.[20, 21] 이 지방은 북대서양에서 활동하는 유보트 잠수함 승무원들에게 사용됐다. 전쟁 막판에는 유보트 승무원의 승선 이후 평균 수명이 60일에 불과했기 때문에 그들에게는 장기적인 안정성 데이터가 중요하지 않았을 것이다.

임하우젠이 루르 계곡에서 운영하던 합성버터 공장이 전쟁 이후에 연합군에게 발견됐다. 《시카고 트리뷴Chicago Tribune》의 보도에 따르면 거대한 기계장치가 생산하다 말고 가동을 멈추는 바람에 30센티미터 굵기의 지방 소시지 덩어리가 압출기계의 입에서 튀어나와 있었다고 한다.[22, 23] 그리고 알루미늄 통 속에는 거대한 원통형의 합성버터가 코일처럼 감겨 있었다. 한 영국군 장교는 이렇게 말했다고 한다. "아주 훌륭한 버터라서 이것을 먹어보고 합성버터라 생각할 사람이 과연 있을까 싶었습니다."

석탄이 버터로 전환되는 과정에서 합성식품을 만들 때 생기는 피할 수 없는 문제가 드러난다. 새로운 분자로 구성된 복잡한 혼합물을 칼로리 공급원으로 섭취할 때는 내재적인 위험이 발생한다. 우리가 한 번도 접해보지 못했던 물질이 생리학에 예기치 못한 영향을 미칠 수 있다. 그래서 이를 피하려면 사람과 동물을 대상으로 한 광범위한 검증이 필요한데, 식품을 생산할 다른 방법이 존재하지 않는 경우가 아니면 이런 검증 역시 윤리적 의문이 제기될 수밖에 없다. 그리고 이런 합성식품으로 대중의 환심을 사기 위해서는 발명가의 조상 계보를 뜯어고치거나 현대 첨가물이 건강에 이롭다고 홍보하는 등의 사기성

짙은 마케팅이 필요하다. 이 석탄 버터 이야기는 무엇보다도 기업의 본질에 대해 말해주는 것 같았다.

전쟁 이후에 점령군인 연합국은 임하우젠 케미를 계속 운영하도록 허락하고, 아르투어 임하우젠을 독일 상공회의소 협회의 장으로 앉혔다.[24] 그의 아들 카를 하인츠Karl-Heinz(히피의 장인어른)가 화학 회사를 넘겨받았고, 이 회사는 다양한 형태로 계속 존재를 이어갔다. 원래는 비누 회사였던 것이 몇 차례 주인이 바뀌어 지금은 세계 최고의 특수 화학 회사 중 하나인 에보닉 인더스트리Evonik Industries의 일부가 됐다.[25] •

그런데 에보닉이 임하우젠의 회사에서 파생되어 나온 유일한 후계자는 아니다. 임하우젠이 처음 제휴했던 파트너가 이게파르벤이었다는 사실을 기억할 것이다. 이게파르벤은 아마도 독일 회사 중 가장 악명 높은 회사일 것이다. 제2차 세계대전 동안 이 회사는 아우슈비츠에서 인력을 전부 노예 노동자로 구성한 합성고무 공장을 운영했다. 강제수용소에서 독가스로 사용됐던 지클론 B 가스는 이게파르벤의 자회사인 데게슈Degesch에서 생산했다.[26-28] •• 이 기업은 다른 어떤 기업보다 나치의 전쟁을 지원하는 데 중요한 역할을 했다. 많은 직원들이 이게파르벤이 해체되고 새로 만들어진 회사에서 계속해서 직책을 유지했다. 이 회사들은 BASF, 바이엘Bayer, 회흐스트Hoechst(현재는 프랑스 기업

- • 에보닉은 자신의 웹사이트에 독일 나치당의 '국가사회주의 시대'에 관여했던 내용을 소개하는 대규모 섹션을 두고 있다. 또한 이 회사는 직원들이 홀로코스트의 역사를 이해하고 에보닉의 전신 회사가 담당했던 역할을 이해할 수 있도록 아우슈비츠 탐방 프로그램을 꾸리고 있다.
- •• 회사의 운영진과 직원들도 이것과 회사의 다른 활동들에 대해 알고 있었다는 것은 널리 알려진 사실이다. 전쟁 이후에 이게파르벤의 직원 24명이 재판을 받았다. 절반은 무죄 판결을 받았고, 선고된 가장 긴 형량은 8년에 불과했다.

사노피Sanofi의 일부) 등 여전히 누구나 다 알 만한 유명 회사들이다.[29-32]

이게파르벤은 해체됐지만 피해자에게 배상을 청구할 대상을 제공하기 위해 상장된 유령 회사가 하나 남았다. 이 회사는 1950년대에 1,700만 달러의 배상금을 지급한 후로 더 이상 배상금을 지급하지 않았으며, 고통을 받았던 다른 사람들에게 배상금을 지급하기 위해 2001년에 만들어진 국가배상기금에 가입하기를 거부했다. 이 회사의 변호사들은 회사의 해체를 지연시킨 책임이 전 노예 노동자들에게 있다고 비난했다.[33, 34]

이 회사의 주식은 전쟁 이후부터 2011년까지 프랑크푸르트 증권거래소에 상장되어 있었다. 따라서 이 회사는 당신이 주식을 거래해서 돈을 벌기를 원하는지(이 경우는 존재함), 아니면 노예 노동에 대한 배상을 받기 원하는지(이 경우는 존재하지 않음)에 따라 존재한다고도, 혹은 존재하지 않는다고도 할 수 있다. 하지만 이 회사에서 창출한 부는 분명 어딘가에 존재하고 있다.

아르투어 임하우젠의 손자사위 히피는 1993년 봄 어느 화창한 일요일에 브루흐잘 교도소에서 말쑥하게 차려입고 출소했다.[35-37] 검찰은 그가 1980년대에 리비아와의 거래를 통해 9,000만 마르크를 벌었을 것으로 추산했다. 그는 독일 세무 당국에 약 4,000만 마르크(미화 약 2,500만 달러)를 미납했다. 히피는 자신의 경제학 박사학위를 법과의 전쟁에 아주 유용하게 써먹었다. 그 돈은 스위스 은행의 허브 계좌와 리히텐슈타인에 등록된 다섯 개의 유령 회사로 구성된, 검찰 측에서 말하는 '거대한 돈의 회전목마'를 통해 사라져버렸다.

═ 식품 산업의 냉혹한 목적 ═

나는 조사를 계속하며 이런 기업들이 돈으로 움직이는 생태계에서 살아 움직이는 생명체임을 이해하기 시작했다. 나치 정권의 직계 후손인 회사들을 욕해봐야 부질없는 짓이라는 생각이 든다. 수치심과 분노는 잔혹 행위에 연루된 회사들의 생존을 제한하는 데 효과가 없기 때문이다. 생태계 개념을 적용하면 그 이유를 설명할 수 있을 듯하다. 이들의 행동은 에너지, 즉 돈의 흐름이 바뀌었을 때만 변한다. 수치심이 돈의 흐름을 방해할 수 있을지는 몰라도, 그렇지 않은 경우라면 기업의 행동을 제한하는 데 실질적으로 아무런 기능을 하지 못한다.

알고 보니 경제학자들도 생태학자들이 생물학적 군비경쟁에서 종의 생존과 멸종을 설명할 때 사용하는 것과 똑같은 방정식을 이용해 경제적 군비경쟁에서 기업의 생존을 설명하고 있었다. 회사와 생명체의 분류 집단(종, 속, 과 등등)은 모두 돈으로 돌아가는 생태계이든, 에너지로 돌아가는 생태계이든 상관없이 동일한 법칙을 따른다.[38-42]

식품을 석탄으로부터 만드는, 혹은 산업적 합성 과정을 통해 만드는 효과 속에는 파악하기 힘든 또 다른 아이디어가 숨어 있는 것 같다. 이것은 석탄 버터와 유보트 승무원의 경우처럼 일시적일지언정 생명을 유지하는 능력을 파괴할 뿐만 아니라 식품의 의미마저도 파괴한다. 식품이 문화적, 역사적 의미가 없는 기술의 산물에 불과하다는 극단적인 형태의 영양주의인 것이다.

한스 크라우트Hans Kraut의 1949년 논문을 보면 확실히 그런 것 같다. 《영국 영양학 저널British Journal of Nutrition》에 발표되어 아직도 다운로드가 가능한 그의 논문 「합성지방의 생리학적 가치」The physiological value of synthetic fats」[43]는 강제수용소 수감자를 대상으로 진행된 실험이란 점을 언급하지 않고 플로스너의 실험을 인용하여 과학 문헌을 어지럽히는 논문 중 하나다. 저자는 계속해서 합성지방을 생산해야 한다는 주장을 펼친다.

> 중노동을 하는 사람은 칼로리 중 상당 부분을 지방의 형태로 만들지 않으면 충분한 칼로리를 섭취할 수 없다. (중략) 휴식을 취하면서 온전한 식사를 하기 힘든 현대 산업의 장시간 교대 근무자에게는 특히 중요한 부분이다. 따라서 지난 100년 동안 모든 산업국가에서 지방 소비가 늘어난 것은 맛 때문이 아니라 현대 생활의 필요성에 의한 것이었다. 그러므로 나는 합성지방에 대한 연구를 지속하는 것이 좋다고 생각한다.

모든 산업식품에 적용되는 냉혹한 논리는 바로 노동자의 식사 시간을 줄여야 한다는 것이다. 나는 초가공식품 감자칩, 초가공식품 청량음료, 초가공식품 샌드위치로 구성된 점심 식사용 세트 상품을 볼 때마다 이 생각이 든다.

초가공식품의 정의를 생각해내고, 그 개념에 대해 수많은 연구를 진행했던 브라질 연구팀과 인터뷰를 할 때 그들의 식사 습관은 어떤지 물어봤다. 그들은 매일 점심시간이면 공을 들여 쌀과 콩으로 식사를 해 먹는다고 답했다. 나도 브라질에서 일할 때는 그렇게 했다. 현대 세계에서는 식탁에 앉아 점심을 먹는 것이 건강한 삶을 상징하는 표지가 됐다.

지난 수십 년에 걸쳐 전통 식품이 초가공식품으로 대체되는 과정은 진화 역사의 측면에서 보면 거의 상상이 불가능한 속도로 일어났다. 우려스러운 일이 아닐 수 없다. 생물학적 활동의 우선순위를 보면 먹는 것은 번식과 함께 제일 상단에 자리 잡고 있는 활동이기 때문이다. 우리가 하는 거의 다른 모든 활동은 먹는 것과 번식하는 것, 이 두 가지 목적에 복무하기 위해 존재한다. 초가공식품이 미치는 영향을 이해하기 위해 나는 시간을 거슬러 올라가 예전에는 한 번도 고민해보지 않았던 질문을 던져야 했다. "먹는다는 것은 정확히 무엇을 의미하며, 우리는 먹기 위해 어떻게 진화해왔는가?"라는 질문이다. 그럼 이제 바위가 음식이었던 초창기로 돌아가보자. 이 단계를 나는 '섭식 1단계'라고 부른다.

초가공식품

Part 2

먹는 행위를 둘러싼
오해와 진실

Chapter 5

||||||||||||||||||||||||||||||

우리는 먹기 위해
어떻게 진화했는가

나는 섭식이 서로 별개이면서도 겹치는 세 가지 단계로 일어난다고 생각하는 것이 유용하다고 생각한다. 이 단계들 모두 오늘날에도 여전히 이어지고 있다.

섭식 1단계에는 살아 있는 생명체가 바위나 금속처럼 한 번도 살아 있었던 적이 없는 물질을 먹기 시작했다. 이 과정은 시간의 여명기부터 시작해서 지금까지 쭉 이어져오고 있다. 섭식 2단계에는 살아 있는 생명체가 다른 살아 있는 생명체를 먹기 시작했다. 약간의 가공을 거치는 경우도 있었다. 이 단계가 수억 년 동안 이어지고 있다(사람의 경우는 200만 년 정도).

섭식 3단계에 들어와서는 한 종(그리고 그 종이 키우는 반려동물과 가축도)이 초가공식품을 먹기 시작했다. 이 초가공식품은 기존에는 알려지지 않았던 산업기술과 새로운 분자를 이용해서 제조된다. 다른 단계와 비교하면 이 단계는 시작된 지 불과 몇십 년밖에 안 됐다. 우리가 지금까지 살아온 아주 긴 역사의 맥락에서 이 단계에 대해 생각해보는 것이 초가공식품의 영향에 대해 고려할 때 유용한 것도 이 때문이다.

그럼 아주 처음으로 돌아가보자.

지구의 나이는 대략 45억 년 정도다. 첫 7억 년 정도는 아주 흥미로운 시기였다. 이때는 달을 만든 행성 크기의 소행성을 비롯해서 여러 소행성이 끊임없이 지구와 충돌했다. 액체 상태인 지구의 핵이 끊임없이 표면을 뒤집어놓는 바람에 소행성 충돌의 증거는 사라져버렸지만, 벌집 같은 달 표면의 분화구를 보면 전체적인 충돌의 규모가 어땠을지 짐작할 수 있다. 첫 5억 년 정도의 시기를 괜히 지옥을 의미하는 하디안기^{Hadean}(명왕누대)라고 부르는 것이 아니다.

용암이 끓어오르는 지옥의 풍경을 떠올리게 하는 '하디안'이라는 용어가 완전히 정확한 표현은 아닐지도 모른다. 초창기의 지표면은 별로 남아 있지 않지만 호주 서부에서 발견된 몇 개의 작은 규산지르코늄 결정을 보면 당시의 조건이 기존에 생각했던 것보다는 온화했을지도 모른다는 단서를 찾을 수 있다. 약 44억 년 전으로 거슬러 올라가는 이 '지르콘^{zircon}'은 액체 상태의 물이 존재했음을 말해주고 있다. 이는 지구라는 행성이 탄생하고 1억 5,000만 년 내에 바다가 형성되었을지도 모른다는 점을 시사한다.[1]

엄청 뜨겁기는 했을 것이다. 초창기 지구의 대기는 이산화탄소 농도가 높아서 압력밥솥 같았기 때문에, 바다가 액체 상태에서도 섭씨 200도 이상으로 과열되었을 수 있다. 따라서 어느 정도는 하디안이란 말이 어울리기는 하지만 분명 녹아내린 바위 물로 이루어진 바다는 아니었다. 그리고 대기 역시 주로 이산화탄소, 질소, 아황산가스 등 화산에서 분출된 가스로 이루어져 생각보다 온화했을 것이다. 다만 대기 중에서 산소는 찾아보기 어려웠다.

호주에서 발견된 40억 년 된 또 다른 지르콘은 훨씬 더 놀라운 존재의 흔적을 담고 있었다. 생명에서 기원한 흔적이 들어 있는 탄소가 나온 것이다.• 이것은 생명이 존재했음을 보여주는 최초의 간접 증거다.[2]

우리는 35억 년 전에 단세포 생명체가 출현했다고 확신하고 있다. 그 단서는 캐나다 북부의 철광층에서 발견된 미세화석, 그린란드 남서부에서 발견된, 생명 비슷한 탄소 성분이 들어 있는 스트로마톨라이트 미생물 군집의 잔해, 호주 서부 사암에서 발견된 세균 퇴적물 등 작지만 확실한 것들이다.

32억 년 전, 생명체는 지구의 지질을 복제하고 변화시켰으며, 면적이 수백 제곱킬로미터에 이르는 거대한 철광층으로 영국 자치주 크기만 한 지형을 만들어냈다. 이 철광층은 초기 세균의 폐기물이 퇴적된 것이다.[3-6] 가장 큰 철광층은 호주에서 발견됐다. 이들은 최초의 생명체가 등장하면서 시작된 섭식 1단계에 대한 단서를 제공해준다.

당시에는 바다가 해저화산에서 방출된 용해 철로 가득했다. 이 철분은 초기 세균 생명체의 먹이였다. 우리는 산소로 호흡하는 반면, 세균은 이산화탄소를 취했다. 그리고 거기서 만들어진 녹을 폐기물로

• 탄소 원소에는 몇 가지 서로 다른 유형이 있는데, 세포가 단백질을 합성할 때는 이 서로 다른 유형의 탄소가 특정 비율로 사용된다.

방출했다. 우리 주변에서 보이는 물체를 만들 때 사용하는 금속을 제공해주는 이 거대한 철광층은 아마도 거대한 세균 배설 퇴적물일 것이다.[7-9]

금속을 음식으로 삼는다는 개념을 이해하기 어렵다고 걱정할 필요는 없다. 이것은 모두 원자와 관련이 있다.

모든 물질은 원자로 만들어져 있고, 원자는 다시 양성자^{proton}와 전자^{electron}로 이루어져 있다.● 원자는 제각각 다른 수의 양성자와 전자를 가지고 있어서 서로 다른 속성을 띠게 된다(어떤 원소는 투명한 기체로 존재하고, 어떤 원소는 검은 고체로 존재하는 등). 하지만 각각의 원소는 반드시 양성자와 전자를 동일한 숫자만큼 가지고 있어야 한다. 산소는 8개의 양성자와 8개의 전자를 가지고 있고, 탄소는 6개의 양성자와 6개의 전자를 가지고 있다. 그러나 모든 원자가 자기가 갖고 있는 몫에 만족하는 것은 아니다.●● 예를 들어 탄소의 경우 전자를 내어주려 하는 반면, 산소는 전자를 더 가지려고 필사적이다.●●● 불만족스러운 원자들이 한데 모여 전자를 공유하면 양쪽 모두 행복해질 수 있다. 이 완벽한 결혼을 통해 이산화탄소가 형성되고, 둘의 결혼식에서 일부 에너지가 방출된다. 이러한 화학반응이 자동차를 굴러가게 만드는 원동력이다.

- ● 중성자^{neutron}도 있지만 중성자에는 전하가 없기 때문에 원자의 화학적 행동에는 별로 영향을 미치지 않는다.
- ●● 어떤 화학자는 '만족' 같은 단어를 사용하기를 꺼리고, 어떤 화학자는 써도 상관없다고 생각한다. 아원자 수준에서는 단어의 의미가 느슨해진다. 화학계는 마치 원자가 전자를 내보내거나 받아들이고 싶은 욕망을 갖고 있는 것처럼 행동하기 때문에 나는 이런 단어를 사용해도 문제가 없다고 생각한다.

리라가 늦은 오후에 배가 고파 눈물을 글썽이는 것은 연료가 떨어진 자동차와 비슷해졌기 때문이라고 상상할 수 있다. 기본 원리는 동일하다. 리라는 자기가 먹은 식품(예를 들면 피자 한 조각에 들어 있는 탄소 원자)에서 전자를 취해서 들이마신 공기 속의 산소에게 전달해준다. 그리고 이산화탄소를 내뱉는다. 자동차는 펑 하고 폭발하는 소리를 내면서 반응하지만, 생명은 에너지를 뽑아낼 때 더욱 조심스럽다.

　리라의 거의 모든 세포 안에서는 작은 단백질들이 피자 밀가루의 당 분자 속에 들어 있는 탄소 원자에서 전자를 뽑아낸다. 이 단백질은 미토콘드리아라는 세포 소기관에 들어 있는 일련의 다른 단백질에 전자를 전달한다. 전자는 이들 단백질을 따라 이동하면서 작은 펌프처럼 움직여 미토콘드리아를 전하로 풍선처럼 빵빵하게 채운다. 이렇게 해서 미터당 3,000만 볼트의 전압이 발생하는데 이는 하늘과 땅 사이에 번개를 만들어내는 것과 대략 비슷한 전압이다. 그리고 마지막 단백질은 불이나 연기를 발생시키지 않으면서 그 전지를 산소에게 전달한다.

　미토콘드리아는 이제 전하로 풍선처럼 빵빵해졌지만 그 안에는 작은 구멍들이 나 있다. 이 구멍은 전하가 탈출할 수 있는 작은 물레방아

••• 전자를 내어주는 것을 산화^{oxidation}라고 한다. 산소는 전자를 원하는데, 산소가 원하는 양이 생명이 이용하기에 딱 적당한 양이다. 하지만 산소가 가장 강력한 산화제는 아니다. 산소는 전자를 좀 내어주실 수 있겠냐고 정중하게 물어보는 스타일인 반면, 불소나 염소 같은 기체들은 아예 묻지도 않고 다른 원자의 전자를 강제로 빼앗는 스타일이다. 그래서 이들은 강력한 독성을 띤다. 염소나 불소를 들이마시면 우리 몸속에 들어 있는 모든 것을 산화시켜버릴 것이다. 즉 전자를 빼앗아가버린다. 다행스럽게도 화학의 공교로운 우연 덕분에 산소는 지구에 있는 거의 모든 유기물질을 태울 수 있다. 하지만 그렇게 하기 위해서는 점화의 불꽃이 필요하다. 세포 안에서는 효소가 이런 불꽃을 제공해서 화학반응이 통제 아래 일어날 수 있게 해준다. 그리고 이 과정에서 유용한 에너지를 추출할 수 있다.

역할을 한다. 큰 전압이 전하를 움직여 물레방아를 돌리는 역할을 하는 것이다. 전하가 빠져나가는 동안 물레방아가 그 흐름으로부터 에너지를 추출해서 ATP라는 새로운 분자를 만들어낸다. ATP는 몸속 모든 세포에서 일어나는 모든 반응에 동력을 공급한다. 단백질에 이 ATP를 붙여주면 DNA가 복제되고, 구멍이 열리고, 근육이 수축하고, 세포가 움직인다. 세포 하나는 초당 1,000만 개 정도의 ATP 분자를 사용한다. 그램당 에너지 생산량으로 따지면 미토콘드리아가 태양보다 1만 배나 높다.

이것이 바로 생명의 요체다. 해저 화산 분출구 위에 사는 세균에서 지금 키보드를 두드리는 내 손가락에 이르기까지 모든 생명체 안에서 이런 일이 벌어지고 있다. 생명은 식품에서 나온 전자를 호흡으로 전달할 때 나오는 에너지를 포착하는 현상이다.● 따라서 호흡 과정보다 전자를 덜 원하는 존재라면 무엇이든 식품이 될 수 있다.

따라서 지구가 탄생하고 첫 몇억 년 동안의 어느 시점에서 지구화학이 생화학으로 바뀌었고, 단세포 생명체가 바위를 먹고 생명을 만들어내는 섭식 1단계가 시작됐다. 지금은 지구화학과 생화학이 별개의 과로 깔끔하게 나뉘어 있고, 학과도 다른 건물에 자리 잡고 있는 경우가 많지만 바위의 화학이 생명의 화학으로 바뀐 정확한 순간을 꼬

● 이제 당신은 사람들에게 똑똑해 보이는 이야기를 할 수 있다. "생명이란 쉴 곳을 찾아 나선 전자에 불과하다." 이것은 헝가리의 노벨상 수상자 얼베르트 센트죄르지Albert Szent-Györgyi의 말이다. 이런 내용에 대해서 더 잘 이해하고 싶은데 그렇다고 생화학을 전공하고 싶지는 않은 사람이라면, 혹은 나처럼 한때는 알고 있었지만 그새 생화학에 대해 까먹은 사람이라면 나의 유니버시티칼리지 런던 동료인 닉 레인Nick Lane이 집필한 『바이털 퀘스천The Vital Question』(까치, 2016)을 참고하기 바란다.

집어 말할 수는 없다. 하지만 모든 모호한 경계와 마찬가지로 여기에도 분명 경계는 존재한다. 생명과 생명이 아닌 것은 아주 다르다. 식품을 분류할 때와 마찬가지로 여기서도 어딘가에 경계선을 그려야 한다.

한 번도 살아 있지 않았던 것을 먹이로 삼는 섭식 1단계는 오늘날에도 계속 이어지고 있다. 세균은 아직도 바위를 먹고 있고, 우리는 여전히 근본적인 과정을 이해하기 위해 노력 중이다. 그런데 어느 시점에서, 아마도 철분 같은 자원에 접근하기 위한 경쟁이 너무 심해졌을 때 지름길이 하나 진화해 나왔다. 다른 생명체가 바위나 태양으로부터 에너지를 얻을 때까지 내버려두었다가, 그 생명체 혹은 그 생명체의 폐기물을 먹는 방식이 등장한 것이다. 이 첫 번째 지름길이 등장한 후로 동물은 모두 다른 생명체를 잡아먹는 방식으로 몸을 구성했다. 이것이 섭식 2단계, 음식을 먹는 단계다.

2단계가 정확히 언제 시작되었는지는 분명치 않다. 그에 관한 과학 문헌들은 재미있을 정도로 서로 적대적인 모습을 보여준다. 일린의 논문과 공개된 학자들 간의 서신을 보면 5억 년 전 바위에 남겨진 흔적이 고대 동물의 활발한 섭식행동 때문에 생긴 것인지, 아니면 얕은 물에서 켈프kelp(해초의 일종—옮긴이)의 부착근에 매달려 있던 돌멩이에 의해 만들어진 것인지, 그도 아니면 구겨진 유칼립투스 이파리가 바람이 만든 파도에 의해 모래 위로 쓸리면서 생겨난 것인지를 두고 건조한 학문적 언어로 토론이 벌어지고 있지만, 그 안에 담겨 있는 적개심은 숨길 수 없다.[10, 11]

그러나 대략 5억 6,000만 년 전 어느 날 고대 로디니아 대륙의 가장자리에서 바다 밑바닥 진흙을 헤치며 천천히 기어 다니는 작은 생명체가 있었다는 데에는 대체로 동의하고 있다.[12] 손가락만 한 길이의 이 생명체는 납작한 타원형이었고, 중심부 융선에서 방사형 무늬로 융선들이 뻗어 나와 있었다. 확대해서 보면 매력적인 양탄자 디자인으로 보였을 것이다. 이 생명체는 골격도, 부속지도, 눈도 없이 그저 가장 기본적인 신경계만 갖추고 있었지만 당시의 기준으로 보면 수십억 년 진화의 정점에 서 있는 엄청나게 복잡한 생명체였다. 모든 진흙이 그렇듯이 그때의 진흙도 그 자체로 살아 있는 존재였다. 모래는 셀 수 없이 많은 단세포 생명체들이 분비한 점액으로 한데 뭉쳐 있었다. 나중에 디킨소니아 코스타타$^{Dickinsonia\ costata}$로 명명될 '양탄자' 생명체는 미생물 진흙 위를 기어 다니며 그 뒤로 작은 흔적을 남겼다. 가끔은 모래 속으로 파고들었다가 다시 표면으로 나오면서 작은 터널을 만들기도 했다.[13, 14]

그날 분명 그와 똑같은 행동을 하고 있던 생명체가 무척 많았을 것이다. 그 부분은 의심의 여지가 없다. 하지만 모든 영광을 이 한 개체가 독차지하게 됐다. 그 생명체가 갑자기 죽었는데 죽음을 맞이하기 전후의 어떤 상황 때문에 시체가 즉각적으로 흙이나 재로 뒤덮였고, 그 후로 5억 년에 걸쳐 일어난 지질학적 사건 때문에 잘 보존되어 있다가 1946년에 레그 스프리그$^{Reg\ Sprigg}$에게 발견되었기 때문이다. 레그 스프리그는 호주 남부의 에디아카라 언덕에서 연구 중이던 지질학자다.[15]

진흙 속을 움직이던 '양탄자'의 운동을 한 과학 출판물에서는 "영양소와 산소 자원을 이용하기 위해 미생물 매트$^{microbial\ mat}$와의 사이에서 이루어진 중등도의 복잡한 상호작용"이라고 묘사했다. 하지만 사실 이것은 섭식 2단계의 흔적이 기록으로 남은 최초의 사례다.

이 작은 디킨소니아는 먹는다는 것은 곧 생태계의 일부가 되는 것임을 떠올리게 해준다. 이들은 먹기만 한 것이 아니라 자기한테 잡아먹힐 다른 생명체들을 준비하고, 생태계 공학을 실천에 옮겼다. 그래서 열심히 돌아다니면서 바다 밑바닥을 갈고, 배설물을 비료로 주면서 자기가 살고 있는 퇴적물과의 관계를 능동적으로 변화시켰다. 이들은 생태계로부터 에너지를 추출하기 위해 서로 간에 군비경쟁을 벌이던 최초의 생명체에 해당한다.

═ 섭식 행위는 우리의 생각보다 훨씬 복잡하다 ═

2단계가 펼쳐지면서 훨씬 많은 복잡성이 등장한다. 이 시기 동안에 에너지를 차지하기 위해 벌어진 진화의 군비경쟁 덕분에 단세포 생명체가 다세포 생명체로 진화했고, 그 생명체가 다시 원시 어류를 거치고, 공룡을 멸종시킨 사건에서 살아남은 뒤 쥐처럼 생긴 생명체를 거치며 당신과 나로 진화했다.

섭식 행위는 우리가 생각하는 것보다 훨씬 복잡한 과정으로 진화했다. 이것은 서로 별개인 두 가지 필요를 동시에 충족해야 한다. 살아남는 데 필요한 에너지를 공급하는 일과 몸을 만드는 데 필요한 재료인 원소와 분자들을 공급하는 일이다.

지구에 살고 있는 모든 살아 있는 물질은 대부분 산소, 탄소, 수소, 질소 이렇게 네 가지 원소로 이루어져 있다. 사람과 다른 포유류에서는 이 네 가지 원소가 몸에 들어 있는 원자의 99퍼센트 정도를 차지한다. 하지만 나머지 20여 개 정도의 원소도 생명에 없어서는 안 될 필수 성분으로 알려져 있다. 그리고 그런 원소는 몸에서 만들어낼 수 없으니 먹어서 섭취해야 한다.

4대 원소 외에도 우리 몸에는 1킬로그램 정도의 칼슘과 1킬로그램 정도의 인이 들어 있다.● 그리고 황과 칼륨이 200그램씩, 나트륨과 염소가 각각 120그램씩, 마그네슘이 40그램 정도 들어 있다. 그 외에 철도 5그램 미만으로 들어 있다. 작은 못 하나 정도의 이 성분 덕분에 피가 붉은색을 띠고 콧물이 초록색을 띤다. 또 치아를 단단하게 만들어주는 불소 몇 밀리그램, 그리고 DNA를 만들고 단백질을 구축하고 온갖 면역기능에 사용되는 아연도 들어 있다.

뼈에서 주로 발견되는 스트론튬, 갑상선 호르몬을 만드는 데 필수적인 요오드, 다양한 효소가 기능하는 데 필요한 구리, 그리고 거의 측정이 불가능할 정도로 소량의 망간, 몰리브데넘, 코발트 등 우리를 살아 있게 해주는 마지막 원소 몇 가지는 모두 합쳐도 1그램이 채 안 된다. 이들 중 어느 한 성분이라도 결핍되면 치명적이지만, 과잉도 마찬가지로 해롭다.

이 목록은 성분마다 아주 정확한 요구량이 있음을 보여준다. 이것만 봐도 모든 복잡한 유기체에게 먹는 행위가 얼마나 까다로운 것인지 알 수 있다. 하지만 사람은 과학을 통해 이런 것들을 정확하게 측정이라도 할 수 있지만 동물은 알아서 처리해야 한다. 육식동물이라

● 깐깐하게 따질 사람을 위해 정확히 말하면, 원자는 각각 질량 차이가 있기 때문에 칼슘은 질량으로 따지면 내 몸의 1.5퍼센트 정도를 차지하지만 원자의 수로 따지면 0.2퍼센트에 불과하다.

면 그런 복잡한 계산은 다른 동물이 알아서 해준다. 소는 자기를 잡아먹는 동물과 기본적으로 동일하게 구성되어 있으니까 말이다. 하지만 초식동물의 삶은 아주 다르다. 초식동물은 비가 내리는 곳을 찾아다니고 육식동물을 피해 다니면서, 예를 들면 셀레늄 같은 성분을 딱 적당량만큼만 먹어야 한다. 어떻게 그러는 것일까?

이것을 이해하기 위해 나는 옥스퍼드셔에서 4대째 소 농장을 운영하는 에디 릭슨Eddie Rixon을 찾아갔다. 농장 가운데 있는 언덕에서 에디의 3대 가족이 100마리 정도의 소와 함께 살고 있다. 아주 목가적인 삶처럼 들린다. 실제로 그렇다. 하지만 우리가 대화를 나누는 중에도 그는 부대에 소 먹이를 담고, 소의 발을 검사하면서 일을 계속했다.

에디는 소의 섭식 행위에서 나타나는 복잡성을 강조했다. "우리 소들을 비롯해서 초식동물이 먹는 식물에는 에너지와 영양소도 있지만 독소도 가득 들어 있습니다. 소는 에너지 섭취량과 독소 섭취량 사이에서 정확하게 균형을 유지하면서 영양소의 정확한 양만큼만 섭취해야 하죠."

식물과의 군비경쟁에서 소는 믿기 어려운 해독 메커니즘을 진화시켜야 했다. 식물의 독소는 소의 장속에 사는 미생물 또는 간에 들어 있는 강력한 효소에 의해 파괴되거나, 콩팥을 통해 제거된다. 하지만 소는 자기가 먹는 각각의 식물에 대해서 알아야 한다. 소는 식물을 조금씩 맛보면서 맛과 냄새를 기억하고, 그 기억을 그 식물이 몸에 미치는 영향과 연관 지을 수 있어야 한다. 에디의 소들은 당분과 단백질의 형태로 얼마나 많은 에너지가 방출되는지, 혹시 그 안에 든 독 때문에 메스꺼워지지는 않는지 등등 식물이 자기 몸과 어떻게 상호작용하는지에 관한 기억을 기억 저장소에 끊임없이 추가한다. 심지어 식물을 어떻게 조합해서 먹는 것이 효과적인지도 배운다.

에디의 지적대로 소나 다른 초식동물이 그냥 풀만 먹고 다른 것은 먹지 않는다고 생각하는 것은 착각이다. 초식동물은 어미의 식습관을 따라 하고, 다른 식물들도 시험 삼아 소량씩 먹어보면서 굉장히 다양한 식단을 구축한다.[16, 17] 일부 연구에서 과학자는 자유롭게 방목한 염소와 소의 목과 위에 구멍을 내보았다(극단적인 실험으로 보이겠지만 동물은 이런 과정을 무척 잘 버티고, 시술은 마취를 한 뒤 이루어진다). 이렇게 하면 동물이 정확하게 어떤 식물을 골라 먹는지 표본을 채취해서 연구할 수 있다.[18] 이 연구를 통해 이들이 하루에 25종에서 50종 정도의 식물을 먹을 때가 많다는 것이 밝혀졌다. 이 모든 식물에 들어 있는 모든 화학물질이 서로 상호작용하고 그 전체에 대한 기억이 미래에 참고할 기록으로 저장된다.

에디와 내가 대화를 나누고 있는데 소들이 들판 가장자리로 와서 코를 쿵쿵거리고, 콧바람을 불며 우리와 인사를 나누었다. 에디는 들판의 산울타리를 일부러 다양한 식물로 구성한다. "소들을 지켜보면 들판 가장자리에서 여러 가지 식물을 먹어요. 정확히 무슨 행동을 하는 것인지 이해할 수는 없지만 소들은 의도적으로 어떤 결정을 내리고 있는 게 맞습니다."

예를 들면 소에게는 소화관 속의 기생충이 큰 골칫거리다. 에디가 산울타리에 키우는 식물 중에는 타닌 성분이 들어 있는 것이 많다. 이 성분은 기생충을 죽이는 역할을 한다. 덕분에 에디는 구충제를 덜 사용해도 된다. 구충제는 토양의 건강을 지켜주는 지렁이도 죽이기 때문에 구충제 사용을 줄이는 편이 좋다.

 타닌은 그냥 기생충만 죽이는 것이 아니라 다른 독소와 결합해 독성을 중화해줄 수도 있다. 타닌 성분이 풍부하게 들어 있고 커다란 분홍색 꽃이 피는 여러해살이 식물인 세인포인^{sainfoin}(콩과에 속하는 식물—옮긴이)을 먼저 먹고 주식으로 산쑥을 먹으면 그 안에 들어 있는 독소인 테르펜이 중화된다. 벌노랑이(콩과 벌노랑이속의 다년초—옮긴이) 한 입 속에 들어 있는 타닌은 곰팡이에 감염된 톨페스큐^{tall fescue}(벼목 화본과의 여러해살이풀—옮긴이)에 들어 있는 독성 알칼로이드와 결합해서 불활성화할 수 있다. 이런 조합이 수천, 수백만 가지 나올 수 있다.[19, 20]

 어쩌면 소에 관해서 가장 놀라운 점은 사실 소가 식물에 들어 있는 주요 에너지원을 소화할 수 없다는 것일지도 모르겠다. 셀룰로스, 크실란, 펙틴처럼 식물의 구조를 이루는 당 성분 말이다. 어떤 포유류도 이런 성분을 소화할 수는 없다. 대신 우리는 세균을 끌어들여 우리 대신 그 일을 담당하게 한다. 우리 표면과 내부에서 살고 있는 수조 마리의 세균, 곰팡이, 미생물로 이루어진 마이크로바이옴^{microbiome}을 말하는 것이다. 이런 미생물들은 대부분 우리 소화관 속에서 발견되며, 소든 사람이든 그 안에서 거의 비슷한 일을 한다. (초가공식품이 마이크로바이옴에 미치는 영향에 대해서는 뒤에서 살펴보겠다. 이것은 초가공식품이 우리에게 해롭게 작용하는 잠재적 이유 중 하나다.) 소의 마이크로바이옴은 소의 생존에 너무도 중요하기 때문에, 이것을 거꾸로 뒤집어서 소를 마이크로바이옴이 자기가 먹고 싶은 식물을 찾아가기 위해 사용하는 네 발 달린 운송수단이라고 생각해도 무리가 아니다. 이것을 우리에게도 동일하게 적용할 수 있다.

소는 식물을 갈아 먹는 데 많은 시간을 보낸다. 그리고 이렇게 갈아서 삼킨 식물을 세균 발효실에 넣어주면 세균이 전분과 식이섬유를 분해해서 에너지와 휘발성 단쇄지방산이라는 폐기물 분자를 만들어낸다. 다른 데서 이런 얘기를 들어본 적이 있을 것이다. 우리 소화관 속에 있는 미생물들도 이런 성분들을 대부분 만들어낸다.

아세테이트는 식초에 들어 있는 주요 산^{acid}이다. 프로피온산염은 식품 방부제로 사용된다. 부티르산염은 식품 및 향수 첨가물로 사용된다. 발레르산염은 약용 식물인 쥐오줌풀에 들어 있고, 고기의 향미를 내는 식품첨가물로 사용된다. 소는 이런 지방산을 이용해 에너지도 만들 수 있고, 몸을 구성하는 재료로도 사용할 수 있다(우리도 할 수 있다). 소를 비롯한 모든 되새김동물은 소화관에 들어 있는 세균이 남긴 폐기물을 먹고 사는 셈이다.●

생명체 사이에서 먹고, 먹히는 것을 피하기 위해 벌어진 섭식 2단계의 군비경쟁은 마이크로바이옴같이 엄청나게 복잡한 시스템을 등장시켰다. 나는 에디의 농장을 떠나면서 초식동물의 복잡성에 대해 새로이 존경심을 갖게 됐고, 내 머릿속에는 섭식 습관의 측면에서 인간이 소나 다른 모든 형태의 생명체와 어떻게 다를까 하는 생각이 가득 들어찼다.

섭식 2단계의 대부분 기간 동안은 거의 모든 종이 먹이를 신선한

● 이들 중 일부는 우리 몸의 내부에서 만들어지고, 또 식품 가공용 성분으로도 사용되는데 그렇다고 유해하지 않다는 말은 아니다. 인체에서는 이런 분자들이 정확한 타이밍에 정확한 장소에서 분비되어 효과를 발휘하는 것이므로 이런 성분들을 많이 먹는다고 해서 그와 동일한 효과가 나타나는 것은 아니다.

날것의 형태로 섭취했다. 살아 있는 채로 섭취하는 경우도 많았다. 그러다가 약 200만 년 전에 한 종이 자신의 먹이를 외부에서 가공하기 시작했다. 으깨고, 갈고, 빻고, 그리고 가장 중요하게는 익혀 먹기 시작한 것이다.

요즘에는 음식을 익혀 먹는 것이 인간을 인간답게 만든 결정적인 요인이었다는 점이 널리 받아들여지고 있다. 지금은 당연한 이야기로 보이지만 불과 몇 년 전까지만 해도 상당히 많은 인류학자가 음식을 익혀 먹는 것은 순전히 문화적인 의미만을 지닌다고 주장했다. 내 생각에는 스테이크와 감자를 날것으로 먹는 대회만 개최했어도 이 논란은 간단히 해결됐을 것 같다. 하지만 이 문제는 2007년이 되어서야 좀 더 과학적으로 해결됐다. 하버드대학교의 레이첼 카모디$^{Rachel\ Carmody}$와 리처드 랭엄$^{Richard\ Wrangham}$이 소속된 연구진이 이 가설을 비단뱀으로 검증해보았다. 좀 더 정확히는 버마왕뱀이다.[21] (이 논문은 다른 모든 측면에 대해서는 시나치다 싶을 정도로 자세히 부분까지 설명하고 있지만 비단뱀을 사용한 이유에 대해서는 설명이 없다.) 이 비단뱀에게 날소고기, 익힌 소고기, 간 날소고기, 갈아서 익힌 소고기를 각각 먹여 보았다. 그 결과 갈아서 익힌 소고기에서 에너지가 25퍼센트 정도 더 나왔다. 놀랄 일은 아니다.** 이 실험을 통해 카모디와 랭엄은 인간의 소화관이 우리 몸

** 근육 단백질은 섭씨 40도가 넘어가면 바로 분해되기 시작한다. 열사병이 특히나 위험한 것도 바로 이 때문이다. 섭씨 70도 정도가 되면 힘줄, 건, 인대같이 꼭꼭 씹어 먹어야 하는 결합조직의 콜라겐이 젤로 녹기 시작한다. 그럼 고기를 치아로 뜯어 먹기가 더 쉬워진다. 또한 음식을 익히면 고기에 들어 있다가 숙주를 감염시켜 많은 에너지를 빨아 먹는 기생충을 죽일 수 있다. 기생충을 피할 수 없는 다른 육식동물과 달리 불을 사용할 수 있었던 초기 인류는 초식동물을 먹고자 하는 다른 동물들보다 훨씬 유리한 위치를 차지할 수 있었다.

을 넘어 우리 부엌까지 연장되어 있다는 자신들의 가설을 거의 모든 사람에게 설득할 수 있었다.* 열 가공과 기계적 가공은 단순히 문화의 일부가 아니라 우리 생리학의 일부다.

음식을 익혀서 먹어야 한다는 것은 우리가 식생활 부분에서 독특한 생태적 지위를 차지하고 있음을 의미한다. 2015년에 나온 한 논문에서는 인간이 유일한 화식동물cucinivore, 즉 익혀 먹어야 하는 동물이라고 주장했다.[22] 사실 우리는 유일한 가공식동물processivore이다. 우리는 식품을 익히기만 하는 것이 아니라 가공도 해야 한다. 선사 시대 이후로 우리는 식품을 갈고, 두드리고, 발효하고, 말리고, 소금에 절이고, 식히고, 땅에 묻으며 가공해서 먹었다. 우리 몸은 식품 가공의 오랜 역사를 보여주는 산증인이다.[23] 우리가 전분, 우유, 당분, 알코올을 소화하는 데 사용하는 효소를 만들기 위해 지닌 유전자의 수, 그리고 섭식 도구의 크기만 봐도 이것은 자명하게 드러난다. 우리의 치아와 턱뼈와 소화관은 다른 포유류에 비해 작다. 체중 대비 약 절반 정도밖에 안 된다.[24] 그래서 식품 가공은 인간의 생존에 필수적이며, 인간을 인간답게 만들어준 것도 가공이다.** 이러한 이유로 가공은 섭식 2단계의 일

• 랭엄은 호모에렉투스, 즉 직립 인간이 어금니와 입, 위장의 크기가 작고, 창자는 컸던 것으로 보아 화로를 사용하고 불을 통제했던 것으로 나타난 최초의 증거(이스라엘 케셈 동굴에서 20만~40만 년 전)보다도 100만 년 정도 앞서서 불을 통제했을 거라는 가설을 세웠다. 비슷한 시기에 음식을 익혀 먹었다는 증거가 있는 화로는 아프리카, 프랑스, 스페인, 중국, 영국에서도 발견됐다. 하지만 랭엄의 이론은 매력적인 측면이 있다. 긴 다리와 상체의 형태로 보아 호모에렉투스는 나무 타기에 그리 능숙하지 않았을 것이다. 침팬지가 나무 둥지를 사용하는 가장 큰 이유는 표범 때문이다. 고대 사바나의 포식자들을 보고 나면 현대의 표범은 우리 집 고양이 윈스턴처럼 작아 보였을 것이다. 나무를 타지 않는 초기 인류에게 불은 포식자의 접근을 제지하는 필수적인 수단이었다.

부가 되었다.

섭식 2단계는 우리 주변에서 계속 이어지고 있다. 슈퍼마켓에서 식품을 사 먹더라도 고기, 과일, 채소 같은 것을 구입해서 먹으면 당신도 섭식 2단계의 생명체로서 삶을 이어갈 수 있다. 다만 그러기 위해서는 돈과 시간이 많이 들 뿐이다. 영국과 미국 사람들은 대부분 내가 말하는 섭식 3단계에 진입했다. 이 경우는 자연에 존재하지 않는 새로운 합성 분자가 포함된 식품에서 대부분의 칼로리를 얻는다.

어느 해를 원년으로 삼을 것인가 하는 문제는 항상 논란의 대상이 된다.

1879년도 그런 원년의 후봇감 중 하나다. 콘스탄틴 팔베르크Constantin Fahlberg라는 박사후과정 화학자가 존스홉킨스대학교의 한 연구실에서 연구를 진행했다. 그 후 1886년에 이루어진 《사이언티픽 아메리칸Scientific American》과의 인터뷰에서는 그를 키가 크고 체격이 좋고 잘생긴 사람으로 묘사하고 있다. 독일에 있는 그의 기념비 흉상을 보면 틀린 말은 아닌 것 같다. 그는 주름진 이마, 꼼꼼하게 매만진 머리, 수염, 왁스를 칠한 콧수염 등 어느 모로 보나 19세기 기업가로서의 모습을 고스란히 간직하고 있다. 인터뷰 당시 그는 이미 명사였지만 인터뷰를 진행한 사람의 말에 따르면 '소심하고 내성적인 사람'이었다.

팔베르크는 콜타르로부터 약제를 생산하려 했다. 콜타르는 석탄 처리 과정에서 나오는 끈적거리는 액체로 독성을 띤다. 건선과 곰팡이

●● 생식 다이어트가 유행하고 있다. 지금까지 나온 증거로 보면 이런 다이어트는 건강에 그리 이롭지 못해서, 극단적인 체중 감소와 불임 등으로 이어진다.[25]

감염 치료를 위해 지금도 여전히 샴푸와 비누에 사용되고 있다. 나도 비듬을 치료하려고 사용해보았는데 효과는 다양했다. 하지만 이것을 사용하고 나면 금방 깐 아스팔트 같은 냄새가 남았다. 콜타르가 어떤 원리로 작용하는지는 아무도 모르지만 아마도 페놀, 다환방향족탄화수소, 기타 다른 독소 등 그 안에 들어 있는 대량의 독성분 때문에 나타나는 효과일 것이다. 이런 성분들은 소량으로 사용하면 원치 않는 사람 세포와 병원균을 죽일 수 있다. 하지만 대량으로 사용할 경우 암을 유발할 수 있다는 것이 잘 밝혀져 있다.

여러 버전으로 존재하는 팔베르크의 발견 이야기를 보면 그가 연구실에서 손을 핥아보았다는 소리도 있지만 정확한 이야기는 아니다. 내 생각에는 아무리 19세기 화학자라지만 그 정도로 부주의하지는 않았을 것 같다. 그런데 정작 팔베르크 본인의 이야기를 들어보면 그보다 나을 것도 없어 보인다.[26]

> 어느 날 저녁, 밥 먹는 것도 잊고 연구를 하다가 뒤늦게 서둘러 저녁을 먹으러 갔습니다. 손도 씻지 않았죠. 자리에 앉아 빵 한 조각을 뜯어서 입에 넣었는데 말도 못 할 정도로 달더군요. 왜 이렇게 단 거냐고 묻지도 않았습니다. 아마 케이크나 설탕 절임인가 보다 생각했던 것 같습니다. 물 한 모금으로 입을 헹구고 수염을 닦았습니다. 그런데 놀랍게도 냅킨에서 빵보다 더 단맛이 나는 겁니다. 세상에 둘도 없는 그 단맛의 원인이 바로 나였다는 생각이 번쩍 들었죠. 그래서 제 엄지손가락 끝을 맛보았는데 내가 그때까지 먹었던 어떤 단 음식보다도 달았습니다. 그제야 모든 것이 한눈에 보이더군요. 내가 콜타르에서 설탕보다도 더 단

맛이 나는 물질을 발견했거나 만들어낸 것이었습니다. 나는 저녁 식사를 하다 말고 다시 연구실로 뛰어가서 흥분한 채로 탁자 위에 있던 비커와 증발 접시에 들어 있던 내용물들을 모두 맛보았습니다. 다행스럽게도 그중에 독성 액체나 부식성 액체는 들어 있지 않았죠.

팔베르크는 최초의 인공감미료이자, 제1차 세계대전으로 인한 설탕 품귀 현상 때문에 우리 식단에 대대적으로 공급된 최초의 완전합성화합물인 사카린을 창조한 것이었다. 설탕보다 300배나 더 달콤한 사카린은 합성화학의 승리다. 팔베르크는 바로 엄청난 부자가 됐다. 사카린은 오늘날에도 여전히 사용되고 있다. 미국에서 식당이나 모텔에 가본 사람이라면 식탁마다 자리를 차지하고 있는 스위트엔로Sweet'N Low의 분홍색 포장지가 익숙할 것이다.

사카린의 발명은 합성식품화학이라는 새로운 시대의 한복판에서 일어났다. 당시는 합성 탄수화물에 대한 연구가 진행된 지 반세기가 넘었을 때였다. 1885년의 한 논문은 전분을 변성하는 연구가 다른 어떤 화학 분야보다도 더 많은 노동자를 끌어들였다고 주장하는 말로 시작하고 있다.[27] 그리고 그 후로 한 세기 동안 수천 가지 새로운 분자가 식품으로 유입됐다.

우리는 그 분자들을 엄청나게 많이 먹고 있다. 영국처럼 산업화된 국가에서는 한 사람이 매년 8킬로그램의 식품첨가물을 섭취하고 있다. 이 수치를 처음 봤을 때는 도저히 불가능한 일처럼 보였다. 이것이 얼마나 많은 양인가 하면, 우리가 집에서 빵을 만들어 먹기 위해 1년에 구입하는 밀가루의 양도 평균 2킬로그램밖에 안 된다. 하지만 이 통계는 카를루스 몬테이루의 관찰과 완전히 맞아떨어진다. 그는 산업적으로 가공된 식품이 점점 더 많은 자리를 차지하는 바람에 우리가 구입하는 비가공식품 원재료의 양은 점점 줄어들고 있다고 했다.

합성을 통해 변성된 지방, 단백질, 탄수화물을 먹는 것은 말할 것도 없고, 1년에 합성 분자를 무려 8킬로그램이나 먹는다니 분명 심각한 문제가 아닐 수 없다. 하지만 뒤에서 살펴보겠지만 첨가물에 대한 불안은 대부분 엉뚱한 방향을 향하고 있다. 여기서의 요점은 그 분자들 자체가 해롭다는 것이 아니다. 첨가물은 곧 초가공식품을 의미한다는 것이 문제다. 이 사실은 현재 질병과 연관이 있는 것으로 알려진 식품 생산의 방법과 목적이 무엇인지 말해준다. 초가공식품에 들어간 각각의 성분도 해로울 수 있지만, 가장 큰 해악을 미치는 것은 그 성분들의 조합이다. 내가 초가공식품 섭취를 섭식 3단계로 부르는 이유는 우리의 진화 역사에서 아주 최근에 일어난 변화이기 때문이다.[28]

= 100년 전 영양학 연구의 흥미로운 결과 =

당신이 인류가 수백만 년 동안 그래온 것처럼 가공을 최소화한 자연 식품을 계속 먹고 산다고 해도 몇백 년 전 사람들보다는 영양소에 대해 훨씬 많이 신경 쓰며 먹게 될 것이다.

이제 먹는 행위는 순수하게 본능적인 행위가 아니라 지적 행위에 가까워졌다. 요즘에는 많은 사람이 칼로리, 1인분의 양, 좋은 식품, 나쁜 식품, 비타민 등을 따지면서 먹는다. 요즘 사람들에게 식품 포장지나 영양사들의 조언을 따르지 않고 소처럼 순수하게 본능에 따라 먹는 것은 상상하기도 힘든 접근 방식이다. 아무런 지침도 따르지 말고 본능대로 먹자는 말을 당국이 거의 신뢰하지 않는 것을 보면 사람에게도 에디의 소처럼 식단을 스스로 조절하면서 균형을 잡을 수 있는 내부 시스템이 있을지도 모른다는 개념은 별로 설득력이 없어 보인다. 인간이 정말로 본능에 따라 먹어도 괜찮을까?

이 질문에 대한 최초의 신뢰할 만한 과학적 답변은 1928년에 도널드, 얼, 에이브러햄이라는 유아 세 명의 도움을 바탕으로 연구된 바 있다. 이들은 20세기의 가장 중요하면서도, 가장 알려지지 않은 영양학 연구에 참가했다. 실험을 수행한 사람은 시카고의 소아과의사 클래라 데이비스였다.

데이비스에 대해서는 별로 알려진 것이 없지만 그녀는 놀라운 사람이었음이 분명하다. 그녀는 1901년에 자기가 다니던 의대에서 졸업한 열 명의 여성 중 한 명이었고, 1926년에는 시기고의 마운트 시나이 병원에서 일하면서 의사가 부모에게 자녀의 식사에 대해 조언하는 것 때문에 걱정하고 있었다. 섭식 2단계 전체 기간 동안 사람을 비롯한 모든 포유류의 자식은 어른과 거의 비슷하게 먹었다. 추가로 더 으깨서 부드럽게 만들거나, 양념을 덜 치는 경우는 있어도 아기용 식사가 따로 존재하지는 않았다. 그냥 젖을 먹다가 바로 식품으로 옮겨 갔다.

하지만 1920년대 미국에서는 아이에게 밥을 먹이는 것이 거의 유사과학으로 바뀌었다. 《미국 의학회지 Journal of the American Medical Association》의 어느 글에서는 이렇게 단언했다. "음식의 성분 조성에 대해 알지 못하는 사람은 유아에게 만족스러운 식품을 처방해줄 수 없다."[29] 미국의 어머니들은 최신의 영양학 정보를 바탕으로 작성된 식품 목록을 정기적으로 받았지만, 아이들은 그런 데이터야 있건 말건 그냥 먹기를 거부했다. 이것이 문제가 되다 보니 1920년대 사람들은 아이의 편식 때문에 소아과를 찾는 경우가 태반이었다.[30] 전문가들은 아이가 배가 고파지게 그냥 두어 확실하게 고치고 가야 한다고 조언했다. 1926년에 나온 앨런 브라운Alan Brown의 책 『정상적인 아동의 보살피기와 먹이기The Normal Child, Its Care and Feeding』가 이 현상을 보여주는 좋은 사례다. "음식을 뱉어내거나 일부러 토해내는 아동은 강제로 먹여야 한다. 아이에게 먹을 것을 조금만 준 후에 아이가 토해내면 더 많이 준다. 이런 식으로 아이가 음식을 삼킬 때까지 계속 먹인다."

데이비스는 이런 권위주의적인 경향이 마음에 들지 않았다. 그녀는 역사적으로 이 주장을 뒷받침할 증거가 존재하지 않음을 알고 있었다. 또한 야생동물은 무엇을 먹어야 한다고 과학이 일일이 말해주지 않아도 건강을 잘 유지한다는 것도 알고 있었다. 그녀는 오히려 의사들이 아이들의 말에 귀를 기울여야 한다고 느꼈다.

하지만 데이비스의 걱정거리는 또 있었다. 그녀는 1920년대의 현대적 식품에 대해서도 걱정이 많았다. 당시의 식품은 거의 100년이 지난 지금에도 여전히 현대적이라 느껴질 정도다. 한 논문에서 그녀는 "젖을 떼고 어른의 식탁에서 흔히 보이는 페이스트리, 잼, 그레이비, 흰 빵, 설탕, 통조림 식품으로 넘어가는 유아의 영양실조"에 대해 설명했다. 그녀는 이런 음식이 불완전한 변성 식품이라고 생각했다. 그리고 이런 식품이 100년 전에는 식단에서 큰 부분을 차지하지도 않았다고 말했다. 사실 그녀는 임상의로서 접하는 섭식 문제 중 다수가

고도로 가공된 식품들 때문에 생겼을지 모른다고 의심하고 있었다.[31]

신통하게도 데이비스는 몇몇 어머니를 설득해서 아이들이 한 번에 몇 달씩 그녀의 연구실에서 지내면서 지금까지 수행된 것 중 가장 긴 기간에 걸친 섭식 임상실험에 참가하게 만들었다. 한 아이는 4년 넘게 지내기도 했다. 실험 계획은 단순하지만 대단히 혁명적이었다. 데이비스는 유아들이 자기가 먹을 음식을 직접 선택하게 놔둔 후에 그 아이들이 당대 최고의 영양학적 조언에 따라 처방된 식단을 먹는 아이들만큼 건강한지 여부를 측정했다. 그녀는 아이들이 식품에 대한 경험이나 선입견, 혹은 편견을 갖지 않도록 실험을 시작하기 전까지 모유 수유만 했던 아이들을 선택했다.

그녀가 세운 가설은 다음과 같다. 인체는 물과 산소의 섭취, 심장박동수, 혈압, 체온, 그리고 기타 모든 생리학적 변수를 조절하는 메커니즘을 갖고 있으니 체성분과 영양 섭취를 조절하는 메커니즘도 있으리라는 것이다.

그녀의 첫 실험 대상은 얼 헨더슨Earl Henderson이었다. 얼은 생후 9개월이었고, '식생활이 수유에 적합하지 않은 마르고 젊은 영양 결핍 여성'의 아이였다. 얼은 짧은 인생을 거의 실내에서 보내왔다. 당시 얼은 건강이 좋지 못해서 선양腺樣(입천장 근처 비강 뒤쪽에 자리 잡은 작은 림프 조직─옮긴이)이 부어 있고, 점액 같은 콧물이 흐르고, 흉벽에는 고리 모양으로 뼈가 튀어나와 있었다. 비타민 D 결핍증에서 전형적으로 나타나는 '구루병염주'라는 갈비뼈 기형이었다. 하지만 이 허약한 9개월짜리 아이에게도 완전히 자유롭게 먹을 것을 선택할 수 있는 권한을 주었다("이 실험은 아이가 자신의 섭식 관련 문제를 스스로 관리할 수 있는지 여부를 질문할 것이다").

얼은 매일 서른네 가지의 서로 다른 식품 중에서 골라 먹을 수 있었다. 이 식품은 모두 병동 주방에서 준비한 것이었고, "시장에서 신선한 상태로 구입한 다양한 동물성, 식물성 식품으로 구성되어 있었다. 오직 자연에서 나온 식품만 제공했고 불완전 식품이나 통조림 식품은 제공하지 않았다".

그 전체 목록은 다음과 같다(어떤 종류의 가공식품도 포함되지 않았다는 점에 주목하자. 치즈나 버터조차도 없다).

- 육류(근육 부위): 소고기(날것과 익힌 것), 양고기, 닭고기
- 선상 기관 glandular organ: 간, 콩팥, 뇌, 어린 양의 췌장이나 흉선 요리
- 해산물: 생선(대구)
- 시리얼: 통밀(비가공), 오트밀, 보리(통곡물), 옥수숫가루(노란색), 호밀
- 뼈 제품: 골수(소와 송아지), 뼈 젤리(물에 녹는 뼈 물질)
- 계란
- 우유: A급 생유, A급 생전유(요구르트와 비슷)
- 과일: 사과, 오렌지, 바나나, 토마토, 복숭아, 파인애플
- 채소: 상추, 양배추, 시금치, 콜리플라워, 배, 비트, 당근, 순무, 감자
- 기타: 바다 소금

데이비스에 대해 조사하면서 나도 내가 리라(3세)와 사샤(1세)에게 무엇을 먹이는지 기록해보았다. 나도 아이들의 식단에 다양한 음식을 올리려고 노력했지만 열 가지를 마련하기도 벅찼다.

매끼마다 얼과 다른 참가자들에게 12가지 음식이 제공됐고 우유, 발효시킨 사워밀크, 소금은 항상 제공됐다. 각각의 식품은 별개의 그릇에 담았고, 절대로 섞지 않았다. 실험자들은 아기가 먹고 싶다고 표현한 음식만을 제공할 수 있고, 아이들의 선택에 대해 긍정적인 신호나 부정적인 신호를 내비치지 않아야 하며, 아이들이 다 먹은 후에야 그릇을 치우도록 교육받았다. 만약 아이가 한 끼 식사에서 특정 음식을 모두 비웠으면 다음 식사에서는 그 음식의 양을 늘려주었다.

얼은 클래라 데이비스의 연구실에 와서 3일간 오직 엄마의 모유만 먹었다. 그리고 신체검사, 소변검사를 하고 혈구 수치, 칼슘 및 인 수치 등 구체적인 수치들을 측정했다. 골밀도를 판정하기 위해 엑스레이 촬영도 했다. "4일째 되는 날에는 모유 수유를 중단하고 본격적인 실험이 진행됐다."

얼과 엄마에게 처음에는 이것이 정서적으로 얼마나 큰 상처였을지 상상하기 어렵다. 어쩌면 얼은 너무 배가 고파서 엄마 대신 석설한 영양을 공급해줄 수 있는 간호사가 그 자리를 대신하는 것을 신경 쓰지 않았을지도 모른다. 여기에 대해서는 기록된 바가 없어서 읽는 동안 나는 자꾸 신경이 쓰였다.

데이비스는 얼의 첫 식사에 대해 이렇게 설명했다. "아이는 몇 초 동안 바라보더니 생당근이 들어 있는 접시로 손을 뻗었다. 그리고 당근을 한 줌 가득 움켜쥐었다." 하지만 한 줌으로는 부족했나 보다. "아이는 여러 번 다시 손을 뻗어 접시에 있던 당근을 거의 다 먹었다."

데이비스는 기뻤다. 그녀는 이렇게 적었다. "3일 만에 아이는 거의 모든 음식을 맛보았다. 아이는 우리의 첫 번째 질문에 대답해주었다.

아이는 자기가 먹고 싶은 음식을 선택할 능력과 의지가 있었고, 또 적당한 양을 먹었다."

몇 해에 걸쳐 12명의 유아가 추가로 실험에 참여했고, 아이들은 모두 똑같이 열정적으로 식단에 적응했다. 거의 모든 아동이 자기가 제공받은 식품을 적어도 한 번씩은 모두 맛보았고, 이들의 식성은 하나같이 모두 좋았다. 아이들은 음식을 담은 쟁반이 다가오면 침대 위에서 깡충깡충 뛰며 반가움을 표시할 때도 많았다. 일단 식탁 앞에 앉으면 15분에서 20분 정도에 걸쳐 먹는 일에 집중했고, "음식을 가지고 조금 놀다가, 숟가락을 이용해보려고도 하고, 음식을 간호사에게 나누어 주기도 하면서" 간헐적으로 식사했다.

이 글을 읽은 날 밤에 나는 식탁에서 사샤에게 밥을 먹이다가 사샤가 데이비스의 아이들처럼 내게 종종 음식을 건네주는 것을 눈치챘다. 내가 아이에게 밥을 먹여주고 있는 중인데도 말이다. 데이비스가 이런 세세한 부분까지 적어놓은 것을 보며 나는 그녀가 그냥 멀리 떨어져서 감독만 한 것이 아니라 직접 현장에서 아이들을 돌보며 지켜보고 있었다는 생각이 들어 안심이 됐다.

데이비스의 실험에서 제공한 음식은 소금으로 간을 하지 않았지만 아이들은 매끼에 소금을 한 접시씩 받았다. 아이들은 손으로 소금을 집어 먹으면서 컥컥거리거나, 숨 막혀 하거나, 심지어 소금을 입에 넣었다가 울기까지 했지만 더 먹으려고 다시 똑같이 컥컥거리면서 소금으로 손을 뻗는 경우가 많았다.

실험은 엄청난 성공이었다. 상추를 먹지 않으려 한 아이는 두 명밖에 없었고, 시금치를 맛보려 하지 않은 아이는 한 명뿐이었다. 유아들은 모두 자신의 식단을 관리하는 데 성공했고, 마치 최신 교과서라도 읽은 것처럼 영양 요구량을 모두 충족했다. 이들이 섭취한 평균 칼로리는 영양학에서 정한 하루 기준 한도 이내였으며, 요즘 소아과에서 흔히 보이는 섭식 관련 문제점도 나타나지 않았다. 어떤 아동도 식사 후에 배앓이를 하지 않았고, 복부의 불편함이나 고통도 없었다. 변비도 생기지 않았다. 이틀 연속으로 대변을 보지 않은 아이가 없었다. 여러 달에 걸쳐 15명의 아동에게서 놀라운 통계치가 나왔다. 그리고 편식하는 아이도 없었다. 모두 왕성한 식욕을 보여주었고, 데이비스의 말을 빌리면 모두가 "튼튼하게 잘 자랐다".

아마도 영양을 조절하는 내부 메커니즘이 존재한다는 것을 보여주는 가장 훌륭한 근거는 얼의 구루병일 것이다. 얼은 뼈가 무르고 약해지는 질병에 걸린 상태로 연구실에 왔다. 얼이 처음 도착했을 때 그 작은 손을 촬영한 엑스레이 사진이 논문에 실려 있는데, 골밀도가 감소하고 뼈의 딱딱한 바깥 피질이 소실된 것이 보인다.● 뼈 끝부분의 성장판이 뚜렷하지 않고 흐릿하며, 함께 실려 있는 사진에서는 얼이 안짱다리를 하고 괴로워하는 모습이 보인다.

그래서 데이비스는 즉각적으로 얼을 위한 치료를 제안했다. "무언가를 하거나 하지 않아서 아이에게 해가 되는 일은 없어야 한다는 약속에 충실하기 위해 얼에게는 아이가 원하면 먹을 수 있도록 대구 간유cod liver oil를 작은 컵에 담아 쟁반 위에 함께 제공했다." 당시에는 식

● 사진에는 아이를 잡아주던 어른의 손도 보인다. 이 사진을 보면 엑스레이의 위험성에 대해 전혀 몰랐던 정말 오래전 이야기라는 것을 떠올리게 된다.

품을 통해 비타민 D를 공급할 수 있는 방법이 대구 간유밖에 없었다.•
실험이 시작되고 첫 3개월 동안 얼은 작은 컵에 담긴 대구 간유를 불규칙하게 다양한 양으로 마셨다. 그러다 혈중 칼슘 수치와 인 수치가 정상 수준에 도달하고, 엑스레이에서 구루병이 치유된 것으로 나오자 그 시점부터 얼은 대구 간유에 전혀 입을 대지 않았다. 2주 이상 아이가 입에 대지 않자 간호사는 더 이상 쟁반 위에 대구 간유를 올리지 않았다.

나머지 아이들도 똑같은 패턴을 따랐다. 데이비스에 따르면 어떤 건강상의 문제를 갖고 왔든 간에 자신의 영양을 스스로 통제할 수 있게 내버려두면 아이들은 신속하게 최적의 건강 상태에 도달했다. 모든 아동이 다양하게 엄청난 양을 먹었지만, 예측할 수 없는 이상한 방식으로 먹었다. 아이들이 먹는 방식을 조리실에서는 '재그jag'라고 불렀다. 재그는 짧은 시간 동안 못 말릴 정도로 무언가를 집중적으로 하는 것을 말한다. 그래서 계란 재그 동안에는 계란만 집중적으로 먹고, 시리얼 재그, 고기 재그 동안에는 시리얼과 고기만 집중적으로 먹는다.

나는 내 아이들에게서도 이런 패턴을 보았다. 리라는 젖을 떼는 동안에 토마토에 맛을 들여서 몇 주 동안은 작은 토마토를 매일 열 개도 넘게 먹었다. 그러다 어느 날 토마토 먹기를 중단하더니 별 이유도 없이 몇 달 동안 토마토를 거부했다. 나는 토마토를 요리해서 줘보기도 하고, 음식 속에 숨겨놓기도 했지만 아이는 항상 토마토를 뱉어냈다.

• 우리는 비타민 D를 대부분 햇빛으로부터 얻는다. 햇빛을 받으면 피부에서 비타민 D가 만들어진다.

리라는 꽃밭에 있는 고양이 똥이나 카펫 보풀도 한 줌씩 주워 먹는 아이라서 음식을 역겹게 여겨서 나타나는 행동은 아니었다. 그냥 토마토를 먹고 싶지 않은 것이었다. 그러다가 어느 날 또 언제 그랬냐는 듯이 다시 토마토를 먹기 시작했다. 하루에 스무 개씩 말이다. 아주 온탕과 냉탕을 오갔다.

데이비스의 실험에 대해 처음 읽기 시작했을 때는 그녀의 동기와 윤리에 대해 몇 가지 의문점이 있었다. 결국 이 아이들은 엄마가 절망적인 상황에 처해 있는 가난한 집 아이들 아닌가? 어찌 보면 착취라고 할 수도 있을 것 같았다. 하지만 계속해서 읽다 보니 그녀의 어떤 성격적 측면이 현대의 과학 논문에서보다 훨씬 많이 등장하는 것을 알 수 있었다. 내 눈에는 분명 그녀가 아동들에게 신경을 많이 쓰고 있는 것이 보였다. 그리고 그녀는 결국 자기가 처음 돌보았던 두 아이, 도널드와 에이브러햄을 입양했고, 둘은 평생 그녀와 가까운 사이로 지냈다. 도널드의 부인은 데이비스가 두 사람에게 정말 큰 사랑을 베풀었다고 기억했다.[32]

그렇다면 데이비스의 실험에서 우리는 대체 어떤 교훈을 얻어야 할까? 이것을 잘못 해석해서 아이들이 먹고 싶은 대로 먹게 내버려두라는 잘못된 결론을 내릴 위험이 있다. 하지만 데이비스는 그런 결론을 내려서는 안 된다고 아주 분명하게 밝히고 있다. 그녀는 어른이 아이에게 무엇을 먹어야 하는지, 어떻게 하면 독성이 있는 음식을 피할 수 있는지 등을 가르쳐야 하지만, 일단 안전한 식품이 무엇인지 확립되면 뇌와 소화관 사이에서 주고받는 신호를 통해 아이가 자기 몸의 필요에 반응해서 스스로 식사를 조절하는 법을 배워야 한다고 생각했다. 그녀는 음식 재그에 대해 많은 생각을 하며 어쩌면 이것이 편식의 밑바탕일지도 모른다고 생각했다. 그래서 이런 행동 성향이 내부에서 일어나는 복잡한 곡예의 결과일 수도 있다고 시사했다. 그녀는 이렇게 제안했다. "다양한 식품 요소의 공급이 급감함에 따라 그 부분을 채워줄 식품에 대한 식욕이 왕성해지는 결과가 나타난다." 그리고 그녀는 이런 논리를 한 단계 더 끌고 나갔다. "이것은 식욕 조절 중추의 존재를 전제로 하는 전적으로 이론적인 설명이다."

마지막 줄은 아주 흥미로운 생각인데, 데이비스는 그 생각을 더 확장했다. "이 실험에서 아기들의 선별적 식욕이 알려진 영양 요구량을 정확히 충족했다는 사실은 식욕이 개인의 필요에 맞추어 세포의 영양을 준비하는 기능을 갖춘 여러 가지 자기 조절 활동 중 하나이므로 영양학에 관한 지식도 이성의 개입도 필요하지 않다는 것을 의미한다."

데이비스는 사람도 에디의 소와 마찬가지로 필요에 따라 식단을 정확하게 변화시킬 수 있으며, 영양학에 관한 지식이 없어도 우리의 몸을 구성하고 유지할 수 있는 방향으로 식사를 할 수 있는 장치를 갖고 있다고 제안한 것이다. 어쩌면 내가 놓쳐서 못 들은 것일 수도 있지만 이런 시스템에 대해서는 의대에서 6년 동안 공부하면서 한 번도 들어보지 못했다.

Chapter 6

자기 조절 능력이 위태로워진 이유

섭식 2단계가 5억 년 넘게 이어지면서 식품 섭취를 정확하게 조절하는 내부 시스템이 유물로 남았다. 다른 생명체를 먹는 종은 동시에 발생하는 두 가지 문제, 즉 모든 필수 미량영양소를 정확한 양으로 섭취하면서 그와 동시에 정확한 양의 에너지를 먹는 것을 아주 오랫동안 정밀하게 해결해왔다.

에너지 섭취, 그리고 그에 따라 체지방을 조절하는 시스템은 우리가 제일 잘 이해하고 있는 부분이다. 체중은 아주 엄격하게 조절되며 각각의 종은 체지방률이 상당히 균일하다. 동면, 이동, 임신 등에 따라 연중 변화는 있을 수 있지만 모든 동물의 신체에서 다른 모든 것과 마찬가지로 내부적으로 조절된다.

인간은 다른 대부분의 육상 포유류보다 체질적으로 체지방이 더 많다. 수컷 코끼리의 체지방률은 8.5퍼센트 정도이고, 암컷은 대략 10퍼센트다.[1] 침팬지와 보노보 같은 영장류는 체지방률이 10퍼센트 미만이다.[2] 이와는 대조적으로 인간은 수렵·채집인 시절에도 체지방률이 여성은 21퍼센트, 남성은 14퍼센트 정도였다.[3] 아직도 섭식 2단계에서 살고 있는 인구 집단에서는 먹을 것이 풍부한 경우에도 비만이 드물다. 그리고 마찬가지로 섭식 2단계에 있는 야생동물 역시 비만이 생기지 않는 것으로 보인다.●

물론 섭식 2단계 동안에도 사람의 비만은 존재했다. 그리고 이것은 오래된 이야기다. 그러니 이야기를 더 진행하기 전에 이 부분은 분명히 해두자. 빌렌도르프의 비너스는 2만~3만 년 전에 만들어진, 체지방률이 높은 여성의 몸을 표현한 조각상이다. 이 조각은 조각가가 상

● 내가 이 책을 쓰는 동안 여러 친구들이 비만의 다양한 원인에 대해 주장하는 논문들을 보내주었다. 그중 몇 편에서는 동물들 역시 체중이 증가하고 있다고 보고한다. 두 편의 논문은 데이비드 앨리슨David Allison의 논문 「탄광의 카나리아: 복수로 발생한 비만 유행병에 관한 종간 분석Canaries in the coal mine: a cross-species analysis of the plurality of obesity epidemics」을 참고했다.[4] 이 연구는 8개 종의 동물 집단에 대해 조사했는데, 이 동물들은 야생의 개체군에 해당하지 않는다. 이 논문은 널리 유행하고 있는 사람의 비만이 초가공식품의 등장이 아닌 다른 것에 의해 직접 발생했다는 증거를 전혀 제시하지 않는다. 데이비드 앨리슨은 앨라배마대학교의 학자인데, 앨라배마대학교는 코카콜라와 광범위한 연결 고리를 갖고 있는 것으로 널리 알려진 곳이다. 2008년과 2011년에 《뉴욕 타임스》와 ABC 뉴스에서 데이비드 앨리슨이 코카콜라, 크라프트, 펩시코, 맥도날드, 미국 음료협회American Beverage Association로부터 연구비를 지원받았다는 사실을 보도했다.[5, 6] 이 지원금이 그가 발표한 내용에 영향을 미치지 않았을 수도 있지만, 그가 최근에 발표한 「감자튀김과 에너지 균형: 무작위 대조군 실험French-fried potatoes consumption and energy balance: a randomized controlled trial」은 업계에서 연구비를 지원받은 과학이 지원한 업계의 이해관계와 맞떨어지는 결론을 내놓는 경우가 많다는 것을 보여주는 사례다. 이 연구는 감자 연구 및 교육 연합Alliance for Potato Research and Education으로부터 보조금을 받았다. 이 연구는 이렇게 결론 내리고 있다. "이 연구 결과는 감자튀김 섭취 증가와 연구 대상이었던 부정적인 건강 결과 사이의 인과관계를 뒷받침하지 않는다."

상으로 만든 것이 아니라 자신들의 모습을 묘사한 것이라는 증거가 있다.[7]

기원전 305년부터 30년까지 이집트를 통치했던 프톨레마이오스 왕조의 몇몇 왕은 비만이 너무 심해서 밤에 호흡에 문제가 있을 정도였다고 한다. 알렉산드리아 사람들은 프톨레마이오스 8세에게 '커다란 거품'이라는 뜻의 '피스콘Physcon'이라는 별명을 지어주었다.[8] 고대 그리스, 이집트, 인도의 글을 보면 모두 비만과 대사질환의 존재를 인정하고 있다. 구약성서, 신약성서, 초기 기독교 저작과 『탈무드』에서도 모두 비만에 대해 언급한다. 그리고 그 언급은 거의 항상 부정적이다.[9] 지난 몇백 년 동안 그려진 초상화와 그림을 보면 비만이 표현된 경우가 많다. 1727년에 영국의 의사 토머스 쇼트Thomas Short는 이렇게 적었다. "어느 시대에도 우리 시대만큼 비만의 사례가 많았던 적이 없다."[10]

이 사례들은 모두 초가공식품의 등장에 앞서서 일어났던 일이다. 하지만 체중이 증가하는 것은 극히 드문 경우였고, 아동에게서는 거의 찾아보기 힘들었다. 섭식 3단계에 들어와 있는 현대의 수많은 인간 사회에서는 대부분의 사람이 살이 많기로 유명한 바다 포유류에 버금가는 체지방률을 갖고 있다. 대왕고래는 체지방률이 35퍼센트 정도로 야생동물 중 체지방률이 제일 높은 동물에 속한다. 내 식생활 실험이 끝날 즈음 내 체지방률이 이 값에 가까웠다. 오랜 기간 동안 사람에게서도 비만의 사례가 존재하기는 했지만 이 책에서는 1900년과 현재 사이, 특히 1970년대 이후로 대다수의 국가에서 일어난 체중의 급격한 증가, 그리고 비만 아동의 유병률 증가에 주로 초점을 맞추고 있다.

비교적 최근까지 비만이 드물었음에도 불구하고, 사람이나 기타 동물에게 체중을 조절하는 시스템이 존재한다는 생각은 비교적 최근에야 나왔다. 오랫동안 나를 비롯한 많은 의사와 과학자는 기존에 사람의 체지방률이 낮았던 이유가 전반적으로 먹을 것을 구하기 어려웠기 때문이라고 생각해왔다. 이 모형에서는 사람이 먹을 것을 득이 되고 바람직한 것으로 느끼도록 진화했기 때문에 최대한 많이 먹으려는 본능을 갖고 있다고 가정한다. 그래서 안전하고 맛있는 음식이 넘쳐나는 시대에는 체중이 증가할 수밖에 없다는 것이다.

하지만 체중이 식량 공급이라는 외부적 변수에 의해 조절된다는 이 개념에 따르면 체중은 다른 생리학적 매개변수와는 다른 유별난 존재가 되어버린다. 일례로 우리 몸속 수분의 양에 대해 생각해보자. 체수분의 양은 의식적으로 통제할 수 있는 것처럼 느껴지고 실제로 물을 지금 마실지 나중에 마실지는 스스로 선택할 수도 있지만, 길게 놓고 보면 체수분의 양, 그리고 그에 따라 물속에 녹아 몸을 구성하고 있는 수십만 가지 화학물질의 농도도 내부적으로 정교하게 통제되고 있다. 당신이 무언가를 마시고, 땀을 흘리고, 오줌을 싸도 이 수치는 일정하게 유지된다. 수분 균형에 대한 의식적 통제는 기껏해야 일시적으로 작동하는 것이며, 대체로 착각에 불과하다. 호흡의 경우 숨을 멈추려고 해보면 더욱 분명하게 느낄 수 있다. 식품 섭취는 호흡이나 물 마시기보다 의식적으로 통제하기가 더 어렵다. 그렇기 때문에 식품 섭취를 제한하는 것은 물이나 산소의 섭취를 제한하는 것 못지않게 어렵다. 우리가 무엇을, 언제, 어떻게 먹을지는 의식 수준보다 한참 낮은 수준에서 작동하는 복잡한 시스템에 의해 결정된다.

═ 우리는 단순히 배고픔 때문에 먹지 않는다 ═

야생동물이 영양적 필요의 균형을 맞추면서 건강한 체중을 유지하는 방식은 머리가 아찔할 정도로 복잡하다. 여기서 영양학적 필요가 어떤 역할을 담당하는지 알아내기 위해 쥐에게 많은 신세를 졌다.

1864년에 파울 베르트Paul Bert라는 독일의 생리학자가 쥐 두 마리를 연결해서 공유 혈액순환계를 만들었다. 기술적으로 복잡한 실험은 아니었다. 그냥 두 쥐의 옆구리에서 피부를 벗겨내고 서로 꿰매어 이어 붙인 것이다. 상처가 아물면서 자연스럽게 한쪽 쥐에서 반대쪽 쥐로 혈관이 자라기 때문에 두 쥐는 병체결합쌍parabiotic pair이 된다.

맞다. 끔찍한 실험이다. 하지만 그 덕에 과학자들은 혈액 속에 들어 있는 성분이 미치는 영향을 알아낼 수 있었다. 초기 실험에서는 병체결합쌍의 한쪽 쥐에게 설탕을 먹이고, 다른 한 마리에게는 먹이지 않았다. 그랬더니 충치는 한 마리에서만 생긴 반면, 두 마리 모두 고혈당이 생겼다. 이로써 치아를 썩게 만드는 것은 혈액 속의 당분이 아니라 입안에 있는 당분임이 밝혀졌다. 또 다른 실험에서는 늙은 생쥐를 젊은 생쥐와 연결해봤더니 늙은 생쥐의 수명은 연장되고, 젊은 생쥐의 수명은 짧아졌다.•

거의 100년 후인 1959년에 G. R. 허비Hervey라는 영국의 생리학자가 체중 조절에 대해 이해하기 위해 병체결합쌍 기술을 이용한 일련

• 이런 실험 때문에 실리콘밸리의 몇몇 스타트업에서 늙은 백만장자에게 젊은 사람의 피를 주어 수명을 연장하려는 시도를 했지만 실패로 돌아갔다.[11, 12]

의 실험을 시작했다. 이 연구의 의미를 해석하기가 쉽지는 않다. 함께 꿰맨 93쌍의 쥐 중 32쌍만이 실험에 사용할 수 있을 정도로 충분히 오래 살아남았다.[13] 그다음에는 이 쥐들의 머리뼈 속에 작은 전기 탐침探針을 삽입하고, 그것을 이용해서 시상하부라는 뇌 영역을 파괴했다. 시상하부는 몸의 항상성을 유지하면서 체온, 수분 섭취, 땀 흘리는 양 등을 조절한다.

허비는 시상하부가 손상된 쥐는 섭식에 대한 통제력을 상실해서 비만이 되는 경우가 많다는 것을 알아냈다. 그래서 그는 각각의 병체 결합쌍에서 한쪽 쥐의 시상하부만 손상시키기 시작했다. 그랬더니 오히려 훨씬 더 끔찍한 결과가 나왔다. 시상하부가 손상된 쥐는 너무 많이, 너무 빨리 먹어서 먹다가 목이 막혀 죽는 경우가 생겼다. 이들은 몸이 "이제 그만 좀 먹으라"며 보내는 신호를 더 이상 감지할 수 없었던 것이다. 한편 시상하부가 파괴된 쥐와 몸이 붙어 있다는 점 말고는 전적으로 정상인 반대쪽 쥐는 먹지 않아 쇠약해지기 시작했다. 반대쪽 쥐가 보내는 "이제 그만 좀 먹으라"는 신호를 공유 혈액순환계를 통해 받고 있었던 것이다.

이것은 체내의 다른 모든 시스템과 마찬가지로 체중 역시 되먹임 메커니즘feedback mechanism을 갖고 있음을 보여주는 최초의 강력한 증거였다. 허비의 발견은 동물에게 '올바른' 혈압, 체온, 나트륨 수치 등이 있듯이 '올바른' 생리학적 체중과 체지방률도 존재함을 암시했다.

쥐에게 이제 그만 먹으라고 말해주는 신호 중 하나는 렙틴leptin이라는 호르몬으로 밝혀졌다. 이 호르몬은 지방 조직에서 생산되어 뇌에 있는 시상하부에 의해 감지된다.[14] 렙틴은 우리가 몸에 있는 지방에 대해 생각하는 방식을 미묘하게 바꿔주는 호르몬이기도 하다. 흔히들 지방을 거의 죽은 조직처럼 생각하는 경향이 있다. 신축성 있는 연료통에 라드 기름을 한 겹 펴 발라놓은 것인 양 말이다. 하지만 사실 지방 조직은 정교한 내분비기관이다. 뇌에 작용해서 체중을 조절하는 다양한 호르몬이 여기서 만들어진다.

렙틴은 체중의 장기 조절에 관여하는 몇 가지 호르몬 중 하나다. 렙틴은 뇌에게 몸에 지방이 얼마나 많이 있는지 알려주는 역할을 한다. 렙틴의 분비가 줄어들면 굶고 있다는 신호이기 때문에 뇌의 여러 부분에 다양한 영향을 미쳐 식품 섭취의 증가를 이끌어낸다. 만약 어떤 사람의 체지방률이 높다면 렙틴은 뇌에게 이렇게 말한다. "지금은 지방이 많아. 먹는 것에 너무 집중할 필요 없어."

렙틴과 다른 호르몬은 식품 섭취의 장기적 통제에 관여하지만 단기적 통제를 위한 시스템도 있다. 간, 췌장, 위장, 소장, 대장, 마이크로바이옴, 지방 조직, 그리고 다른 많은 기관은 모두 당신이 무언가를 먹고 난 후에 소화관과 혈액 속에 들어온 당분, 지방, 단백질, 기타 분자들을 감지한다. 이들은 신경, 혈관, 호르몬 네트워크를 통해 뇌에 신호를 보내고, 또 뇌에서 오는 신호를 받는다. 기관들은 당신의 몸속에서 당신이 무엇을 먹어야 좋을지, 언제 먹어야 할지, 언제 멈추어야 할지에 대해 끊임없이 대화를 나누고 있다.*

이런 장단기 시스템은 식품과 에너지, 기본 기능을 수행하는 데 필요한 연료와 영양소의 양에 대한 기계적 조절과 관련이 있다. 하지만 과학 문헌에서 기술할 때 보면 섭식의 의식적 경험에 대한 내용은 누락하는 경우가 많다. 과학 논문에서 섭식을 쾌락이 관여하는 과정으로 기술하거나, '보상', '맛있는' 등의 단어를 이용해서 기술하기 시작한 것은 최근의 일이다. 이 단어들은 또 다른 시스템, 즉 쾌락 체계hedonic system와 관련된 용어다. 쾌락 체계는 우리가 어떤 대상을 원하고, 좋아하고, 즐기도록 부추기는 고대의 회로와 뒤섞여 있다.

연료와 에너지에 대한 조절이 쾌락과 어떻게 상호작용하는지를 이해하면 세상에 대한 의식적 경험과 기계로서의 신체 작동 사이의 감정적 접점에 도달할 수 있다. 이곳은 철학과 과학의 경계 지점이다.

우리는 이 두 시스템, 즉 쾌락을 위해 먹게 만드는 시스템과 영양소와 연료를 얻기 위해 섭식을 감독하는 시스템이 수억 년에 걸쳐 작용한 진화적 압력의 연쇄를 통해 서로 긴밀하게 연결되어 있음을 알고 있다. 우리의 머나먼 선조인 3억 년 전 원시 어류는 오늘날 우리의 수많은 행동에 동기를 부여하는 것과 동일한 버전의 보상 회로reward circuit를 이미 갖고 있었던 것으로 보인다.[15]

심지어 이런 시스템을 연구하는 과학자들조차도 오랫동안 이 두 시스템이 서로 경쟁하는 것이라 생각했다. 즉 배고픔과 보상감은 섭취량을 늘리는 반면, 포만감은 섭취량을 줄인다고 말이다. 이런 사고

- 당신이 음식을 먹기도 전에 위에서는 '배고픔 호르몬'인 그렐린ghrelin이라는 호르몬을 분비한다. 이것은 혈액을 타고 시상하부로 흘러 들어가서 먹기 시작하라는 신호를 보낸다. 그렐린은 '원함wanting'의 뉴런, 즉 대뇌변연계에 있는 도파민 뉴런도 자극한다. 음식이 소장으로 넘어가면 더 많은 호르몬이 분비된다. 콜레키스토키닌은 척수 꼭대기에 있는 무의식 뇌 중추에 신경 신호를 보낸다. 그럼 이 중추가 다시 시상하부에 메시지를 보내 배가 부른 느낌이 들게 만든다. 그리고 펩티드 YY와 글루카곤 유사 펩타이드-1이라는 호르몬도 있다. 이 호르몬들은 핏속을 흐르다가 시상하부로 가서 먹는 즐거움을 떨어트린다. 그 외에 수많은 다른 호르몬과 신경전달물질들이 합동으로 작용해서 식품의 섭취를 결정한다. 단식을 하거나 굶었을 때 분비되는 호르몬에 대한 이야기는 아직 꺼내지도 않았는데 이 정도다.

방식은 내가 항상 갖고 있었던 가정으로 곧바로 이어진다. 즉 음식이 너무 맛있으면 지금 너무 배가 불러서 여기서 한 개만 더 먹으면 토할 것 같다고, 제발 그만 먹으라고 절규하는 시스템을 무시하게 된다고 말이다.

하지만 정말 그럴까? 둘이 먹다 하나 죽어도 모를 만큼 맛있는 음식이 문제라고?

몬테이루의 가설을 입증하는 실험을 진행했던 메릴랜드주 베세즈다의 케빈 홀도 나와 똑같은 생각을 했다. 그저 맛있는 음식의 유혹이 포만감을 이긴 것이라고 말이다. 그는 초가공식품이 보상이 크고 중독성이 있어서 우리 안의 항상성 체계를 이기는 것이라 생각했다. 이제는 그도 더 이상 그렇게 생각하지 않는다. 그는 자기의 예전 생각을 비유를 들어 설명했다. 우리가 초가공식품에 대항하지 못하는 이유에 대한 아름답고 매력적인 설명이지만 이제 그는 이런 설명이 틀렸다고 생각한다.

그는 이렇게 말했다. "기후가 온화한 캘리포니아 북부의 작은 집을 상상해보세요. 그 집에는 가벼운 겨울을 나기에 적당한 작은 히터와 온도조절기가 있습니다. 여름과 겨울을 오가면서 기온이 오르락내리락하면 온도조절기와 히터가 함께 작동해서 바깥 기온에 따라 스위치를 켰다 껐다 하겠죠. 그럼 1년 내내 집 안의 온도는 일정하게 유지될 겁니다."

작은 히터가 설치된 집은 섭식 2단계 동안의 사람 혹은 여타 동물의 몸과 비슷하다. 식품은 때로는 넉넉하고, 때로는 부족하다. 시스템은 필요한 섭취량을 유지한다.

홀이 말을 이어갔다. "하지만 이 집을 그대로 뽑아서 캐나다 북부의 에드먼턴으로 가져갔다고 해보죠." 에드먼턴은 혹독한 겨울 추위로 악명이 높고 홀에게도 특별한 의미가 있는 곳이다. 그는 이곳에서 다 망해가는 회사를 위해 비행기로 자주 출장도 다니고, 원격 근무도 하면서 힘든 시절을 보냈다. "에드먼턴에서도 히터는 여전히 완벽하게 작동하고 온도조절기는 안락한 온도에 맞춰져 있습니다. 하지만 추운 바깥 환경에 버틸 방법이 없어요. 히터가 계속 켜져 있어도 바깥 날씨가 극단적으로 추워서 집 안도 추워질 수밖에 없죠."

날씨가 너무 추우니 집도 추워질 수밖에 없다.

이 비유에 따르면 극단적으로 맛있는 음식에 둘러싸여 있으면 체중이 불어날 수밖에 없다. 우리 집이 극단적으로 추운 날씨에 둘러싸여 있으면 추워질 수밖에 없는 것처럼 말이다. 이것은 분명 직관적으로 말이 되는 주장이지만, 홀은 더 이상 이런 설명에 만족하지 않는다. "나는 이제 그렇게 작동하는 것이라 생각하지 않습니다." 그는 초가공식품이 우리의 에너지 섭취 시스템을 방해하는 원리를 우아하게 설명해줄 비유를 찾지 못했다. "이제 저는 식품 환경, 그러니까 초가공식품이 온도조절기를 재설정하거나, 우회하거나, 아니면 완전히 망가뜨린다고 생각하고 있습니다."

홀의 이론은 단순히 초가공식품이 너무 맛있기 때문에 배가 불러서 먹기 싫은 불쾌감보다 먹는 것에서 오는 즐거움이 더 큰 '쾌락 과활성'이 일어나는 것이라고 주장하지 않는다. 그 대신 새로 등장한 초가공식품 환경이 우리의 자기 조절 능력에 영향을 미치고 있다고 주장한다.

우리가 현재 갖고 있는 식품 체계가 체중 조절을 위해 진화된 방법을 어떻게 파괴하거나 우회하는지는 알 수 없지만, 초가공식품의 모든 측면이 수억 년에 걸쳐 탄생한 뉴런과 호르몬의 조절 네트워크를 방해한다는 것을 입증하는 연구가 점점 많아지고 있다.

홀은 이론물리학적 본능에 이끌려 다른 이들과 함께(예를 들면 케임브리지대학교의 사다프 파루키Sadaf Farooqi와 스티븐 오라힐리Stephen O'Rahilly) 몇몇 개념과 연구들을 취합해서 체중 조절의 대통합 모형이라 할 만한 것을 만들어냈다. 바로 에너지 균형 모형이다. 2022년 논문에서[16] 홀과 그의 공저자들은 뇌의 쾌락 영역과 영양 감지 영역 사이의 상관관계에 대해 기술했다. 이곳은 감정적, 의식적 경험이 내부의 생리학과 만나는 장소다.

우리 중 많은 이가 그만 먹고 싶은데도 도저히 그만둘 수 없는 느낌을 거의 매일같이 느끼고 있다. 식품, 혈액 속의 신호, 혹은 뇌 속에 들어 있는 무언가가 뇌 나쁜 영역과 충돌을 일으키고 있다. 물리직, 영양학적 포만이 욕망의 회로를 적절히 억누르지 못하는 경우가 종종 생긴다.

영향을 미치는 것이 그저 식품 자체만은 아니다. 광고, 가게 앞 광고판, 가격, 포장, 냄새 등 섭식과 관련된 모든 외부 단서가 우리 뇌와 몸에 큰 영향을 미치고 있다. 우리는 이 영향력을 이제 막 이해하기 시작했다.

이 모형에서는 우리 몸 안팎의 강력한 신호들이 무의식 아주 깊은 곳에서 식품 섭취와 에너지 균형에 영향을 미치고 있음을 강조한다. 여기에는 현저성salience, 원함wanting, 동기, 보상 등의 개념들이 느슨하게 연관되어 있다. 우리는 모든 개념에 의식이라는 층을 덧바르지만, 먹는 행위는 보기보다 선택의 여지가 훨씬 적다.

이것이 바로 "덜 먹고 더 움직여라!"라는 간단한 조언이 지속적인 체중 감량에 효과가 없는 이유 중 하나다. 이것은 목이 타서 죽을 것 같은 사람한테 물 섭취를 줄여야 한다고 말하는 것만큼이나 말이 안 되는 소리다.

우리는 그냥 배가 고프니까 먹는 것이 아니다. 우리는 고대의 신경 내분비 되먹임 시스템의 통제를 받는다. 이 시스템은 우리가 유전자를 후대에 전하는 데 필요한 모든 것을 섭취할 수 있게 하려고 진화했다. 이 시스템은 정교하고 복잡하며, 어떤 면에서는 놀라울 정도로 강력하다. 하지만 끊임없이 새로운 방식으로 제시되는 새로운 식품에 대처하지 못하는 사람이 많다. 이 시스템은 섭식 3단계와 함께 도착한 혼합물을 다룰 수 있도록 진화하지 않았다.

나는 여전히 초가공식품이 정말로 비만 증가의 가장 큰 원인인지에 대해 의심을 품고 있었다. 개인의 책임, 혹은 점점 활동량이 줄어드는 생활 방식 등 다른 가능성도 많다. 물론 설탕 같은 당분도 포함된다. 우리가 옛날보다 당분을 훨씬 많이 먹고 있다는 사실도 전 세계적인 체중 증가와 분명 관련이 있지 않을까?

Chapter 7

당분은 너무 많은 비난을 받고 있다

지난 20년 동안 비만을 일으키는 주범으로 비난받아온 또 다른 대상이 있다. 바로 당분이다. 이번 장에서는 당분과 탄수화물을 비난할 필요가 없는 이유에 대해 얘기해보자. (초가공식품이 어떻게 체중 조절 시스템을 다방면에서 파괴하고 있는지에 대해서는 3부에서 다루겠다.)

당신이 탄수화물이 비만의 주범이라는 개념을 알고 있다면 아마도 게리 타우브스Gary Taubes 때문일 것이다. 지방 섭취를 늘리고 탄수화물 섭취를 줄이는 케토 다이어트keto diet에 대해 들어본 적이 있고, 실제로 당분이나 다른 탄수화물(전분 같은 성분은 몸속에 들어가면 신속하게 당분으로 전환된다) 섭취를 줄이려고 해본 적이 있다면 그것 역시 타우브스 때문이다.

내가 의대생 시절에 타우브스의 연구에 대해 처음 읽었을 때는 그가 마치 영양학계의 갈릴레오처럼 보였다. 그는 전형적인 천재 이단자의 모습이었다. 그의 인생을 다룬 영화에서 타우브스는 자기 자신을 연기했다. 이제 50대인 그는 하버드대학교 미식축구 팀에서 뛰던 물리학과 대학생 시절과 똑같은 체격을 유지하고 있다. 그는 하버드대학교를 나와 스탠퍼드대학교로 가서 항공우주공학, 말 그대로 로켓 과학을 공부했다. 우주비행사가 되고 싶었기 때문이다. 하지만 키도 문제가 됐고, 스스로 고백하듯이 권위를 못 견디는 성격 때문에 저널리즘으로 진로를 바꿨다.

그는 이번 세기 영양학 분야에서 가장 영향력 있는 목소리를 내는 사람치고는 시작이 엄청나게 느렸다. 41세였던 1997년에 과학의 역사에 대한 책을 두 권 써서 인정받았지만, 여전히 프리랜서로 일하면서 월세를 내기 위해 열심히 돈을 벌어야 했다. 그러다가 소금과 혈압에 관한 글을 계기로 공중보건에 관한 글을 쓰기 시작했다. 여기서 권위에 저항하고 싶은 욕망부터 세밀한 데이터에 대한 집착에 이르기까지 그의 다양한 성격이 전부 활용됐다. 그는 전통적인 의학적 조언에서 주류로 자리 잡고 있는 한 개념에 강력하게 의문을 제기했다. 바로 소금이 혈압에 좋지 않다는 개념이었다. 그는 이 글로 사회저널리즘상Society Journalism Award 과학 부분 상을 받았다. 당시 나는 이 글에서 영감을 받아서 소금을 원하는 만큼 양껏 먹어야겠다고 생각했고, 이 성공에서 영감을 받은 타우브스는 식이지방으로 관심을 돌렸다.

그는 1년을 꼬박 들여 「만약 지방에 관한 이야기들이 모두 뻔뻔한 거짓말이었다면?What if it's all been a big fat lie?」이라는 기사를 작성해서 《뉴욕타임스》에 실었고, 이 글은 2002년에 수많은 사람들이 읽은 기사가 됐다. 이 기사는 사람들이 체중에 대한 새로운 관점을 받아들일 준비가 되어 있던 시기에 세상에 나왔다. 어쩌면 사람들은 항상 준비되어 있었는지도 모른다. 타우브스는 그런 움직임에 기폭제 역할을 할 수 있는 카리스마와 자격을 갖추고 있었다. 매년 비만율은 치솟고, 전 세계적으로 지방, 특히 포화지방을 피하라는 다이어트 조언을 40년간 목 아프게 외쳐댔지만 별다른 변화는 없었다. 1980년대에는 미국의 비만 아동 수가 세 배로 증가했고, 아동에서 식생활과 관련된 2형 당뇨의 숫자가 계속 늘어났다. 특히 아메리카 토착 원주민들 사이에서 그 숫자가 급격히 늘어났다.

타우브스에 따르면, 주류파에서는 지방을 먹어서 사람들이 뚱뚱해진다고 믿고 있었다. 이것이 어디까지 사실인지에 대해서는 논란의 여지가 있지만• 이 주장에는 직관적으로 납득할 만한 부분이 있었다. 우선 지방은 단백질, 탄수화물보다 동일 무게 대비 칼로리가 더 높다. 그리고 비만인 사람의 식단에는 실제로 다량의 지방 식품이 포함되어 있는 것으로 보인다. 하지만 1980년대에 지방이 문제라는 인식이 대중에 확산되어 식탁 위의 지방이 점점 당분으로 대체되었음에도 불구

• 타우브스가 과장했다고 느끼는 사람이 많다. 영양 관련 조언이 그가 주장한 방식으로 이루어졌는지는 분명치 않다. 지방 섭취를 줄이라고 조언한 미국 보건총감 보고서의 편집자는 지난 50년 동안 전 세계 영양학 분야에서 매우 중요하고, 철저하고, 존경받는 인물 중 한 명이었던 매리언 네슬Marion Nestle이다. 그녀는 그 보고서에 지방을 피하라는 말은 절대 없다고 분명히 밝혔다. 그냥 지방에는 단백질이나 탄수화물보다 칼로리가 더 많이 들어 있으니 다른 칼로리 공급원을 제한하지 않으면 살이 찔 거라고 말하고 있을 뿐이다. "저지방이 좋다"라는 도그마가 정설이었는지 여부는 상관없이, 21세기로 접어들면서 임상실험과 현장실험에서 저지방 식단이 참가자의 체중에 장기적으로 별다른 영향을 미치지 못했다는 사실이 널리 인정받고 있었다는 타우브스의 말은 맞다.

하고 사람들의 몸집은 점점 커져만 갔다. 지방을 줄이라는 조언이 틀린 것 같았다.

타우브스가 대안을 제시했다. 그는 지금도 여전히 이 대안을 '이단아' 저탄수화물 가설이라고 부른다.● 그는 로버트 앳킨스Robert Atkins의 말이 옳았다고 주장했다.

앳킨스에 대해서는 들어본 적이 있을 것이다. 그는 1972년에 사실상 제로 탄수화물 식단을 권장하는 『앳킨스 박사의 다이어트 혁명Dr. Atkins' Diet Revolution』을 펴냈다.●●

타우브스가 제시한 대안 가설은 이런 식이다. 미국인(그리고 다른 사람들도 모두)이 더 많이 먹는 이유는 배가 더 고프기 때문이다. 그리고 배가 더 고픈 이유는 인슐린이라는 호르몬 때문이다. 인슐린은 췌장에서 혈중으로 분비되어 혈중에서 당분을 제거하고, 그 당분이 세포로 들어가 연료로 사용될 수 있게 한다. 탄수화물을 먹으면 혈당이 높아지지만, 인슐린이 그 수치를 다시 정상으로 되돌려놓는다. 식사 후처럼 인슐린 수치가 높아졌을 때는 식욕이 줄어들고 설탕이 지방으로 전환되어 저장된다. 그리고 한동안 먹지 않아 인슐린 수치가 낮아졌을 때는 대신 지방을 태우기 시작한다.

● 얼마나 이단아적인 것인지에 대해서는 논란이 있다. 예를 들면 당시 하버드대학교 공중보건대학원의 영양학과 과장이었고, 다이어트계에서 반체제적 인물이었다고는 보기 힘든 월터 윌릿Walter Willett이 거의 30만 명에 가까운 사람을 대상으로 "저지방이 좋다"라는 메시지에 반하는 1억 달러짜리 연구를 진행했었다는 점은 타우브스도 인정하고 있다.
●● 앳킨스는 논란의 인물이다.《월 스트리트 저널》과 유출된 검시관 보고서에 따르면 그는 적어도 한 번의 심장마비를 겪었던 것으로 보이며, 낙상으로 사망했을 당시 체중이 117킬로그램이었다.

여기서의 주요 개념은 대량의 탄수화물을 먹으면 늘어난 당분에 대처하기 위해 인슐린 수치가 급속히 상승한다는 것이다. 이런 급격한 상승은 지방의 저장을 촉진할 뿐 아니라 혈당 수치를 식사 전보다 오히려 더 낮춰버리는 역할을 한다. 그럼 근육이 굶게 된다. 근육의 활동성도 함께 떨어진다는 의미다. 더군다나 근육이 배고픔을 느끼면 뇌에게 더 많은 음식을 섭취하라는 신호를 보낸다. 그리고 인슐린은 수치가 높을 때는 식욕을 억제하지만 급상승한 이후에 수치가 급속히 떨어지면 배고픔을 느끼게 된다. 타우브스는 탄수화물 섭취를 피하면 그 반대 현상이 일어날 것이라고 주장한다. 즉 인슐린은 급격히 상승하지 않고, 지방을 몸에 덜 저장하게 되고, 에너지 소비량은 높아지고, 식욕은 낮아진다는 것이다. 하지만 인슐린은 몸의 여러 조직에서 매우 다양한 기능을 담당하고 있고, 우리가 지방을 몸에 저장할지 말지, 혹은 연료로 지방, 단백질, 탄수화물 중 무엇을 태울지 결정할 수 있게 돕는 다른 호르몬이 많이 존재한다.[1]

당분이 과체중과 비만의 유일한 원인이라는 증거에는 항상 커다란 구멍이 존재했다. 타우브스의 이론은 저지방을 권장하는 바람에 모든 사람이 당분을 더 많이 먹었을 뿐만 아니라 지방 섭취량도 줄어들었다는 개념에 바탕을 두고 있다. 타우브스는 저지방 요구르트를 예로 들었다. 저지방 요구르트는 맛을 내기 위해 설탕으로 가당하고, 탄수화물로 걸쭉하게 만드는 경우가 많기 때문이다. 그는 탄수화물 소비량 증가에 관해 1980년과 2000년 사이에 일반인의 연간 곡물 섭취량은 27킬로그램 증가했고, 연간 설탕 소비량은 14킬로그램 정도 증가했다는 미국 농무부의 경제학자 주디스 퍼트넘Judith Putnam의 말을 인용했다.

하지만 미국인들이 정제 탄수화물을 더 많이 먹고 있는 것은 사실이지만 지방을 덜 먹었다는 것은 사실이 아니다. 지방 역시 더 많이 먹고 있었다. 미국 농무부에 따르면 1970년대 말부터 타우브스의 기사가 발표된 2002년 사이에 지방 섭취량이 증가했다. 공익을 위한 과학센터Center for Science in the Public Interest에서 발표한 타우브스의 기사에 대한 보고서에서 퍼트넘은 자신이 이 모든 내용을 타우브스에게 설명했지만 그가 자신이 원하는 것만 골라서 인용했다고 말했다.[2]

타우브스는 운동, 업계의 역할, 가공 방식, 공기 질, 혹은 이 모든 것들의 조합 등 다른 가능한 설명들은 모두 제쳐두고 비만의 원인을 지방 아니면 탄수화물이라고 이분법적으로 제시했다.

머지않아 당분이 식생활의 문제라는 개념이 사실상 정설로 자리 잡게 됐고, 타우브스는 그것을 입증해야겠다고 마음먹었다. 그는 최근의 영양학 역사에서 가장 영향력 있는 실험 중 하나가 될 실험을 고안했다. 비록 타우브스가 예상했던 영향력은 아니었지만 말이다. 2012년에 그는 캐나다의 카리스마 넘치는 의사 피터 아티아Peter Attia와 파트너가 되어 누시NuSI, Nutrition Science Initiative를 설립하고, 수백만 달러의 자금을 모았다. 미국의 비만 문제에 대한 해답을 구하는 것이 그들의 계획이었다. 이들은 일련의 실험을 통해 당분에서 나온 칼로리가 지방에서 나온 칼로리보다 체중 증가를 더욱 촉진한다는 것을 입증해 보일 생각이었다.

이들이 자신들의 가설을 회의적으로 바라보는 뛰어난 과학자들도 실험에 영입했다는 점은 칭찬받아 마땅한 일이었다. 그런 과학자 중 한 명이 케빈 홀이었다. 누시는 법정 사건처럼 적대적 접근 방식을 채택했다. 연구 자금을 지원한 사람들이 실험자들에게 기대하는 결과는 서로 달랐지만 이들 모두 검증 방식에 대해서는 합의를 보았다.

홀의 첫 실험은 17명의 참가자를 대상으로 한 예비 연구였다. 누시 연구진과 홀의 연구진은 만약 이 실험에서 유의미한 결과가 나오면 규모를 키워 후속 실험을 진행하기로 합의했다. 참가자들은 고탄수화물 식단으로 시작했다가 4주 후에 초저탄수화물 식단으로 바꾸어 다시 4주를 보내기로 했다. 양쪽 식단 모두 칼로리는 동일하게 구성하고, 고도로 통제되는 실험실 환경에서 참가자의 신체에 관한 모든 것을 감시하기로 했다. 이 식단 구성과 실험 계획에 대해 모든 사람이 합의했다.

저탄수화물 식단에서는 실제로 모든 참가자의 인슐린 수치가 낮아졌다. 이 실험 조건이 인슐린 수치가 중요하다는 타우브스의 가설을 검증하기에 적합하다는 의미였다. 하지만 전체적인 데이터를 분석해 봤더니 놀라운 일이 벌어졌다. 지방이나 당분이 대사에 미치는 영향이라는 측면에서 아무런 차이가 없었던 것이다. 탄수화물에서 온 것이든, 지방에서 온 것이든 상관없이 칼로리는 그냥 칼로리였다. 비록 소규모 연구였지만, 그래도 엄격하게 진행된 것이면 가설이 틀렸음을 증명할 수 있다. 홀은 자신의 연구 결과를 발표했고,[3] 《유럽 임상영양학 학술지European Journal of Clinical Nutrition》에서 결과를 리뷰했다.[4]

이 글은 영양학에 관한 것이지만 그에 못지않게 과학철학에 관한 것이기도 했다. 홀은 19세기 후반에 과학자들이 빛이 '발광 에테르'라는 것 속에서 움직이는 파동이라 제안했던 것을 상기시키며 자신의 물리학적 배경을 바탕으로 왜곡의 원리를 보여주었다. 그 모형은 직관적으로는 말이 됐지만 틀린 것이었고, 몇몇 실험을 통해 틀렸음이 입증됐다.

홀은 어떤 과학 모형도 100퍼센트 확실하게 증명하는 것은 불가능함을 거듭 강조했다. 대신 과학자는 일련의 실험을 통해 관찰할 수 있을 뿐이다. 이런 검증을 버텨낸 경우에만 모형이 널리 인정받게 된다. 하지만 모형이나 이론에서 가장 중요한 부분은 예측을 제시해야 한다는 것이다. 만약 이 예측이 틀리면 모형이 틀렸음이 입증될 것이다. 사람이 자기의 주장이 옳기를 바라는 것은 인지상정이지만 자신이 틀렸음을 입증하려 노력할 때 비로소 좋은 과학이 될 수 있다. 이 결과를 두고 홀은 누시 측에서 인정할 수 있을지는 모르겠지만 타우브스의 탄수화물-인슐린 모형에서 중요한 측면들이 옳지 않은 것으로 입증되었다고 생각했다. 타우브스의 모형은 너무 단순화된 것이었다.

누시는 붕괴하기 시작했고, 2021년에는 마침내 문을 닫았다. 나는 무슨 일이 있었는지, 그리고 탄수화물 논쟁이 어떻게 진행되고 있는지 들어보려고 타우브스에게 전화를 걸었다. 우리는 어느 날 저녁에 영상통화로 대화를 나누었다. 나에게는 늦은 시간이었지만 그에게는 이른 시간이었다. 그는 목재 패널로 이루어진 방 안에서 캘리포니아의 밝은 햇살을 받고 있었고, 내가 예상했던 것과는 좀 다른 모습이었다. 그는 조용하고, 겸손하고, 재미있는 사람이었다. 여덟 시간의 시차 때문에 내가 통화 시간을 엉뚱하게 잡아버린 셈이었지만, 그는 나를 안심시켜주었다. "걱정 마세요. 내 친구 한 명은 하버드대학교 수학 교수인데, 나한테 전화를 걸 때마다 시차를 착각해요."

그에 대한 나의 첫인상과 마지막 인상은 따듯함이었다. 사람들은 온라인에서 타우브스에 대해 끔찍한 말들을 했지만 나는 그가 품위 있고 진지한 사람임을 알 수 있었다. 우리는 세 시간 동안 대화를 나누었고, 그는 모든 것에 대해 어려움 없이 친절하게 대해주었다. 정말 좋은 시간이었다.•

나는 그에게 탄수화물에 대한 글을 쓰는 게 지겹지 않느냐고 물었다. 그는 이렇게 대답했다. "제 아내는 제가 길을 건너다 차에 치인 사람을 봐도 어떻게든 탄수화물을 탓할 방법을 찾아낼 사람이라고 합니다. 하지만 저는 그냥 끔찍한 불의가 저질러졌다고 생각합니다. 내부 고발자가 된 기분이 들어요. 수억 명의 사람들이 식생활 문제에 대해 잘못된 조언을 받고 있어요. 그런 상황을 외면하기는 힘들어요."

우리는 실험의 세부 사항과 홀과의 의견 차이에 대해 긴 대화를 나누었다. 타우브스도 실험 계획이나 통계치에 대해서는 동의했다. 하지만 그는 이것이 그저 예비 연구일 뿐이라고 생각하고 있었다. 그는 데이터가 나오고 나면 실험 방법의 결함이 분명히 보일 거라고 생각했다.

이해할 수 있었다. 실험을 실제로 진행해보기 전에는 실험이 어떤 식으로 잘못될 수 있는지 모든 경우를 미리 내다보기가 불가능하다.

• 하지만 그는 자기를 향한 비판 때문에 밤잠을 설칠 때가 있다. 나는 사람들이 새벽 4시에 깨어 있는 이유에 대해 항상 궁금했었다. 내가 조바심을 내며 그렇게 깨어 있는 경우가 많기 때문이다. 타우브스는 이렇게 말했다. "한밤중에 나는 스스로에게 이렇게 말해봅니다. '이것을 너무 심각하게 생각하지 말자.' 나는 유대인 중에는 걱정 속에 새벽 4시에 잠에서 깨도록 진화한 사람도 있다는 농담을 즐겨 합니다. 유럽에 살았던 유대인 중에 20세기에 살아남았던 사람들은 한밤중에 누군가 찾아와 문을 두드렸을 때 깨어 있어서 언제든 떠날 준비가 되어 있었던 사람이었을 테니까요."

연구실 과학자였을 때 나는 수십 단계, 심지어 수백 단계를 거치는 실험을 진행했다. 모든 단계에서 현미경으로도 보이지 않는 분자들이 보이지 않는 방식으로 변형된다. 우리는 최대한 많은 변수를 고려했지만 때로 부정적인 실험 결과가 나왔다 해도 그것은 우리가 실험을 망쳤다는 의미일 뿐, 꼭 가설 자체가 틀렸다는 의미는 아니었다.

훌륭한 실험과학자가 되려면 매 단계에서 놓치는 것 없이 모든 것을 생각해낼 수 있을 정도로 편집증적이면서, 그렇다고 자신의 연구 결과를 신뢰하지 못할 정도로 지나치게 편집증적이지는 않아야 한다. 그 사이에서 균형을 잘 잡아야 한다. 어느 시점에서는 이렇게 말할 수 있어야 한다. "나는 이 실험을 했고, 이것이 그 결과야. 그리고 이것이 내가 생각하는 그 결과의 의미야." 그런 다음에는 다른 사람들이 그것을 갈기갈기 찢어발기는 것을 지켜볼 정도로 마음이 넓은 사람이 되어야 한다. 또 그다음에는 그들이 그렇게 예민하게 반응하는 이유가 내가 틀렸기 때문인지, 아니면 그들의 일생일대의 연구가 틀렸음을 내가 입증해 보였기 때문인지 알아내야 한다.

하지만 탄수화물-인슐린 가설과 충돌하는 것이 홀의 예비 연구만은 아니었다. 그 가설과 충돌하는 다른 증거들도 얼마든지 있다. 이 가설은 여러 번에 걸쳐 검증이 이루어졌고, 실제 생활을 영위하는 사람들을 대상으로 최장 기간 진행된 연구에서도 저탄수화물 식단과 고탄수화물 식단 사이의 칼로리 섭취량에서 지속적인 차이는 드러나지 않았다.[5]

또 다른 실험에서는 참가자들이 두 가지 식단을 무작위 순서로 먹었다. 한 식단은 10퍼센트의 탄수화물과 75퍼센트의 지방, 다른 식단은 75퍼센트의 탄수화물과 10퍼센트의 지방으로 구성되었다. 탄수화물-인슐린 가설의 예측과 달리 참가자들은 고탄수화물 식단에서 하루에 700칼로리를 덜 섭취했고, 고탄수화물 식단을 먹은 사람만 의미 있는 체지방율 감소를 보고했다.[6, 7]

실제 현실에서 사람들은 진짜 저탄수화물 식단을 고수하기가 매우 어렵다고 느끼고, 이런 식단이 별로 효과도 없다고 여기는 것 같았다. 일찍이 2003년에는 《뉴잉글랜드 의학 저널 New England Journal of Medicine》에 발표된 1년간의 식이 연구가 있었다. 이 연구에서는 저탄수화물 식단과 저지방 식단을 직접 대결시켜보았다. 그 결과 3개월 후에는 저탄수화물 집단이 체중이 더 많이 빠졌지만 12개월 후에는 의미 있는 차이가 보이지 않았다. 양쪽 식단 모두에서 혈압이 내려가고 당분 섭취에 대한 인슐린 반응이 개선됐지만 양쪽 식단 모두 그것을 고수하는 사람은 많지 않았다.[8]

탄수화물-인슐린 가설이 옳다고 확인해주는 것으로 보이는 누시 연구가 하나 있기는 했다. 하버드대학교의 연구자들이 수행해서 2018년에 발표한 연구다.[9] 이 연구에서 과체중인 164명의 대학생, 대학교수, 직원을 대상으로 저탄수화물 식단을 해보았는데 대사에 이로운 영향이 있었다. 그런데 이 데이터 분석에서 심각한 문제가 있음을 제일 먼저 알아차린 사람은 케빈 홀이었다. 하버드 연구진은 처음에 조사하려 했던 것과는 살짝 다른 결과를 분석했던 것으로 보였다.

실험을 설계할 때는 연구를 시작하기 전에 무엇을 측정하려 하는지, 그리고 그것을 어떤 식으로 보고하려 하는지 먼저 결정해놓아야 한다. 자신이 측정하고자 하는 대상을 바꾸어버린다면 그것은 화살을 던진 다음에 과녁을 움직이는 것과 비슷하다. 홀은 논평에서 부드럽게 지적했다. "연구 결과를 미리 구체적으로 정해놓았던 분석 계획에 따라 보고하면 편향을 줄이는 데 도움이 된다."[10]

홀이 하버드 연구진의 원래 계획에 따라 데이터를 다시 분석해보았더니 그들이 주장했던 효과가 사라졌다. 사실 이 연구는 식단에서 지방과 탄수화물의 양을 달리해도 에너지 소비량에 큰 변화가 없다는 보편적인 믿음을 뒷받침하는 것으로 보인다.

나도 케토제닉 다이어트$^{ketogenic\ diet}$를 직접 시도해본 적이 있다. 그렇게 먹어보니 내가 좋아하는 것들을 잔뜩 먹고 포만감을 느낄 수 있었고, 그러면서도 체중을 감량할 수 있었다. 하지만 결국에는 볼로네제 소스를 잔뜩 부은 스파게티, 쌀밥에 닭고기, 감자칩에 스테이크가 너무 먹고 싶어져서 포기했다. 뇌전증 때문에 케토제닉 다이어트를 하는 사람들을 대상으로(케토제닉 다이어트는 특히나 아동의 발작 빈도를 줄여주는 것으로 보인다) 이루어진 대규모 연구에서도 사람들은 나와 비슷한 경험을 했다. 발작을 줄이기 위해 저탄수화물 식단을 따르는 성인은 동기부여가 잘되어 그 식단을 고수할 것이라 상상하기 쉽다. 하지만 이들은 표준 약물 치료를 적용하는 사람에 비해 연구에서 탈락하는 비율이 다섯 배 정도 높다.[11] 그러나 이런 식단이 표준의 앳킨스 다이어트와 달라서 고수하기가 더 어려울 수도 있다는 점은 유의해야 한다.

나는 저탄수화물 다이어트가 체중 감량에 도움이 되지 않는다거나 건강상의 이로움이 없다고 말하고 싶지는 않다. 그리고 인슐린이 체지방을 조절하는 중요한 인자라는 점을 부정하는 것도 아니다. 하지만 지금 나와 있는 증거들을 총체적으로 들여다보면, 칼로리 섭취량이 동일하다는 조건 아래서는 탄수화물 섭취를 줄여서 생기는 인슐린의 수치 저하 때문에 지방 저장이 줄어들거나 태우는 에너지양이 늘어나지는 않는 것으로 보인다.

사실 나는 저탄수화물 식단을 고수할 수 있는 사람에게는 이것이 효과가 있을 것이라 생각하고 있다.* 다만 인간은 탄수화물이 토대가 된 식단을 먹도록 진화했기 때문에 탄수화물이 없는 식품은 먹기가 힘들다. 단백질과 지방은 많은 칼로리를 섭취하기 전에 배가 먼저 부르다. 하지만 모든 다이어트 식단에서 공통의 문제점은 무엇을 먹을지를 우리가 선택할 수 없다는 점이다. 우리는 내부 시스템의 지휘를 받고 있다. 잠시 숨을 참을 수 있듯이 일시적으로는 탄수화물을 피할 수 있다. 하지만 대부분은 결국 무너지고 만다.

결국 타우브스는 갈릴레오가 아니었다. 하지만 그는 갈릴레오의 친구이자 후원자였던 교황 우르바노 8세와 조금 비슷해 보인다. 갈릴레오가 태양계의 지동설 모형과 천동설 모형을 비교할 수 있는 자리를 마련해준 사람이 우르바노 8세였던 것처럼, 타우브스도 홀에게 탄수화물 중심의 비만 모형을 조사할 수 있는 자리를 마련해주었다. 다만 양쪽 경우 모두 거기서 나온 결과가 자기가 기대했던 것과 달랐을 뿐이다.

따라서 당분이 인슐린 수치를 높이기 때문에 체중 증가를 이끌어

• 대체로 일화적 증거이기는 하지만 저탄수화물 식단으로 상당한 체중 감량 상태를 유지했다고 보고하는 사람들이 있다. 나는 이것이 낮아진 인슐린 수치 덕분이 아니라 케토제닉 다이어트에서는 거의 모든 초가공식품이 배제되기 때문이 아닐까 하는 생각이 든다. 초가공식품은 일반적으로 탄수화물과 설탕을 기반으로 만들어지기 때문이다.

내는 것은 아닌 듯하다. 그렇다면 설탕은 사람의 건강과 초가공식품의 이야기에서 어떤 중요성을 갖고 있을까?

= 달달한 음식이 위험한 진짜 이유 =

인류는 오랫동안 당분과 전분의 형태로 다량의 탄수화물을 먹어왔다. 식생활은 우리를 주변 사람들과 하나로 묶어준다. 역사 이전이나 이후 모두에서 이런 유대감은 보통 옥수수, 감자, 쌀, 수수, 밀 등 소수의 전분질 식물을 중심으로 형성됐고, 기본적으로 이런 전분질 식물이 사회마다 하나씩 있었다. 우리는 전분과 당분(과일, 사탕수수, 꿀 등)을 먹는 데 정말 뛰어나며, 이것들은 인체가 꽤 대량으로 섭취해도 감당하면서 즐길 수 있는 식품으로 보인다.[12, 13]

꿀은 정말 흥미로운 사례다. 자연에서 에너지 밀도가 매우 높은 식품 중 하나이기 때문이다. 하지만 화학적으로 보면 꿀은 고과당 옥수수 시럽과 거의 구분이 불가능하며(양쪽 모두 포도당과 과당이 다양한 비율로 혼합되어 있다), 설탕과도 거의 구별할 수 없다(둘 다 포도당과 과당 분자의 결정화된 쌍이다).● 선사 시대에 인류는 섭취하는 칼로리 중 상당

● 우리 몸은 단풍나무 시럽, 아가베 시럽, 설탕, 골든 시럽 등을 거의 비슷하게 대한다. 사람들은 포도당이 좋으냐, 과당이 좋으냐를 두고 논쟁을 벌이지만 꿀과 고과당 옥수수 시럽은 아주 비슷하기 때문에 꿀을 고과당 옥수수 시럽과 섞어놓아도 알아차리기가 힘들다.[14] 벌집이 꽃에서 꿀을 충분히 딸 수 없는 장소에 있는 경우 벌에게 고과당 옥수수 시럽을 먹여서 상업용 꿀을 제조하는 방식은 오랜 역사를 가지고 있다.[15] 이것 때문에 시판되는 벌꿀 중 상당수, 아니 대부분이 사실은 꿀벌에 의해 만들어진 초가공식품이 아니냐는 의문이 생겨난다.

부분을 꿀에서 얻었다. 일부 공동체에서는 평균 16퍼센트까지 차지하기도 했고, 콩고 숲의 음부티족을 대상으로 이루어진 한 연구에 따르면 우기 동안에는 칼로리의 80퍼센트를 벌꿀에서 얻기도 했다.● 이들 공동체에서 과체중이 만연하다는 보고서는 나온 바 없다(그리고 현대의 수많은 수렵·채집인 사회에서도 여전히 대량의 꿀을 섭취하고 있다).[16]

카를루스 몬테이루는 연구에서 식탁 위에 설탕 봉지가 올라와 있는 것이 건강의 신호임을 발견했다. 이것은 직접 요리를 해 먹는 집이란 뜻이기 때문이다. 하지만 그렇다고 설탕이 건강에 이롭다는 얘기는 아니다. 다만 우리 식단이 워낙 끔찍하다 보니 설탕을 직접 사서 집에서 달달한 음식을 만들어 먹는 것이 설탕이 첨가된 기성의 초가공식품을 사 먹는 것보다는 그나마 건강하다는 의미다.

마치 내가 설탕이 건강함의 상징이자 동시에 건강하지 못함의 상징이라고 말하고 싶어 하는 것처럼 보일 것이다. 하지만 나는 이렇게 생각한다. 꿀과 설탕 등의 당분은 몸을 상하게 만들 수 있지만, 그 이유는 인슐린 수치를 높이기 때문이 아니라 치아를 썩게 하고, 더 많은 음식을 먹게 만들기 때문이라고 말이다.

나는 어느 날 아침 식사를 하며 리라와 사샤를 대상으로 이 두 번째 아이디어●●를 검증해보았다. 자녀가 있거나, 먹는 양에 아무런 제약

● 탄자니아의 하자족을 대상으로 한 연구를 보면 수렵인들은 하루 칼로리의 8~16퍼센트 정도를 꿀에서 얻었다. 그리고 육류는 30~40퍼센트, 바오바브나무 열매는 35퍼센트, 덩이줄기는 6~22퍼센트를 차지했다. 이 꿀은 벌집과 함께 채집된다. 벌집에는 어느 정도 소화가 가능한 지방, 그리고 벌집 안에 사는 벌 유충과 알에서 나오는 다량의 단백질이 들어 있다. 이것은 영양학적으로 완전식품이다.

을 두지 않고 먹는 사람을 알고 있다면 당신도 이런 검증을 해볼 수 있다. 여기에 필요한 것은 설탕, 우유, 그릇 하나, 그리고 약간의 라이스 크리스피Rice Krispies(켈로그에서 튀긴 쌀을 이용해서 제조한 시리얼—옮긴이)이다. 우선 같은 크기의 두 그릇에 각각 30그램 정도씩 시리얼을 붓는다. 그리고 한쪽 그릇에서 시리얼을 한 숟가락 퍼낸 다음, 대신 설탕 한 스푼을 추가한다. 마지막으로 우유를 붓는다.

영양의 측면에서 보면 설탕으로 더 달게 만든 그릇과 설탕을 추가하지 않은 그릇은 거의 동일하다. 탄수화물, 지방, 단백질의 양이 둘 다 동일하고, 혈당에 미치는 영향도 동일하다.●●●

그런데 우리 두 딸은 두 시리얼 그릇에 아주 다르게 반응했다. 두 아이는 설탕을 첨가한 시리얼을 한 그릇 뚝딱 먹고는 더 달라고 했다. 그런데 설탕을 첨가하지 않은 시리얼도 맛이 없다고 문제 삼지는 않았지만 두 아이 모두 한 그릇을 다 먹지 않았다. 설탕은 두 아이가 우유에 든 지방과 단백질의 칼로리, 시리얼에 들어 있는 전분 칼로리를

●● 제프리 캐넌Geoffrey Cannon은 설탕을 이런 방식으로 처음 규정한 사람이다. 그는 카를루스 몬테이루의 친구이자 오랜 협력자이며, 산업의 역할에 대한 이해를 NOVA 분류 체계에 접목하는 데 결정적인 역할을 했다.
●●● 라이스 크리스피 자체는 설탕보다 혈당을 더 크게 올린다. 혈당에 미치는 영향으로 따지면 포도당을 100으로 봤을 때 흰 빵도 100이다. 그리고 라이스 크리스피는 95, 미국에서 판매되는 켈로그의 콘플레이크는 92, 알펜은 55, 프랑스에서 판매되는 스페셜 K는 오트밀과 대략 비슷한 수준인 54다. 미국에서 판매되는 스페셜 K는 70이다. 스키틀즈Skittles는 70이고, 스니커즈Snickers는 41밖에 안 된다. 당근은 32에서 92 사이로 나온다. 설탕은 60 정도다. 이런 차이를 어떻게 이해해야 하는지는 알기 어렵다. 그저 혈당지수glucaemic index라는 측면에서 식품에 대해 생각하는 것이 한계가 있다고 느껴질 뿐이다. 어쩌면 오히려 단 음식이 혈당에 미치는 영향은 덜 할지도 모른다. 입에 들어가는 순간 인슐린 분비를 자극하여 혈당 수치를 떨어뜨리기 때문이다.

더 많이 먹게 만들었다. 식욕을 돋운다는 점에서 설탕과 소금은 가장 중요한 식품첨가물이다. 이 두 성분은 콩이든 피자든 초가공식품에는 거의 보편적으로 들어 있다. 따라서 설탕 함량이 높은 것은 체중 증가를 일으키는 초가공식품의 속성 중 하나다.

설탕의 또 다른 분명한 문제점은 치아를 파괴한다는 점이다. 치아의 제일 바깥쪽을 둘러싸고 있는 법랑질은 경도 면에서 강철과 티타늄 사이의 어디쯤에 있다. 그 강도는 미네랄 성분, 특히 칼슘에서 나온다. 그리고 칼슘은 산에 침출되어 빠져나온다. 요즘에 식품을 통해 섭취하는 산의 주요 공급원은 청량음료다. 청량음료는 또한 구강 세균의 먹이인 설탕을 제공한다. 이 세균들이 치아 표면에 직접 산을 배설해서 치아를 녹인다.

거의 모든 주스와 청량음료는 치아를 녹일 수 있을 정도로 산성이 강하다. 오션 스프레이Ocean Spray 크랜베리 주스의 pH는 약 2.56 정도다. 한편 코카콜라는 2.36, 코카콜라 제로는 2.96, 펩시콜라는 2.39다.[17] 산성 음료를 마신 직후에는 구강 내부의 산도가 워낙 높아져서 이럴 때 치아를 닦으면 말 그대로 흐물흐물하게 녹아내린 치아 법랑질을 닦아내는 셈이다. 그래서 입을 철저하게 헹궈낸 후에 적어도 30분 정도 기다려서 pH가 정상 수준으로 돌아왔을 때 닦아야 한다.

모두들 아는 사실인데도 이것은 여전히 공중보건의 재앙으로 남아 있다. 심지어 상대적으로 자금이 풍부한 대규모 공중보건 기반 시설이 갖추어져 있고, 라벨에 설탕 함량을 표시하고 있는 영국에서도 충치 치료는 아동이 전신마취를 하게 되는 가장 흔한 이유다.[18] 이것을 곱씹어보자. 영국에서는 3세 아동 중 10퍼센트 이상, 5세 아동의 4분의 1 정도가 충치를 갖고 있다. 5세 미만의 아동을 대상으로 병원에서 이루어지는 치아 발치 중 거의 90퍼센트가 미연에 예방할 수 있었던 충치 때문이다. 그리고 치아 발치는 만 6세에서 10세 사이의 아동에게 제일 흔히 이루어지는 병원 치료다.[19] 아동을 대상으로 하는 시술 중에 트램펄린에서 놀다가 부러진 뼈를 고치고, 탈장 수술을 하고, 맹장 제거 수술을 하는 것보다도 더 많은 것이 바로 충치 치료다. 미국의 통계는 더 심각하다.[20]

이 치아의 위기는 거의 전적으로 초가공식품 때문에 생기는 것이다. 식사를 통해 섭취하는 설탕은 소량이다. 정말로 치아를 썩게 만드는 설탕은 탄산음료, 사탕 등 식사와 식사 사이에 산과 함께 섭취하는 것들이다.* 이 초가공식품이 치아를 상하게 만드는 이유는 우리가 그것을 쉬지 않고 먹기 때문이다. 이들은 간식거리로 마케팅되어 팔린다. 선진 산업국가들에서 취학아동의 90퍼센트나 충치로 고통받는 이유는 바로 초가공식품에 있다.[27]

전 세계 어디서도 청량음료 캔 뒤에서 구강질환의 위험이나 조기

• 비만과 마찬가지로 충치도 초가공식품이 발명되기 전부터 존재했다. 심지어 야생의 영장류에서도 발견된다. 하지만 그 비율은 아주 낮다.[21] 인류의 조상에게 충치가 있었다는 가장 오래된 증거는 150만~180만 년 전에 살았던 오스트랄로피테쿠스로부터 나왔다. 하지만 한 지역에서 발견된 대략 125개의 해골 중 충치가 존재하는 경우는 3퍼센트 미만이다. 이는 동일한 지역에서 발견된 호모에렉투스의 해골보다 낮은 비율이다.[22] 하지만 전반적으로 보면 농업 시대 이전의 인구 집단은 충치의 비율이 낮았고, 충치의 깊이도 상대적으로 얕았다. 우리가 이 사실을 알게 된 것은 고대의 해골에서 충치의 비율이 낮기도 했지만, 대략 1만 년 전 신석기 시대까지만 해도 치과 치료가 이루어졌다는 증거가 없었기 때문이다. 이때는 인류가 동굴에서 동굴로 떠돌아다니지 않고 영구적으로 정착하기 시작하던 때다. 그리고 중동 지역에서 밀이나 보리 같은 곡물을 작물화해서 기르기 시작하던 때이기도 하다. 이 시기부터 사람

사망의 위험을 경고하는 문구는 찾아볼 수 없다. 네슬레, 코카콜라, 펩시, 혹은 설탕으로 감미한 음료(혹은 설탕이 많이 들어간 식품)를 파는 회사들이 포장지에 충치의 위험을 경고하는 문구를 삽입하도록 강제하지 않는 이유를 나는 이해하지 못하겠다.

의 해골에 남아 있는 충치가 많아지기 시작했다. 치통을 겪어본 사람이라면(슬프게도 대부분의 사람이 해당한다) 신석기 시대 사람들이 이 통증을 없애기 위해 극단적인 행동도 서슴지 않았던 이유를 이해할 수 있을 것이다. 파키스탄에서 9,000년 전에 어떤 용감한 사람이 드릴로 치아 뚫기를 처음으로 시도했다. 아주 고통스럽고 원시적인 치과 치료라 할 수 있겠다. 이 사람은 원래 장인이 구슬을 꿰어 염주를 만들기 위해 개발해놓은 노하우를 사용했다.[23] 우리가 좀 더 정제된 발효 탄수화물과 당분을 먹기 시작하자 충치의 비율이 치솟았다. 4,000년 전에 조각한 설형문자 석판에는 바빌로니아의 신 에아^{Ea}에게 문제가 생긴 치아에서 벌레를 잡아서 끄집어내달라고 간청하는 특별한 주문이 적혀 있다. 고대의 사람들은 치아에 사는 벌레가 충치를 일으킨다고 생각했다. 이런 믿음은 서로 다른 장소에서 생겨났거나, 아니면 한 곳에서 생겨나 중세와 그 이후까지 전 세계로 퍼져나갔다.[24-26]

Chapter 8

|||||||||||||||||||||||||||||||||||

당신의
의지력 문제가 아니다

레딩의 오라클 쇼핑센터에는 3단 에스컬레이터가 있다. 의대생 때 나는 그곳에서 로테이션을 돌았는데 당시 내 상사였던 의사는 비만에 관심이 많아서 강의를 할 때마다 꾸준히 에스컬레이터에 대해 얘기했다. 그는 그것이 비만 위기를 상징하는 기념비라고 말하며 사진을 하나 보여줬다. 체지방율이 높은 사람이 계단을 피하려고 '게으르게' 에스컬레이터를 타고 있는 모습을 몰래 찍은 사진이었다.

물론 이런 종류의 에스컬레이터가 존재하는 이유는 사람들이 게으르기 때문이 아니라 공간의 접근성을 개선하기 위함이다. 하지만 운동 부족 때문에 비만이 생긴다는(그리고 그 연장선에서 비만이 있는 사람은 게으르다는) 인식이 만연해 있다. 심지어 병을 치료하는 의사들 사이에서도 그렇다.

어찌 보면 놀랄 일은 아니다. 우리는 분명 과거보다 칼로리를 적게 태우고 있고, 따라서 활동 부족이 당연히 체중 증가의 가장 큰 요인으로 보인다. 초가공식품을 비만의 주요 원인으로 지목하는 가설과 충돌하는 논문들이 저명한 학술지에 많이 실려 있다. 이런 논문들은 활동 부족이 체중 증가의 주요 원인이며 칼로리 섭취 증가는 그다지 중요하지 않다는 것을 입증해 보였다고 주장한다.[1-12]

스티븐 블레어Steven Blair, 피터 카츠마르지크Peter Katzmarzyk, 제임스 힐James Hill 등 이런 논문에 거듭해서 이름이 올라오는 저자들이 몇 명 있다. 힐은 2012년 논문에서 신체 활동량을 늘리면 "식품 섭취를 극단적으로 제한할 필요가 줄어든다"라고 주장했다.[13] 나처럼 먹는 것을 좋아하는 사람에게는 좋은 뉴스다.

블레어는 2014년에 나온 논문, 「전 세계적인 체중 증가를 일으키는 원인은 무엇인가?What is causing the worldwide rise in body weight?」의 공저자다. 그 논문에서는 이렇게 말한다. "거의 모두가 사람들이 더 많이 먹는 바람에 비만이 전염병처럼 퍼지고 있다고 생각하지만 이런 가설을 뒷받침할 증거는 부족하다."[14] 이 논문은 또한 칼로리 섭취를 줄이는 것보다는 신체 활동을 늘리는 것이 더 쉬울 수 있으며, 신체 활동을 통해 과잉 섭취를 상쇄할 수도 있을 거라 제안한다. 바꿔 말하면 안 좋은 식습관을 운동으로 극복할 수 있다는 말이다. 블레어는 이 이론을 연구하기 위해 글로벌 에너지 밸런스 네트워크Global Energy Balance Network라는 새로운 기관을 만들었다. 보도자료에서 그는 패스트푸드와 설탕이 들어간 음료가 체중 증가의 원인으로 비판받고 있지만 그것이 원인임을 보여주는 설득력 있는 증거가 사실상 존재하지 않는다고 말했다.

189

카츠마르지크는 2015년에 6,025명의 아동을 대상으로 한 논문에 공저자로 참여했다. 이 연구의 결과는 아동 비만의 주요 예측 변수가 신체 활동 부족임을 분명하게 보여준다.[15]

그렇다면 체중 증가를 예방하고 치료하는 데 운동이 중요하다는 결론을 피할 길이 없어 보인다. 태우는 칼로리보다 섭취하는 칼로리가 더 많으면 체중이 불어난다는 것은 대사의 철칙이니까 말이다. 나도 이 원칙을 뒤집으려는 생각은 없다. 그리고 이것은 서로 다른 연구실에서 서로 다른 방법을 통해 여러 번에 걸쳐 입증된 바 있다. 따라서 논리적으로 보면 신체 활동 부족은 분명 체중 증가에 기여할 수밖에 없다. 특히 요즘의 산업 선진국에서는 예전보다 활동량이 훨씬 줄었으니 더욱 그럴 것이다.• 그리고 실제로 미국에서 진행된 한 대규모 연구에서는 1960년과 2006년 사이에 일어난 에너지 소비 감소로 같은 기간에 일어난 체중 증가를 완벽하게 설명할 수 있었다.[19] 2011년의 한 논문에 따르면 예전에 많은 사람들이 하던 유형의 육체노동이 책상에 앉아서 하는 노동보다 다섯 배 정도 힘들다고 한다.•• 그뿐만

• 20세기로 접어들 무렵 영국과 미국에서는 절반 정도의 노동자가 농업이나 제조업 등 육체노동이 필요한 일자리에서 일하고 있었다. 집에서도 몸을 써서 해야 할 일들이 많았다. 당시만 해도 세탁기, 의류 건조기, 진공청소기 같은 것이 아직 발명되지 않았거나, 널리 보급되어 있지 않았기 때문이다.[16, 17] 그와는 대조적으로 21세기 초에는 영국과 미국의 노동자 중 75퍼센트 정도가 서비스업에 종사하고 있다. 여전히 제조업이나 농업에 종사하는 사람들도 1일 육체노동량이 훨씬 줄어들었다. 여기에는 생산 자동화도 한몫했고, 생산하는 항목 자체가 변한 것도 한몫했다(예를 들면 선박 건조량의 감소와 마이크로칩 생산의 증가). 자동차와 대중교통의 발전으로 통근 시 육체적 부담도 줄어들었다. 영국 심장재단British Heart Foundation에서는 사람이 1년에 걷는 평균 거리가 1970년대에는 400킬로미터였으나 2010년에는 290킬로미터로 줄어든 것으로 추정하고 있다.[18]

이 아니다. 전체적으로 보면 영국 사람들의 칼로리 섭취량이 예전보다 줄어들었으니 신체 활동 부족이 체중 증가의 원인임이 분명하다고 주장하는 기사도 있었다.[22] 칼로리 섭취량이 줄었는데도 여전히 체중이 증가하고 있다면 활동량이 전보다 줄어든 것이 분명하다. 이 논문을 쓴 사람은 경제문제 연구소Institute for Economic Affairs의 저널리스트 크리스토퍼 스노든이다(2장에서 초가공식품이라는 개념 자체를 비웃었던 그 사람이다). 논문의 제목은 게리 타우브스의 글에서 따왔는지 「지방에 관한 뻔뻔한 거짓말The fat lie」이었다.

스노든은 강한 입장을 취했다. "모든 증거는 영국에서 1인당 설탕, 소금, 지방, 칼로리 소비량이 수십 년 동안 감소해왔음을 보여주고 있다." 이것이 사실이어서 우리의 칼로리 섭취량이 실제로 수십 년 동안 감소해왔다면 초가공식품, 혹은 종류에 상관없이 식품이 체중 증가의 주요 원인이라는 개념 자체가 잘못된 것일 수밖에 없다.

나는 계속해서 읽어나갔다. 스노든에 따르면 영국의 비만 유행이 고칼로리 식품과 음료를 구하기 쉬워졌기 때문이라는 상식은 사실에 근거한 것이 아니다. 이 글에서는 2002년 이후로 영국 성인의 평균 체중은 2킬로그램 증가했고, 같은 기간 동안 칼로리 섭취량은 4.1퍼센트, 설탕 소비량은 7.4퍼센트 줄어들었다고 주장했다. 이 기사는 다음

●● 재정연구소Institute for Fiscal Studies에서는 이 데이터를 이용해 모델링 작업을 해서 간단한 사례를 만들어냈다. 평균 체격의 남성이 주로 앉아서 하는 주당 40시간의 업무를 할 경우에는 1년에 30킬로그램 정도의 지방을 태우게 된다. 그리고 이 남성이 신체 활동이 활발한 업무를 할 경우에는 거의 70킬로그램의 지방을 태우게 된다. 앉아서 업무를 보는 데 따르는 운동 부족을 만회하려면 이 남성은 일주일에 10.6시간 정도 추가로 조깅을 해야 한다. 이 정도면 올림픽 마라톤 선수들의 운동 시간과 크게 다르지 않다.[20, 21]

과 같이 결론 내렸다. "비만 증가의 주원인은 설탕, 지방, 칼로리 섭취 증가가 아니라 가정과 직장에서의 신체 활동 저하다."

스노든은 환경식품농림부 등 영국 정부 부서에서 나온 공식 자료를 사용했다. 환경식품농림부에서는 1974년 이후로 영국의 식생활에 관해 연례 설문조사를 진행해왔다.[23] 그 데이터를 확인해보았더니 실제로 1인당 칼로리 섭취량이 1974년에는 1일 2,500칼로리 정도였던 것이 1990년에는 불과 1,990칼로리로 낮아졌다. 무려 21퍼센트나 줄어든 것이다. 스노든의 칼로리 섭취 그래프를 보면 마치 월스트리트 주식 폭락 차트를 보는 것 같다.•

미국과 영국 사람들이 덜 먹고 있는데도 체중이 늘어나고 있다면 그 이유는 분명 활동 감소 때문일 것이다. 이것은 스크린 사용량 증가, 육체노동 감소, 아동의 실내 활동 시간 증가, 에스컬레이터의 보급 같은 현상과도 잘 맞아떨어진다.

이런 설명은 주요 정책을 결정하는 데에서도 큰 함축적 의미가 있다. 정부의 개입 없이도 칼로리 섭취가 줄어들고 있다면 칼로리 섭취 감소를 목적으로 하는 정책을 펼 정당성이 사라진다. 아울러 칼로리 섭취량이 21퍼센트나 줄었는데도 식품업계가 여전히 수익을 올리고 있다는 것도 놀랍게 느껴졌다.

• 스노든은 영국 국민 식생활 및 영양 조사 데이터UK National Diet and Nutrition Survey Data, 영국 생활비 및 식품 조사UK Living Costs and Food Survey, 영국 심장재단 등 다른 출처의 자료를 가지고 이 데이터를 확인해보았다. 미국 국민건강 영양 조사United States National Health and Nutrition Examination Survey에서도 1970년대 이후로 평균 칼로리 구매량과 섭취량이 줄어들었다는 비슷한 결과가 나왔다. 즉 우리가 덜 먹고 있다는 것이다.

= 우리는 실제로 더 많이 먹고 있다 =

스노든의 논문은 채널4 뉴스, 《더 선$^{the\ Sun}$》, BBC 라디오2 등에서 소개되며 엄청난 영향을 미쳤다. 지금은 《선데이 텔레그래프$^{Sunday\ Telegraph}$》의 편집자인 앨리스터 히스$^{Allister\ Heath}$는 2016년에 다음과 같은 제목으로 기사를 올렸다. 「우리는 너무 뚱뚱하지만, 설탕에 매기는 죄악세$^{sin\ tax}$(사회에 부정적인 영향을 주는 상품이나 서비스에 부과하는 세금—옮긴이)는 아무런 도움도 되지 않을 것이다」.

스노든의 데이터가 옳다면 몬테이루의 주장은 틀린 것이 된다. 그리고 다른 많은 사람들의 주장 역시 틀린 것이 될 것이다. 자일스 예오$^{Giles\ Yeo}$도 거기에 해당된다. 예오는 비만을 연구하는 케임브리지대학교의 유전학자이며 국제적으로 존경받고 있다. 나는 체중에 대해 그와 끝도 없이 얘기를 나누었던 적이 있다. 그가 칼로리 섭취 감소에 대해 언급한 적은 한 번도 없었다. 하지만 나는 예전에 그에게 체중 증가의 주원인이 먹는 것이라고 어떻게 확신할 수 있느냐고 물어본 적이 있고, 그는 두 가지 이유를 대답해주었다.

첫째로 그는 '복용량 효과$^{dosage\ effect}$'를 들었다. "초콜릿 바를 예로 들어보죠. 대략 240칼로리 정도 됩니다. (예오는 과자류에 대해 잘 알고 있다.) 작정하고 먹으면 초콜릿 바를 1분 안에 먹어치울 수 있습니다. 제가 그럴 때가 많아요. 하지만 거기서 섭취한 칼로리를 태워서 없애려면 러닝머신에서 20분에서 30분 정도 몸을 움직여야 합니다." 칼로리를 섭취하는 데 걸리는 시간은 짧지만, 칼로리를 태우는 데 걸리는 시간은 길다. 그래서 우리가 끊임없이 먹지 않아도 살 수 있는 것이다.

하지만 섭취에 걸리는 시간이 짧기 때문에 필요 이상으로 많이 먹을 가능성이 열린다.

두 번째 이유는 우리 유전자와 관련이 있다. "지금까지 찾아낸 비만 관련 유전자들을 보면 모두 섭식 행위와 관련된 것들입니다." 바꿔 말하면 비만이 활동이 부족해서 생기는 것이라면 비만과 관련해서 발견된 유전자들이 활동 습관이나 대사 등과 관련된 것이어야 하는데 실제로는 그렇지 않았다는 것이다.

나는 다시 스노든의 글에 나온 수치들을 살펴보았다. 무언가 이상하다는 생각이 들었다. 영국 사람들의 평균 칼로리 소비량은 2,500칼로리 정도다. 하지만 스노든이 인용한 설문조사 데이터에서는 우리가 하루에 2,000칼로리도 먹지 않는다고 나와 있다. 그럼 하루에 500칼로리 정도 칼로리 결핍이 발생한다는 의미다. 사람들의 체중은 늘고 있지만 이 데이터에 따르면 칼로리 섭취량이 너무 낮아서 국가 차원에서 체중이 줄어들고 있어야 한다. 심지어 아무것도 하지 않고 있어도 체중이 줄어야 한다. 여기서 아무것도 하지 않는다는 것은 말 그대로 정말 아무것도 하지 않는 것을 의미한다.

하루에 2,000칼로리만 섭취해도 오래 살 수 있다. 하지만 체중이 줄지 않을 수는 없다. 그렇게 적은 칼로리를 섭취하면서 체중을 유지하거나 늘리려면 침대에서 일어나 소변을 보러 갈 수도 없을 정도로 활동을 줄여야 한다. 사실 그냥 침대에 누워 있는 것만으로도 부족하다. 생명을 유지하는 데 필수적이며 에너지를 집중적으로 소비하는 주요 신체 기능도 멈추어야 한다. 콩팥의 기능은 투석 기계에 넘겨주고, 호흡은 호흡기로 대신해야 한다.[24]

이게 대체 어떻게 된 일일까? 나는 그 해답을 영국 국민 식생활 및 영양 조사 데이터의 부록 10에서 찾아냈다.[25] 이 부록에서는 '이중 표지수 하위 연구 doubly labelled water sub-study'라는 것에도 참가했던 하위 표본 사람들에 대해 자세히 설명하고 있었다.

이 기법은 1950년대에 발명됐다. 참가자들은 수소와 산소 원자에 '표지'를 해놓은 물을 마신다. 원자에 표지를 했다는 것은 여분의 중성자를 갖고 있어서 그 원자를 추적할 수 있다는 의미다. '중수 heavy water'라는 말을 들어본 적이 있을 것이다. 이것이 바로 그것이다. 몸은 칼로리 소비에 따라 산소와 수소를 서로 다른 속도로 배출한다.● 이것은 완벽한 방법은 아니지만 해마다 일관성을 유지하기 때문에 사람이 얼마나 많은 에너지를 소비했는지 측정하는 가장 좋은 방법으로 널리 인정받고 있다.

이 이중 표지수 데이터는 예측했던 것과 똑같이 사람들이 하루에 2,500칼로리 정도를 태운다는 것을 보여주었다. 하루에 2,000칼로리도 먹지 않는데 2,500칼로리 이상을 태우고 있다면 사람들은 살이 찔 수가 없다. 이것은 모든 사람이 동의하는 물리 법칙을 깨는 일이다.

이중 표지수 연구가 보여준 것은 설문에 참가한 사람들이 자신의 칼로리 섭취량을 30퍼센트 이상 과소평가하고 있다는 것이었다. 미국

● 사람이 중수를 마시면 몸을 돌면서 희석되었다가 점차 소변으로 빠져나온다. 표지된 수소 원자는 대부분 소변과 땀 등의 수분 상실 과정을 통해서만 몸에서 빠져나올 수 있다. 반면 표지된 산소 원자는 두 가지 방식으로 몸을 빠져나올 수 있다. 수분이 손실될 때 수소와 함께 빠져나오거나, 호흡을 통해 이산화탄소로 빠져나오는 것이다. 칼로리를 많이 태울수록 호흡을 통해 배출되는 이산화탄소의 양이 많아진다. 산소와 수소가 몸에서 빠져나오는 속도 차이를 살펴보면 대략적인 칼로리 소비량을 추정할 수 있다.

의 연구들이 이 사실을 뒷받침해준다. 미국 국민건강 영양 조사의 이중 표지수 데이터와 실제 조사 데이터를 비교해보면 사람들이 칼로리 섭취에 대해서는 일관되게 과소평가하고, 활동량에 대해서는 과대평가하고 있음을 알 수 있다.[26]

사람들이 자기가 먹는 양을 그나마 일관적인 비율로 과소평가했다면 스노든의 주장이 옳았을 수도 있다. 만약 우리가 칼로리 섭취를 항상 일관되게 과소평가했다면 여전히 활동 부족이 체중 증가로 이어지는 가장 큰 문제일 수 있으니까 말이다. 하지만 이중 표지수 실험은 우리가 수십 년 전보다 요즘 들어 음식 섭취량을 훨씬 과소평가하고 있음을 보여준다.

과소평가해서 보고하는 이유에 대한 몇 가지 설명이 있고, 모두 증거로 잘 뒷받침되어 있다. 첫째, 연구에 따르면 비만인 사람들은 처음 설문에 응답할 때는 틀리게 보고했다가, 체중을 감량하고 난 후에는 더 이상 틀리게 보고하지 않고, 예전에 부정확한 답을 했었다고 인정하는 경향이 있다.[27] 비만인 응답자들이 음식에 대한 설문에 답할 때 과소평가해서 보고하는 이유는 어렵지 않게 이해할 수 있다. 사람들은 보통 부끄럽게 여기는 것은 과소평가해서 보고한다.•

둘째, 연구에 따르면 체중을 감량하려는 욕망이 과소평가 보고를 증가시킨다. 그리고 1990년대 이후로는 다이어트에 대한 인식이 생겨나면서 다이어트와 체중 감량에 대한 욕구가 커졌다. 예를 들어 체중 감량을 원하는 남성의 수가 2003년과 2013년 사이에 거의 두 배

• 예를 들어 음주량을 비교해보면 실제보다 40~60퍼센트 낮게 보고하는 것으로 나온다.

로 늘었다.[28]

셋째, 사람들은 예전보다 집 밖에서 간식을 더 많이 먹고 있다. 그리고 이런 식품은 먹었다는 사실을 쉽게 잊어버리기 때문에 포착하기가 더 힘들다. 간식 산업은 4,000억 달러짜리 산업으로 성장했다.[29, 30]

넷째, 전반적으로 설문조사 응답률이 떨어지고 있다. 경제학자들은 이에 대해 화가 나서 그 이유를 연구하고 있다.[31-35]

다섯째, 데이터베이스에서 기준으로 삼은 것보다 1인분의 크기가 크고, 에너지 함량도 더 높다. 영국 심장재단에서는 1993년에서 2013년 사이 20년 동안 개별 셰퍼드 파이 shepherd's pie (으깬 감자 속에 고기를 다져 넣어서 만든 파이―옮긴이) 즉석식품의 크기가 두 배로 커졌고, 가정용 포장으로 나온 감자칩의 용량도 50퍼센트 증가했다는 것을 알아냈다.[36] 이런 경우 누군가가 설문에서 즉석식품으로 나온 닭고기 파이나 견과류 1인분을 먹었다고 했을 때 과거의 기준 데이터를 사용하면 당연히 사람들의 칼로리 섭취량을 과소평가하게 된다.

여섯째, 사람들이 남기는 음식이 줄어들고 있다. 2012년의 한 보고서에 따르면 가정에서 나오는 음식물 쓰레기가 2007년 이후로 20퍼센트 정도 감소한 것으로 추정된다.[37, 38] 음식물 쓰레기가 줄고 있다면 사람들이 구입한 음식에서 실제로 섭취하는 양이 많아지고 있다는 의미다.

일곱째, 공식적인 칼로리 섭취 수치는 줄어들고 있지만 지속적으로 보고하는 3만 명의 영국 가정 패널로 이루어진 칸타 월드패널 Kantar Worldpanel의 데이터에 따르면 지난 10년간 칼로리 구입 비용이 늘어난 것으로 나타났다.[39]

스노든의 「지방에 관한 뻔뻔한 거짓말」 논문은 데이터를 잘못 이해하고 있다. 칼로리 섭취는 줄어들지 않고 오랫동안 계속 늘어나고 있다. 하지만 이런 오류를 지적한 다른 저자들의 논문은 대중의 주목을 전혀 받지 못했다. 안타까운 일이다. 체중과 다이어트(그리고 사람의 고통)에 관한 정책은 언론에서 다루는 내용에 영향을 받기 때문이다.

= 운동은 체중에 어떤 영향을 미치는가 =

이중 표지수 연구와 다른 많은 데이터를 보면 우리가 실제로는 더 많이 먹고 있음을 알 수 있다. 하지만 재정연구소의 모델링을 통해 탄광 업무가 사무실 업무보다 여덟 배 더 힘들다고 했던 부분은 어떨까? 그렇다면 주로 앉아 있는 생활 방식 때문에 우리는 덜 움직이고, 더 많이 먹는 이중의 위험에 노출된 상황인지도 모른다. 즉 먹는 것은 절반의 이야기일 뿐이라는 의미가 된다.

운동과 활동이 체중에 어떻게 영향을 미치는지 이해하려면 다른 누구보다도 허먼 폰처Herman Pontzer의 연구에 주목해야 한다. 그는 듀크대학교의 진화인류학 부교수로, 그의 연구는 식생활과 대사에 관한 우리의 사고방식을 바꾸어놓고 있다. 폰처는 수렵·채집인, 농부, 앉아서 일하는 사무실 노동자의 1일 칼로리 소비량 차이를 알아내고 싶었다. 그러기 위해 그는 하자족 사람들과 함께 시간을 보냈다. 하자족은 화살, 작은 도끼, 땅 파는 막대기를 가지고 두 발로 움직이면서 수렵과 채집을 한다. 남자는 사냥감을 잡아 오거나 꿀을 채집하고, 여자들은 식물을 채집한다. 덩이줄기, 딸기류, 크고 작은 사냥감, 꿀, 바오바브 열매 등의 야생 식품이 하자족이 섭취하는 칼로리의 95퍼센트를 제공한다.

폰처는 성인 30명을 대상으로 11일에 걸쳐 1일 에너지 총소비량을 측정해보았다.[40] 그의 연구진은 이중 표지수 방법과 휴대용 호흡 측정 시스템을 사용했다. 호흡 측정 시스템은 참가자들이 후드처럼 입는 장치를 착용하고 산소 섭취량과 이산화탄소 배출량을 측정하는 방법이다. 연구진은 또한 정확한 이동 데이터를 수집하기 위해 참가자들에게 GPS 장치도 제공했다.

결과는 매우 놀라웠다. 연구진은 분명 자기네가 잘못 계산한 것이라 생각하고 여러 가지 다른 방식으로, 서로 다른 요인들을 보정하면서 거듭 다시 계산해보았다. 예상과는 정반대로 하자족 성인이 태우는 칼로리 수치가 미국과 유럽의 인구 집단과 아주 유사했기 때문이다. 심지어 모유 수유와 임신도 차이를 만들어내지 않았다.

사실 이 연구 결과는 다른 연구들에 의해서도 뒷받침되고 있다. 로욜라대학교의 에이미 루크Amy Luke와 케라 에버솔Kara Ebersole은 나이지리아 시골 지역의 여성 집단과 시카고 교외 지역의 여성 집단 사이에 총에너지 소비량의 차이가 없음을 보여주었다.[41] 사실 이런 패턴은 지금까지 연구했던 모든 인구 집단에 적용된다. 그리고 원숭이와 유인원 같은 비인간 영장류에서도 동일한 패턴이 보고되었다. 사육되는 개체군도 야생의 개체군과 같은 양의 칼로리를 소모한다.[42-51]

이 연구 결과는 몸이 칼로리를 사용하는 방식에 관해 우리가 이해하고 있는 모든 것에 의문을 제기하고 있다. 사람은 하루에 10킬로미터를 걷든, 책상 앞에 앉아 있든 상관없이 매일 동일한 양의 에너지를 태우는 것으로 보인다. 이것은 대단히 중요한 의미를 가진다. 활동량을 늘린다고 해서 체중을 감량할 수는 없다는 의미이기 때문이다. 다양한 체지방률은 신체 활동 수준이나 에너지 소비량과 관련이 없다.

그렇다면 탄광 업무가 사무실 업무보다 여덟 배나 많은 칼로리를 태운다는 연구 결과와 이것을 어떻게 양립시킬 수 있을까? 사실 알고 보니 이 연구에서 탄광 광부들의 칼로리 소비량을 실제로 측정한 사람은 없었다. 이 데이터는 모두 설문조사와 시간 사용에 대한 추측을 기반으로 한 것이다. 실제로 측정해보니 광부들의 소모 칼로리는 나머지 우리와 같았다. 하지만 몸을 써서 노동을 하는데 책상에 앉아만 있는 경우보다 칼로리 소모량이 많지 않다니, 어떻게 그럴 수가 있을까?

나는 원래 기본적인 세포 기능을 유지하면서 숨만 쉬고 빈둥거리기만 해도 2,000칼로리 정도가 소비되고, 여기에 조깅이든 탄광 일이든 신체 활동에 들어가는 칼로리가 합쳐져서 내 1일 칼로리 총소비량이 결정되는 것이라고 늘 생각했었다. 그런데 알고 보니 활발하게 활동할 때는 몸에서 다른 것에 들어가는 에너지를 아껴서 그만큼을 보상한다. 따라서 우리의 총에너지 소비량은 동일하게 유지된다.

며칠이나 몇 주 정도로 시간을 더 길게 잡고 관찰하면 특히나 더 그렇다. 하자족의 경우 쉴 때는 정말 확실하게 쉰다. 운동선수나 활동이 많은 사람들 역시 마찬가지다. 우리는 한동안은 아주 활동적으로 움직일 수 있지만 그렇게 생긴 에너지 빚을 나중에 갚아야 한다. 운동이 체중 감량으로 이어지지는 않더라도 육체 건강을 개선해주는 이유는 다른 측면에서의 에너지 사용이 감소되기 때문이라고 설명할 수 있다.

폰처의 모형에서는 긴 산책을 하거나 달리기를 하면 일상적으로 이루어지는 비필수 신체 활동이 축소되어 면역계, 내분비계, 생식계, 스트레스 시스템에 쓰이는 에너지양이 줄어든다고 가정한다. 그럼 나쁜 거 아니냐는 생각이 들 수 있겠지만 이런 식으로 활동을 약간 멈춰 주는 것이 사실은 이런 시스템들의 건강한 기능을 회복하는 데 도움이 되는 듯 보인다. 이것은 진화적으로도 말이 된다. 인류 역사에는 먹을 것이 귀한 시간이 꽤 있었을 것이다. 종래의 칼로리 소비 모형을 적용하면 이 경우 먹을 것을 구하기 제일 어려운 시기에 제일 많은 칼로리를 사용하게 된다. 칼로리를 구하기 위해 수렵과 채집에 더 열심일 수밖에 없으니까 말이다. 반면 고정 에너지 모형에서는 먹을 것을 구하기 위해 더 멀리 걸어야 하는 경우에도 에너지 사용이 일정해진다. 그리고 먹을 것이 귀한 시기에는 예를 들어 가임 능력이 줄더라도 생식계에서 에너지를 빌려 와 사용하는 것이 합리적인 방법이다.

폰처의 데이터에 따르면 우리는 사무실 업무를 보는 동안에도 하루에 약 2,500칼로리를 태운다. 먼 거리를 산책 다녀온 경우에도 그 수치는 동일하다. 책상에만 앉아 있었다면 그 에너지를 산책에 쓰지는 않았으니 다른 데 쓰고 있을 것이다. 예를 들면 스트레스를 받는 데 쓸 수도 있다. 이 가설에 따르면 사무실 노동자들은 아드레날린, 코르티솔, 백혈구 수치가 높아질 가능성이 크다. 이런 것들 모두 불안감과 염증을 키운다.[52, 53] 주로 앉아서 생활하면 테스토스테론과 에스트로겐의 수치가 높아진다. 어떤 사람에게는 좋은 일처럼 들리겠지만, 이것은 암의 발생 위험을 높일 수 있다. 반면 매일 중등도 이상의 격한 신체 활동을 영국이나 미국의 일반인들보다 훨씬 긴 두 시간 정도 하는 하자족은 아침에 측정한 타액 테스토스테론 농도가 서구 인구 집단의 대략 절반 정도에 불과하다.[54]

이것은 좋은 현상이며, 여러 가지 만성질환에 운동이 치료 효과가 좋고, 우울증과 불안도 줄여주는 이유를 설명해준다.[55]

탄자니아로 이사 가서 수렵·채집인이 된다 한들 칼로리를 더 태울 수 없다는 개념을 일단 이해하고 나면 운동이 체중 감량에 도움이 되지 않는 이유를 설명할 수 있다. 이는 많은 연구에서 입증된 부분이다. 에너지 균형은 우리가 의식적으로 변화시킬 수 있는 대상이 아니다. 말이 되는 이야기다. 산소 수치 조절의 경우와 마찬가지로 정말 중요한 것을 변덕스러운 의식의 통제에 맡겨둘 수는 없는 노릇이기 때문이다.

우리가 그 어느 때보다 많은 칼로리를 섭취하고 있으며, 에너지 소비량을 변화시키려 해봐도 체중에는 별 차이가 생기지 않으리라는 증거가 명확해지고 있다. 비만은 활동 부족이 아니라 식품 섭취량의 증가 때문에 생긴다. 그리고 케빈 홀과 샘 디킨이 입증해 보였듯이 여기서 말하는 식품은 바로 초가공식품을 의미한다.

하지만 쉽게 해소할 수 있을 것 같은 사안을 두고 과학 문헌들은 왜 이리도 혼란스러운 모습을 보이는 것일까?

크리스토퍼 스노든의 경우에는 자유시장주의자들의 싱크 탱크인 경제연구소Institute of Economic Affairs에서 임금을 받는다. 이들의 재정은 대체로 불투명하지만 설탕업계의 거인인 테이트 앤드 라일로부터 자금을 지원받은 적이 있다.[56, 57] 설탕업계는 식품이 아니라 활동 부족이 비만을 일으킨다는 이야기를 퍼뜨리는 데 이해관계가 달려 있다. 이 계약이 크리스토퍼 스노든에게 얼마나 직접적으로 영향을 미쳤는지는 불분명하지만, 다른 영역에서의 연구를 보면 사람들은 자기가 받고 있는 영향을 의식하지 못하는 경우가 많다. 의사들은 제약 회사의 자금 지원이 자신의 임상이나 연구에 영향을 미친다는 사실을 한사코 부정하지만, 데이터는 분명 영향을 미치고 있음을 가리키고 있다.

물론 스노든의 논문은 영향력이 컸지만, 사실 이것은 독립적인 동료 전문가들이 심사하는 제대로 된 학술지에 발표된 것도 아니었다. 그럼 제대로 된 학술지에 발표된 논문은 사정이 다를까? 활동 부족의 역할을 강조하던 스티븐 블레어, 피터 카츠마르지크, 제임스 힐의 논문은? 블레어가 패스트푸드와 설탕이 들어간 음료를 비만의 원인으로 지목할 만한 설득력 있는 증거가 사실상 없다고 말했던 것을 기억하는가? 나는 이해 충돌 여부를 확인하기 위해 이 저자들의 논문을 다시 살펴보았는데 2011년과 2012년에 나온 논문들은 신고할 만한 이해 충돌이 없다고 분명히 말하고 있었다.[58-60]

하지만 2015년에 당시 《뉴욕 타임스》에 있었던 아나하드 오코너Anahad O'Connor라는 기자가 이들을 비롯한 다른 과학자들을 고용하고 있는 대학에 정보 공개 요청서를 보냈다. 기자는 에너지 균형에 관한 아이디어를 홍보하는 일부 과학자들과 코카콜라 사이의 연관성을 의심한 캐나다의 의사 겸 학자 요니 프리드호프Yoni Freedhoff의 제보를 받았다.[61] 오코너는 이들 과학자 중에 주립대학에 재직 중인 사람이 있었기 때문에 주 정보공개법에 따라 이메일 공개를 요청할 수 있다는 사실을 깨달았다. 그리고 그에 대한 응답으로 3만 6,931페이지의 문서를 제공받았다. 그 안에는 과학자들과 코카콜라의 수석과학책임자 로나 애플바움Rhona Applebaum 사이에서 오갔던 이메일도 포함되어 있었다. 이 정보 공개와 막대한 양의 기사와 연구 덕분에 이제 우리는 코카콜라가 비만 및 운동 관련 담론에서 얼마나 깊은 영향력을 발휘하고 있는지 이해하게 됐다.

코카콜라는 블레어가 글로벌 에너지 균형 네트워크라는 비영리단체를 설립할 수 있게 도와주었다.[62] 이 단체는 가당 음료와 비만 사이에 특별한 상관관계가 존재한다는 것을 보여주는 설득력 있는 증거가 없다는 메시지를 홍보하고 있다.[63] 코카콜라 측은 내가 앞에서 블레어, 힐, 카츠마르지크가 발표했다고 했던 모든 논문에 자금을 지원했다.[64, 65] 심지어 코카콜라는 미국 스포츠의학회American College of Sports Medicine에서 운영하는 '운동이 약이다Exercise is Medicine'라는 전국 프로그램에도 자금을 지원했다. 스티븐 블레어는 미국 스포츠의학회의 부회장 및 회장을 역임했다.

2015년에 코카콜라는 자기네가 자금을 지원한 전문가와 프로젝트들의 목록을 투명하게 발표했지만, 이 목록은 사실 그리 투명하지 못한 것으로 밝혀졌다. 코카콜라에서 공개한 저자보다 공개하지 않은 저자가 네 배나 많았다.[66]

옥스퍼드대학교와 런던 위생열대의학대학원의 연구진은 코카콜라의 연구비 지원 정황을 지도로 작성했다. 이 지도에는 코카콜라에서 연구비를 지원한 461편의 논문과 거기에 관여한 거의 1,500명의 연구자(아마도 모두가 직접 연구비를 지원받은 사람은 아닐 것이다)가 포함되어 있다. 코카콜라의 연구비 지원을 받고 가장 많은 89편의 논문을 발표한 연구자는 스티븐 블레어다. 그의 연구소는 고수준 에너지 섭취에서 에너지 균형의 역할을 연구하기 위해 총 540만 달러의 연구비를 받았다.[67]

여기에는 두 가지 문제가 있다.

코카콜라에서 블레어, 힐, 카츠마르지크와 다른 연구자들에게 연구비 지원을 시작한 것은 2010년이었지만, 이들은 2011년과 2012년에 논문을 발표하면서 자신들에게는 아무런 이해 충돌도 없다고 말했다.[68] 건강 관련 연구를 위해 코카콜라로부터 연구비를 지원받는 것은 이해 충돌에 해당한다. 그리고 학술 문헌에서 이해 충돌을 공개하지 않는 것은 심각한 연구 부정행위로 간주되어야 한다는 주장이 제기되어왔다.[69, 70]

하지만 공개하는 것만으로 모든 문제가 해결되지는 않는다. 2013년부터 많은 논문이 코카콜라로부터 연구비를 지원받았다고 공개했지만, 그럼에도 회사의 영향력은 여전히 막강했다. 2009년에 조지아 주지사 소니 퍼듀Sonny Perdue는 5월을 '운동이 약이다'의 달로 지정하면서 '지역 단체인 코카콜라의 후원을 받는 만큼' 특별히 더 자부심을 느낀다고 했다.[71]

업계에서 연구비를 지원하는 경우에는 그 결과가 보통 연구비 지원자에게 유리하도록 편향되는 경향이 있다.[72-77] 그렇다고 모든 연구가 그렇지는 않겠지만 전체적으로는 이런 패턴이 아주 일관되게 나타난다. 이것은 제약 산업에서도 마찬가지다. 제약 산업은 규제 당국이 제품의 판매 방식에 대해 절대적인 권한을 갖고 있고, 모든 실험에서 모든 데이터포인트를 점검할 수 있는 규제가 심한 연구 환경에서 운영된다. 제약 산업과 비교하면 여기서 인용한 연구와 논문을 비롯해서 식품 회사 연구에 대한 규제는 사실상 없는 것이나 마찬가지다. 청량음료 제조업체들은 이런 느슨한 규제의 빈틈을 대단히 성공적으로 파고들었다. 코카콜라처럼 설탕을 첨가한 음료와 체중 사이의 관계에 대해 조사한 한 리뷰 논문에서는 업계에서 연구비를 지원받은 연구가 회사 측에 유리한 연구 결과를 내놓는 경우가 다섯 배나 더 많은 것으로 나왔다.[78]

코카콜라는 공중보건 기관이 아니다. 이들은 과잉 섭취했을 때 아동과 성인의 건강을 해칠 수 있는 음료를 공격적으로 파는 회사다(하지만 어느 정도 섭취해야 과잉에 해당하는지는 캔에도, 내가 찾을 수 있는 다른 어떤 곳에도 적혀 있지 않다). 그렇다고 코카콜라의 문을 닫게 만들고 싶다는 얘기는 아니다. 하지만 명망 있는 건강 관련 학술지에서 담배업계로부터 지원받은 연구를 싣지 말아야 하듯이 더 이상은 코카콜라의 지원을 받은 연구도 싣지 말아야 한다는 점에는 논란의 여지가 없어 보인다.[79, 80] 그들의 지원을 받은 연구는 무엇이든 무시해야 한다. 코카콜라도 공중보건 프로그램에 자금을 지원해서는 안 되며, 공중보건 정책에 대해서도 영향력을 행사하지 말아야 한다. 코카콜라와 보건 정책 입안자 사이의 관계는 적대적이어야 하지, 협력적이어서는 안 된다.

코카콜라로부터 지원받은 이 수백 편의 논문을 둘러싼 논란으로 문제가 해결되지 않았겠느냐고 생각할지도 모르겠다. 하지만 2021년 5월에 코카콜라는 라틴아메리카 영양 및 건강 연구 Latin American Nutrition and Health Study에 자금을 지원했다.[81] 그리고 이 연구 결과는 활동 부족이 체중 상태와 상관관계가 있는 것으로 나왔으며, 저자들은 자기에게 보고할 만한 이해 충돌이 없다고 주장했다.

어느 과학 영역이든 진실을 발견하는 것은 조각 맞추기 퍼즐을 조립하는 것과 비슷하다. 여기서 퍼즐 조각은 관찰, 논문, 데이터포인트다. 조각을 맞추다 보면 전체적인 그림, 즉 진실이 드러나면서 퍼즐 맞추기가 점점 쉬워진다.

비만의 경우 퍼즐을 완성하고 나면 활동 부족이 중요 인자가 아니며, 비만의 1차적인 원인은 초가공식품과 음료수임이 보일 것이다. 이것은 이런 제품의 판매에 그 존재 여부가 달려 있는 회사들에게는 실존적 위협이다.

코카콜라와 다른 초가공식품 회사들에게도 전략이 있다. 퍼즐의 일부처럼 보이지만 사실은 일부가 아닌 비슷한 조각 퍼즐을 만드는 것이다. 이 조각 맞추기 퍼즐 상자 안에는 수천 개의 가짜 퍼즐, 논문, 데이터포인트가 채워져 있다. 그래서 퍼즐 조립이 거의 불가능하다. 맞아떨어지지 않는 조각들이 너무 많아서 일일이 다 맞춰보기가 불가능하기 때문이다.

나처럼 당신도 활동을 많이 한다고 해서 칼로리를 더 섭취해도 되는 것이 아니라는 개념에 놀랐다면, 그것은 아마도 그와 반대되는 개념, 즉 잉여 칼로리를 운동으로 태워서 없앨 수 있다는 개념을 코카콜라 같은 회사가 과학 논문에서 '운동이 약이다'라는 정책에 이르기까지 온갖 방법을 동원해서 우리에게 홍보했기 때문일 것이다. 나는 의학 분야에서 학위를 받은 사람이다. 그런 나조차도 우리 몸과 에너지 요구량에 대해 이해하는 방식의 일부는 코카콜라라는 회사로부터 받아들인 것이었다. 시간은 좀 걸렸지만 나는 결국 그 사실을 인정해야 했다.

Chapter 9

식품 늪에 빠진 가난한 아이들

운동을 더 많이 하면 에너지 소비량을 의식적으로 변화시킬 수 있다고 생각하는 것처럼, 식품 섭취를 조절하는 내부 시스템을 의지력으로 이겨낼 수 있다는 개념 역시 거의 보편적으로 퍼져 있다. 이것은 대단히 널리 퍼져 있어서 수많은 오명을 만들어내고 있다. 무슨 이유인지 모르겠지만 적어도 의학계에서는 체중 증가와 관련해서 이런 개념이 만연해 있다. 암이나 심혈관질환 같은 다른 식생활 관련 질병이 있는 사람에 대해서는 절대 이런 말이 나오지 않는데 유독 비만에 대해서만 그렇다.

의지력을 발휘해서 체중 증가를 뒤집을 수 있다는 개념과 연결된 또 다른 혼란스러운 개념이 있다. 비만이 있는 사람을 두 범주로 나눌 수 있다는 개념이다. 이 개념에서는 생물학적 혹은 유전학적 질병 때문에 생긴 것이라 비난할 수 없는 비만이 있고, 스스로의 잘못된 선택으로 비만이 된 사람이 있다고 본다. 언론에서도 툭하면 이런 생각을 조장한다.• 그럼 과연 정말로 그런지 살펴보자.

비만은 어느 정도는 유전적이다. 비만을 안고 살아가는 사람은 거의 모두가 비만을 주도하는 유전자를 갖고 있다. 유전적 비만에는 크게 두 가지 종류가 있다. 단일 유전자에 일어난 희귀한 결함이 있는데, 이 경우에는 환경과 상관없이 체중 증가를 근본적으로 피할 수 없다.•• 비만을 안고 사는 대다수의 사람들은 BMI 수치가 낮은 사람과 비교했을 때 여러 가지 소소한 유전적 차이를 갖고 있다. 이런 차이는 대부분 뇌에 작용해서 섭식 행위에 영향을 미치는 유전자에서 나온다.

자일스 예오는 유전자가 먹는 속도와 식품의 선택 등 섭식 행위에 영향을 미친다고 말해줬다. 이것은 유니버시티칼리지 런던의 제인 워

• 딱 하나만 예를 들어보자. 2021년 2월에 《타임스》의 칼럼니스트 매슈 사이드Matthew Syed는 새로운 비만 약물에 관한 기사를 써서 이런 메시지와 함께 트위터에 올렸다. "여기서 나는 일부 비만인은 의지력으로 체중을 감량할 수 있다고 말하고 싶다. 운동을 늘리고, 먹는 것을 줄여서 말이다. 갑상선 질환이나 다른 질병이 있는 사람은 여기서 예외다. 이런 주장이 사람들에게 불쾌감을 자아냈다는 것이 내가 말하려는 요점을 잘 보여준다. 우리는 개인적 책임감의 붕괴를 목격하고 있는 것이다."1

•• 때로는 단일 돌연변이라는 것이 그 질병의 치료 가능성을 의미하기도 한다. 전 세계적으로 약 100가족이 렙틴(뇌는 주로 이 호르몬을 통해 몸에 있는 지방의 양을 감지하는 것으로 보인다)에 영향을 미치는 돌연변이를 갖고 있는 것으로 밝혀졌고, 이들은 보통 심각한 비만(BMI 40 이상)을 갖고 있다. MC4R 유전자의 돌연변이처럼 더 흔한 돌연변이도 있다. 그래서 세트멜라노타이드setmalanotide를 비롯한 새로운 약물이 개발되고 있다. 제약 회사에서는 매우 신중하게 접근하고 있다(혹은 다양한 규제 때문에 신중한 접근을 요구받고 있다). 이들은 심각한 비만이 있는 아동을 대상으로 실험을 시작해서 점점 더 많은 사람을 대상으로 실험을 진행할 것이다.

들Jane Wardle과 클레어 루엘린Clare Llewellyn의 연구로 밝혀졌다. 이들은 유전적 변이가 아동의 섭식 행위에 영향을 미치고 비만에 기여한다는 것을 보여주었다. 유전자가 섭식 행동에 영향을 미칠 수 있다는 사실은 혼란을 불러온다. 직관에 어긋나는 것처럼 보이기 때문이다. 우리는 먹는 행동을 의식적으로 선택할 수 있는 것처럼 느낀다. 그리고 음식을 더 많이 먹게 만드는 유전자를 갖고 있는 사람이라도 식품 섭취를 통제하지 못하는 경험을 하면 자신의 의지력 부족 때문이라 느낀다. 나 역시 비만의 유전적 위험 요소를 많이 갖고 있는 사람으로서 하는 말이다.

비만을 안고 사는 사람들은 거의 모두 유전적 위험 요소를 갖고 있지만 소위 '건강 체중'*으로 사는 사람들 중에도 비만 유전자가 있는 사람이 있다. 이 때문에 이 사람들이 자신의 유전자를 의지력으로 이겨내는 것이라 생각할 수도 있다. 하지만 그것은 사실이 아니다. 동일한 유전자를 갖고 있으면서도 체중이 다른 사람들의 자이는 의지의 차이가 아니라 환경의 차이다. 이것 역시 내가 개인적 경험을 통해 알게 된 내용이다.

잰드와 나는 일란성 쌍둥이이고 잰드가 형이다. 나보다 나이가 '7분' 많다. 체중은 나보다 20킬로그램이나 많이 나간다. 영국에서 연구되었던 쌍둥이 형제 중에서는 가장 큰 체중 차이다.

● '건강 체중'은 18.5에서 24.9 사이의 BMI에 해당한다. 그리고 '과체중'은 25에서 29.9 사이, '비만'은 30 이상을 말한다. 이런 분류 체계는 많은 문제를 안고 있다. 하나의 측정치만 가지고 사람을 건강하다, 건강하지 않다고 나누는 것은 터무니없는 일이다. 그런데도 과학에서는 이런 식으로 논의를 진행하고 있다. 그러니 여기서 이런 서투른 분류를 사용하는 것을 양해해주기 바란다.

우리는 동일한 유전암호를 공유하고 있다.• 같은 유전자를 갖고 있다는 의미다. 그리고 자일스 예오와 검사를 해보았기 때문에 우리 두 사람 모두 비만의 중요한 유전적 위험 인자를 많이 갖고 있음을 알고 있다. 당신이 음식에 집착하는 사람이라면 아마도 체중과 상관없이 이런 유전자들을 갖고 있을 것이다.

잰드는 미국으로 이사 가고 난 후에 체중이 불었다. 그는 미국의 대학교에서 석사학위를 따기 위해 장학금을 받았다. 그즈음 잰드는 잘 알지도 못하는 사람과 계획에도 없던 아이를 갖게 된 상황이었다. 지금은 더할 나위 없이 행복한 상황이지만(잰드의 아들 줄리언Julian, 그 아이의 엄마 테머라Tamara, 그녀의 남편 켄Ken, 그리고 두 사람의 아들 해리슨Harrison은 사랑 넘치는 가족을 이루고 있다) 당시에는 스트레스가 심했다. 잰드는 보스턴에서 식품 늪food swamp에 빠져 살았다.

식품 사막food desert이란 말은 들어봤을 것이다. 식료품 가게에서 신선식품과 건강에 좋은 식품은 팔지 않고 초가공식품만 구입할 수 있는 곳을 뜻한다. 미국 농무부에 따르면 미국에는 6,500곳의 식품 사막이 존재한다. 이런 곳은 가난이 만연하고 소수인종 인구 비율이 높은 지역에서 발견된다.² 영국의 경우 대중교통으로 집에서 15분 거리 안에 식재료를 파는 가게가 없는 지역에 사는 사람이 300만 명이 넘는다.³ 요리를 해 먹기는커녕 진짜 제대로 된 음식을 구하기도 어렵다는 의미다.

● 어떤 면에서 보면 우리는 몸도 공유하고 있다. 사람들은 우리가 같은 사람이라고 생각한다. 친자 검사를 해보면 내 아이들이 형의 아이로, 형의 아이는 내 아이로 나올지도 모른다.

어쨌거나 젠드가 살게 된 식품 늪은 식품 사막과 비슷했다. 신선식품을 구할 수는 있지만 그런 식품들은 초가공식품을 파는 패스트푸드 매장의 늪 속에 잠겨 있었다. 초가공식품에 관한 BBC1 다큐멘터리를 촬영하면서 나는 레스터^{Leicester}(영국 중부의 도시—옮긴이)로 가서 자신의 식품 환경을 이해하고 있는 10대 집단을 만났다. 이들은 식품 늪이 정확히 어떤 식으로 작동하는지 보여주었다.

아이들이 나를 클록 타워$^{Clock\ Tower}$로 데리고 갔다. 이곳은 젊은이들이 찾아와 시간을 보내는 중심 랜드마크다. 그들이 바로 근처에 있는 가게들을 가리켰다. 맥도날드, 파이브가이즈, 버거킹, KFC, 그레그스^{Greggs}(영국의 제빵 체인점—옮긴이), 팀홀튼$^{Tim\ Hortons}$(캐나다의 커피 체인점—옮긴이), 타코 벨, 또 다른 그레그스, 피자헛, 닭고기 가게 하나, 코스타^{Costa} 커피숍, 어섬칩스$^{Awesome\ Chips}$(감자칩 전문점—옮긴이), 그리고 써브웨이 바로 옆 눈에 잘 안 띄는 그레그스가 하나 더 있었다. 맥도날드는 클록 타워 바로 발치에 있는 제일 목이 좋은 곳을 차지하고 있었다.

레스터는 식품 늪이다. 초가공식품은 어디에나 널려 있지만, 지리적으로나 경제적으로 진짜 식품에 접근하기는 어렵다. 가난과 패스트푸드 매장 사이에는 명확한 상관관계가 존재한다. 경제적으로 제일 소외된 지역은 가장 덜 소외된 지역보다 패스트푸드 매장이 거의 두 배나 많다. 잉글랜드 북서부의 한 경제적 소외 지역에서는 인구 10만 명당 230개의 패스트푸드 매장이 있는 반면, 잉글랜드 전체의 평균 수치는 인구 10만 명당 96개다.[4]

식품 늪은 단지 식당의 밀도만 높은 것이 아니다. 이곳은 광고에 완전히 매몰된 곳이기도 하다. 10대 아이들이 버스표를 보여주었다. 이

버스표는 맥도날드 할인권 역할도 한다. 이들의 소셜미디어에는 패스트푸드 브랜드의 광고들이 빼곡하게 차 있고, 이들이 즐기는 게임도 마찬가지다. 이 아이들은 음악 앱인 스포티파이의 프리미엄 서비스를 이용하지 않기 때문에 노래 중간중간에 광고가 들어간다. 대부분은 패스트푸드 체인점 광고다. 10대들이 소비하는 매체는 모두 패스트푸드 산업에서 후원하는 것들이다. 이 아이들은 광고의 홍수에 빠져 있고, 이런 광고들이 효과가 있음을 우리는 알고 있다.

규제 완화를 촉구하는 이들은 광고가 과도한 음식 섭취를 조장하지 않는다고 주장한다. 이들은 아이들이 이미 햄버거를 사 먹고 있으며 광고는 그저 사 먹는 햄버거의 종류에만 영향을 미친다고 주장한다. 틀린 주장이다. 이것이 틀렸음을 입증하는 데이터는 많다.

네덜란드의 한 연구진은 '애드버게임advergame'을 하는 아동을 연구했다. 애드버게임은 온전히 소비를 증가시키는 것을 목적으로 만들어진 새로운 광고 기법이다.[5] 그중 하나가 KFC에서 나온 '스낵! 인 더 페이스Snack! In the Face'다. 이 게임은 호주 10대들 사이에서 KFC 스낵 판매량이 줄어드는 문제를 해결하고 브랜드 인지도를 끌어올릴 목적으로 개발됐다.

이 게임은 애플과 구글 앱스토어에서 모두 1위를 차지했다. 귀에 쏙쏙 들어오는 테마곡이 흘러나오는 가운데 안짱다리를 한 KFC의 창립자 커널 샌더스Colonel Sanders의 입속으로 치킨 블롭chicken blob을 쏘는 게임이다. 커널 샌더스에게 치킨을 충분히 많이 먹이면 진짜 치킨 블롭으로 바꿔 먹을 수 있는 교환권을 받는다. 당신도 예상하겠지만 네덜란드 연구진은 이런 게임이 아이들이 더 많은 치킨을 먹게 만든다는 것을 보여주었다. 더군다나 초가공식품을 홍보하는 애드버게임을 하고 난 후에 아이들은 영양이 빈약한 음식은 더 많이 먹고, 과일과 채소는 덜 먹었다.[6] 심지어 게임에서 과일을 광고해도 아이들은 초가공식품을 더 많이 먹는다. 단순히 먹는 행위만 떠올려주어도 아이들은 가능한 상황에서는 더 많은 정크푸드를 먹는다.[7]

예일대학교의 한 연구에서는 초등학생들에게 식품 광고가 든 만화와 다른 제품 광고가 들어간 만화를 보여주면서 그동안 먹을 간식을 함께 주었다. 그 결과 식품 광고에 노출된 아이들이 45퍼센트를 더 먹었다.[8]

어쩌면 식품 광고, 특히 정크푸드 광고가 아이들로 하여금 더 많이 먹게 만든다는 것을 보여주는 가장 결정적인 증거는 에마 보일랜드Emma Boyland의 논문인지도 모르겠다. 보일랜드는 식품 마케팅 및 아동건강학 교수다. 보일랜드는 세계보건기구WHO의 의뢰를 받아 아동 대상 식품 마케팅을 제한하는 업데이트된 권고안을 개발하는 데 필요한 정보를 제공하기 위해 종합적인 검토를 진행했다. 그녀는 서로 다른 80편의 연구에 참가한 2만 명에 가까운 참가자들의 데이터를 살펴본 후에 식품 마케팅이 아동의 식품 선택, 식품 섭취, 식품 구입 요구를 크게 증가시킨다는 것을 의심의 여지 없이 입증해 보였다.[9]

내가 레스터에서 만나본 10대들 같은 젊은이를 대상으로 하는 광고 제품은 초가공식품밖에 없다. 그 이유는 간단하다. 초가공식품은 전매권이 있기 때문에 제조사가 막대한 수익을 올릴 수 있다. 사람들은 킷캣KitKat(네슬레의 초콜릿 브랜드—옮긴이)을 구입할 때 제품 생산 원가보다 훨씬 많은 돈을 지불한다. 킷캣은 다른 누구도 만들 수 없다.

그 레시피와 상표, 그리고 킷캣 고유의 바코드를 만들어내는 모든 것이 네슬레의 소유이기 때문이다.

그와는 대조적으로 소고기, 우유, 고추를 파는 경우, 특히 고급 제품을 생산하는 경우 막대한 생산 비용이 든다. 하지만 우리는 시장에 나와 있는 서로 다른 유형의 제품들을 거의 동일한 것으로 취급한다. 물론 고추는 유기농인지 따지고, 소고기는 풀을 먹인 소인지 따져서 구입한다고 말하는 사람들도 있다. 실제로 사람들은 슈퍼마켓에 들어가면서 그런 부분들을 따진다고 말한다. 하지만 연구자들이 그 소비자들이 슈퍼마켓에서 나올 때 장바구니에 담긴 제품들을 살펴보니 대개는 각각의 항목에서 제일 저렴한 것을 들고나왔다.

사정이 그렇다 보니 NOVA 시스템에서 1, 2, 3그룹에 해당하는 식품으로는 많은 돈을 벌어들이기가 힘들다. 특히 소규모 판매에서는 더욱 그렇다. 카길^{Cargill} 같은 대형 식품 회사가 소고기로 돈을 벌 수 있는 것은 대기업이기 때문이지만, 그래도 여전히 초가공식품 제조업체에 판매하는 소고기 매출에 크게 의존하고 있다. 훌륭한 우유나 소고기를 만들어보겠다고 나서는 스타트업도 없다. 이 분야는 성장의 여지가 거의 없다. 성장은 오롯이 초가공식품의 몫이다. 그리고 그 성장 중 상당 부분은 광고에서 나온다.

레스터에서 나는 패스트푸드 산업이 우리의 삶, 특히 아동의 삶에 얼마나 큰 영향을 미치는지 확인할 수 있었다. 맥도날드는 사실상 지역사회의 허브 역할을 하는 장소로 자리 잡았다. 한 10대 청소년은 이렇게 말했다. "모여서 어울릴 곳이 거기밖에 없어요. 청소년 클럽$^{youth\ club}$(영국에서 젊은이들이 만나 다양한 활동을 하는 클럽―옮긴이)이 모두 문을 닫았으니까요. 그러니 어디를 갈 수 있겠어요?"

크리스티나 아데인Christina Adane은 런던 남부에서 자란 젊은 식품 활동가다. 어린 시절에 학교 무료 급식 혜택을 받았던 그녀는 2020년에 진행됐던 여름방학 학교 무료 급식 시행을 위한 영국 청원의 배후 인물이다. 축구 선수 마커스 래시퍼드Marcus Rashford도 이 청원을 지지했다. 우리는 그녀가 자란 곳 근처의 한 공원에서 비 오는 날에 만났다. 그녀는 단순히 식품이 아니라 건강한 식품에 접근할 수 있도록 아이들을 보호해야 할 정부의 책임에 대한 자신의 견해를 열정적으로 설명했다. 공원 건너편 길가를 온통 치킨 가게가 도배하고 있는 우리 주변의 식품 환경을 지적하며 그녀는 이렇게 말했다. "저는 어떤 아동도 식품 사막에 살지 않았으면 좋겠어요. 어린아이들은 건강한 식품이 기본 옵션이자, 저렴하고 쉽게 접근할 수 있는 매력적인 식품으로 자리 잡은 환경에서 자랄 권리가 있어요."

레스터에서 만나본 10대 청소년들처럼 아데인도 식품업계가 자신과 자신의 친구들에게 얼마나 막대한 영향을 휘두르고 있는지 날카롭게 인식하고 있었다. "정크푸드 회사들이 젊은이들의 문화 속으로 얼마나 성공적으로 침투해 들어왔는지를 보면 정말 무서워요. 어딜 가도 있어요. 유명 연예인들이 치킨 가게 데이트를 열어서 새로 나온 앨범을 홍보하고, 새로 뜨는 젊은 예술가들을 축하하는 행사에서는 어김없이 에너지 음료 광고가 나와요." 내가 방과 후에 시간을 보낼 수 있는 곳이 어디냐고 물었더니 레스터에서와 똑같은 대답이 돌아왔다. 패스트푸드 회사들은 학생들이 방과 후에 어울릴 수 있는 안전한 장소가 없다는 사실을 이용해 이익을 취하고 있다.

아데인이 말했다. "패스트푸드 회사들이 우리의 친구가 아니라는 사실을 많은 사람이 깨닫지 못하고 있어요. 우리는 만 11세 아동 세 명 중 한 명이 식생활 관련 질병의 위험에 놓여 있는 세상에 살고 있어요. 무려 세 명 중 한 명이에요. 이런 회사들을 친근하거나 섹시한 존재로 여겨서는 안 돼요."

아데인과 레스터의 10대들 덕분에 그들이 결국 무엇을 구입해서 먹을지에 영향을 미치는 신체적, 경제적, 정치적, 사회적, 문화적 맥락, 즉 그들의 '식품 환경food environment'에 대한 그림을 그려볼 수 있었다. 여기에는 모든 광고 행위도 포함된다. 우리가 무엇을 먹을지 결정하는 식품 환경의 힘은 의식적 선택보다 훨씬 더 강력하다.

잰드와 나는 비만 유전자가 동일하다. 하지만 잰드는 영국에 살 때보다 미국에서 초가공식품에 훨씬 더 매몰되어 살았다. 그리고 고향에서 멀리 떨어져 커다란 삶의 변화를 겪으며 스트레스도 많이 받았다. 스트레스, 특히 가난에 따르는 만성 스트레스는 그 기원이 무엇이든 간에 식욕 조절 호르몬에 극적인 영향을 미쳐 식욕을 키운다. 정확한 메커니즘은 불분명하지만 스트레스를 받을 때는 코르티솔이라는 호르몬이 더 많이 분비된다. 이것이 에너지 섭취 조절 시스템에 관여하는 여러 호르몬에 영향을 미쳐 칼로리 밀도가 높은 초가공식품의 섭취량을 증가시키는 것으로 보인다. 코르티솔이 장기 주변에 지방 축적을 일으킬 수도 있다. 이것을 내장지방이라고 하며 이는 건강 악화와 관련이 있다. 저소득 환경에서의 만성적인 스트레스가 극단적인 마케팅 및 손쉽게 초가공식품을 구할 수 있는 환경과 결합되면 이중으로 위험이 높아진다.[10, 11]

잰드와 나 사이의 20킬로그램 체중 차이는 내가 의지력이 강해서 생긴 것이 아니다. 우리 중 누구라도 식품 늪에 던져놓고 스트레스를 주면 살이 찔 것이다. 하지만 의지력 차이라는 개념이 너무 광범위하게 퍼져 있는 바람에 규제나 식품 가격 책정 등 가능한 해법이 우리 눈에 들어오지 않고 있다. 잰드는 이렇게 초가공식품이 넘쳐나는 새로운 환경에서 자신의 유전자를 탓하려는 마음이 없었다. 오히려 그는 매일 자신이 실패자가 된 것처럼 느꼈다. 내가 걱정이 돼서 잔소리를 시작하자 더욱 그랬다. 그는 비만을 안고 사는 많은 사람들이 하는 얘기를 했다. 감정 때문에, 자신이 처한 상황에서 오는 스트레스 때문에 먹게 된다고 말이다. 이것은 표면적으로는 사실이다. 하지만 일부 사람이 감정적인 문제를 음식으로 푸는 것 역시 유전 때문에 생기는 문제다.

클레어 루엘린은 동일한 유전자라도 서로 다른 환경에서 아주 다르게 행동한다는 놀라운 발견을 했다. 이것은 잰드와 나의 이런 차이를 설명하는 데 도움이 된다. 그녀는 쌍둥이를 대상으로 비만의 유전성을 연구하고 있으며, 역대 최대 규모의 쌍둥이 연구 중 하나인 제미니 쌍둥이 연구Gemini twin study를 이끌고 있다.

선천성과 후천성이 비만, 그리고 다른 광범위한 인간의 특성에 미치는 다양한 영향에 대해 밝혀진 내용들은 대부분 이와 유사한 쌍둥이 연구를 통해 밝혀졌다.● 이런 연구들을 통해 체지방률의 유전성이 최고 90퍼센트 정도로 높게 나왔다.[12] 하지만 연구 집단에 따라서는 유전성이 30퍼센트 정도로 낮게 나오기도 한다. 무슨 일일까?

925쌍의 쌍둥이를 대상으로 진행한 2018년 실험에서 루엘린은 유전성이 식품 환경에 좌우된다는 것을 입증했다.[13] 그녀와 동료들은 소득과 식품 수급이 안정적인 가정에서는 체중의 유전성이 40퍼센트 정도라는 것을 발견했다. 하지만 소득이 가장 낮고 식품 수급이 제일 불안정한 가정에서는 그 수치가 80퍼센트 정도로 껑충 뛰었다. 고소득 가정과 저소득 가정에서 똑같이 비만을 일으키는 유전자가 발견됐지만 고소득 가정은 비만으로부터 보호해주는 역할을 했다. 저소득 가정에 태어나는 것이 비만의 위험을 두 배로 높일 수 있는 것이다. 따라서 빈곤, 특히 아동 빈곤을 완화하면(더 적절한 표현으로는 '치료'하면) 다른 조치 없이도 비만의 위험을 절반으로 낮출 수 있다.

저소득 가구가 초가공식품을 먹는 경향이 더 높다는 사실은 잘 알려져 있다. 여기에는 그럴 만한 이유가 있다. 우선 초가공식품은 싸고, 빠르게 준비할 수 있다. 아이들이 일반적으로 손쉽게 먹을 수 있고, 보관 기간도 길다. 또한 형편에 맞춰 구할 수 있는 식품이 초가공식품밖에 없는 경우도 흔하다. 영국에서는 약 100만 명 정도가 냉장고 없이 살고, 거의 200만 명은 조리 기구가 없으며, 거의 300만 명은 냉동고가 없다. 요즘에는 에너지 요금이 너무 비싸서 가전제품을 갖춘 사람

- 이런 연구가 효과적인 이유는 쌍둥이에는 젠드와 나 같은 일란성 쌍둥이와 이란성 쌍둥이, 이렇게 두 가지 유형이 있기 때문이다. 일란성 쌍둥이는 서로가 서로의 유전학적 클론이라서 유전물질을 100퍼센트 공유한다. 이란성 쌍둥이는 일반적인 형제처럼 유전물질을 절반만 공유한다. 일란성 쌍둥이와 이란성 쌍둥이는 대략 비슷한 환경에서 살기 때문에 어떤 특성에 유전자가 얼마나 영향을 미치는지 파악하는 것이 가능하다. 일란성 쌍둥이는 눈 색깔이나 혈액형같이 100퍼센트 유전성인 특성을 모두 공유하지만 이란성 쌍둥이는 일부만 공유한다. 반면 오른팔을 부러뜨린 적이 있는지 여부같이 환경에 의해 좌우되는 특성은 일란성 쌍둥이와 이란성 쌍둥이 모두에서 동일한 빈도로 일어난다. 이런 식으로 쌍둥이 연구를 이용하면 특정 특성이 유전된 것인지 여부를 파악할 수 있다.

이라도 사용할 형편이 못 된다. 이런 상황에서는 초가공식품 말고는 대안이 없다. 그래서 나처럼 체중 증가의 유전적 위험 요인을 갖고 있는 사람에게서는 비만 유전자가 활개를 칠 수밖에 없다.[14-16] 루엘린의 연구 결과 덕분에 빈곤이 비만의 더 직접적인 원인임이 알려지게 됐다.

= 의지력을 믿어서는 안 되는 이유 =

내 식생활 실험이 절반 정도 지났을 즈음에 나는 레이철 배터햄과 점심을 먹으러 갔다. 표면적으로는 보조금 신청 성공을 축하하는 자리였다. 나는 레이철에게 어디 가서 식사를 하면 좋겠느냐고 다그쳐 물었지만 그녀는 어디서 먹든 신경 쓰지 않는 것이 분명해 보였다. 음식에 대해 얼마나 생각하는지가 유전자에 좌우된다는 것은 알고 있지만, 음식에 무관심한 사람을 보면 여전히 이해하기 어렵다. 나는 아침 식사를 하면서 저녁에는 뭘 먹을까 계획을 세우는 사람이다. 결혼식에 가면 온통 카나페 생각뿐이다. 내 휴가 일정표를 보면 들러야 할 식당과 시장의 목록밖에 없다.

나는 밤잠을 설쳐서 피로를 느끼고 있었다. 리라가 악몽을 꾸는 바람에 나도 잠에서 깼는데 다시 잠자리에 들 수가 없었다. 그래서 레이철에게 그녀가 나와 그녀의 부모님보다 더 날씬한 이유가 식욕을 의지로 이길 수 있기 때문이라고 생각하는지 물어보는 내 목소리에 퉁명스러움이 묻어났을지도 모르겠다. 그녀는 그런 개념을 한 치의 망

설임도 없이 일축했다. "내 환자 중에는 지금 당신 무게만큼의 체중을 여러 번 감량했던 사람도 있어요." 그녀의 말대로 그렇게 체중을 감량하려면 믿기 어려울 정도의 의지력이 필요하다. 그리고 매번 시도할 때마다 점점 더 강한 의지력이 필요했을 것이다. 그런데 그런 사람도 결국 체중이 다시 증가했다. 그렇다 해도 레이철은 의지력이 훨씬 강한 것이 아닐까? 어쨌거나 그녀는 큰 성공을 거뒀으니까.

레이철은 마찬가지로 부정하며 이렇게 설명했다. "나는 비스킷을 먹지 않으려고 의지력을 발휘하지 않아요. 먹으면 맛있겠다고 상상은 할 수 있겠지만 기본적으로 먹고 싶은 생각이 안 들어요." 그녀가 무심하게 점심 메뉴를 골랐다. "억지로 비스킷을 먹어야 하는 상황이 오면 기분이 나빠질 거예요. 나는 먹는 것에 욕심이 없어요. 그건 그냥 유전적으로 타고난 거예요."

나는 그녀의 말을 듣는 둥 마는 둥 하면서 내가 그녀에게 음식을 남기지 말고 싹 다 비우라고 잔소리할 만큼 친한 사이인가 궁금해졌다. 나는 유전적 구성이 그녀와 다르다. 구석기 시대에 우리 반 툴레켄 가문이 어떻게 살아남을 수 있었는지는 뻔하다. 하지만 먹을 것에 심드렁해서 매머드 고기도 사양하는 배터햄 가문은 어떻게 살아남았을까? 수백 가지 서로 다른 유전자의 영향을 받는 섭식 같은 복잡한 행위에서 특정 집합의 유전자가 역사적으로 어떤 이점이 있었을지 이해하기가 쉽지는 않다. 특정 행동에 이점이 있을지 여부가 맥락에 크게 좌우된다는 것은 분명하다. 그런 맥락에는 주변 사람들의 유전적 구성도 포함된다. 만약 주변 사람들 모두 먹을 것을 수렵하고 채집하는 데만 집착하는 공동체에서 살고 있었다면, 공동체의 입장에서는 먹는 것 말고 다른 일을 추구하는 사람이 음식에 너무 집착하는 사람보다 더 유용한 존재가 아니었을까.

어쩌면 레이철은 미국으로 이사해서 초가공식품 80퍼센트 식단으로 바꾸어도 체중이 늘지 않을 사람인지도 모른다(초가공식품의 여러 가지 해로운 영향에는 취약해지겠지만). 하루에 담배를 20개비씩 60년을 피워도 암에 걸리지 않는 사람이 있는 것처럼 말이다. 레이철은 먹을 것에 욕심이 나지 않는 사람이지만, 나는 그녀와는 다른 방향의 경험을 가진 비만 전문가와 얘기해보고 싶은 생각이 들었다. 그래서 내 친구 샤론 뉴슨Sharon Newson을 찾았다.

샤론은 다큐멘터리를 찍다가 만났다. 당시 샤론의 체중은 149킬로그램이었다. 그래서 나는 그녀에게 체중 감량에 관한 조언을 했는데, 그때 내가 조언했던 내용을 지금 생각하면 참 부끄럽다. 우리가 우정을 쌓아가는 동안 샤론은 다행히도 도움이 안 되는 나의 조언과 팁들을 무시하고 개인 트레이너로 일하며 자격증을 모으기 시작했다. 그러다 말도 없이 스포츠과학 박사과정에 입학했다. 그녀는 자기 주변에 비만 전문가 네트워크를 구축했고, 체중과 인간적 변화에 관한 조언자로 내가 가장 신뢰할 수 있는 사람이 됐다. 이런 전문성을 갖추었음에도 샤론은 여전히 체중 증가가 자신의 잘못이 아니라는 사실을 받아들이기 힘들어한다. 유전적, 환경적 취약성에 대해 그녀도 머리로는 잘 이해하고 있다. 하지만 잰드처럼 그녀도 자책감에 시달리고 있다. "내가 게을러서, 내가 잘못해서 벌어진 일이라는 생각이 들어요. 언론에서 매일 하는 얘기도 그런 식이죠. 내가 감정에 휩쓸려서 먹는 것처럼 느껴지거든요."

잰드와 샤론처럼 많은 사람이 감정을 음식으로 해소한다는 것은 표면적으로는 맞는 얘기일지 모르지만 그 행동은 '섭식 행동'에 해당한다. 그리고 그 행동이 유전성이라는 것이 루엘린 등의 연구자에 의해 밝혀졌다. 하지만 머리로는 그 사실을 알고 있다고 해도 샤론이 말하는 "수십 년에 걸쳐 내재화된 낙인과 비난"을 변화시키는 데는 도움이 되지 않는다. 사회 전체가 과체중으로 살아가는 사람을 계속해서 판단하고 비난하고 있기 때문에 그런 태도가 자연히 스며든다. "마치 내 머릿속에 신문 칼럼니스트가 살고 있는 것 같아요."

수년에 걸쳐 샤론은 과체중으로 사는 사람들, 특히 내 형제 잰드의 경험에 대한 나의 사고방식을 바꾸어놓았다. 나는 샤론에게 그랬던 것처럼 잰드에게도 수십 년 동안 체중을 가지고 잔소리를 하면서 그의 수치심, 스트레스, 좌절의 주기에 기여해 오히려 살이 더 찌게 만들었다. 내가 그에 대해 비판적인 것을 잰드도 항상 알고 있었다. 잰드는 이렇게 말했다. "지구 반대편에서 햄버거를 먹고 있을 때도 나는 항상 너의 비판적인 시선이 느껴져. 그럼 화가 나서 더 먹게 되지."

살이 찌는 것은 잰드였지만, 나는 그 살이 내 살처럼 여겨졌다. 10년 동안 나는 그의 체중이 마치 내 문제인 것처럼 느꼈다. 나는 그가 부끄러웠지만 그 부끄러움을 그에 대한 걱정인 것처럼 포장하는 법을 배웠다. 하지만 진짜 걱정이 된 것도 사실이었다. 그는 나보다 코로나바이러스를 훨씬 심하게 앓았다. 아마도 체중 때문이었을 것이다. 그것 때문에 심장에 손상이 와서 수술이 필요한 지경까지 이르렀다.

결국 강제로라도 살을 빼게 하려고 나는 잰드에게 일종의 치료로 행동 변화 전문가 알래스데어 캔트$^{Alasdair\ Cant}$를 만나보라고 했다. 알래스데어는 사회복지사와 경찰들이 취약 가정을 도울 수 있게 훈련시키는 일을 한다. 취약 가정 중에는 폭력과 약물 남용 때문에 아이들을 위탁가정에 보내야 할 위험에 빠진 가정이 많다. 알래스데어는 나하고 먼저 얘기하고 싶어 했다. 나는 잰드의 체중을 감량해주고 싶다는 것과 그 이유에 대해 빠짐없이 설명했다. 알래스데어는 이렇게 대답했다. "당신이 잰드에게 원하는 부분이 무엇인지 말하기 시작한 순간 잰드가 원하는 것은 과연 무엇일지 궁금해졌습니다."

알래스데어는 먼저 잰드에게 그가 원하는 것이 무엇인지 물어보고 나서 그의 문제를 해결해보자고 제안했다. 그러자 오랜 시간에 걸쳐 수치심과 낙인에 관해 말했던 샤론의 얘기가 곧 내 얘기였다는 것을 알게 됐다. 알고 보니 잰드가 아니라 내가 문제였다. 사람들에게 살을 빼라고 잔소리를 하면서 온라인에서 사람들이, 병원에서 의사들이, 그리고 칼럼니스트와 정부가 하고 있는 일을 내가 잰드에게 하고 있었던 것이다.

알래스데어와의 대화는 약 20분 만에 끝났다. 나는 잰드를 들볶는 일을 멈추었고, 당연히 상황은 훨씬 좋아졌다. 하지만 나는 1년 후에 그에게 구체적으로 물어보기 전까지는 얼마나 좋아졌는지 제대로 느끼지 못하고 있었다. 그가 이렇게 말했다. "이제는 너를 만나는 게 무섭지 않더라." 우리의 관계는 모든 측면에서 훨씬 좋아졌다. "네가 들볶지만 않는 것이 아니라 더 이상 신경 쓰지 않는다는 것을 알게 됐지. 그러니까 내 문제를 내가 통제하게 되더라고."

사실이었다. 내가 그냥 들볶는 잔소리만 멈춘 것은 아니었다. 알래스데어는 내가 예전처럼 잰드에 대해 몸매나 체중 같은 측면에서 생각하지 말아야 한다고 조언했다. 잰드는 이렇게 말했다. "마침내 잘 먹고 건강해지자고 마음먹었지만 너한테 져서 설득당했기 때문이 아니었어. 그저 내가 내 삶을 살게 된 거지."

사람들의 체중이 차이가 있는 것은 의지력의 문제가 아니다. 그저 유전자와 식품 환경이 가하는 제약이 충돌해서 생긴 결과일 뿐이다. 의지력을 실험해본 가장 유명한 연구가 이 점을 정확히 보여준다.

마시멜로 실험으로 잘 알려진 이 실험은 1970년대에 스탠퍼드대학교의 월터 미셸Walter Mischel이 고안한 것이다. 개념은 아주 간단했다. 아이를 마시멜로가 있는 방에 15분 동안 혼자 남겨두고 그동안 마시멜로를 먹지 않고 참으면 돌아와서 하나를 더 주겠다고 약속한 것이다. 아이에게는 지금 당장 마시멜로를 먹거나, 아니면 만족을 지연해서 두 배로 보상을 받는 두 가지 선택지가 있었다. 미셸이 그 후로 20년 동안 실험 참가자 90명을 추적해보았더니 만족 지연에 성공했던 아이들이 BMI가 낮고, 교육 수준도 더 높게 나왔다.[17, 18]

여기서 끝이 아니다. 그 후로 다양한 배경을 가진 918명의 아동을 대상으로 규모를 키워서 이 실험을 반복해보았다.[19] 그 결과 새로운 분석에 따르면 아이가 만족 지연을 할 수 있는지 여부를 가르는 가장 큰 예측 변수는 사회경제적 배경이었다. 빈곤한 가족 출신의 아동이 즉각적인 보상을 선택할 가능성이 더 높았던 것이다.

아이의 관점에서 보면 말이 된다. 가난한 환경에서 살면 모든 게 불확실하다. 따라서 다시 올지 안 올지 모를 미래의 보상을 기다리느니 차라리 기회가 생겼을 때 바로 움켜쥐는 것이 더 나은 전략일 수밖에 없다. 과학자들이 학위가 없는 어머니의 자녀들끼리 비교해보았더니 아이가 마시멜로 먹는 것을 뒤로 미루었는지 여부는 인생의 결과에 아무런 영향도 없었다. 아이의 장기적 성공을 결정하는 요소는 마시멜로의 유혹을 참았는지 여부가 아니라 그 아이의 사회적, 경제적 배경이었다. 따라서 마시멜로 검사는 그저 가난 검사에 불과했다.•

우리의 정체성 중 상당 부분은 우리를 둘러싼 세상의 구조에 의해 결정된다. 산소나 수분의 장기적인 섭취를 의지력으로 좌우할 수 없듯이, 5억 년 동안 이어진 섭식 2단계를 통해 만들어진 체중 조절 시스템도 의지력으로 좌우할 수 없다. 하지만 초가공식품의 저주에서 벗어날 수 있는 치료 방법이 존재할지도 모른다. 그것을 중독성 물질로 생각하는 것이다.

• 심리 연구가 종종 그렇듯이 여기서도 이 실험이 가난 검증이라는 결론은 확고부동한 것이 아니다. 미셸의 마시멜로 검사를 다시 검토했다고 했던 그 연구[20] 자체를 또 다른 논문에서 재검토한 바 있다.[21] 이 연구에서는 앞선 연구에서 사용한 일부 방식에 의문을 제기하고 있다. 내가 폭넓은 증거들을 검토해본 바로는 아동의 삶에서 어느 한순간에 진행한 간단한 검사의 결과로 개인의 인생에 대해 예측하는 것은 위험 요소가 너무 많기 때문에 결론을 내리기 위해서는 특별한 증거가 필요하다. 가난이 의사결정을 합리적인 방식으로 변화시킨다는 증거가 많이 나와 있다. 예를 들어 극단적으로 가난한 상황에서는 약속했던 음식을 얻지 못하는 경우가 많다는 것을 어렵지 않게 상상할 수 있다. 미셸 자신도 의지력이 선천적으로 타고나는 속성이라는 개념을 반박하기 위해 노력했었고, 아버지가 없는 아동은 즉각적인 보상을 선택하는 경향이 있음을 보여주었다. 이것 역시 합리적인 행동이라 볼 수 있다. 그리고 미셸 자신이 공저자로 직접 참여했던 2020년의 후속 연구에서는 마시멜로의 유혹에 빨리 넘어간 아동들이 유혹을 견딘 또래 아이들에 비해 일반적으로 경제적 안정성, 교육 수준, 육체적 건강이 좋지 못한 것으로 나왔다. 따라서 당신의 자녀를 방 안에 혼자 두었을 때 과자를 먹어치웠다고 해서 식은땀을 흘릴 필요는 없다. 하지만 과자는 꼭 숨겨두자.[22-27]

Chapter 10

|||||||||||||||||||||||||||||||||

어떤 음식은
당신의 뇌를 해킹한다

식생활 실험 2주차가 끝날 무렵 나는 여전히 모리슨스 올데이 브렉퍼스트Morrisons All Day Breakfast 같은 제품을 즐기고 있었다. 전형적인 냉동식품인 이것은 필름으로 덮은 세 칸짜리 플라스틱 트레이에 768칼로리의 베이크드 빈스baked beans(콩에 시럽 혹은 토마토소스를 첨가해 찌듯이 구워 통조림으로 판매하는 요리—옮긴이), 해시 브라운, 돼지고기 소시지, 오믈렛, 베이컨이 들어 있고, 20분이면 조리가 가능하다. 이것을 보니 어릴 적에 캐나다에 사는 사촌들을 보러 가려고 장거리 비행을 할 때 느꼈던 참기 힘든 흥분이 떠올랐다. 형제들과 나는 승무원을 졸라서 기내식을 추가로 받아내는 경우가 많았고, 그럼 우리는 트레이를 바닥까지 핥아 먹었다. 얻어낼 수만 있다면 내 마지막 식사는 에어캐나다의 1986년산 마카로니 치즈가 될 것이다.

최초의 완전 냉동식품은 항공기 기내식인 맥슨 푸드 시스템스의 '스트라토 플레이츠Strato-Plates'다. 그렇게 불린 이유는 당시 1947년에 도입된 최신의 항공편이었던 보잉사의 스트라토크루저Stratocruiser에서 다시 덥혀서 고객에게 접대할 수 있게 개발된 음식이었기 때문이다.

1940년대 말에 몇 가지 냉동식품이 더 개발됐지만 1954년이 되어 제대로 유행을 탄 것은 스완슨Swanson의 'TV 디너스TV Dinners'였다. 그즈음에는 미국의 가정 중 절반 이상이 텔레비전을 갖추고 있었기 때문에 이것은 완벽한 성공 요인으로 작용했다. 이 식품은 가격이 98센트에 불과했고, 25분이면 조리가 끝났다. 그리고 그 후로 30년 동안 완전히 보편화됐다. 1981년의 한 사진을 보면 로널드 레이건 대통령과 낸시 레이건 여사가 백악관에서 흰색 셔츠와 붉은 점퍼를 맞춰 입고, 색깔을 맞춘 빨간색 카펫 위에 놓인 빨간색 안락의자에 앉아 TV 디너스를 먹고 있는 모습이 나온다.[1]

영국은 1960년대에 이르러서야 가정에서 TV와 냉동고가 보편화될 정도로 가전제품 구입과 간편식품 소비 모두 뒤처져 있었다. 하지만 지금은 영국이 유럽 어느 나라보다도 간편식품을 많이 먹고 있다. 《그로서The Grocer》(식료품 판매를 전문으로 다루는 영국의 잡지—옮긴이)에 따르면 2019년에 영국의 간편식품 시장 규모는 39억 파운드(한화 6조 이상)에 달했다. 우리 중 거의 90퍼센트가 정기적으로 간편식품을 먹는다.[2]

내 올데이 브렉퍼스트가 오븐에서 덥혀지고 있는 동안 아내 디나와 나는 그녀와 아이들이 먹을 연어, 쌀밥, 브로콜리 요리를 만들었다. 식칼, 냄비 세 개, 도마를 동원하고, 부모들로부터 전수받은 거의 무의식적인 손기술로 쉬지 않고 일한 끝에 20분 만에 드디어 저녁 식사가 완성됐다. 하지만 설거지 더미와 생선 비린내에 찌든 손도 함께 남았다.

밥을 먹다가 디나가 내 식사에 들어간 성분을 큰 소리로 읽었다. "덱스트로스, 안정제(이인산염), 소고기 콜라겐 케이싱, 고추 추출물, 아스코르브산나트륨, 아질산나트륨, 안정제(잔탄검과 이인산염), 항미료. 당신 왜 이인산염을 먹고 있어?"

이인산염 안정제는 냉동 과정에서 모든 것을 한데 붙잡아주어 식품 안에 들어 있는 수분이 표면에서 얼음 결정으로 얼어붙지 않게 하는 역할을 한다. 이것은 올데이 브렉퍼스트를 먹기 좋은 제품으로 만들어주는 한 가지 성분에 불과하다. 해시 브라운은 살짝 바삭한 식감을 내주고, 소금과 후추도 딱 적당한 수준으로 들어 있다.

무엇보다도 먹기가 쉽다. 디나가 겨우 두 숟가락째 씹고 있는 동안 나는 대서양을 횡단하는 비행기에서 그랬던 것처럼 벌써 간편식품이 들어 있던 용기를 핥아 먹고 있었다.●

식생활 실험 3주 차에는 상황이 변하기 시작했다. 나는 샘, 레이철과 함께 대량의 초가공식품을 먹으면서도 영국의 영양 지침을 따르는 것이 가능한지, 그리고 이것이 측정 가능한 효과를 낳는지 여부를 검사할 영국 연구를 설계하고 있었다. 이런 연구를 하기 전에는 연구 진행에 필요한 자금을 마련하고, 연구 설계의 세부 사항을 정하는 등 방대한 계획을 수립해야 한다. 나는 전 세계 수십 명의 전문가들과 대화

● 초가공식품 포장지에 묻은 음식을 남기는 경우는 드물다. 내가 포장 속에 과자나 샌드위치 조각 등을 남긴 적은 한 번도 없었을 것이다.

하며 그들에게 초가공식품의 영향에 대해, 그리고 실험 참가자들에게서 측정해야 하는 내용이 무엇인지에 대해 물어보고 있었다.

나는 일부러 자신을 잠재적으로 해로운 물질에 노출시키고 있으면서도 그런 것들에 대해 알아본 적이 없었고, 이 식생활 실험을 하기 전에는 식품성분표를 읽어본 적도 없었다. 아마도 초가공식품은 우리가 조사도 없이 제일 무심하게 몸속에 집어넣는 대상일 것이다.

나는 프랑스나 브라질에 있는 전문가와 통화를 마친 다음에도 자리에 앉아 초가공식품으로 성찬을 즐기고는 했다. 아예 통화를 하면서 먹는 경우도 종종 있었다. 마치 담배를 피우면서 폐암에 대한 글을 읽는 것과 비슷했다. 이것은 내가 서문에서 언급했던, 놀라울 정도로 잘 입증된 금연 자기계발서인 『스탑 스모킹』[3-5]의 근간이 되었던 방식이다(이 책은 심지어 세계보건기구의 '금연 도구' 중 하나로 포함되어 있다).[6] 앨런 카의 방식을 사용했던 많은 흡연자들이 그랬던 것처럼, 초가공식품과 나의 관계도 변하기 시작했다.

3주 차 즈음에는 초가공식품을 먹을 때마다 전문가들이 내게 해준 말들이 떠올라서 괴로워졌다. 특히 두 가지가 계속해서 떠올랐다.

첫 번째는 니콜 아베나$^{\text{Nicole Avena}}$가 해준 말이었다. 그녀는 뉴욕 마운트 시나이 의과대학교의 부교수이자 프린스턴대학교의 객원교수로, 주요 연구 분야는 식품 중독과 비만이다. 그녀는 초가공식품, 그중에서도 특히 소금, 지방, 당분, 단백질의 특정 조합으로 만들어진 제품이 고대로부터 진화해온 우리의 '원함^{wanting}' 시스템을 어떻게 몰아붙이는지 설명해주었다. "일부 초가공식품은 사람들이 알코올, 심지어 니코틴이나 모르핀 같은 약물을 사용할 때 일어나는 것과 비슷한 방식으로 뇌의 보상 체계를 활성화할 수 있습니다."

이런 신경과학은 아직 초기 단계이기는 하지만 설득력이 있다.[7] 에너지 밀도가 높은 초기호성 식품이 중독성 약물에 영향을 받는 것과 동일한 뇌의 회로와 구조물을 자극해서 변화를 이끌어낼 수 있다는 뇌 스캔 연구 데이터가 쌓이고 있다.[8] '보상 체계'는 우리가 주변에서 배우자, 음식, 물, 친구 등 필요한 것을 얻을 수 있게 하기 위해 존재한다. 이 보상 체계 때문에 우리는 그런 대상들을 원하게 된다. 그 대상은 기존에 즐거움을 주었던 대상인 경우가 많다. 특정 음식에 대해 긍정적인 경험이 반복되고, 그 음식을 떠올려주는 대상이 주변에 가득한 환경에 있으면 거의 지속적으로 '원함' 혹은 갈망이 생겨나게 된다. 심지어는 포장지, 냄새, 혹은 당신이 그것을 구할 수 있는 장소의 모습 등 그 식품과 관련된 것들도 갈망을 만들어내기 시작한다.[9, 10]

하지만 아베나와의 대화 중에서 좀처럼 머릿속에서 떨쳐낼 수 없었던 부분은 식품 자체에 대한 가벼운 이야기였다. 폴 하트는 대부분의 초가공식품은 자연식품을 가장 기본적인 분자 성분으로 환원시킨 다음, 그것을 변성시키고 재조합해서 식품 비슷한 형태와 질감을 만들어내고, 거기에 소금, 당분, 인공 색소, 향미료를 잔뜩 추가해서 만든 재구성물이라고 설명해주었다. 아베나는 첨가물이 없다면 이런 산업용 기본 성분들을 혀와 뇌에서 음식이라고 인식할 수도 없을 거라고 말했다. "거의 흙을 먹는 기분이 들 거예요." 그녀가 진지하게 한 말인지는 모르겠지만 나는 내가 먹고 있는 것들이 껍데기만 음식이라는 게 느껴지기 시작했다. 원재료를 반죽해서 튀기거나, 굽거나, 부풀려서 제조한 간식과 시리얼은 특히나 그랬다.

예를 들면 나는 오전 간식으로 그레네이드 카브 킬라Grenade Carb Killa에서 나온 초콜릿칩 솔티드 캐러멜 바를 즐겨 먹게 됐다. 그래도 이것이 그냥 초콜릿 바보다는 건강에 조금 더 좋을 것 같았다. 내가 이 실험을 하고 있는 이유는 호기심 때문이지, 과학이란 이름 아래 일부러 내 몸을 상하게 하려고 하는 것은 아니었으니까 말이다.

나는 아베나와 대화하고 난 후에 캐러멜 바의 성분표를 들여다보았다. 이 바도 다른 것들처럼 변성 탄수화물(첫 번째 성분은 말티톨이었다. 이 자체도 변성전분을 통해 만든 변성당분으로, 칼로리는 적지만 설탕만큼이나 단맛을 낸다), 우유와 소고기에서 추출한 단백질(카세인 칼슘, 분리유청단백질, 소고기 젤라틴), 산업 가공한 팜유지palm fat 등을 유화제로 모두 뭉뚱그려 만든 식품이었다. 아베나의 말대로 이런 성분들은 그 자체로는 불쾌한 맛이 났을 것이다. 하지만 여기에 소금, 감미료(수크랄로스), 향미료로 첨가해서 맛을 낸다.● 소의 힘줄로 만든 바를 먹는 동안에 그녀의 말이 머릿속에 맴돌기 시작하니까 예전처럼 맛있게 즐길 수가 없었다.

가장 깊은 인상을 남겨준 전문가는 카를루스 몬테이루의 연구진 소속인 페르난다 라우버Fernanda Rauber였다. 그녀의 연구와 아이디어가 이 책 전반에 스며들어 있다. 그녀는 초가공식품 포장지에 들어 있는 플라스틱은 가열했을 경우 생식 능력을 현저히 감소시킨다는 것을 설

● 많은 비스킷과 바가 비슷한 제조법으로 만들어진다. 메릴랜드 미니스 초콜릿칩 쿠키는 일할 때 간식 시간에 즐겨 찾는 식품이다. 이 제품 역시 변성 탄수화물(정제 밀가루와 전화당 시럽)에 산업용 지방(팜, 시어버터), 유청단백질 등을 유화제로 붙여서 만든 제품이다. 이 혼합물에 소금, 설탕, 향미료를 첨가해서 맛을 낸다.

명해주었다(일부 전문가에 따르면 심지어 음경의 수축을 일으킬 수도 있다고 한다). 또한 초가공식품에 들어 있는 방부제와 유화제가 어떻게 마이크로바이옴을 교란하는지, 고밀도의 지방, 소금, 당분이 그 자체로 각각 어떻게 해로운지 등에 대해서도 설명해주었다. 그리고 뇌리에 박힌 한마디가 있었다. 내가 먹고 있는 '음식'에 대해 얘기할 때마다 그녀가 이렇게 수정해주었다. "크리스, 대부분의 초가공식품은 사실 음식이 아니에요. 그냥 산업적으로 생산된 식용 물질에 불과해요."

매끼 식사를 할 때마다 이 말이 나를 괴롭히기 시작했다. 이 말이 떠오를 때마다 색소와 향미료가 없었다면 그 '음식'들을 먹지도 못할 것이라던 아베나의 말도 자꾸 떠올랐다.

내가 라우버와 대화를 나눈 것은 가족과 함께 칠면조 트위즐러^{Turkey} ^{Twizzlers}로 식사를 하기 직전이었다. 칠면조 트위즐러는 식품 활동가들이 건강에 너무 해롭다고 생각해서 10여 년 전에 영국에서 학교 급식으로 사용이 금지된 악명 높은 제품이다. 오리지널 버전은 성분의 종류가 40개까지 들어가 있었다. 그중 실제 칠면조 고기는 3분의 1밖에 안 된다. 새로운 버전도 여전히 칠면조 고기는 3분의 2가 안 된다. 그리고 성분의 종류는 간신히 37가지로 줄였다.

제조법은 카브 킬라 바와 놀라울 정도로 유사해서 칠면조 단백질 반죽, 변성 탄수화물(완두콩녹말, 쌀가루와 녹두가루, 옥수수전분, 덱스트로스), 산업용 기름(코코넛유와 유채씨유), 유화제 등을 산도조절제^{acidity} $_{regulator}$, 항산화제, 소금, 향미료, 설탕과 결합시킨 다음 나선형 주형으로 찍어낸다. 그리고 이것을 사 와서 오븐에 넣고 구우면 나선이 풀려 스프링 형태로 변하면서 칠면조 함유량 63퍼센트의 식품으로 익는다.

디나와 나, 그리고 아이들은 모두 모여서 오븐 창문 너머로 펼쳐지는 이 흥미진진한 과정을 지켜보았다. 온 가족이 조용해지는 보기 드문 시간이었다.

먹는 동안 내 머릿속에서는 한바탕 싸움이 벌어졌다. 라우버의 말에 따르면 음식이 아닌 이 음식을 나는 여전히 원하고 있었지만, 그와 동시에 더 이상은 이 음식이 즐겁게 느껴지지 않았다.• 식사가 획일화돼서 달콤한 것이든, 짭짤한 것이든 모든 음식이 다 비슷해 보였다.•• 배가 고프지도 않았지만, 만족이 느껴지지도 않았다. 음식이 마치 사실적 묘사의 수위 조절을 못 하고 만들어서 시체처럼 보이는 인형같이 기괴한 양상을 띠게 됐다.

- • '원함wanting'과 '좋아함liking'은 로이 와이즈Roy Wise와 켄트 베리지Kent Berridge가 쥐를 이용한 실험에서 처음 구분했다. 쥐는 우리와 많은 뇌 회로를 공유하고 있다. 특히 동기 부여 같은 부분에서 공통점이 많다. 와이즈와 베리지는 처음에는 약물을 이용해서 뇌의 도파민을 억제하고, 그다음에는 신경 독소를 이용해서 도파민 신경로를 파괴했다. 그러면 쥐가 설탕을 통해 경험하는 쾌락이 줄어들 것이라고 예측했다. (베리지는 쥐에게서 쾌락 반응을 감지하는 전문가였다.) 그런데 연구진이 발견한 바에 따르면 쥐는 설탕을 먹겠다고 몸을 움직이지도 않고, 더 이상 설탕에 의욕이 생기지도 않았지만, 설탕을 혀 위에 올려주면 예전만큼이나 좋아하는 것으로 보였다.
- •• 트위즐러를 먹은 후에는 디저트로 구 핫 퍼드 초콜릿 멜팅 미들 디저트Gü Hot Pud Chocolate Melting Middle Dessert를 먹었다. 이 제품에 들어 있는 성분은 저온살균 전란[계란, 방부제(소르빈산칼륨), 산도조절제(시트르산)], 설탕, 20퍼센트 다크초콜릿[코코아매스, 설탕, 저지방 코코아 분말, 유화제(대두 레시틴)], 버터, 밀가루(밀가루, 탄산칼슘, 철분, 니아신, 티아민), 식물성 기름(팜유, 유채씨유), 포도당 시럽, 물, 방부제(소르빈산칼륨) 등이다.
  나는 오후 7시에 먹고 있었지만 구의 웹사이트에서는 이렇게 말하고 있었다. "오전 11시에 구의 디저트를 먹어도 되나 궁금하시다면 어디선가 누군가가 매초 구의 제품을 먹고 있다는 사실을 알아두세요."

═ 실험 4주 차에 나타난 몸의 변화 ═

식생활 실험 마지막 4주 차가 되니 당장 눈에 띄는 신체적 효과가 나타나기 시작했다. 체중을 재보지는 않았지만 허리띠를 두 칸이나 느슨하게 풀어야 했다. 그리고 내 체중이 불면서 가족도 함께 체중이 불었다. 아이들이 코코팝, 피자, 오븐용 감자칩, 라자냐, 초콜릿을 먹겠다고 덤비는 것을 막기가 불가능했다. 내가 몰래 숨어서 먹을라치면 리라가 기어코 나를 찾아내서 같이 먹겠다고 떼를 썼다.

초가공식품의 영향을 일반적인 생활 방식에서 오는 영향과 가려내기는 쉽지 않다. 나는 불안한 꿈을 많이 꾸고 있었다. 보통은 딸아이들의 죽음에 관한 꿈이었다. 그렇다고 전에는 이런 꿈을 절대 꾸지 않았다는 말은 아니지만, 내가 초가공식품을 먹지 않고 몸을 씻어내던 기간 동안에는 이런 꿈을 꾸었던 기억이 없다.

나는 이제 소금을 많이 먹고 있었다. 그래서 물을 더 많이 마시고, 소변도 많이 봐야 했다. 혹시 이것 때문에 꿈을 꾸는 것일까? 나는 새벽 3시나 4시 정도에 악몽을 꾸거나, 소변을 봐야 해서, 혹은 양쪽 모두 때문에 잠에서 깨는 경우가 많았다. 그럼 잠이 오지 않아서 부엌으로 가서 간식을 먹었다. 보통은 따분해서 먹는 경우가 많았다.

변비도 심해졌다. 초가공식품은 식이섬유와 수분의 함량이 낮고 소금 함량은 높기 때문이다. 변비 때문에 대변이 덩어리지면서 치열anal fissure(항문관 부위가 찢어지는 현상—옮긴이)이 생겼다. 대부분의 사람이 이것을 경험하는 이유는 대부분이 초가공식품을 먹기 때문이다. 딱딱하게 건조해진 대변을 힘을 주어 밀어내면 항문관의 부드러운 내벽이 조금씩 밖으로 함께 밀려 나오면서 마치 엉덩이에 땅콩이 박혀 있는 것 같은 느낌이 들었다. 엉덩이의 불편함 때문에 수면의 질이 훨씬 더 떨어졌고, 그것 때문에 불안이 커졌으며, 업무 생산성이 떨어지면서 불안이 더 심해졌다. 육체적, 정신적 영향이 소용돌이처럼 우리 가정생활의 모든 측면에 영향을 미치기 시작했다.

불과 몇 주 만에 10년은 늙은 것 같은 기분이 들었다. 여기저기 아프고, 기력도 없고, 비참한 기분이 들고, 화가 났다. 역설적이게도 그럴 때면 식품이 문제가 아니라 해법처럼 느껴질 때가 많았다.

내 식생활 실험이 이어지는 동안 나는 초가공식품이냐, 아니냐는 문제에 집착하게 됐다. 주변 사람들도 모두 그렇게 변했다. 친구들이 내게 성분표를 보내며 이렇게 묻기 시작했다. "'과실농축물'이 들어 있다면 초가공식품이라는 의미야?" (맞다. 초가공식품이다.)

나는 한 음식 축제에서 비 윌슨[Bee Wilson]을 만나 함께 패널로 나섰다. 식품 저널리스트이자 초가공식품에 대해 책을 쓴 저자이기도 한 그녀는 내게 베이크드 빈스를 초가공식품으로 분류하느냐고 물었다. 그녀는 베이크드 빈스가 초가공식품이 아니라 생각하고 있었다. 그녀가 이렇게 말했다. "영국의 대중에게는 이것이 중요한 구분선일 수도 있어요."

토마토소스에 담긴 흰콩으로 구성된 베이크드 빈스 통조림은 영국의 식단에서 빠지지 않는 재료다. 윌슨의 말대로 이것이 세계에서 가장 건강에 좋은 식품은 분명 아닐지라도 평균적인 식단에 포함된 다른 것들과 비교하면 그 안에는 많은 양의 진짜 음식이 들어 있다. 사실이다. 베이크드 빈스 통조림 안에 들어 있는 재료는 대부분 콩과 토마토다.

 사실 윌슨은 초가공식품이란 개념의 원조 격인 카를루스 몬테이루를 찾아가 이것을 직접 물어본 적이 있었다. "몬테이루는 내 질문을 이해하지 못하는 것 같았어요. 브라질에는 베이크드 빈스에 해당하는 식품이 없거든요. 하지만 그는 통조림에 든 콩 요리는 일반적으로 초가공식품이 아니라 그냥 가공식품이란 점을 강조했어요."

 사소한 문제로 보일 수 있지만 그렇지 않다. 초가공식품 업계는 초가공식품의 경계에 있는 식품을 이용해서 초가공이라는 개념 전체를 무너뜨리려 한다. 그들은 먼저 무해해 보이는 흔한 식품이 첨가물 하나 때문에 초가공식품의 정의에 해당하는 경우를 찾아낸다. 그다음에는 이것을 근거로 초가공식품의 정의가 엉터리라고 주장하거나, NOVA 시스템이 유용하다고 생각하는 것은 스페셜K나 베이크드 빈스 같은 식품을 담배나 마약과 같은 선상에서 취급하는 것이나 마찬가지라고 주장한다.

 하인즈의 베이크드 빈스를 구체적 사례로 살펴보자. 이것은 사실 NOVA 3그룹이면서 4그룹이다. 성분이 서로 다른 버전이 존재한다. 유기농 버전에는 콩(52퍼센트), 토마토(33퍼센트), 물, 설탕, 옥수수 분말, 소금, 주정식초$^{spirit\ vinegar}$가 들어 있다. 이는 초가공식품이 아니다. 하지만 오리지널 버전은 변성 옥수수 분말, 향신료 추출물, 허브 추출물도 함께 들어 있기 때문에 초가공식품에 해당한다. 영양학적인 면에서 보면 아무런 차이가 없지만, 이 몇 가지 성분이 과잉 섭취를 유발할 수 있다고 생각하는 데는 몇 가지 이유가 있다. 그것은 뒤에서 살펴보겠다.

하지만 많은 사람에게 베이크드 빈스는 변성 옥수수전분이 들어간 것이라도 주요리를 만들 때 사용할 수 있는 건강에 좋고, 편리하고, 저렴한 재료다. 여기서 NOVA 시스템의 한계를 만나게 된다. 이것은 개별 식품을 평가하기 위해 설계된 것이 아니라 식생활 패턴을 살펴보기 위해 설계된 것이다. 초가공식품에도 분명 경중을 따지는 스펙트럼이 존재한다. 하지만 어떤 제품이 해로운지, 해로우면 어째서 해로운지 정확하게 말하기는 불가능하다. 우리가 한 가지 음식만 먹는 것이 아니기 때문이다. 우리는 다양한 식품을 먹는다. 무인도에 갇히면 브로콜리만 먹기보다는 치킨 너깃만 먹는 편이 더 오래 살 것이다. 너깃에는 더 많은 단백질과 칼로리가 들어 있기 때문이다. 하지만 치킨 너깃을 중심으로 먹기보다는 지중해식 식단에 브로콜리를 포함시켜 먹는 편이 훨씬 더 오래 살 것이다.

몸이 안 좋아지고, 건강에 미치는 영향에 대한 불안이 커지자 나는 '선상에 좀 더 좋은' 초가공식품을 더 열심히 찾아다녔다. 설탕이 듬뿍 들어간 콜라도 다이어트 콜라로 바꿨다.● 재료의 형태를 완전히 바꾸어놓은 치킨 너깃 대신 오븐으로 바로 익혀 먹을 수 있는 라자냐를 구입했다. 적어도 디나가 내가 초가공식품이라고 생각해서 구입한 세인

● 나는 아침 식사 때 콜라 캔 하나를 마시는 것으로 시작했지만 점점 식사 때마다, 그리고 식사와 식사 사이에도 다이어트 콜라를 먹고 싶어지기 시작했다. 그래서 하루에 여섯 캔 정도를 마시고 있었다. 이 중독성을 설명할 길이 없다. 우리는 식품 중독이 어느 정도는 생리적 보상에 의해 매개된다고 생각하지만 다이어트 콜라에 들어 있는 것은 감미료, 산, 카페인에 불과하다. 뒤에서 살펴보겠지만 어쩌면 나는 그 맛과 캔에 중독된 것인지도 모른다. 하지만 나는 일반 콜라를 마실 때는 다이어트 콜라처럼 갈망해본 적이 없다. 나 말고도 이렇게 보고하는 사람이 많은데 그에 대한 만족스러운 설명은 만나본 적이 없다.[11]

즈버리Sainsbury의 소고기 라자냐에 일반적인 부엌에서 발견되는 성분만 들어 있다고 지적해줄 때까지는 그것을 먹었다. 알고 보니 테스코, 코업Co-Op, M&S, 웨이트로즈Waitrose의 라자냐도 모두 마찬가지였다. 모리슨스 버전도 꽤 양호해서 캐러멜 색소와 양파 농축액 정도만 들어 있다. 하지만 아스다Asda(영국의 슈퍼마켓 체인—옮긴이)와 알디Aldi(식료품과 생활용품을 판매하는 독일의 다국적 대형 슈퍼마켓 체인—옮긴이)의 제조법을 보니 논란의 여지가 별로 없는 초가공식품이다. 아스다의 라자냐는 변성 옥수수전분, 인공색소(파프리카 추출물, 아나토 노르빅신annatto norbixin)가 들어 있고, 알디의 라자냐는 젖당, 말토덱스트린, 변성 옥수수전분, 덱스트로스, 올리브 추출물, 구아검이 들어 있다.

나는 몬테이루의 또 다른 공동 연구자에게 전화를 걸어 내가 좋아하는 세인즈버리 라자냐를 초가공식품으로 봐야 하는지 여부를 확인해보았다. 마리아 라우라 다 코스타 루자다Maria Laura da Costa Louzada는 상파울루의 젊은 영양역학營養疫學 부교수다. 그녀는 혁명가처럼 강인하고 열정적인 낙관주의적 태도로 말을 하며, 자기가 증거로 가져온 데이터도 수학적으로 능숙하게 깊이 파고들 수 있다. 그녀는 브라질에서 연구하면서 전국 영양 지침의 작성을 도왔고, 그 뒤로는 1년간 하버드대학교에 가서 연구를 한 후에 귀국했다.

나는 그녀에게 영국에서 흔히 볼 수 있는 일종의 최고급 준초가공식품인 라자냐에 대해 물어보았다. 이런 제품은 가정식과 거의 비슷하지만 비닐에 포장되어 있고, 솔직히 정상적인 것들이기는 하지만 온갖 성분들이 잔뜩 들어 있어서 여전히 초가공식품으로 보였다.

다 코스타 루자다는 이 질문을 흥미롭게 여겼다. "NOVA는 식생활 패턴이 건강에 미치는 영향에 대해 말해주는 역학 도구예요. 식품 체계를 이해할 수 있는 아주 훌륭한 방법이죠." 하지만 개별 식품에 대해 이해하려면 NOVA 시스템을 넘어서는 사고방식이 필요하다. 그녀는 이렇게 설명했다. "일부 제품은 엄밀하게 따지면 초가공식품이 아니죠. 하지만 그런 제품도 똑같은 비닐 포장지를 사용하고, 똑같은 마케팅과 개발 과정을 거치고, 초가공식품을 만드는 동일한 회사에서 만들어져요. 식품첨가물이 초가공식품의 정의에 들어가기는 하지만, 식품의 문제점이 그것만 있는 것은 아니죠."

어떤 첨가물은 무해한 반면, 어떤 첨가물은 직접적으로 해를 입힐 수 있다. 하지만 뒤에서도 보겠지만 어느 쪽이든 첨가물이 존재한다는 것은 그 제품이 해로운 영향을 미칠지 모를 다른 여러 가지 속성들을 갖고 있을 가능성이 높다는 얘기다. 다 코스타 루자다의 말에 따르면 세인즈버리 라자냐는 엄밀하게 분류하면 초가공식품이 아니다. "하지만 이런 식품들은 판타지하고 비슷해요. 집에서 만든 음식이 아니죠."

정부의 개입 및 식품 라벨과 관련한 문제에서는 무엇이 초가공식품이고, 무엇이 아닌지에 대한 논쟁이 중요하다. 내 경험으로 보면 어떤 식품을 과연 초가공식품으로 불러야 할지를 두고 고민이 되는 경우라면 그것은 초가공식품일 가능성이 높다. 뒤에서 이런 식품이 몸에 미치는 영향에 대해 살펴볼 때 그 이유가 더 분명해지겠지만, 초가공식품은 유화제 같은 특정 유해 성분이 들어 있지 않더라도 과잉 섭취를 부추기는 방식으로 개발됐다.

하지만 내 식생활 실험의 목적에 맞추기 위해 나는 엄격하게

NOVA 시스템을 고수하고 있었고, 그래서 알디의 라자냐로 바꾸어 먹었다.

식생활 실험이 끝나고 유니버시티칼리지 런던으로 돌아와 검사를 받아보니 놀라운 결과가 나왔다. 체중이 6킬로그램 불었다. 만약 이런 추세가 1년 동안 이어졌더라면 체중은 거의 두 배가 됐을 것이다. 그리고 내 식욕 호르몬이 완전히 엉망이 되어 있었다. 포만 신호를 보내는 호르몬은 배부르게 식사를 한 후에도 거의 반응하지 않은 반면, 배고픔 호르몬은 식사 직후에도 하늘을 찌를 듯 치솟았다. 지방에서 나오는 호르몬인 렙틴이 다섯 배 높아져 있었고, 염증을 나타내는 표지인 C 반응성 단백 수치는 두 배가 됐다. 나는 비만 유전자가 최대로 힘을 발휘할 수 있는 환경에 그 유전자를 노출시킨 것이다. 잰드가 보스턴에서 그랬던 것처럼 말이다.

하지만 가장 끔찍한 결과는 MRI 스캔이었다. 나는 이것이 완전히 돈 낭비, 시간 낭비가 되리라 예상했었다.

클라우디아 간디니 휠러 킹쇼트Claudia Gandini Wheeler-Kingshott는 내 동료 중 한 명이고 실험에서 이 부분을 담당했다. 그녀는 유니버시티칼리지 런던 신경학연구소의 자기공명물리학 교수다. 나는 연구소에서 그녀를 만나 내 검사 결과에 대해 들었다. 그녀의 부드러운 이탈리아 억양 덕분에 자칫 건조하기 쉬운 자기공명영상에 관한 이야기에 온기가 돌았다. MRI 스캐닝은 설명하기 복잡하다고 악명이 높지만 클라우디아는 그것을 단순화해서 설명해본 경험이 있었다. "이탈리아에 있는 90세의 우리 할머니는 물리학자도 아닌데 내가 박사학위 과정을 밟는 동안 하루가 멀다 하고 전화하셔서 내 연구에 대해 설명해달라고

하셨죠."

내가 하나 마나 할 거라 생각했던 MRI 스캔으로부터 클라우디아는 내 뇌의 여러 부분들이 서로 어떻게 연결되어 있는지, 그리고 그 미세 구조와 생리학적 속성이 어떤지에 대한 지도를 작성해놓았다. 그중 하나는 안정상태 스캔resting-state scan이라는 것이었다. 내가 스캐너 안에 누워 부드러운 공상에 빠져 있는 동안 스캐너가 몇 초마다 5,000장의 뇌 사진을 찍어서 각각의 뇌 영역으로 얼마나 많은 산소와 혈류가 흘러 들어가는지 보여주는 그림을 그렸다. 연결되어 있는 뇌 영역들은 산소 소비량이라는 측면에서 동기화되어 있기 때문에 스캔상에서 동시에 불이 들어왔다. 클라우디아가 이렇게 설명했다. "한 도시 전체에서 발생하는 유선전화 통화를 기록한다고 상상해보세요. 그럼 서로 연결되어 대화가 오가는 집들이 어디인지 확인할 수 있겠죠. 그 집들의 위치와 집과 집 사이의 연결 강도를 지도로 그리는 거예요. 당신은 매일 전화하시나요? 아니면 한 달에 한 번? 아님 아예 안 하시나요?"●

식생활 실험을 하고 난 후에 몇몇 뇌 영역 사이의 연결이 늘어났다. 특히 식품 섭취의 호르몬 조절에 관여하는 영역과 욕망과 보상에 관여하는 영역 사이의 연결이 늘었다. 해석하기는 쉽지 않지만, 내 경험을 설명할 수 있을 듯싶었다. 그것은 아마도 거의 무의식적으로 음식을 더 먹고 싶어 했던 영역과 의식적으로 그 유해성을 이해하고 있던

● 예를 들어 운동을 통제하는 뇌 영역은 움직이지 않는 동안에도 운동을 개시하는 뇌 영역들과 지속적으로 소통한다. 이런 연결을 '안정상태 네트워크'라고 한다. 다발경화증이나 파킨슨병 등의 신경학적 질환이 있는 사람은 안정상태 네트워크의 연결성이 아주 다르다는 것이 확인되어 있지만, 식생활이 이 네트워크에 미치는 영향에 대해서는 알려진 바가 별로 없다.

영역 사이의 싸움이 아니었나 싶다.

초가공식품의 유해성에 대해 알아갈수록 초가공식품을 먹는 즐거움이 점점 줄어들었지만 그에 대한 욕망은 줄어들지 않았다. 두 가지 분석적 생각이 내 머릿속에서 충돌하고 있었다. 실험을 완수하고 싶은 욕망과 초가공식품이 내게 미치는 해로움에 관해 늘어가는 지식 사이의 충돌이었다. 게다가 많은 지방과 설탕을 섭취하는 바람에 내 몸도 아주 실질적인 생리학적 보상을 얻고 있었다. 나는 저녁 식사가 기다려졌지만, 식사를 즐기기는 힘들었다. 클라우디아는 이런 식으로 표현했다. "습관과 자동적인 행동을 관장하는 뇌 영역인 소뇌는 이것이 모두 잘못되었다고 말하고 있는데, 당신의 전두엽 피질은 괜찮다고 말하고 있는 셈이죠."

MRI에 나타난 변화는 형태적 변화가 아니라 생리적 변화였다. 뇌의 실제 배선은 변하지 않았지만, 배선을 따라 흐르는 정보가 변했다. 클라우디아의 설명에 따르면 시간이 지나다 보면 정보의 흐름에서 일어나는 변화가 구조적 변화를 일으킨다고 한다. "교통량이 샛길로 빠지기 시작하면, 결국에는 샛길이 커져서 큰 도로가 됩니다. 새로운 영구적 연결이 생겨나는 것이죠."

나는 클라우디아에게 이것이 모두 잡음에 불과한 것일 수도 있지 않냐고 따져 물었다. 나도 결국에는 한 사람의 환자일 뿐이니까 말이다. 어쩌면 내가 직장에서 스트레스를 더 받았거나, 두 번째 스캔을 촬영하기 전날에 잠을 덜 자서 그런 것이 아닐까? 그녀는 분명하게 대답했다. "아니요. 뇌의 생리학에 무언가 중요한 일이 있지 않고서는 이런 큰 변화가 생기지 않아요. 무작위로 일어난 일이 아니죠." 그녀는 신경

전달물질의 분해 산물을 들여다보는 뇌줄기 분광학brainstem spectroscopy이라는 것도 해보았는데 이 데이터 역시 MRI에서 나타난 변화와 일치하는 결과를 보여주었다.

이 연구 결과를 받아들이면서 리라와 사샤가 생각났다. 아동과 10대에게 미치는 영향은 정말로 우려스러운 부분이다. 이 아이들은 내가 먹고 있던 분량만큼의 초가공식품을 수년 동안 먹게 될 것이고, 심지어 뇌가 한참 발달 중일 때 먹게 될 것이다. 그것이 무엇을 의미하는지 우리는 알지 못한다. 다만 보상 경로를 망쳐놓는 것이 좋은 일이 아니라는 것은 알고 있다. 결국 중독성 약물이 하는 일이 바로 그것이니까 말이다. 클라우디아는 이것이 100만 달러짜리 질문이라고 말했다. "초가공식품이 아이들의 IQ와 사회적 성취에 영향을 미칠까요? 아이들의 뇌에 무슨 일이 일어나고 있는지 우리는 모르고 있습니다."

하지만 클라우디아는 초가공식품을 끊는 문제에 대해서는 낙관적으로 생각하고 있었다. 그 얘기를 들으니 살짝 안심이 됐다. 그녀는 과체중을 안고 사는 사람이 초가공식품을 끊었을 때 스캔을 촬영할 수 있다면 뇌에서 일어나는 이로운 변화를 볼 수 있을 것이라고 제안했다. "사람들은 살이 빠지는 거라 생각하겠죠. 하지만 사실은 삶의 다른 영역에도 영향을 미치는 아주 긍정적인 방식으로 뇌를 변화시키고 있는 겁니다. 나는 사람들의 집중력과 기억력도 향상될 거라고 봐요. 아직 증명이 필요한 부분이기는 하지만요." 이 말은 건강한 식품이 뇌의 배선을 긍정적으로 바꾸어준다고 상상하는 데 도움이 됐다.

스캔 촬영을 마지막으로 식생활 실험은 끝이 났고, 나는 즉각적으로 완전하게 초가공식품을 끊었다.

라우버에게 들은 얘기 덕분에 나는 단번에 초가공식품을 끊을 수 있었다. 내가 중독이라는 단어를 사용하는 데는 이유가 있다. 나는 내가 예전에 초가공식품에 어느 정도 중독되어 있었고, 내 쌍둥이 형제 잰드는 분명히 중독되어 있던 것이라 생각하게 됐다.

실험이 끝나고 불과 48시간 만에 밤이면 잠도 잘 오고, 장도 제 기능을 발휘하기 시작해서 화장실에서 일을 보기도 쉬워졌다. 물론 인생에는 좋은 때도 있고, 안 좋은 때도 있기 마련이지만, 식생활 실험이 끝난 거 말고는 달라진 것이 없는데도 이런 변화가 찾아왔다.

한 번도 유혹을 느껴보지 않은 초가공식품도 많았지만, 가끔 토할 정도로 많이 먹었던 초가공식품의 유형도 있었다. 주로 짭짤한 것, 튀긴 것, 매콤한 것, MSG$^{monosodium\ glutamate}$(글루탐산모노나트륨)가 잔뜩 들어 있는 것들이었다. 나는 이것을 장애라 생각하지 않고 실용적인 문제라 생각했다. 어쨌거나 엄청나게 과식을 해도 배가 터져 죽을 것 같지만 않으면 잠을 자기는 편했기 때문이다. 이것이 장애이든 아니든 식생활 실험이 끝나자 예전에는 끊지 못해 고생이었던 이 모든 것들이 못 먹을 식품으로 느껴졌다.

과학에서는 식품 중독이라는 개념이 별로 인기가 없는데 그럴 만한 이유가 있다. 여기에는 두 가지 문제가 존재한다. 우선 식품에는 워낙에 다양한 분자가 들어 있는데 어떻게 어느 단일 조합을 꼭 집어 중독성이 있다고 확인할 수 있겠는가? 그리고 순수한 지방이나 당분 같은 개별 다량영양소에 대해 짧게 사고실험만 해봐도 이것이 중독성이 아님을 알 수 있다.* 식품을 중독성 물질로 생각했을 때 생기는 또 다른 문제는 논리적으로 따질 경우 식품을 끊고 금욕해야 한다는 결론으로 이어진다는 점이다. 하지만 당연히 식품 자체를 끊을 수는 없다. 그리고 식품이 정말 중독성 물질이라면 적당히 먹고 멈추는 것이 불가능할 것이다. 따라서 식품이 중독성일 리는 없다.

일부 과학자들은 해결책으로 식품 중독이 '행동 중독'에 해당한다는 제안을 내놓았다.[13] 이것은 중독의 두 가지 큰 범주 중 하나다. 중독에는 크게 물질 중독과 행동 중독이 있다. 물질 중독은 '해로운 결과가 발생함에도 불구하고 반복적으로 약물을 복용하려는 욕구를 특징으로 하는 신경정신과적 장애'로 정의되며, 담배, 알코올, 코카인 등이 여기에 해당한다. 그리고 행동 중독에는 섭식 중독, 병적 도박, 인터넷 중독, 휴대폰 중독 등이 있다.

내게는 이런 행동학적 설명이 설득력 있게 다가오지 않는다. 흡연자가 담배에 중독되어 있는 것처럼 나나 다른 많은 사람들은 식품 그 자체, 좀 더 구체적으로는 특정 유형의 초가공식품에 강한 중독을 느낀다. 나는 전통식인 중독성 물질을 몇 가지 시도해보았다. 군대에 있던 몇 년 동안에는 담배를 피웠고, 의대생 시절에는 폭음했고, 오른쪽

- 2018년에 폴 플레처Paul Fletcher와 폴 케니Paul Kenny가 발표한 논문 「식품 중독은 과연 정당한 개념인가?」는 무료로 쉽게 읽어볼 수 있는 논문이다.[12] 여기서 플레처는 식품 중독이 정당한 개념이 아니라 주장하고, 케니는 정당한 개념이라 주장하고 있다. 두 사람은 모두 이 분야에서는 거물이다. 나는 케니가 내린 결론으로 조금 더 마음이 기울지만 플레처는 과학자들에게 증거가 명확히 보여주는 것 너머로 신념을 확장하지 말 것을 경고한다. 케니는 자기가 생각하는 중독성 물질의 틀을 다음과 같이 설정하고 있다. '맛있는 고칼로리 식품 속에 들어 있는 다량영양소의 조합으로 자연에는 존재하지 않지만 결합되었을 때는 뇌의 동기 회로에 그 이후의 완료 행동consummatory behavior(어떤 목표를 달성하거나 만족시키기 위해 동물이 수행하는 최종적인 행동. 주로 보상을 얻거나 욕구를 충족하는 행동으로 나타난다―옮긴이)을 바꾸어놓을 수 있을 정도의 초생리학적 호소력을 갖는 물질'.

고환을 수술한 이후로는 다이아모르핀diamorphine이라고도 하는 헤로인을 했었다. 하지만 그중에 내가 좋아하는 음식만큼 나를 사로잡은 것은 없다. 음식은 내 뇌의 오래된 영역인 보상 중추를 자극해서 좋은 행동이든 나쁜 행동이든 상관없이 하고 싶게 만든다.

비만에 대한 우리의 인식이 혼란에 빠진 데는 현실과 과학 사이의 교착 상태도 부분적으로 책임이 있다. 우리는 식품 그 자체가 비만을 비롯한 여러 가지 섭식 장애를 일으키는 문제라는 증거가 점점 더 많아지고 있음에도 문제를 식품이 아닌 개인에서 찾으려는 경향이 있다. 나는 잰드와 함께 정신의학의 바이블인 미국 정신질환 진단 및 통계 편람US Diagnostic and Statistical Manual of Mental Disorders 최신판에서 중독을 정의하는 기준에 대해 꼼꼼히 읽어보았다. 이 편람에서는 11가지 진단 기준을 사용해서 중독성 물질의 사용에 따른 문제를 경증, 중등도, 중증으로 분류하고 있다. 이 기준을 여섯 가지 넘게 충족하면 중증에 해당한다. 우리 두 사람은 자기가 좋아하는 식품에 대해 무려 9점이 나왔다. 그리고 그 식품들은 모두 초가공식품이었다.

질문은 다음과 같은 것에 초점을 맞추고 있었다. "해당 물질을 점점 더 많이 섭취하게 된다"(그렇다), "통제하려고 노력하지만 소용이 없다"(그렇다), "그 물질을 얻기 위해 들이는 시간과 노력이 크다"(그렇다), "그 물질에 대한 갈망을 경험한 적이 있다"(그렇다! 그렇다!! 그렇다!!!).

아홉 번째 기준이 핵심이었다. "해당 물질 때문에 야기 혹은 악화되었을 가능성이 큰 육체적 혹은 정신적 문제가 그 물질 때문에 계속 이어지거나 재발됨을 알고 있음에도 계속해서 사용하게 된다." 과잉 섭취와 관련된 낙인, 수치심, 패배의식, 죄책감 등의 심리적 영향은 육체적 해악을 범주별로 분류한 데이터가 나오기 전에도 문헌에 상세히 보고되어 있었으며, 잰드와 나는 이런 것을 모두 알면서도 계속해서 먹었다.

그럼 식품을 중독성 물질로 표기할 수 없다는 사실과 일부 사람에게는 중독성을 발휘하는 것으로 보이는 식품이 존재한다는 사실을 어떻게 조화시킬 수 있을까? 초가공식품은 바나나나 닭고기 같은 음식이 아니라는 라우버의 개념을 받아들이면 된다. 초가공식품을 중독성 식용 물질이라는 별개의 범주로 분류하는 것이다. 일반적으로 식품은 중독성이 없다. 초가공식품이 중독성이 있는 것이다. 그리고 점점 더 많은 주류 과학이 이 개념을 뒷받침하고 있다.

물질 남용으로 괴로워하는 사람을 알고 있다면 그것을 과도한 식품 섭취와 비교하는 것이 불쾌하게 여겨질 수도 있다. 하지만 이것이 정당한 비교임을 암시하는 문헌들이 점점 많아지고 있다. 애슐리 기어하르트Ashley Gearhardt는 미시간대학교의 심리학 부교수이고, 초가공식품과 중독 물질의 유사점을 고려하는 것이 유용하다고 느끼는 선도적 과학자 중 한 명이다. 그녀는 일련의 논문에서 그 증거를 개괄적으로 설명했다.[14-16]

첫째, 초가공식품은 진짜 식품과 비교했을 때 식품 중독성 점수에서 일관되게 높은 점수가 나왔다. 사람들이 문제를 보고하는 대상은 항상 초가공식품이다. 물론 모든 초가공식품에 대해 문제를 보고하지는 않는다. 어떤 사람은 도넛이 문제가 되고, 어떤 사람에게는 아이스크림이 문제가 된다. 내게는 값싼 테이크아웃 식품이 문제였다. 하지만 먹는 것에 대한 통제를 상실하고 폭식하는 문제를 일으키는 쪽은 거의 항상 초가공식품이었다.[17-19] 모든 초가공식품이 모든 사람에게 중독성이 있는 것은 아니다. 그리고 중독된 사람들도 특정 제품군에 중독되었을 가능성이 높다. 샤론 뉴슨과 나는 우리가 끊지 못해 힘들어하는 식품들의 목록을 비교해보았다. 모두 초가공식품이었지만 우리가 폭식하는 식품 중에 겹치는 것은 없었다.

둘째, 초가공식품은 여러 가지 중독성 약물보다 더 많은 사람에게 더 강한 중독성을 나타내는 것으로 보인다. 물론 초가공식품을 적당히 조절하며 섭취할 수 있는 사람이 많지만, 그건 코카인, 알코올, 담배도 마찬가지다.[20] 수치로 비교해보자. 초가공식품을 맛보았다가 끊을 수 없는 경우까지 가는 비율이 극단적으로 높다. 미국 인구의 40퍼센트가 비만으로 살고 있으며 그중 대다수가 체중 감량을 시도한다.[21] 초가공식품을 먹다가 끊는 비율은 거의 0이라고 할 수 있을 정도로 낮다. 다른 약물 중에는 한번 시도했다가 건강에 미치는 부정적인 결과에도 불구하고 40퍼센트의 사람이 정기적으로 계속 사용하는 것이 없다(이것이 중독의 정의다). 예를 들어 90퍼센트 이상의 미국인이 알코올을 섭취하지만 알코올 사용 장애가 생기는 사람은 14퍼센트에 불과하다.[22] 코카인 같은 불법 약물의 경우에도 중독되는 사람이 20퍼센트로 상대적으로 적다.[23]

셋째, 남용되는 약물과 초가공식품이 공유하는 어떤 생물학적 속성이 있다. 양쪽 모두 자연스러운 상태에서 변성시켜 보상 물질이 빨리 흡수될 수 있게 만든다. 흡수 속도는 중독 가능성과 강하게 연관되어 있다. 담배, 코로 흡입하는 코카인, 알코올 한 잔 등이 그 사례다. 흡수 속도를 늦추면 미치는 효과가 달라진다. 예를 들어 마약인 메스암페타민, 즉 필로폰은 집중력이 부족한 아이를 위한 치료제로 사용된다. 그리고 니코틴 패치는 담배보다 중독성이 훨씬 약하다. 뒤에서 살펴보겠지만 진짜 식품에 비해 부드럽고 신속하게 섭취할 수 있다는 점도 초가공식품의 전형적인 특징이다.

넷째, 약물 중독과 식품 중독은 중독, 정신적 외상, 우울증의 가족력 같은 위험 요인을 공유하고 있다. 이는 이런 사람들에게서 초가공식품이 약물과 동일한 기능을 수행하고 있을지도 모른다는 점을 말해 준다.

다섯째, 갈망, 줄이려고 해도 거듭되는 실패, 부정적인 결과에도 불구하고 지속적으로 이루어지는 사용 등 사람들은 초가공식품과 다른 중독성 물질에 대해 비슷한 중독 증상을 보고한다. 그리고 부정적인 결과가 심각하다. 빈약한 식생활은 심한 흡연보다도 많은 사람에게 더 해로운 영향을 미칠 수 있다.

마지막으로 여섯째, 뇌 영상을 보면 식품 중독과 약물 남용 모두에서 보상 신경로에 비슷한 기능장애 패턴이 나타난다. 초가공식품은 중독성 약물과 비슷한 방식으로 보상 및 동기 부여 관련 뇌 영역에 작용하는 것으로 보인다.[24, 25]

초가공식품을 담배와 동일 선상에서 생각하기 어려울 수도 있다. 하지만 초가공식품의 비율이 높은 식생활, 즉 빈약한 식생활은 전 세계적으로 흡연, 고혈압, 혹은 다른 건강 위험보다 사망과 더 밀접하게 연관되어 있으며 전체 사망의 22퍼센트를 차지한다.[26] 이렇듯 위험성이 매우 높기 때문에 초가공식품을 중독 물질로 고려하는 데 따르는 이점이 있을지도 모른다.* 수십 년 전 금연 운동가들이 흡연과 관련해서 그랬던 것처럼, 비만 및 과잉 섭취를 둘러싼 낙인과 죄책감, 비난을 줄이는 것도 도움이 될지 모른다. 이렇게 하면 비만 당사자들이 자기 내면의 개인적 실패를 향하고 있던 시선을 외부로 돌려 해악을 일으키고 있는 산업에 초점을 맞출 수 있다. 그리고 다른 분야에서 사용했던 유용한 정책으로도 시선을 돌릴 수 있다. 예를 들어 담배 규제는 해로운 중독성 물질을 규제하는 방법의 본보기를 제공해준다. 중독성 행동은 규제하거나 나서서 보호해주기 힘든 개인적인 문제에 해당한다. 하지만 중독성 물질을 원숭이 캐릭터를 동원해서 나의 세 살배기 아이에게 마케팅하는 것은 규제가 실패한 사례에 해당한다.

무엇보다 중요한 것은 초가공식품을 중독성 물질로 생각하면 금욕의 문제가 해결된다는 점이다. 식품을 끊는 것은 불가능하다. 하지만 적어도 이론적으로는 초가공식품을 끊는 것이 가능하다. 물론 쉽지는 않을 것이다. 현대 영국인들과 초가공식품의 관계는 1950년대 영국인들과 담배의 관계와 비슷하다.

이런 계시를 받은 나는 당시 임상적 비만에 간당간당하게 걸쳐 있던 잰드도 초가공식품을 끊게 해야겠다고 생각했다. 나는 새로 개종한

- 니콜 아베나는 초가공식품을 담배와 비교하는 것이 공평하다고 생각한다. 하지만 차이가 있다는 점은 인정한다. 담배는 안 피워도 그만이지만 식품은 안 먹을 수 없다는 것이 가장 큰 차이다. 물론 형편상 구할 수 있는 것이 그것밖에 없어서 초가공식품이 필요한 사람도 있지만, 생리학적으로 보면 우리는 초가공식품이 필요 없다. 아베나는 뇌에 미치는 영향을 가지고 따지면 담배와 수많은 초가공식품 제품을 비교하는 것이 가능하다고 생각한다. "초가공식품을 끊기보다 담배를 끊는 게 쉬운 사람이 많을 겁니다." 그리고 몸에 미치는 영향 또한 비슷할지 모른다. "나는 이런 식품이 우리를 죽이고 있다는 사실에 더 많은 관심을 기울일 필요가 있다고 생각해요."

사람이 전도하러 나서는 것처럼 그를 찾아가 대화를 나누었다. 아마도 내 태도가 꽤나 건방지게 느껴졌을 것이다. 하지만 알래스데어 캔트와 대화를 나눈 이후로 나는 더 이상 잰드에게 잔소리를 하지 않고 있었다. 나는 그에게 내가 했던 초가공식품 80퍼센트 식생활을 잠시 해보면 어떻겠냐고 제안했고, 그도 동의했다. 체중 감량이 목표가 아니라 비과학적이기는 하지만 실험이 목표였다. 재미있을 것 같았다. 우리는 BBC 팟캐스트(《식품 중독 Addicted to Food》)을 녹음하고 무슨 일이 일어나는지 지켜봤다. 잰드는 일주일간 초가공식품 80퍼센트 식생활을 하기로 했고, 나는 그를 케빈 홀, 페르난다 라우버, 니콜 아베나, 그리고 다른 몇몇 전문가에게 보내 대화를 해보게 했다. 그들의 이야기를 듣고 그에게도 나와 동일한 효과가 나타나는지 지켜보기로 했다.

한편 나는 여러 가지 증거와 경험을 통해 초가공식품이 해롭다는 것은 확신하고 있었지만, 이제는 그것이 대체 내 몸에 무엇을, 어떻게 하고 있는지 알고 싶어졌다.

초가공식품

Part 3
우리의 몸과 뇌는 어떻게 망가지는가

Chapter 11

초가공식품은 미리 씹어서 나온다

앙토니 파르데Anthony Fardet는 식품의 물리적 구조를 말하는 식품 '매트릭스'에 대해 처음으로 고려한 사람일 뿐 아니라, 현재 살아 있는 그 누구보다도 그것에 대해 진지하게 생각했던 사람일 것이다. 그는 흰머리가 무성한 진지한 사람이다. 아마도 나 정도의 나이가 아닐까 싶다. 그는 프랑스 클레르몽오베르뉴대학교의 사람영양학과Human Nutrition Unit에서 일하는 과학자다. 그가 하는 모든 말은 심오하고 중요해 보인다. 아마도 그가 긴 단어를 많이 사용하는 것도 한몫할 것이고, 프랑스 영화배우의 억양으로 완벽한 영어를 구사하는 것도 한몫할 것이다. "우리는 영양소가 아니라 식품을 먹습니다. 따라서 철학적 관점에서 보면 가장 좋은 것은 전체론holism과 환원주의reductionism의 결합입니다. 저는 경험주의자이자 귀납론자입니다."

나는 나 역시 경험주의적 귀납론자라는 생각이 들었지만 확신할 수가 없어서 나중에 확인해봐야겠다고 마음먹었다. 내가 그에게 전화를 건 이유는 초가공이 식품의 물리적 구조에 어떻게 영향을 미치는지, 그리고 이것이 다시 우리 몸에 어떻게 영향을 미치는지 묻기 위해서였다. 매트릭스의 원리는 꽤 단순하다. 식품은 그저 그 영양소의 합이 아니라는 것이다. 앙토니는 소화계의 목적이 식품 매트릭스를 파괴하는 것이라고 설명했다. 그는 사과를 예로 들었다. 사과에게 아삭아삭하고 단단한 질감을 부여하는 식이섬유는 사과의 무게 중 불과 2.5퍼센트에 불과하다. 나머지 97.5퍼센트는 과즙이다. 식이섬유가 세포와 액체 주변에 배열되어 있는 방식, 그것이 바로 매트릭스다.

이것을 염두에 두고 1977년에 몇몇 과학자들이 사람들에게 과육이 전혀 들어 있지 않은 사과주스(식이섬유가 없음), 사과를 통째로 갈아 만든 스무디, 그냥 사과 덩어리 이렇게 세 가지 형태로 사과를 먹여 보았다. 이들은 참가자들에게 세 유형의 사과를 저녁에 동일한 속도로 먹게 한 다음 각 사과에 대한 포만감, 혈당, 인슐린 수치를 측정해 보았다.[1]

그 결과 사과주스와 사과 스무디 모두 사과를 통째로 먹은 경우보다 혈당과 인슐린 수치가 더 높게 치솟았다가 먹기 전보다 더 낮은 수치로 떨어졌다. 이런 당붕괴$^{sugar\ crash}$(단당류를 많이 먹은 후에 혈당이 급격하게 상승했다가 급격하게 떨어지는 현상—옮긴이) 때문에 모든 참가자가 여전히 허기를 느꼈다. 반면 사과를 통째로 먹은 경우에는 혈당이 천천히 올랐다가 기준치 수준으로 다시 돌아왔다. 당붕괴가 일어나지 않았고, 포만감도 몇 시간 지속됐다. 우리 몸은 사과를 먹었을 때의 당분 부하$^{sugar\ load}$를 정확히 관리할 수 있게 진화했지만, 과일주스는 상대적으로 최근에 생긴 발명품이라 관리가 제대로 안 되는 듯 보였다.•

보통 15퍼센트 정도가 당분으로 이루어진 사과주스는 청량음료와 아주 비슷하게 작용한다. 하지만 사과 스무디는 식이섬유를 비롯해서 사과의 모든 구성 요소를 포함하고 있고, 섭취하기 직전에 만든 것인데도 마찬가지 작용을 보인다. 식이섬유도 중요하지만 핵심은 사과의 매트릭스 구조다.

코코팝을 예로 들어보자. 이 제품은 바삭바삭하다는 인상을 주고, 실제로 일부는 바삭바삭한 상태로 머문다. 적어도 한동안은 그렇다. 하지만 한 입, 한 입 떠먹다 보면 질척거리는 전분 덩어리로 변한다. 코코팝과 우유가 독특한 질감의 액체를 형성한다. 일단 부드럽다. 부드러움은 케빈 홀이 초가공식품에서 확인한 거의 보편적인 특성 중 하나다.•• 부드러움은 제조 방식 때문에 생겨난다. 산업적으로 변성시킨 식물 성분과 기계로 뼈에서 발라낸 고기를 완전히 가루로 만들고 압출해서 힘줄, 섬유소, 리그닌의 섬유 구조를 모두 파괴한다. 이렇게 해서 남은 것을 다시 조립해서 공룡 모양, 알파벳 글자 모양, 혹은

• 이유식은 주로 과일로 만든 퓌레인데, 이런 이유로 당분 함량이 대단히 높다. 돈만 많이 들 뿐 불필요한 방식이다.
•• 물론 바나나, 토마토, 베리류처럼 초가공식품보다 더 부드러운 '진짜' 식품들도 존재한다. 하지만 이런 식품들은 매트릭스가 여전히 보존되어 있다. 이들이 베리 퓌레, 토마토 분말 등 가공을 통해 매트릭스가 파괴되어 초가공식품의 성분이 되면 그 전보다 훨씬 더 부드러워진다. 요구르트에 바나나가 통째로 들어가는 경우는 절대 없다. 케첩에도 토마토가 통째로 들어가지 않는다. 블루베리는 사과와 마찬가지로 스무디로 바꿔서 먹었느냐 통으로 먹었느냐에 따라 다르게 작용한다.

프링글스 감자 스낵의 쌍곡포물선 모양으로 만들어낸다.

우리는 마케팅에 길들여져서 처음에는 바삭함, 튀긴 쌀의 톡톡 터지는 느낌, 변형된 튀긴 감자 분말 칩의 부서지는 느낌을 인식하지만 이런 느낌은 곧바로 사라진다. 몇 초만 지나면 우리 입안에는 곤죽밖에 남지 않지만 건조한 스펀지를 채워 넣은 젤리나 수프 속에 들어 있는 진짜 채소 덩어리 등으로 교묘한 식감을 만들어내어 곤죽밖에 남지 않았다는 사실을 숨긴다.

맥도날드나 버거킹 혹은 여느 초가공식품 공급업체에서 나오는 햄버거는 이런 착각을 보여주는 또 하나의 완벽한 사례다. 첫 한 입을 베어 물었을 때 느껴지는 일련의 식감이 보상과 만족감을 준다. 달콤한 빵은 크림과 스펀지 같은 매트릭스 위에서 건조하고 바삭바삭한 식감을 내주고, 패티는 고무 같은 쫄깃함과 바닷물처럼 짭짤한 맛을 낸다. 그리고 오이 피클과 양파는 아삭거리는 식감을 내고, 겨자가 3차 신경을 간질이고, 케첩의 산성이 이 모든 경험을 돋보이게 한다. '스펀지 같은', '고무 같은', '아삭거리는 식감'이라고는 하지만 사실 모두 솜털처럼 부드럽다. 그래서 1분도 안 돼서 햄버거 하나를 거의 흡입하듯 뚝딱 해치울 수 있다. 그리고 하나 더 먹어야 한다. 아직 배가 고프기 때문이다.●

왜 그럴까? 리라가 코코팝 한 그릇을 뚝딱 해치운 이후에도 여전히 배가 고팠던 것과 같은 이유 때문이다. 우리에게 "이제 그만 먹어"

● 부드러움이 문제가 된다는 주장을 뒷받침하는 증거에 따르면 초가공식품은 자연식품이나 최소가공식품에 비해 먹는 속도가 훨씬 빠르다. 즉 분당 섭취하는 칼로리양이 더 많아진다는 뜻이다.

라고 말해주는 신호는 이렇게 부드럽고 소화가 쉬운 음식을 감당하도록 진화하지 않았다. 이런 음식은 너무 부드러워서 사실상 미리 씹어서 나온 것이나 마찬가지다. 그래서 초가공식품은 긴 내장을 통과하며 천천히 소화되어 포만 호르몬의 분비를 자극하지 못하고, 너무 빨리 흡수되다 보니 내장에서 뇌에게 이제 그만 먹으라는 신호를 보내는 부위에 도달하지도 못한다.

초가공식품 식생활 실험을 하는 동안 나는 빵에서 그런 부드러움을 가장 극명하게 느꼈다. 진짜 빵 캠페인(더 나은 식품과 농업을 추구하는 비영리단체 서스테인Sustain에서 진행)에서 오랫동안 지적해왔듯이 영국에서는 진짜 빵을 찾기가 어렵고 아주 비싸졌다. 수제 빵집은 제빵 시장의 5퍼센트에 불과하며 초가공식품이 아닌 빵을 구입할 수 없는 곳이 많다. 사워도우 빵은 물, 소금, 야생 효모(자연에서 분리한 효모—옮긴이), 밀가루만 들어가야 하는데 슈퍼마켓에서 사워도우라고 주장하는 제품을 보면 사실은 '가짜 사워도우'인 경우가 많다. 이런 빵에는 팜유와 상업용 효모 등 성분이 무려 15가지나 들어가 있다.[2]

구할 수 있다면 호밀빵이나 진짜 사워도우를 슈퍼마켓에서 파는 빵과 비교해보면 좋다. 여러 해 동안 나는 호비스 멀티그레인 시드 센세이션스Hovis Multigrain Seed Sensations 제품을 구입해서 먹었다. 그 성분 목록은 다음과 같다. 밀가루, 물, 혼합씨앗(13퍼센트), 밀 단백질, 효모, 소금, 콩가루, 맥아 보릿가루, 그래뉴당, 보릿가루, 방부제: E282 프로피온산 칼슘, 유화제: E472e(지방산의 모노글리세라이드 및 다이글리세라이드의 모노아세틸 및 디아세틸 타르타르산 에스테르), 캐러멜화 설탕caramelized sugar, 보리 섬유, 밀가루 개량제: 아스코르브산.

이런 빵 중에는 저단백 밀가루를 사용한 다음 추출 밀 단백질을 나중에 첨가하는 경우가 많다. 그러면 제품의 점성을 쉽게 통제할 수 있기 때문이다. 이런 성분은 필요한 시간과 제빵사의 숫자를 줄여 비용을 절감해주고, 절감된 비용은 소비자에게 돌아간다. 진짜 사워도우 한 덩어리의 가격은 3~5파운드(한화 약 5,000~8,000원)다. 반면 이 글을 쓰는 시점에 세인즈버리에서 나온 제일 저렴한 빵 한 덩어리의 가격은 36펜스(한화 약 600원), 호비스에서 나온 것은 95펜스(한화 약 1,600원)다.

하지만 다양한 가공 과정과 처리제 덕분에 그램 단위로 따지면 나는 호비스 빵 한 장을 초가공식품 햄버거보다 더 빨리 먹을 수 있다. 입안에서 빵은 목구멍으로 쉽게 넘길 수 있는 점액질 덩어리로 해체된다. 반면 더스티 너클 포테이토 사워도우Dusty Knuckle Potato Sourdough[한 제공업체에서 나온 제품의 가격은 5.99파운드(한화 약 9,900원)]는 먹는 데 1분이 넘게 걸리고 씹느라 턱이 피곤해진다.

하지만 초가공식품 빵을 먹고는 턱이 피곤해질 일이 없다. 초가공식품은 별로 씹지 않아도 먹을 수 있다는 사실로 현대에 들어 치과 문제가 많아진 이유를 설명할 수 있을지도 모른다. 영국과 미국에서는 12세 아동의 3분의 1 정도가 피개교합overbite이다. 피개교합이란 얼굴에 비해 턱이 너무 작은 경우를 말한다. 그래서 요즘에는 교정 치료가 필요한 아이들이 많아졌다. 나도 같은 이유로 아래쪽 사랑니를 발치했다. 초가공식품 논문들을 살펴보면서 나는 이것이 현대 생활에서 흔히 발생하는 문제임을 깨닫게 됐다. 머리뼈 증거를 보면 산업화 이전의 농부들은 섭취하는 탄수화물의 양이 많아지면서 충치나 치성 농양dental abscess(치수가 생활력을 상실해서 치아 뿌리를 둘러싸고 있는 뼈로 급성 염증이 진행되는 것—옮긴이)의 사례가 많아졌지만, 사랑니에 생긴 경우는 5퍼센트 미만이었다. 반면 현대의 인구 집단에서는 그 비율이 70퍼센트에 이른다.[3, 4]

이런 일이 일어나는 이유는 현대인의 얼굴, 특히 턱뼈가 선조들보다 훨씬 작기 때문이다. 변화는 갑작스럽게 일어났다. 호주 원주민 중에는 1950년대에 갑자기 현대식 식생활로 전환한 사람이 많은데, 이들은 불과 100년 전의 선조보다도 턱뼈의 크기가 훨씬 작다.[5-7] 현대 핀란드인의 턱뼈는 유전적으로 지극히 유사한 고대의 선조보다 6퍼센트 작다.[8]

안면 축소가 일어나는 이유는 테니스 선수가 주로 사용하는 팔의 뼈 밀도가 더 높은 이유와 같다. 메리로즈호(1545년에 침몰했다가 1982년에 인양된 16세기 영국 함선—옮긴이)에서 발견된 사람의 유해가 긴 활 궁수였음을 확인할 수 있었던 것도 팔뼈의 크기와 밀도 덕분이었다.[9] 뼈는 돌이 아니다. 뼈는 자신에게 가해지는 스트레스에 따라 끊임없이 흡수와 재형성을 통해 개조되는 살아 있는 조직이다. 얼굴과 턱뼈도 예외가 아니다. 많이 씹으면 그만큼 성장한다.

실제로 한 연구에서 그리스의 아동 집단을 대상으로 하루에 두 시간씩 딱딱한 레진 검을 씹게 해서 그 효과를 살펴본 적이 있다. 연구가 끝날 즈음 확인해보니 검을 씹었던 아동은 무는 힘이 더 강해졌을 뿐만 아니라, 턱뼈와 광대뼈의 길이도 유의미하게 길어져 있었다.[10]

나는 이 글을 모두 읽은 후에 리라의 작은 턱과 치아를 들여다보았다. 위쪽 앞니가 아래쪽 앞니보다 훨씬 앞으로 튀어나와 있었다. 이게 정상인가? 21세기 영국의 치과의사라면 사람의 치열이 어떤 모양이어야 하는지 알고 있을까? 이미 너무 늦은 것은 아닐까? 아이가 평생 정말 무엇 하나 제대로 씹어보기는 했을까? 나는 아이의 담당 치과의사에게 대니얼 리버먼Daniel Lieberman이라는 하버드대학교 교수의 과학논문, 「식품 가공이 하악후퇴성 얼굴의 저작 압력과 두개안면 성장에 미치는 영향Effects of food processing on masticatory strain and craniofacial growth in a retrognathic face」을 보여줘야겠다고 마음먹었다. 그리고 나서는 아이가 간식으로 먹을 당근을 좀 샀다.

부드러움이 칼로리 섭취라는 측면에서도 문제가 될 수 있음을 암시하는 과학적 증거가 많이 나와 있다. 케빈 홀의 비가공식품 대 초가공식품 실험에서 참가자는 초가공식품의 감각적 매력이 특별히 더 높지는 않다고 보고했다. 두 식단 모두 맛있고 배가 불렀다. 하지만 이들은 초가공식품으로 식사를 하는 기간에는 하루에 평균 500칼로리 정도를 더 먹었다.

홀이 관찰한 바에 따르면 두 식단이 미치는 영향에서 가장 큰 차이는 사람들이 초가공식품을 더 빨리 먹는다는 점이었다. 그리고 대부분의 초가공식품은 부드러울 뿐만 아니라 건조하다. 즉 칼로리 밀도가 높다는 의미다. 물은 에너지를 비롯해서 모든 것을 희석한다. 고기, 과일, 채소는 일반적으로 수분 함량이 대단히 높다.

건조함은 초가공식품에서 대단히 중요하다. 식품 안에서 미생물이 성장하지 못하게 막는 핵심적인 방법 중 하나이기 때문이다. 이런 특성은 초가공식품의 유통기한을 터무니없을 정도로 늘려서 수익성을 높이는 데도 기여하고 있다. 초가공식품은 좀처럼 부패하지 않는다.

맥도날드 햄버거를 보관해두었는데 몇 년이 지나도 썩지 않았다는 이야기가 신문에 자주 등장한다. 맥도날드 캐나다는 자기네 입장을 밝힘으로써 괜히 스캔들에 반응해서 주목을 끄는 우를 범하지 말라는 스캔들 대응의 첫 번째 규칙을 깨뜨리고 말았다. "맥도날드의 햄버거, 감자튀김, 치킨도 다른 식품들과 비슷해서 특정 조건 아래서는 실제로 부패합니다."[11]

기업에서 마케팅으로 자기네 식품도 썩을 수 있다고 필사적으로 주장하며 내가 할 일을 대신해주는 경우는 참 드물다. 하지만 그들이 한 말 자체는 옳다. 이런 식품이 잘 썩지 않는 것은 화학 방부제가 잔뜩 들어 있어서라기보다는 초가공식품의 건조함과 관련이 더 깊다.

초가공식품은 부드러운 데다 칼로리 밀도까지 높기 때문에, 홀의 실험에서는 비가공 식단을 먹을 때보다 초가공식품을 먹을 때 평균적으로 분당 17칼로리를 더 섭취했다.● 이 연구 결과는 1일 에너지 섭취량을 줄이는 데 식품의 에너지 밀도가 결정적인 역할을 한다고 보여준 바버라 롤스Barbara Rolls의 연구와 일맥상통한다.[12-14]

꼼꼼하게 통제된 수십 편의 연구를 통해 롤스와 동료들은 에너지 밀도가 더 높은 식품과 식단이 에너지 섭취와 체중 증가를 촉진한다는 것을 거듭해서 입증해 보였다. 이런 효과는 식품의 맛이나 영양소 함량과는 독립적으로 나타나는 것으로 보이며, 남성과 여성, 과체중인 사람과 건강 체중인 사람, 아동과 성인 모두에서 단기와 장기 모두

● 비가공 식단의 식품들은 조리 등의 가공 과정을 거쳤지만 이 연구에서는 비가공 식단이라 부르고 있다.

에 적용된다. 이것은 영양과 관련해서 확실하게 입증된 사실 중 하나다.[15, 16] 그리고 어쩌면 가장 중요한 부분은 에너지가 지방에서 왔는지, 탄수화물에서 왔는지는 중요하지 않다는 점이다. 칼로리 섭취에서 더 중요한 결정 인자는 에너지 밀도다.

식사를 빨리하면 더 많이 먹고, 체중이 증가하고, 대사질환에 걸릴 위험이 높아진다는 것을 보여주는 연구도 많이 나와 있다.[17] 음식을 먹는 속도에는 무엇을 먹느냐도 부분적으로 영향을 미친다. 입에서 처리하는 데 시간이 많이 걸리는 식품은 포만감이 더 크다.[18-20] 하지만 유전학에 의해 결정되는 부분도 있다. 구스토GUSTO, Growing Up in Singapore Towards healthier Outcomes 연구는 더 빨리, 더 오래 먹는 아동은 비만이 생길 가능성이 더 높다는 것을 보여주었다. 연구자들은 이것을 '비만 유발 식습관'이라고 설명했다.[21] 유니버시티칼리지 런던의 쌍둥이 연구 과학자 클레어 루엘린은 이런 섭식 유형이 유전적이며 높은 BMI와 관련이 있음을 보여주었다.[22] '빨리 먹기' 유전자가 일부 사람을 초가공식품의 부드러움에 특히 취약하게 만들 가능성이 있다.

또 다른 연구에서는 참가자들에게 두 종류의 초콜릿 밀크셰이크를 먹여보았다. 하나는 걸쭉하고 점성이 높고, 다른 하나는 묽었다. 양쪽 밀크셰이크 모두 영양학적으로는 동일하고 맛과 에너지 밀도도 동일했다. 참가자들이 원하는 만큼 마실 수 있게 해주었다. 그 결과 묽은 셰이크가 걸쭉한 셰이크보다 칼로리 섭취량이 47퍼센트 더 많았다. 하지만 참가자들에게 동일한 속도로 마시게 하자 전체적으로는 각각의 셰이크를 마신 양이 같았다.[23]

한 입 먹을 때 씹는 횟수는 식품의 섭취 속도와 먹는 양에 영향을 준다. 씹는 횟수를 조절하는 것이 칼로리 섭취를 줄이는 좋은 방법으로 보일 수도 있겠지만 이는 원인과 결과를 혼동하는 것이다. 식품 섭취 속도는 식품과 유전학에 의해 결정된다는 것을 기억하자. 이것은 의식적인 결정으로 이루어지는 행동이 아니다. 식사 속도가 느리거나 빠른 옆 사람과 보조를 맞춰 먹으려고 해본 사람은 이것이 얼마나 어려운 일인지 알 것이다.

초가공식품의 섭취 속도가 건강에 영향을 미친다는 증거는 많다. 하지만 내가 걱정하는 부분은 누군가가 이것을 다른 종류의 초가공식품을 만들 기회로 보지 않을까 하는 점이다. 섭취 속도를 늦추는 질감을 가진 초가공식품 말이다. 2020년에 나온 한 리뷰 논문에서는 영국, 싱가포르, 스위스, 네덜란드의 327가지 식품을 대상으로 에너지 섭취 속도를 측정한 다섯 개의 연구 데이터를 분석했다.[24] 그 결과 비가공식품에서 가공식품, 초가공식품으로 넘어가면서 1분당 섭취 칼로리 수치도, 36에서 54, 69칼로리로 늘어나는 것으로 나왔다. 연구자들은 이렇게 결론 내리고 있다.

> 산업식품 가공은 식품 환경에서 접하는 형태와 식감에 전면적인 변화를 적용할 기회를 제공해준다. 그리고 에너지 밀도를 줄이는 새로운 제조법과 결합하면 식품 공급 체계 안에서 에너지 섭취 속도, 에너지 밀도, 영양소 밀도를 전반적으로 개선하는 데 사용할 수 있다. (중략) 식품 가공업체의 앞으로의 도전은 섭취 칼로리당 최적의 만족도로 소비자가 느끼는 매력을 유지하면서 에너지 과잉 섭취를 부추길 가능성을 낮추는 제품을 개발하는 것이다.

나는 이 말이 마음에 들지 않았다. 뭔가 빗나간 듯한 느낌이 들었다. 식품 가공 기술을 통해 에너지 밀도가 더 높고 더 빨리 먹을 수 있는 식품을 만드는 방법을 확립해놓고, 식품에서 이 두 가지 측면이 비만을 만드는 핵심 요인으로 보이자 자연식품으로 돌아가자고 제안하는 대신 오히려 더 많이 가공하자는 주장을 펼치고 있는 것이니 말이다. 이런 '고도가공hyper-processing'이 초가공의 문제에 대한 해결책이 되어 줄 것 같지는 않다.

이것을 '앞으로의 도전'이라고 표현하는 것도 이상하다. 1990년대에 수행된 연구들 이후로 식품업계에서는 섭취 속도와 칼로리 섭취량 증가 사이의 상관관계를 보여주는 데이터에 대해 잘 알고 있었으니까 말이다.[25]

논문에서는 이해 충돌이 없다고 아주 분명하게 밝히고 있었지만 저자 중 한 명인 키어런 포드는 수십억 달러 규모의 초가공식품 제조업체인 케리 그룹의 과학자문위원회에 소속되어 있었고, 또 한 명의 저자 키스 드 그라프Kees de Graaf는 센서스Sensus(식품 원료인 이눌린과 올리고 과당을 제조하는 회사)의 이사회 소속이었으며, 세 명의 저자 모두 식품과 영양 제품을 생산하는 회사가 후원하는 모임에서 연설을 하고 대가를 받았다는 점도 걱정됐다. 초가공식품 제조회사의 과학 자문위원으로 활동하면서 식품 가공에 대한 논문을 쓰는 것은 분명 이해 충돌에 해당한다(그 자문위원 활동을 공짜로 해주는 것이 아니라면).

다음 해에 키어런 포드가 저자로 이름을 올린 한 논문에는 "저자들은 이해 충돌이 없다"라고 밝히는 문구가 들어가 있지만 당시 그는 케리 그룹의 자문위원이었을 뿐 아니라 동일 논문에 따르면 애보트 뉴트리션Abbott Nutrition, 네스텍(네슬레의 자회사), 다농으로부터 연구 자금을 지원받는 학술 컨소시엄에도 참여하고 있었다.

하지만 내가 보기에는 먹기 어려운 초가공식품을 만드는 전략이 먹힐 것 같지 않다. 담배 제조업체에서는 덜 위험한 담배를 가공하기 위해 여러 해에 걸쳐 큰 노력을 기울여왔다. 그래서 작은 통풍구를 추가해 흡연자가 들이마시는 연기의 양을 줄이려고 했지만 흡연자들은 거기에 대응해서 그냥 더 세게 빨아들였다. 우리가 중독성 제품을 소비하는 이유는 감각적 쾌락을 얻기 위해서다. 그리고 어떤 물질을 중독성 물질로 만들 때 중요한 부분은 체내 흡수 속도를 높이는 것이다.[26] 만약 섭취 속도를 낮추면 분명 감각적 쾌락이 줄어들 것이고, 그 제품은 예전만큼 잘 팔리지 않을 것이다. 초가공식품이 부드러운 것은 우연이 아니다. 그렇게 해야 판매량을 최대로 늘릴 수 있기 때문이다.

식품업계의 반발 때문에 쉽지는 않겠지만, 부드러움과 에너지 밀도에 대해 경고하는 식품 라벨을 붙여야 한다. 이 주장을 뒷받침하는 증거는 많다.

Chapter 12

초가공식품은
수상쩍은 냄새가 난다

향미료를 시시하게 생각할 수도 있겠지만 인공향미료가 비만과 과잉 섭취 문제를 일으킨다고 생각하는 사람들이 있다. 식생활 실험을 한 이후로 '향미료'는 내가 식품을 구입할 때 무엇보다도 열심히 피하는 단어가 됐다. 향미료는 그 식품이 초가공식품임을 말해주는 신호이며, 식품을 만드는 데 향미료가 필요하다는 것은 초가공식품이 우리에게 해를 입히는 방식에 대해 많은 것을 말해준다.

　냄새에 관한 과학 문헌은 건강 및 비만에 관한 논문들과는 거리가 있고, 대부분 자체적인 학술지에 국한되어 발표된다. 이런 논문들은 심리학자가 쓰고, 철학자와 요리사가 공동 연구하는 경우도 종종 있다. 배리 스미스Barry Smith는 이 연구에 크게 기여하고 있으며 감각연구센터Centre for the Study of the Senses의 책임자이자, 철학자 겸 와인 전문가 겸 방송인 겸 식품과학자다.

 나는 그의 사무실에서 그를 만났다. 사무실은 영국박물관 후문의 양옆을 지키고 있는 두 개의 거대한 석회암 사자 조각상을 건너편에서 마주 보고 있었다. 내가 안으로 들어가자마자 배리는 벽에 걸려 있는 베니스의 초현실주의 그림으로 내 감각을 실험하기 시작했다. 패트릭 휴스$^{Patrick\ Hughes}$의 그림이었다. 그림 앞을 지나가니 캔버스 위로 피라미드처럼 튀어나와 있는 건물 가장자리 너머와 운하가 보였다. 물리적으로 관람객에게 제일 가까운 부분이 제일 멀리 떨어져 있는 것처럼 보이고, 이동하면 움직이는 것처럼 보이는 불편한 착시 현상이었다.

 배리가 설명해줬다. "'역원근^{reverspective}'이라고 합니다. 이것의 작동 원리는 밝혀지지 않았어요." 그러고 나서 배리는 시선수렴$^{convergent\ gaze}$, 대향시각$^{subtended\ visual\ angles}$, 시차^{parallax}, 심도 지각에 대한 뇌의 정보와 가까이 또는 멀리 있는 것에서 일어나는 일 사이의 긴장감 등에 대해 말했다. 이 그림은 그의 전문 분야를 잘 대변해주고 있었다. 그는 세상에 대한 우리의 의식적 경험이 물리적, 객관적 실재와 얼마나 관련이 적은지를 다룬다. 배리 자신도 끊임없이 착각을 만들어낸다. 그는 험담 없이 험담을 하고, 진지하게 농담을 하고, 이해할 수 없는 것을 이해시킨다. 그리고 그는 초가공식품을 만드는 회사들을 돕기도 했다. 초가공 전문가로 활동하면서 식품 제조업체에게 우리의 감각(감각은 우리가 한때 생각했던 것만큼 확실하지 않다)과 우리가 그것을 이용해서 식품을 즐기는 방식 사이의 상관관계를 최대로 이용하는 법에 대해 자문해주었다.

실험 재료인 와인과 초콜릿에 둘러싸인 채 배리는 청각이 향미에 영향을 미치고, 후각이 미각에 영향을 미친다고 설명했다. 엄밀하게 말하면 냄새 분자인 바닐라를 아이스크림에 첨가하면 설탕을 더 넣지 않아도 맛이 더 달게 느껴진다. 그는 이렇게 말했다. "후각은 심지어 촉각에도 영향을 미칩니다. 사과 향기 샴푸를 사용하면 다른 샴푸를 썼을 때보다 머리카락이 더 윤기 나는 것처럼 느껴집니다."

식품을 만드는 회사에서는 미각, 후각, 향미가 우리 머리와 뇌 속에서 함께 뒤섞인다는 사실을 활용한다. 배리가 와인 분야의 사례를 들었다.

2001년에 나온 논문 「냄새의 색깔The color of odors」에서 보르도대학교 양조학부의 연구진은 54명의 와인 전문가를 대상으로 실험을 진행했다. 각각의 참가자에게 레드와인 한 잔과 화이트와인 한 잔, 총 두 잔의 와인을 제공하고 그 맛에 대해 설명해달라고 했다. 전문가들은 화이트와인에 대해서는 꿀, 레몬, 리치lychee(열대 과일의 한 종류—옮긴이), 복숭아, 귤 등의 맛을 가지고 있다고 묘사한 반면, 레드와인에 대해서는 까막까치밥나무 열매blackcurrant, 석탄, 초콜릿, 계피, 붉은까치밥나무 열매red currant, 타르, 산딸기, 자두, 체리의 맛이 난다고 묘사했다.

그런 다음에 또다시 레드와인과 화이트와인을 제공했다. 하지만 전문가들 중 그 누구도 알아차리지 못한 부분이 있었다. 그들이 이번에 맛본 레드와인은 사실 화이트와인을 앞에서 맛보았던 레드와인과 같은 병에 담아서 준 것이었다. 다만 향기가 없는 붉은 식용색소를 첨가했다는 것이 딱 한 가지 차이였다. 전문가들은 와인의 색에 따라 향미를 묘사했다. 그래서 붉은색 화이트와인에 대해서는 진홍색, 검은색,

갈색 물질을 묘사하는 용어를, 화이트와인에 대해서는 옅은 색, 노란색 물질을 묘사하는 용어를 사용했다. 와인을 좀 마신다는 사람이라면 화이트와인과 레드와인의 맛을 가려낼 수 있다고 자신하겠지만 심지어 전문가라는 사람들도 이런 착각에 빠지고 말았다. 와인의 향기와 맛을 인식할 때 색이 지배적인 영향력을 발휘하기 때문이다. 이것은 우리의 감각이 상호작용하기 때문에 일어난다. 이 연구는 자기가 무엇을 먹고 있는지 판단할 때 냄새보다 색이 더 강력한 역할을 한다는 것을 암시한다.●

세심하게 준비한 조건 아래서 와인 전문가를 속일 수 있다면 당신과 나도 얼마든지 속아 넘어갈 수 있다. 배리는 아이스크림에 사용하는 자기가 좋아하는 감각 속임수에 대해 얘기해주었다. "냉동고에서 꺼낸 아이스크림 바를 집어 들고 포장을 찢으면 아무 냄새도 나지 않습니다. 너무 차가우니까요. 그래서 많은 회사에서 우리가 잡아 찢는 포장지에 캐러멜 향기를 첨가합니다."

이 향기 때문에 포장지를 여는 감각적 단서에 반응해서 우리의 도파민 보상 체계가 갈망을 일으킨다. 이것은 또한 우리가 아이스크림 바에 든 초콜릿과 캐러멜을 더욱 강하게 경험하도록 만들어준다. 배리는 이런 종류의 속임수는 괜찮다고 생각한다. "유도^{leading}하는 것과

● 이 연구진 중 한 명인 프레데리크 브로셰^{Frédéric Brochet}는 지금은 학계를 떠나 와인을 만들고 있다. 브로셰가 진행한 또 다른 유명한 연구에서는² 참가한 전문가들에게 중간급의 보르도 와인을 싸구려 와인임을 암시하는 라벨이 붙은 병에 담아 제공했다. 그리고 그다음 주에는 동일한 참가자들에게 똑같은 와인을 몇 배 더 비싼 그랑 크뤼^{grand cru} 와인임을 보여주는 라벨이 붙은 병에 담아서 제공했다. 그 결과 기대가 실제 감각적 경험보다 우선한다는 것을 확인할 수 있었다.

오도misleading하는 것은 큰 차이가 있죠. 냉동한 아이스크림 바의 경우 그 향기는 당신을 유도해서 실제 캐러멜과 초콜릿을 기대하게 만들어 줍니다. 하지만 감각적 경험을 오도하는 경우도 있죠. 식물성 제품에서 고기 냄새가 나게 한다거나, 지방을 인공향미료나 수지로 대체하는 경우입니다. 이런 성분은 있지 않은 것이 있는 것처럼 느끼게 만들죠. 여기서부터는 문제점이 보이기 시작합니다."

배리는 초가공식품이 우리에게 하는 감각적 거짓말에 대해 얘기하기 시작했다. 하지만 이런 거짓말을 이해하려면 먼저 그에게 후각, 미각, 향미의 과학에 대해 배워야 했다. 감각 자체처럼 감각을 표현하는 언어도 뒤죽박죽 뒤섞여 있기 때문이다. '맛taste'과 '향미flavor'라는 단어는 식품에 대한 통합된 지각 경험을 묘사할 때 동일한 의미로 사용된다. 하지만 과학 용어에서 향미는 미각과 후각 모두를 의미하며, 향미 분자는 코에 있는 수용기뿐만 아니라 입과 목구멍에 있는 미각수용기를 통해서도 감지된다. 따라서 과학적으로 보면 들어간 설탕의 양이 같고 '향미료'는 다른 두 사탕은 맛은 동일하지만(단맛), 냄새는 다르다.● 헷갈린다고? 걱정할 필요 없다.

향미부터 시작해보자. 향미가 존재하는 이유가 무엇이냐는 질문은 그것이 어디에 존재하느냐는 질문에서 시작해야 한다. 향미는 뇌가 미각, 후각, 촉각에서 오는 입력을 한데 합할 때 생겨난다. 우리는 식

● 식품을 입안에 넣고 씹으면 거기서 나온 분자가 입 뒤쪽에서 코를 타고 올라간다. 이렇게 코 뒤쪽에서 나오는 후비향retronasal smell은 맛처럼 느껴지며, 이런 종류의 냄새가 '입안'에서 나는 것처럼 경험하지만, 사실은 그렇지 않다. 이것이 향미에 크게 기여한다. 코를 클립으로 막고 먹으면 두 사탕은 똑같이 단맛이 날 것이다. 하지만 코를 막고 있던 클립을 제거하면 향기가 입에서 코로 이동해서 서로 다른 과일의 향미를 맛보게 된다.

품을 먹을 때 눈, 귀, 코, 혀, 입술에서 오는 정보를 이용해서 향미라는 인상을 만들어낸다. 우리 얼굴에 있는 뼈와 근육은 아사삭 씹어 먹을 때의 진동과 쫄깃한 음식에서 나오는 저항감을 감지한다. 입안에 있는 감각수용기는 침 속의 화학적 변화와 기름과 분말 성분에서 생기는 마찰력의 변화를 감지한다. 그리고 당연히 우리는 이 모든 것을 지난번 그 음식을 먹었던 경험, 혹은 어제 본 광고에서 생긴 기대와 기억(의식적, 무의식적 모두)과 합친다.

이렇게 통합된 감각계는 생태계로부터 에너지를 뽑아내기 위한 수십억 년의 군비경쟁이 만들어낸 산물이다.

후각의 가장 중요한 역할은 안전하고 영양 많은 식품을 고르고, 독성이 있는 위험한 식품을 피하는 것이다. 후각은 무언가가 먹기에 안전한지 알려주는 조기 경보 시스템 중 하나다. 무언가를 입에 넣어 맛볼 즈음에는 이미 너무 늦을 수 있지만, 입안에도 뒤쪽에 쓴맛 수용기라는 안전 그물망이 존재한다. 이것에 대해서는 곧 알아보겠다. 요즘에는 슈퍼마켓을 통한 전 세계 공급망 덕분에 사시사철 언제든 먹을 수 있는 잘 익은 과일에 익숙해져 있지만, 열대우림에서는 상황이 그렇지 못하다. 과일에는 다양한 수준의 독이 들어 있으며, 과일을 먹을 수 있는 시간은 상당히 짧다. 보통 이 시간은 식물이 동물로 하여금 자신의 열매를 먹게 해서 그 안에 들어 있는 씨앗을 퍼뜨려주기를 원하는 시간이 언제인지에 따라 결정된다. 후각은 시간을 들여 독이 들어 있는 무언가를 입안에 직접 넣어 맛보아야 하는 수고를 덜어준다. 하지만 배리의 지적대로 때로는 무언가를 입안에 넣고 씹기 시작한 후에야 그것이 상했음을 깨닫는 경우도 있다.

세상 거의 모든 물질에서 그 물질만의 독특한 휘발성 분자 표지가 증발되어 나온다. 후각이란 결국 코에 들어 있는 수용기를 이용해서 이런 분자들을 감지하는 것이다. 그리고 이것은 놀라울 정도로 정확하다.● 우리가 1만 가지 서로 다른 냄새를 감지할 수 있다는 말을 흔히들 하는데 틀린 소리다. 이것은 너무 과소평가한 수치다. 2014년의 한 연구에서[3, 4] 서로 다른 냄새의 매트릭스를 이용해서 사람들을 시험했는데, 1조 개 이상의 잠재적 화합물을 구분할 수 있는 것으로 추정됐다. 그러니까 1조 개의 화합물 중 두 개를 골라 냄새를 맡아보고 "이건 냄새가 다르네"라고 말할 수 있다는 의미다.●●

　이런 수준의 정확성을 위해서는 많은 양의 유전 정보가 필요하다. 후각수용기 유전자군은 포유류의 유전체에서 가장 큰 군을 이루고 있고, 다른 어떤 종의 다른 어떤 유전자군보다도 크다. 우리가 이렇게 많은 유전자를 가지고 있는 이유 중 하나는 화학의 기본적인 문제 때문이다. 냄새 분자들은 서로 아주 다르고, 속성도 아주 다르다. 그에 반

● 후각의 작동 원리: 콧구멍을 통해 들이마신 공기와 입 뒤에서 올라오는 공기가 긴 뼈 용기를 지나 후각 상피로 향한다. 이곳에서는 뼈를 뚫고 나온 후각신경이 점액이 덮인 부드러운 피부로 들어가 흡입된 공기와 접촉한다. 후각계는 뇌가 자신의 신경을 탐사선처럼 환경으로 직접 내보내는 유일한 사례다. 이 신경은 수백 가지 서로 다른 수용기로 뒤덮여 있다. 이 수용기는 작은 주머니들이 달려 있는 단백질이다. 공기 속에 들어 있는 냄새 분자들이 이 수용기와 결합해서 정보를 뇌로 보내면, 뇌가 정보를 해독한다(몇백 개의 수용기를 이용해서 수조 개의 냄새를 감지하는 것은 코딩의 문제다). 각각의 냄새 분자는 하나 이상의 수용기와 결합하고, 각각의 수용기도 여러 가지 냄새 분자와 결합한다. 그리고 시간에 따라 다른 강도로 결합하기 때문에 한 수용기가 한 냄새 분자하고만 결합할 때보다 훨씬 다양한 가능성을 코딩할 수 있다.

●● 구분 가능한 화학 자극, 즉 냄새의 실제 수는 1조 개보다 훨씬 많을지도 모른다. 우리는 개별 분자를 구분할 수 있을 뿐만 아니라 30가지 서로 다른 분자의 혼합물도 구분할 수 있다. 그리고 동일한 분자로 이루어진 혼합물이 비율만 살짝 달라도 구분할 수 있다.

해 미각수용기는 각각의 수용기가 비슷한 분자의 비슷한 속성을 감지하기 때문에 종류가 별로 없다. 사람의 후각이 형편없다는 얘기는 말 그대로 전설에 불과하다.

우리가 시력을 개선하기 위해 후각의 해상도를 조금 포기한 것으로 보이기는 하지만, 그래도 여전히 일부 검사에서는 다른 포유류보다 뛰어난 능력을 보여주었다. 가로등 기둥에 묻은 개의 오줌 냄새를 구분하는 데는 분명 개가 더 뛰어나겠지만(사람을 대상으로 실험해보지는 않았다) 실험에 따르면 과일과 채소를 구분하는 능력은 우리가 개보다 뛰어났다.•

후각의 이런 정확성 덕분에 우리는 치즈와 양말에 들어 있는 비슷한 냄새 분자를 견딜 수 있다.•• 사실 대변, 모유, 부패하는 시체, 치즈, 숙성된 고기는 모두 공통의 분자 표지를 공유한다. 하지만 후각계는

• 개가 냄새를 감지할 수 있는 최소 역치가 과학적으로 밝혀진 냄새 분자는 15가지밖에 없다. 하지만 인간은 그중 다섯 가지 분자에 대해서는 낮은 농도에서도 개보다 더 잘 감지할 수 있다. 그리고 이 분자들은 모두 육식동물에게는 별로 중요하지 않을 과일 향기나 꽃향기다. 하지만 개는 먹잇감의 체취에 들어 있는 석탄산을 낮은 농도에서도 대단히 잘 감지한다. 놀랄 일은 아니다. 과일 속에 들어 있는 냄새 분자에 대해서는 인간의 후각이 개, 생쥐, 토끼와 비슷하거나 더 민감하다는 것을 보여주는 문헌이 많이 나와 있다. 생쥐는 쥐를 잡아먹는 포식자의 소변에 들어 있는 분자를 감지하는 데 탁월하다(이 부분은 우리도 나쁘지 않다). 그리고 우리는 사람의 피 냄새를 감지하는 능력이 생쥐보다 뛰어나다. 사람은 가스 누출을 경고하기 위해 가스에 첨가하는 메르캅탄mercaptan의 냄새를 맡을 수 있지만, 개는 아예 맡지 못한다. 그리고 사람도 개처럼 냄새의 흔적을 추적하는 법을 배울 수 있고, 조금만 훈련해도 능력이 엄청나게 향상된다. 그만큼 우리가 후각을 충분히 사용하지 않고 있다는 의미다. 뼈와 근육처럼 후각도 사용하지 않으면 활성이 약해져 무기력해진다.

•• 동일한 분자라도 코로 맡았을 때와 입에서 코로 넘어갔을 때 다르게 인식되는지도 모른다. 배리는 이렇게 설명했다. "치즈 냄새도 코를 통해 전비향orthonasal smell으로 맡으면 양말처럼 역겨운 냄새가 날 수 있습니다. 하지만 입에서 코로 넘어간 후비향은 맛있는 향미로 느껴질 수 있죠."

이들을 구분하도록 진화했다.

좋은 냄새, 나쁜 냄새라는 것은 존재하지 않는다(아마도 그럴 것이다).* 냄새는 일종의 바코드처럼 작용한다. 그래서 우리는 식품을 먹었던 기존의 경험과 그 냄새를 힘들이지 않고 연관 지을 수 있다. 이것은 다음에 그 식품을 찾아 나서거나 피할 수 있게 해주는 아주 정교한 라벨링 방식이다.

사람과 동물은 영양으로 보상을 받을 수 있는 냄새 바코드만 있다면 거의 어떤 향미라도 좋아할 수 있다.[5-8] 이것은 1970년대의 실험을 통해서도 입증된 바 있다. 이 실험에서 쥐에게 달콤한 향미료를 섞은 0 칼로리 액체를 먹이면서 동시에 위장으로 설탕물이나 그냥 물을 주입해보았다. 그 결과 쥐들은 설탕을 공급받으면서 맛본 향미는 좋아했지만, 그냥 물을 공급받으면서 맛본 향미는 좋아하지 않았다. 일반적으로 특정 향미-맛 조합을 마지막으로 먹었을 때 큰 영양학적 보상을 받고, 그것을 먹은 후에 메스꺼움을 경험하지 않았다면 미래에도 그 음식을 더 원하게 된다. 이 모든 것은 거의 전적으로 무의식에서 일

- 우리는 어떤 냄새를 두고 달콤하다는 것을 학습할 수 있지만 이것은 문화적인 것으로 보인다. 뷰티르산에틸이 달콤한 냄새가 나는 것은 아마도 경험적으로 과일주스의 단맛과 연관된 냄새이기 때문일 것이다. 이것을 단맛과 짝지어주면 단맛을 더 달게 만들어 시큼한 맛을 가려줄 수 있다. 우리가 임의의 향미 조합을 어떻게 경험할지는 그 전에 그것을 어떻게 경험했느냐에 달려 있다. 그 과정에서 우리는 어떤 맛과 냄새가 만나는 것이 조화로운지 학습한다. 우리는 아주 어렸을 때 이런 연관association을 구축한다. 그리고 이것은 지극히 문화적이다. 유럽 요리에서는 계피가 거의 항상 달콤한 향료로 사용되지만, 모로코에서는 비둘기 파이를 만들 때 계피와 설탕을 이용한다. 또한 계피는 다른 많은 곳에서 짭짤한 요리에 널리 사용된다. 서구에서는 바닐라에서 달콤한 냄새가 난다고 설탕과 섞어 쓰는 경향이 있지만, 동남아시아에서는 짭짤한 냄새가 난다고 하며 요리에서 바닐라를 소금, 생선과 함께 사용할 때가 많다.

어난다. 우리는 이런 과정을 통해 특정 음식을 좋아하게 된다. 감자튀김의 냄새가 좋은 이유는 몸과 뇌가 그 냄새를 그 후에 들어온 지방과 탄수화물 등의 영양분이 풍부한 음식과 연관 지어놓았기 때문이다. 냄새와 맛, 냄새와 영양 사이에 구축된 연관은 대단히 막강하지만 해킹하기도 쉽다.

특정 냄새와 맛의 향미 표지$^{\text{flavor signature}}$를 이용하면 자기네 문화권의 식품, 즉 역사적으로 안전하다고 알려진 식품을 확인할 수도 있다.● 이런 학습 과정은 태어나기도 전에 시작된다. 모넬 화학감각센터$^{\text{Monell Chemical Senses Centre}}$의 줄리 메넬라$^{\text{Julie Mennella}}$는 임신 기간 동안의 식품 선택이 태아의 미래의 향미 선택에 어떤 영향을 미치는지 실험해보았다.● 임신 3기 동안에 참가자들은 일주일에 4일, 3주에 걸쳐 큰 컵으로 당근주스 혹은 물을 마셨다. 그리고 모유 수유를 하는 동안에도 동일하게 했다. 그런 다음 아기에게 이유식을 먹이기 시작할 무렵 메넬라는 당근주스와 시리얼 혼합물, 그리고 물과 시리얼 혼합물에 대한 아기

● 나는 러시아 북부의 추코트카에서 잠시 일한 적이 있었다. 그 당시 함께 머물렀던 가족 중에 세르게이라는 사냥꾼이 있었는데, 내가 그곳에 처음 머물던 날에 그가 바다코끼리 한 마리를 사냥했다. 그러고는 지느러미발을 하나 잘라서 아무런 설명도 없이 오두막 바깥 땅바닥에 내버려두었다. 그 지느러미발은 칙칙한 북극 가을 하늘 아래 냉장고보다 살짝 높은 온도에서 3주 동안 흙바닥에 놓여 있었다. 그러다 그가 어느 날 지느러미발을 부엌으로 가지고 들어왔다. 그것은 녹색 솜털 같은 곰팡이로 뒤덮이고, 액체가 스며 나오고 있었다. 그리고 역겨우면서 달콤한 부패의 냄새가 났다. 세르게이가 솜털을 걷어내고 지방 덩어리를 떼어내서 '스니커즈'라며 나한테 선물로 주었다. 지나치게 숙성되어 거의 매운맛이 나는 치즈처럼, 단백질과 지방질의 산성 분해 산물에서 익숙한 발효의 냄새가 났다. 나는 그 지역의 음식과 음식이 혈전 응고에 미치는 영향을 이해하기 위해 그곳에 간 것이었기 때문에 이것이 나의 주식으로 자리 잡았다. 구역질을 하지 않고 먹는 시늉이라도 하는 데만 사흘 정도가 걸렸다. 그러다 어느 날 갑자기 그것이 먹고 싶어졌던 것이 기억난다. 그 음식은 몸 내부에 일종의 용광로를 만들어주는 것 같았다. 그것을 먹으면 하루 종일 몸이 뜨뜻했다.

279

의 반응을 관찰했다. 그 결과 엄마가 임신과 모유 수유 기간 동안 당근주스를 마셨던 아기가 당근주스 혼합물을 더 좋아했다. 마늘과 팔각(향신료로 쓰는 별 모양의 작은 열매—옮긴이)을 이용한 실험에서도 비슷한 결과가 보고된 바 있다. 인생 초기의 향미 경험이 수천 년을 이어가며 음식에 대한 지식이 끊이지 않고 전달될 수 있는 토대였다. 하지만 그런 연쇄가 깨지고 말았다. 임신 기간 동안에 구할 수 있는 음식이 초가공식품밖에 없는 사람이 많기 때문이다.

초가공식품 제조업체는 특정 냄새나 향미 바코드를 칼로리와 연관시키는 인체의 능력을 이용할 수 있다. 이들은 비밀스럽고 복잡한 향미 특성, 그리고 지방과 정제 당분으로 구성한 상당한 양의 영양학적 보상을 조합해 브랜드에 대한 충성도를 구축해낸다. 우리는 과일이 익으면서 나오는 휘발성 물질에서 생기는 작디작은 변화도 감지할 수 있는 시스템을 발전시켰기 때문에 서로 다른 종류의 콜라 사이에서 생기는 차이도 감지할 수 있다. 초가공식품 제조업체에서 부모들을 설득해서 어린 시절부터 자녀들이 자기네 콜라를 마시게 할 수 있다면 그 아이는 당분과 카페인의 각성 효과, 그리고 그 특정 제품의 정확한 향미 바코드를 연관 짓게 될 것이고, 그 회사는 그 아이를 평생의 고객으로 확보하게 될 것이다. 이제 이 아이에게 나머지 콜라들의 맛은 조금 '틀린' 맛으로 느껴진다. 향미료를 사용하면 제조업체는 절대적인 통제력을 갖게 된다. 나는 어릴 때 먹었던 것과 똑같은 브랜드의 초콜릿 바, 요구르트, 케첩을 지금도 먹는다. 식품은 원래 다양한 맛을 가져야 한다. 과일과 자연식품은 매일 조금씩 변하고, 곡물도 계절과 날씨에 따라 다른 맛이 난다. 철에 따라 품질이 좋아질 때도 있고,

나빠질 때도 있고, 식감이나 향미가 이상해질 때도 있고, 늘 차이가 난다. 하지만 초가공식품은 그렇지 않다. 정확한 양으로 향미료(맛과 향기)를 첨가하면 완벽하게 일관된 맛을 낼 수 있다.

마크 샤츠커Mark Schatzker에 따르면 향미료의 사용은 초가공식품의 주요 문제점 중 하나다. 그는 향미에 관한 탁월한 저서 『도리토 효과The Dorito Effect』를 썼고, 예일대학교의 영양 연구진에 합류하여 지금은 그들과 함께 과학 논문을 발표하고 있다. 케빈 홀은 창의적인 생각과 증거를 넘어서는 유용한 추론으로 해당 분야를 발전시킨 저널리스트라며 그를 구체적으로 지목하기도 했다.

샤츠커의 개념은 다음과 같다. 반세기가 넘는 지난 시간 동안 산업용 동물 및 식물 번식은 주로 크기와 외양에 초점을 맞추어왔기 때문에 고기, 토마토, 딸기, 브로콜리, 밀, 옥수수 등 우리가 먹는 거의 모든 것에서 향미가 사라졌다.● 우리가 식품을 그렇게 많이 먹는 이유 중 한 가지는 잃어버린 맛과 향미를 찾기 위한 것이다. 맛과 향미가 사라졌다는 것은 영양소도 잃어버렸다는 의미다.

샤츠커의 주장에 따르면 향미는 단순히 바코드일 뿐만 아니라 특정 영양소의 존재를 알리는 신호이기도 하다. 이런 신호 때문에 우리는 그런 향미를 찾게 된다. 그는 토마토에 들어 있는 여러 가지 향미 분자가 필수지방산과 비타민의 전구체임을 보여주는 연구를 인용하고 있다. 예를 들면 토마토에는 장미향이 들어 있다. 장미향은 식품,

---

● 폴 하트는 영국에서 특히 바나나, 완두콩 등에서 당도가 높은 품종을 좋아하는 경향이 아주 분명하게 나타나고 있다고 지적했다.

음료, 담배, 향수, 비누에도 들어 있는 대단히 인기 있는 냄새다. 장미 향은 몸이 필요로 하지만 직접 만들 수는 없는 필수아미노산인 페닐알라닌이라는 분자에서 만들어진다. 토마토의 또 다른 향미는 비타민 A 같은 카로티노이드에서 만들어진다. 사실 우리는 카로티노이드에서 만들어지는 향미에 특히나 민감한 것으로 보인다. 토마토, 베리, 사과, 포도 등에 들어 있는 다마세논damascenone은 1조 분의 2 정도로 아주 낮은 농도에서도 감지할 수 있다.

이것을 뒷받침할 증거는 아직 연구 중이며 약간의 간극이 있다. 과일에서는 다양한 향기가 나는데, 이 향기는 소량의 필수지방산에서 나오는 것이다. 하지만 필수지방산의 최소 요구량을 섭취하려면 매일 2킬로그램 정도의 토마토를 먹어야 한다.• 이와는 대조적으로 이런 지방산이 정말 풍부하게 들어 있는 기름기 많은 생선은 냄새가 좋지 않다. 그리고 생존에 필요한 아미노산, 지방산, 미네랄, 비타민이 모두 들어 있는 소고기나 우유 등의 많은 음식은 여러 가지 과일과 채소에 비하면 냄새가 특별히 강하지 않다.

하지만 우리가 잃어버린 영양소를 찾아 향미를 쫓는다는 샤츠커의 핵심 개념을 뒷받침하는 증거가 점점 많아지고 있다. 헝가리계 미국인 물리학자이자 노스이스턴대학교의 네트워크 과학 교수인 얼베르트 라슬로 버러바시Albert-László Barabási는 한 논문에서 식단의 화학적 복잡

• 사프란saffron은 사프라날safranal 때문에 좋은 냄새가 나는데 이 성분은 비타민 A에서 나온다. 적은 양으로도 강력한 향미를 내지만, 사프란으로 비타민 A 하루 권장량을 섭취하려면 2,500파운드(한화 400만 원) 정도의 돈이 든다. 따라서 실제 영양소 함량은 변화시키지 않으면서 무언가의 향미를 극적으로 바꿀 수 있다.

성을 지도로 작성해보았다.[10] 미국 농무부가 마늘에 들어 있는 67가지 영양소를 정량화했는데, 많은 것처럼 보이겠지만 사실 이것은 마늘에 들어 있는 것으로 밝혀진 2,000가지 이상의 서로 다른 화학 성분 중 일부에 불과하다고 이 논문에서 지적한다.

버러바시는 FooDB 데이터베이스(흔히 접하는 비가공식품의 화학적 조성에 대한 데이터를 담고 있는 캐나다의 사업 계획)를 이용해서 일부 자연식품에는 2만 6,000가지 이상의 화학물질이 들어 있는 것으로 추정했다. 초가공 과정에서 제거되는 것이 바로 이런 분자들이다. 니콜 아베나와 폴 하트가 지적했듯이 초가공식품의 기본 구성 물질은 산업적으로 변성된 탄수화물, 지방, 단백질이고, 이들이 거치는 가공 과정에서 거의 모든 화학적 복잡성이 제거된다는 점을 명심하자. 초가공의 강도가 높다는 것은 비타민은 파괴되고(표백의 경우에는 의도적으로 제거된다), 식이섬유가 환원되고, 폴리페놀 같은 기능성 분자가 상실된다는 의미다. 그 결과 칼로리는 많지만 다른 영양소는 거의 없는 식품이 만들어진다.

식품 제조업체는 법에 따라 결핍성 질환이 생기지 않도록 몇 가지 비타민과 미네랄을 제품에 보충해야 한다. 하지만 이것이 모든 문제를 해결하지는 못한다. 자연식품에는 식품 제조업체에서 나중에 첨가하는 것보다 수천 가지 분자가 더 들어 있고, 이런 분자들이 미묘하게 건강에 미치는 효과들이 암, 심장질환, 치매, 조기 사망의 예방 같은 자연식품 섭취의 이점을 만들어낸다.

이런 수천 가지 화학물질은 건강상의 이로움도 갖고 있지만, 향미도 함께 따라온다. 따라서 이런 성분을 제거한 후에는 잃어버린 향미를 반드시 다시 첨가해주어야 한다. 하지만 이렇게 첨가된 향미료에는 그 향미가 암시하고 있는 잃어버린 영양소가 전혀 들어 있지 않다.

영양을 확보하기 위해 먹는 양이 많아지는 것은 동물에서 분명하게 나타나는 현상이다. 수의사 리처드 '독' 홀리데이Richard 'Doc' Holliday가 좋은 예를 보여주었다.[11] 홀리데이는 미주리에서 소 몇 마리를 돌보고 있었는데 비가 늦게 오는 바람에 겨울에 먹이려고 비축해둔 사료에 영양분이 부족해서 소들이 병에 걸리고, 새끼를 사산하는 경우가 많아졌다. 소들에게 다양한 미네랄을 섞은 영양 보충제를 하루에 1킬로그램까지 대량으로 먹이기 시작했는데도 영양 결핍이 이어지는 것 같았다. 무슨 일인지 알아내기 위해 홀리데이와 농부들은 다양한 미네랄을 각각의 양동이에 채우고 소들이 알아서 골라 먹게 하기로 했다. 그래서 농부 한 명이 양동이 하나를 채우려고 아연이 들어 있는 포대를 들고 축사를 가로질러 가다가 소들이 덤벼들어 혼났다.

홀리데이는 이 이야기를 자신의 책에 담았다. "평소에는 유순하던 소 몇 마리가 갑자기 그를 둘러싸더니 그가 들고 있던 미네랄 포대를 빼앗아 입으로 씹어서 연 다음, 미네랄, 포대, 심지어 미네랄이 쏟아진 곳의 흙과 분뇨까지 게걸스럽게 먹어치웠다."

그 후로 며칠 동안 소들은 아연을 제외한 다른 미네랄은 모두 무시하다가, 차츰 다른 사료들을 먹기 시작했다. 알고 보니 소들은 악순환에 빠져 있었다. 사료에 아연이 부족하다 보니 부족한 양을 채워 넣으려고 혼합 사료를 더 많이 먹기 시작했는데, 그 안에는 약간의 아연도 있지만 칼슘 성분도 들어 있었다. 칼슘은 아연의 흡수를 방해하기 때문에 소가 사료를 많이 먹을수록 오히려 섭취되는 아연의 양은 줄어

들었다.[*]

샤츠커는 홀리데이의 소처럼 우리도 미량영양소의 결핍이 심해짐에 따라 그것을 보상하기 위해 더 많은 식품을 먹고 있는지도 모른다고 주장한다. 초가공이 미량영양소를 현저히 감소시키기 때문에 현대의 식생활은 비만을 일으키면서도 오히려 영양결핍으로 이어진다.[12-15] 최저 품질의 식생활로 살아가고 있는 유아와 아동 같은 취약계층에서 초가공식품과 초가공음료는 비만과 발육부진을 일으킬 수 있다.[16][**]

이것은 저소득 국가에 국한된 이야기가 아니다. 영국의 5세 아동은 유럽에서 비만율이 제일 높을 뿐만 아니라 키도 상당한 차이로 제일 작은 축에 속한다. 같은 나이의 덴마크와 네덜란드 아동보다 5센티미터 이상 작다. 덴마크와 네덜란드의 아동은 비만율도 제일 낮은 축에 속한다.[17, 18] 18세기에 미국 남성들은 네덜란드 남성보다 5~8센티미터 정도 키가 더 컸었다. 지금은 만 2세부터는 네덜란드인이 일관되게 키가 더 크다. 네덜란드 성인 남성의 평균 신장은 182.5센티미터, 네

- [*] 미네랄과 비타민 사이의 복잡한 상호작용은 사람이 먹는 영양 보충제에서도 보인다. 일반적으로 보충제가 조기 사망을 비롯해서 건강 문제로 이어지는 이유도 이 때문일지 모른다. 대량의 칼슘을 섭취하면 철분을 흡수하지 못한다. 철분을 대량으로 섭취하면 아연을 흡수할 수 없다. 비타민 C를 복용하면 구리 수치가 감소하게 된다.
- [**] 산업형 농업에서는 비용을 최소화하면서 주식의 생산량을 극대화하는 데 초점을 맞춘다. 이런 방식으로 생산된 식품의 영양 함량이 줄어들어서 걱정하는 사람이 많다. 심지어 과일, 채소, 육류도 예전보다 미량영양소 함량이 줄어들었다는 증거가 나와 있지만, 대부분의 사람들이 자연식품과 멀어져 있기 때문에 이 부분은 내 주된 관심사가 아니다. 그러나 식품 생산 시스템에서 좋은 영양 함량이 인센티브로 작용하지 않는다면 거기서 좋은 건강이 비롯되어 나올 수는 없다.

덜란드 성인 여성의 평균 신장은 168.7센티미터다. 반면 미국의 성인 남성과 성인 여성은 각각 5.1센티미터, 5.2센티미터 더 작다.[19, 20]

다양한 항산화 성분, 비타민, 미네랄의 농도가 렙틴 호르몬의 농도를 변화시켜 체중에 직접 영향을 미치고, 이것이 다시 식욕과 체중 조절에 영향을 미친다는 증거도 나와 있다. 비만에 비타민 D 결핍이 있던 아동이 체중을 감량했더니 비타민 D 수치가 개선됐다. 또한 칼슘 섭취를 늘리면 체중 증가가 줄어드는 것으로 보인다. 이것은 꽤 구체적인 연구이기는 했지만 그렇다고 칼슘을 과다 복용하지는 말기 바란다. 이것은 체중 감량 치료법이 아니며, 결국 앞에 나온 소들처럼 다른 성분에서 결핍이 생길 것이다.[21]

그렇다고 보충제를 통해 문제를 해결할 수도 없다. 미량영양소는 보충제의 형태로 섭취했을 때보다 식품 매트릭스 속에 포함된 상태로 섭취했을 때 훨씬 효과적이고 유익하다. 파이토케미컬^{phytochemical}(채소와 과일에 들어 있는 식물성 화학물질—옮긴이), 비타민 E나 A 혹은 다른 지용성 비타민, 헴 철분$^{haem\ iron}$, 메틸 엽산 등은 모두 자연적인 형태로 섭취해야 훨씬 더 유용하다. 카를루스 몬테이루에게 큰 영향을 미쳤던 제이컵스와 탭셀의 논문을 기억하는가? 그 논문은 건강에 이로운 식생활 패턴이라 해도 그런 이로움을 주는 분자를 추출하는 데 성공한 사람은 아무도 없었음을 지적했다. 생선은 건강에 좋다. 하지만 어유 캡슐은 그리 좋지 않다.

식품에 냄새와 맛을 내기 위해 사용하는 분자인 향미료를 사용했다는 것은 애초에 그 식품에 미량영양소 함량이 낮다는 것을 말해주는 신호다. 이것이 바로 초가공식품이 역학 데이터에서 나타나는 비만과 다른 건강상의 악영향을 주도하고 있는 이유 중 하나일 수 있다. 그리고 중요한 점은 향미료가 '천연' 성분인지 인공 성분인지는 무관하다는 것이다.

마크 샤츠커가 옳다면 맥락이 빠져 있는 향미료 사용이 영양소와 식품을 올바르게 연관 짓는 인체의 능력을 망가뜨리고 있는지도 모른다. 올바른 연관을 위해서는 향미가 식품 그 자체에서 비롯된 정직한 것이어야 한다.

Chapter 13

초가공식품은 맛이 이상하다

향미료는 사실 냄새, 즉 코에서 감지되는 분자이지만 향미료가 실제로 강화하는 대상은 맛이다. 이들은 입에서 감지되며 소금, 설탕, 그리고 MSG 같은 분자를 포함한다.

나는 이 내용을 더 깊이 이해하기 위해 안드레아 셀라$^{Andrea\ Sella}$라는 친구와 함께 잰드의 집에 프링글스를 먹으러 갔다. 안드레아는 이탈리아인으로 유니버시티칼리지 런던의 화학 교수다. 키가 크고, 박식하고, 재미있고, 아주 똑똑한 사람한테서 종종 보이는 기벽이 있다. 나는 그가 프링글스에 글루탐산염, 구아닐산, 이노신산 같은 향미강화제$^{flavor\ enhancer}$가 들어 있는 이유를 설명해주기를 원했다.

안드레아를 재촉할 수는 없다. 그러고 싶지도 않을 것이다. 그의 답변은 채소 육수로 만든 리소토의 결점에서 시작해서 18세기에 시작된 요리 화학의 역사로 매끄럽게 이어지다가 결국에는 다시 자기 어머니의 리소토 요리법으로 돌아왔다. "소뼈와 소 힘줄을 이용하면 채소 육수를 사용할 때와는 완전히 다른 수준의 리소토를 만들 수 있습니다. 채소 육수에는…" 안드레아가 적당한 단어를 찾으려고 머리를 굴렸다. "…몸통^{body}이 없으니까요."

채소 육수에 몸통이 없다고 하는 이유는 프링글스에 들어 있는 글루탐산염, 구아닐산, 이노신산 등의 일부 분자가 보통 없기 때문이다. 이런 분자들은 다양한 성분 목록에서 리보뉴클레오티드^{ribonucleotide}로도 기록되어 있다.

인간은 이런 분자를 감지할 수 있는 아주 정교한 감지 시스템을 입 속에 진화시켰다. 이런 분자는 쉽게 소화할 수 있는 단백질이 들어 있다는 신호이기 때문이다. 이것은 생고기의 단백질이 아니라 완벽하게 숙성되고 익혀진 고기의 단백질이다. 이 분자는 발효된 생선과 식물, 진한 고기 국물, 오래된 치즈에서 선형석으로 나타나는 특징이나. 이 분자가 들어 있는 식품이 맛이 좋은 이유이기도 하다. 그런 음식 중 하나가 안드레아의 어머니가 만든 리소토다. 이 분자들이 입속에 있는 수용기를 자극해서 진짜 영양분이 들어오고 있다는 신호를 보낸다. 당신이 리소토를 삼켰을 때 당신의 장은 진한 고기 국물과 유리아미노산을 처리할 준비를 한다. 하지만 프링글스의 경우는 이야기가 달라진다.

안드레아가 리소토 강의를 마무리하고 과장된 동작으로 자신의 혀 위에 프링글스를 올렸다. 안드레아와 프링글스에 무슨 일이 일어나려고 하는지, 그리고 어째서 그가 프링글스 먹기를 멈추기 힘든지 이해하려면 맛에 대해 제대로 이해할 필요가 있다. 그리고 그 이해는 혀에서 출발한다.

혀 표면보다는 오히려 달 표면의 지도가 더 정확해서 그 지리를 헷갈릴 일이 별로 없다.

혀를 들여다보면 작은 봉오리 같은 것들이 보인다. 이것은 미뢰가 아니라 혀유두다. 미뢰는 눈에 보이지 않을 정도로 작고 봉오리가 아니라 구덩이처럼 생겼다. 미뢰는 혀유두 위에서 발견되며, 혀유두 하나에 수백 개씩 들어 있다. 각각의 미뢰에는 100개 정도의 특수 세포가 들어 있다. 그리고 이 세포 위에는 식품 속에 들어 있는 분자를 감지해서 그 신호를 뇌로 보내는 특수 수용기가 있다. 맛은 입안 전체와 목구멍 뒤쪽에서 느낀다. 일반적인 믿음과 달리 각각의 맛을 느끼는 특정 영역이 존재하는 것으로 보이지는 않는다.[1-4]

사실 미각수용기는 후두, 고환, 창자 속 등 신체 곳곳에서 발견된다. 폐에는 쓴맛 수용기가 있고, 뇌, 심장, 콩팥, 방광에는 단맛 수용기가 있다.•

맛이 몇 가지나 존재하느냐에 대해서는 논란이 있다. 생리학자들이 말하는 맛은 이런 의미다. "특정 분자를 감지하는 특정 수용기가 존재하는가?" 우리 입안에 다섯 가지 서로 다른 맛을 감지하는 수용기가 적어도 다섯 가지 존재한다는 것은 분명하게 알고 있다. 단맛, 감칠맛,

• 인공감미료인 사카린은 쥐의 방광을 수축하게 만든다. 소변에서 포도당을 감지하는 것은 당연히 중요한 부분이다. 포도당이 그 안에 있으면 안 되기 때문이다. 방광에는 포도당의 존재를 감지하면 췌장에게 인슐린을 분비하라는 신호를 보내는 시스템이 있지 않을까 상상해볼 수 있다. 하지만 아직 연구된 바가 없다. 감미료가 방광에 미치는 영향이나, 방광으로부터의 신호 전달에 대해서도 연구된 바가 없다.[5]

신맛, 짠맛, 쓴맛이다.● 어쩌면 물, 전분, 말토덱스트린, 칼슘, 다양한 금속과 지방산을 담당하는 특정한 맛이 존재할지도 모른다. 하지만 우리가 정말로 맛을 감지하고 있는 것인지 확신하기는 정말 어렵다. 입안에서는 씹을 때의 저항, 쫀득함, 끈적거림, 물컹함 등도 평가한다. 지방의 맛은 사실 혀가 입속과 치아에 닿을 때 느껴지는 마찰력의 변화를 감지하는 것인지도 모른다. 기름은 타액과 미끄러움이 다르니까 말이다.

단맛은 우리가 에너지로 사용할 수 있는 모든 단순당 분자의 자극에서 나온다. 천연 탄수화물 중 제일 단 것은 과당이다. 거의 불쾌감이 들 정도로 달다. 포도당은 그보다는 훨씬 온화한 단맛을 경험하게 해준다. 우리는 전분이 분해되어 나온 말토덱스트린과 비슷한 당분도 감지할 수 있는 것으로 보인다. 이것이 정확히 단맛이 나는 것은 아니지만 보상과 관련된 뇌 영역을 활성화시키는 것 같다.

짠맛은 나트륨염과 몇 가지 다른 화합물에서 나온다. 고혈압이 있는 사람들이 자주 사용하는 저염 제품은 염화칼륨으로 만든다. 이것도 짠맛이 나지만 정확히 그 짠맛은 아니다. 현재는 입안 피부에 소금을 감지하는 특정 나트륨 채널^{channel}이 존재한다고 꽤 확신하고 있다. 나트륨 채널은 몸 전체의 피부 비슷한 조직에서 발견되며 나트륨 이온을 이동시킨다. 하지만 이것이 어떻게 소금의 농도를 감지해서 정

● 모두가 맛이라고 동의하는 것 중에서 우리가 확실히 알고 있는 맛은 단맛, 쓴맛, 감칠맛밖에 없다는 주장도 가능하다. 이 글을 쓰고 있는 시점에 살아 있는 인간에게 존재한다고 확인된 수용기는 단맛 수용기, 쓴맛(독성) 수용기, 감칠맛 수용기밖에 없다. 나머지도 분명 존재하기는 한다. 우리 유전자 속에서 그 흔적을 찾을 수 있기 때문이다. 하지만 우리가 알고 있는 내용은 생쥐와 파리의 연구에서 나온 것이다.

보를 의식으로 올려 보내는지는 아직 불분명하다.[6, 7]

　감칠맛은 초가공식품의 성분 목록에서 익숙하게 보이는 세 가지 분자, 이노신산, 구아닐산, 글루탐산염에서 나온다. 글루탐산염은 모유, 해초류, 토마토, 가리비, 멸치, 치즈, 간장, 절인 햄 등의 다양한 식품에 들어 있다. 이노신산은 말린 가다랑어와 말린 정어리 같은 생선에서 주로 발견된다. 이것은 생선이 마르기 시작하자마자 형성되기 시작해서 열 시간 정도 후에는 정점에 도달한다. 구아닐산은 주로 말린 표고버섯과 다른 버섯류에서 발견되며 죽어가는 세포의 DNA가 분해되어 형성된다.

　신맛은 산에서 나온다. 이 맛을 담당하는 여러 가지 다른 수용기가 제안된 바 있지만 우리가 어떻게 식초나 비타민 C의 신맛을 느끼는지는 아직 아무도 모른다. 다른 거의 모든 동물은 신맛을 혐오한다. 다른 영장류를 대상으로 한 실험에서도 신맛을 뱉어버리는 것이 확인됐다.[8] 하지만 인간에게는 이 맛이 유용하게 작용할 수 있다. 산도는 결국 부패가 아닌 발효가 일어났다는 신호니까 말이다. 세균이 음식을 발효시키면 산이 만들어지는데 이것이 음식을 보존하는 방부제 역할을 한다. 우유에 들어 있는 유산균은 젖당을 소화해서 젖산을 만들어낸다. 그럼 우유는 요구르트가 되고, 보관 기간이 열 배나 늘어난다. 하지만 우리가 애초에 신맛을 고수하게 된 이유는 비타민 C일 가능성이 높다. 사실상 영양학적으로 중요한 신맛은 이것밖에 없기 때문이다. 다른 많은 동물들과 달리 인간은 비타민 C를 몸에서 합성할 수 없다. 우리는 특별히 찾아 먹지 않아도 비타민 C를 충분히 섭취할 수 있을 만큼 신선한 날음식을 충분히 먹고 있지 않다. 단맛과 신맛의 조합은 비타민 C가 풍부한 잘 익은 과일을 상징한다. 우리가 그 조합에 끌리는 이유도 그 때문인지 모른다.

단맛, 짠맛, 신맛, 감칠맛, 이 네 가지 맛은 기본적인 네 가지 수용기를 통해 처리된다. 하지만 쓴맛은 이야기가 다르다. 쓴맛은 '잠재적 독성'을 말해주는 신호이고, 엄청나게 다양한 화학 구조가 쓴맛을 낸다. 쓴맛을 감지하기 위해서는 25가지 서로 다른 유전자가 필요하다. 이것을 통해 우리는 독소를 감지할 수 있는 뛰어난 능력을 갖게 된다. 하지만 우리는 쓴맛을 사랑하는 법도 배울 수 있다. 아이에게 쓴 커피를 먹이면 토하고 헛구역질을 하지만, 쓴맛을 카페인의 흥분과 연관시키는 법을 배울 수도 있다. 그래서 커피는 어른들이 삶의 무게를 감당할 수 있게 도와주는 구세주가 됐다. 식용 식물에는 영양소와 불가분의 관계로 얽혀 있는 독소가 들어 있다. 보통 이런 독소들은 장에서 나오는 피를 모두 처리하는 간에서 파괴된다. 하지만 여러 가지 쓴맛 화합물이 조금씩 들어 있는 음식도 쓴맛이 아주 강하게 난다. 우리 입은 각각의 독소를 합친 총량을 계산해서 간이 감당할 수 있는 양인지 판단하는 일에 대단히 능숙하다.[9]

잡식성 동물에게는 미각이 중요하다. 하지만 좀 더 전문화된 포식자들은 미각을 많이 잃어버렸다. 고양잇과 동물은 단맛 수용기를 잃어버렸다. 판다는 감칠맛 수용기를 잃었다. 바다사자는 미각이 거의 없는 것으로 보인다. 먹잇감을 보통 통째로 삼키기 때문이다. 하지만 그들도 냄새는 맡을 수 있다. 한편 고래와 돌고래는 후각 전체를 잃어버린 것으로 보인다. 동물들은 진화에 더 이상 도움이 되지 않는 것은 없애버린다. 그런데도 우리가 이렇게 정교한 감각기관, 그리고 그 정

보를 처리할 신경조직을 그대로 유지하고 있다는 것은 미각과 후각이 인간에게 대단히 중요하다는 의미다.●

맛은 모두가 서로에게 영향을 미친다. 자당, MSG, 염화나트륨, 구연산, 황산퀴닌으로 칵테일을 만들어서 마시면 단맛, 감칠맛, 짠맛, 신맛, 쓴맛을 동시에 경험하게 될 것이다. 우리는 각각의 성분을 구분할 수 있다. 하지만 각각의 성분에서 느끼는 즐거움은 다른 성분의 영향을 받는다. 우리는 감칠맛을 좋아하지만 감칠맛은 소금이나 설탕이 있을 때만 좋은 맛으로 느껴진다. MSG 자체는 기분 좋은 맛이 아니다. 당분 함량이 높으면 고릴라도 식물에 들어 있는 타닌의 쓴맛을 견딜 수 있다. 거의 모든 음식에 대해서 인간의 아기도 마찬가지다. 그와 마찬가지로 퀴닌은 쓰디쓴 맛이지만, 설탕과 쌍을 이루면 토닉의 기분 좋은 맛이 된다.

초가공식품 제조업체에서 맛 사이에서 일어나는 이런 상호작용을 장악해서 우리로 하여금 그들의 식품을 먹게 만들 수 있다는 점이 중요하다. 그들은 몇 가지 방법을 통해 이런 일을 한다. 첫째, 그들은 위대한 요리사들이 몇 세기 동안 사용해왔던 비결을 이용한다. 바로 향미 강화다. 특정 농도와 조합에서는 단맛, 신맛, 짠맛, 감칠맛이 모두 향미를 강화해서 음식을 더 맛있게 만든다. 여러 문화권에서 전해지는 최고의 전통 식품은 신 식초, 달콤한 설탕이나 꿀, 감칠맛, 다량의

● 새는 단맛에 대한 미각을 잃어버렸지만 벌새는 꿀을 먹기 때문에 감칠맛 수용기의 용도를 바꾸어 사용하게 됐다. 배리 스미스는 이 부분에 대해 생각이 많다. "감각을 연구하는 철학자로서 저는 이 꿀이 벌새에게 단맛으로 느껴질지, 감칠맛으로 느껴질지 궁금합니다." 벌새는 단맛을 내는 인공감미료인 아스파르템aspartame은 싫어하지만 설탕물은 좋아한다. 큰부리새가 과일을 좋아하는 이유는 아무도 모른다. 심지어 배리도 모른다.

소금을 이용한다. 이탈리아의 파스타를 생각해보자. 토마토와 식초의 시큼한 신맛, 토마토의 단맛, 소금의 짠맛, 글루탐산염의 감칠맛이 풍부한 파르메산 치즈 가루 등이 들어가 있다. 초가공식품 회사도 동일한 원리를 사용하지만 그것을 한 단계 더 발전시켰다.

제일 인기 있는 코카콜라를 예로 들어보자. 코카콜라를 발명했을 때의 목표는 사람들이 기운을 차릴 수 있는 음료를 만드는 것이었고, 원래의 제조법에는 코카 잎 추출물이 들어 있었다. 확신할 수는 없지만 아마도 소량의 코카인과● 카페인이 들어 있었을 것이다. 코카인과 카페인은 둘 다 엄청나게 쓰다. 그래서 회사 측에서는 이 쓴맛을 감추기 위해 설탕을 엄청나게 첨가했다. 그런데 처음의 쓴맛은 사실 오히려 장점이었다. 이런 극단적인 쓴맛 덕분에 그렇지 않았다면 불가능했을 정도로 많은 설탕을 첨가할 수 있었기 때문이다.

우리는 지나치게 많은 당분에는 선천적으로 혐오감을 갖고 있기 때문에 쓴맛의 힘을 빌리지 않고는 설탕을 이렇게 많이 먹을 수 없을 것이다. 꿀을 숟가락으로 퍼 먹거나 설탕을 한 움큼씩 집어 먹을 수는 없다. 말 그대로 역겨울 정도로 달기 때문이다. 그 이유는 단순하다. 몸은 혈류에서 제때에 제거할 수 없을 만큼 빠른 속도로 당분을 흡수하기를 원치 않는다. 혈당은 여러 가지 면에서 해롭게 작용한다. 우선 당분은 세균의 먹이다. 그리고 혈액 속에 당분이 많으면 세포에서 피로 대량의 수분이 빠져나오게 된다. 이렇게 혈액의 부피가 커지면

● 코카콜라 측에서는 과거에 콜라에 코카인이 들어 있었다는 사실을 부정하지는 않고 모호하게 이런 식으로 말하고 있다. "코카콜라에 코카인이 첨가 성분으로 들어갔던 적은 없다."[10]

수분이 콩팥을 통해 소변으로 배출되면서 탈수를 일으킬 수 있다. 당뇨의 첫 신호 중 하나가 소변이 많아지는 것인 이유다.

현대의 코카콜라는 여전히 카페인의 쓴맛을 가지고 있고, 첨가한 인산에서 나오는 강한 신맛이 쓴맛을 강화해준다. 이 둘이 함께 작용하는 덕분에 우리가 모르는 사이에 대량의 설탕이 목구멍으로 넘어갈 수 있다.● 하지만 이런 일을 혼자서 하는 것은 아니다. 음료의 탄산, 그리고 차갑게 마시는 것도 그런 역할을 한다. 그 이유가 아직 분명하지 않지만 탄산을 넣어 차갑게 마시면 단맛을 억제할 수 있다. 집에서도 간단히 입증할 수 있다. 김이 빠진 미지근한 콜라는 쓴맛과 신맛이 강해도 너무 달게 느껴져 거의 마실 수 없는 지경이 된다.

훌륭한 요리사는 향미와 맛을 결합해서 강화할 수 있다. 하지만 나는 초가공식품이 영양학의 스피드볼^{speedball}이라 생각한다. 불법 약물의 세계에서 스피드볼이라고 하면 보통 헤로인 같은 진정제를 크랙 코카인 같은 흥분제와 섞은 것을 말한다. 하나는 당신을 졸리게 만드는 반면(아편유사제^{opioid}를 과다 복용하면 호흡이 정지해서 사망할 수 있다), 다른 한쪽은 각성시킨다(크랙 코카인을 과다 복용하면 혈압이 높아져 뇌졸중으로 사망할 수 있다). 이 둘을 섞으면 양쪽을 모두 더 많이 섭취할 수 있다. 카페인과 알코올을 이용하면 이것을 더 유순한 형태로 섭취할 수 있다(하지만 여전히 치명적인 결과로 이어지는 경우가 종종 있다). 에스프

● 참고로 식품 속에 들어 있는 인산은 과일이나 채소에서 추출한 것이 아니다. 이것은 인이 포함된 암석을 석탄과 함께 아크 용광로에서 태워서 만든다. 또한 반도체 공정과 도로용 아스팔트의 성질을 바꾸는 데도 사용된다. 콜라는 처음에 인산 소다로 불렸다. 이들은 초기 초가공식품이다. 인산은 치아를 부식시키고 설탕의 단맛을 가리는 역할에서 그치지 않고 뼈에서 미네랄이 새어 나오게 만들 수도 있다.[11]

레소 마티니나 보드카-레드불은 초급 수준의 스피드볼이다. 흥분제인 카페인이 알코올의 진정 효과를 상쇄해준다. 이 경이로운 마약 사용 방법이 초가공식품의 맛이 선택하는 테마다.

회사의 권고대로 마시는 코카콜라는 스피드볼과 비슷한 감각적 혼란을 만들어내는 방식으로 서로 다른 맛을 활용한다고 생각할 수 있다. 콜라의 시큼하고 씁쓸한 맛과 시원함과 탄산의 청량감 덕분에 이 다국적 음료회사는 그렇지 않았다면 불가능했을 많은 양의 설탕을 아이의 목구멍으로 몰래 밀어 넣을 수 있다. 콜라 캔 하나에는 설탕 9티스푼이 들어간다. 내가 리라에게 김빠진 미지근한 콜라를 주었더니 두 모금 정도밖에 못 마셨다(그리고 기회가 생기면 스푼으로 그릇에 들어 있는 설탕을 퍼 먹었다).

하지만 코카콜라 컴퍼니는 왜 우리에게 이토록 많은 설탕을 먹이고 싶어 할까? 쥐가 칼로리와 쌍을 이룬 향미를 좋아하도록 학습시켰던 연구를 기억하는가? 이것이 사람에게도 동일하게 적용된다. 예일대학교의 신경과학자 데이나 스몰Dana Small은 사람을 대상으로 일련의 실험을 진행해서 우리가 특정 향미를 원하게 되는지 여부는 그것을 섭취했을 때 혈당이 얼마나 변화하느냐에 달려 있음을 보여주었다.[12] 연구진은 참가자에게 무작위로 향미를 첨가한 음료수를 주었다. 그리고 이렇게 몇 번 노출된 이후 참가자들은 아무런 맛이 없는 탄수화물인 말토덱스트린과 쌍을 이룬 향미를 원하도록 학습이 이루어졌다. 혈당이 치솟을수록 참가자는 그 맛을 더 좋아하게 됐다. 따라서 탄산, 시원함, 산도, 카페인이라는 조합을 이용하면 사람들에게 대량의 설탕을 먹여서 막대한 칼로리 부하와 혈당 스파이크를 일으킬 수 있고,

그러면 사람들은 그 제품을 점점 더 원하게 된다.

중앙아메리카에서 처음 발견됐지만 전 세계 저소득 국가에서는 흔히 보이는 이상한 가격 책정 현상도 이것으로 설명할 수 있다. 달콤한 탄산음료는 병에 담아 파는 생수와 가격이 비슷하거나 더 저렴하다. 제조 비용은 콜라가 당연히 더 비싸지만 콜라는 한번 사 먹고 나면, 더 많이 사 먹게 된다. 물은 생산 단가가 더 저렴하지만 물을 어느 정도 이상으로 먹기는 힘들다. 멕시코 산크리스토발의 거주민들은 코카콜라가 생산량을 높이는 바람에 물이 부족해졌으며, 그동안 판매량은 계속 늘어났다며 코카콜라를 고발했다. 코카콜라 측에서는 자기네가 불공정한 비난을 받고 있다고 주장했다. 회사 측은 《뉴욕 타임스》에 자기네가 하루에 수십만 리터의 물을 사용하고 있지만, 이것이 도시의 물 공급에는 거의 영향을 미치지 않으며, 자기네가 수원으로 사용하고 있는 우물은 지역 주민들에게 물을 공급하는 지표수보다 훨씬 깊은 곳에 있다고 주장했다. 그리고 물 부족의 원인으로 급속한 도시화와 정부의 투자 부족 같은 다른 요인들을 지적했다.[13]

여러 가지 맛과 감각을 스피드볼처럼 뒤섞음으로써 초가공식품은 우리가 감당할 수 있는 것보다 훨씬 많은 칼로리를 주입해 막대한 신경학적 보상을 만들어내고, 그것 때문에 우리는 그 식품을 더 갈구하게 된다. 이것만으로도 충분히 나쁘지만 문제는 이뿐만이 아니다. 제로칼로리 인공감미료에도 걱정해야 할 부분이 있다. 입에서 느껴지는 식품의 맛과 거기서 들어오는 칼로리가 일치하지 않을 때는 어떤 일이 생길까?

저칼로리 음료는 정말 괜찮을까

2012년 10월 14일, 장래의 미국 대통령 도널드 트럼프가 다이어트 코크Diet Coke에 대해 관찰한 내용을 트위터에 올렸다. "다이어트 코크를 마시는 사람 중에서 마른 사람은 한 번도 본 적이 없다." 다음 날에는 질문으로 보이는 내용으로 트윗을 이어갔다. "다이어트 코크, 다이어트 펩시 같은 것을 많이 마실수록 체중도 늘어나나?" 10월 16일에 그는 이 문제에 대한 자신의 생각을 정리한 듯 보였다. "코카콜라 컴퍼니가 내게 불만이 있는가 본데, 걱정 마시라. 나는 그 쓰레기를 계속 마실 거니까."

그리고 일주일 후에 일종의 개인 실험을 해보았던 것인지 그는 다이어트 콜라의 생리학적 효과에 대한 결론에 도달했다. "사람들이 다이어트 코크에 대한 내 글에 열광하고 있다. 현실을 직시하자. 다이어트 음료는 효과가 없다. 배고프게 만들 뿐이다."

이 마지막 트윗 이후로 저칼로리 감미료에 대해 많은 연구가 진행됐지만 10년이 지난 지금도 트럼프의 트윗은 지금까지의 과학을 합리적으로 잘 요약하고 있다. 트럼프는 수많은 의사와 영양학자들이 이해하지 못했던 무언가를 이해하고 있었다. 입안에서 느껴지는 단맛이 그냥 약간의 쾌감을 주는 것을 넘어 몸에 큰 영향을 미친다는 것을 말이다.

인공감미료는 칼로리가 없으니까 비만을 일으키지 않는 것이 당연하다고 생각할 수 있다. 하지만 제로칼로리 음료가 체중 증가와 대사 질환으로 이어지는 이유를 이해할 수 있다면 초가공식품이 건강 문제를 일으키는 근본적인 방식 하나를 이해할 수 있다.

인공감미료가 들어간 식품은 정의상 초가공식품에 해당한다. 예전에는 이런 감미료들을 작은 봉지에 넣어서 팔거나, 다이어트용 청량음료에만 제한적으로 사용했다. 이제는 빵, 시리얼, 그래놀라 바, 저칼로리 요구르트, 무가당 아이스크림, 맛이 첨가된 우유 등 온갖 것에 들어간다. 인공감미료는 저설탕 케첩, 무설탕 잼, 무설탕 팬케이크 시럽 같은 소스에도 첨가되어 있다. 심지어 약물, 종합비타민, 그리고 치약이나 구강청결제 같은 위생용품에도 들어가 있다. 가장 흔히 섭취되는 인공감미료는 제일 저렴하고 제일 오래된 시클라메이트와 사카린이고, 전 세계 시장 규모가 1년에 22억 달러에 이른다.

인공감미료가 건강에 정확히 어떤 영향을 미치는지는 확실하지 않지만 좋아 보이지는 않는다. 기업 이해 충돌로부터 상대적으로 자유로운 영국 의학연구회, 미국 국립보건원 같은 기관에서 연구비를 지원받은 연구들이 있다. 이런 연구들은 인공감미료가 체중 증가 및 당뇨병과 관련이 있음을 보여준다.[14-17] 감미료가 건강에 특별히 의미 있는 영향을 미치지 않는다거나 이롭게 작용한다고 주장하는 연구들도 나와 있지만, 이런 연구의 저자들 중에는 애보트, 다농, 켈로그 같은 식품 회사와 관련이 있다고 밝힌 사람이 많다.[18, 19]

《미국 임상영양학 학술지》에 발표된 한 대규모 데이터 분석은[20] 저칼로리 감미료와 체중 사이에서 아무런 상관관계를 발견하지 못했다고 했는데, 이해 충돌에 관해 다음과 같은 진술이 포함되어 있었다. "연구 프로토콜과 원고를 검토하고 피드백을 제공해준 국제 생명과학 연구소 저칼로리 감미료 위원회 International Life Sciences Institute Low-Calorie Sweetener Committee에 감사를 표합니다." 이 논문에서는 이 위원회가 펩시콜라, 코

카콜라, 그리고 몇몇 다른 대형 식품 기업의 자금을 지원받고 있음을 밝히지 않았다.•

업계에서 진행한 통계 분석에서도 저칼로리 감미료의 유의미한 이점을 발견하지 못했다면 이것은 경각심을 가져야 할 문제다. 나는 이 말을 저칼로리 감미료가 들어간 음료가 설탕이 들어간 음료수보다 비만 및 2형 당뇨와 살짝 더 연관성이 높다는 의미로 해석한다. 설탕이 가미된 음료가 이런 질병과 아주 강력한 연관성이 있음을 알 것이다. 따라서 설탕이 가미된 음료만큼 안 좋다는 것은 곧 대단히 안 좋다는 의미다.

하지만 식품에서 설탕을 제거해도 건강에 이로운 효과가 없다니 대체 무슨 일일까? 밀켄 공중보건대학원의 부교수 앨리슨 실베츠키 Allison Sylvetsky는 미국 아동들을 대상으로 연구를 진행해서 저칼로리 청량음료나 설탕이 가미된 청량음료, 혹은 양쪽 모두를 마시면 물을 마시는 경우에 비해 총갈로리 섭취량 및 '설탕' 섭취량이 증가한다는 것을 발견했다. 저칼로리 청량음료가 전반적인 과잉 섭취를 촉진할지도 모른다는 것이다.[22]

바꿔 말하면 트럼프가 옳았다는 뜻이다(그렇다고 해서 그가 대통령이 된 이후 어떤 규제로 이어지지는 않았다). 감미료를 아주 소량의 설탕과 같

• 동일 학술지에 실린 또 다른 연구에서는[21] 다이어트 음료와 물을 이용해서 성인의 체중 감량에 대해 살펴보았다. 이 연구의 저자 중 한 명은 네슬레 워터스Nestlé Waters로부터 후원금을 받았다. 논문 말미에서는 이해 충돌이 없다고 말하고 있지만 그렇지 않다. 인공감미료를 사용한 음료도 만드는 생수 회사로부터 자금을 지원받고, 물과 인공감미료 음료수에 관한 실험을 진행했다면 사실상 이것은 이해 충돌에 해당한다. 연구가 틀렸다는 의미는 아니지만, 이것은 분명 이해 충돌이다.

이 먹기만 해도 인슐린 수치가 현저히 높아진다. 이것은 혈당을 급격히 떨어뜨려서 배고픔을 유발하고, 식품 섭취를 증가시킬 수 있다(이것 역시 트럼프의 트윗을 참고하라). 이것이 초가공식품이 안고 있는 부조화 중 하나이고, 배리가 설명한 거짓말 중 하나다. 입안에 단맛이 들어오면 우리 몸은 설탕이 들어올 줄 알고 준비를 한다. 이런 상황에서 설탕이 들어오지 않으니 문제가 생기는 것이다.

설탕을 인공감미료와 섞어 놓으면 문제가 훨씬 커질 수 있다. 데이나 스몰은 또 다른 일련의 연구를 진행했다. 이 연구에서 그녀는 참가자들에게 다양한 단맛(수크랄로스를 다른 용량으로 사용)과 다양한 칼로리(아무런 맛이 없는 말토덱스트린을 사용)의 음료를 제공했다. 어떤 음료는 칼로리는 많은데 감미료가 없었고, 어떤 것은 달콤한 맛이 나지만 칼로리가 없었다. 그녀의 논문을 읽기는 쉽지 않다. "먹기 시작했다"라는 말이 "완료 행동을 개시했다"라는 식으로 표현되어 있었다. 그리고 실험실에서 얻은 결론을 현실 세계에 적용하기도 어려웠다. 그럼에도 그녀의 연구 결과는 흥미롭다. 그녀는 사람이 향미를 원하도록 학습되는 정도가 음료 속 칼로리뿐만 아니라 단맛과 칼로리가 일치하는지 여부에도 영향을 받는다는 것을 입증해 보였다.[23]

그만큼이나 경각심을 불러일으키는 또 다른 연구가 있었다. 이 연구에서 스몰은 건강한 참가자들에게 다양한 함량의 수크랄로스, 설탕, 혹은 양쪽 모두가 들어 있는 음료를 제공했다. 그 결과 감미료와 설탕이 혼합된 경우 인슐린에 대한 몸의 반응이 2형 당뇨와 비슷한 방식으로 줄어드는 것으로 나타났다.*

이 모든 것은 현실 세계에서처럼 설탕을 인공감미료와 함께 섭취할 경우 대사 건강에 해로운 영향을 미친다는 것을 암시한다. 펩시나 코카콜라에서 설탕과 감미료를 직접 섞지는 않는다고 해도 소비자들은 당연히 콜라를 먹을 때 다른 초가공식품을 함께 먹고 있을 것이다.

설탕 대사, 인슐린, 잠재적 중독성에 미치는 영향 말고도 감미료를 마시는 것이 다른 달콤한 음식에 대한 선호도를 높인다는 증거가 있다.[25, 26] 한 소규모 연구에서는 모든 인공감미료를 2주간 끊자 설탕에 대한 욕망이 줄어드는 것으로 나타났다. 수크랄로스와 말토덱스트린이 포함되어 있는 스플렌다Splenda라는 인공감미료는 쥐의 음식 섭취, 비만, 에너지 조절을 담당하는 뇌 활성을 바꿀 뿐만 아니라 소화관 자체에도 영향을 미치는 것으로 보인다.[27, 28]

인공감미료는 마이크로바이옴도 교란할 수 있다. 마이크로바이옴은 우리 안팎에 살면서 소화계와 면역계에서 필수적인 역할을 담당하고 있는 세균 개체군이다. 이런 효과는 《네이처》에 실린 유명한 논문 덕분에 널리 알려졌다.[29] 동물 연구에서 나온 증거를 보면 수크랄로스가 규제 기관에서 승인하는 수준에서도 장내 마이크로바이옴을 교란하는 것으로 나왔다. 그러니 사람들이 즐겨 먹는 수준에서는 당연히 교란이 생긴다.**

- 이 연구 결과는 설치류를 대상으로 이루어진 연구 결과와 일치한다.[24]
- ** 다른 감미료는 마이크로바이옴을 교란하지 않을 수도 있지만 입에서 느껴지는 단맛을 통해 대사에 미치는 영향은 동일할지도 모른다. 어떤 인공감미료든 입안에서 느껴지는 단맛은 당분이 들어온다는 신호를 보내는데 실제로는 당분이 들어오지 않는 것이 항상 문제가 된다. 일부 인공감미료의 안전성에 대해서도 심각한 우려가 존재한다. 예를 들어 2019년에 나온 한 논문의 저자들은 유럽 식품안전청European Food Safety Authority에서 아스파르템의 해로운 영향력을 보여주는 연구에 대해 판단할 때 너무 관대하고 느슨한 기준을 적용했다고 생각한다.

따라서 저칼로리 인공감미료가 전 세계적으로 2형 당뇨 같은 대사성 질환의 증가에 기여하고 있는지도 모른다. 아직 증명은 되지 않았지만 이런 연구를 통해 적어도 설득력 있는 메커니즘이 존재한다는 것은 알 수 있다.

이 모든 것이 걱정스러운 이유는 설탕을 저칼로리 감미료로 대체하는 것이 영국 정부의 정책과 청량음료 업계 양쪽에서 주류로 자리 잡았기 때문이다. 이들은 이것이 공중보건에 이롭다고 주장한다.

지금쯤이면 당신도 다이어트 음료 옆구리에 그려진 네 개의 초록 신호등이 자리를 잘못 잡았음을 이해할 수 있을 것이다.

많은 국가의 정부에서 설탕세를 제안하고 있다. 설탕세는 합리적으로 보이며, 실제로 설탕 섭취량을 줄이고 있다. 하지만 이 제안이 오히려 저칼로리 감미료를 이용한 새로운 제조법을 부추기게 됐다. 영국에서 2018년에 설탕세를 부과한 것은 영국의 10대들이 매년 욕조 한 가득 정도로 청량음료를 섭취하고 있기 때문이었다.[30] 이 세금 때문에 설탕이 들어간 음료의 판매량이 44.3퍼센트나 극적으로 줄어들었다. 2015년에서 2019년 사이에 설탕 섭취량이 4,000만 킬로그램 넘게 감소했다. 이를 보면 세금을 매긴 것이 잘한 일로 보인다. 하지만 가구당 설탕 섭취량이 10퍼센트 감소했음에도 청량음료 섭취량은 변하지 않았다.[31] 대신 사람들은 인공감미료 음료를 더 많이 마시기 시작했다.

- 설탕세로 거둬들인 돈은 매년 수억 파운드의 기금을 조성하는 데 사용되며, 이 기금은 학교의 운동 시설 개선을 돕는 데 사용된다. 설탕세를 이용해서 운동 시설을 지원한다는 생각이 마치 신체 활동이 청량음료가 건강에 미치는 영향을 상쇄할 수 있다고 주장하는 것 같아서 나는 참 불편하게 느껴진다.

자선단체 첫걸음 영양재단First Steps Nutrition Trust에서는 유아의 65퍼센트가 인공감미료가 들어간 음료를 하루에 평균 한 캔 정도 섭취하고 있음을 알아냈다.[32] 이것을 공중보건의 승리라고 보기는 매우 어렵다. 특히 현재 영국에서 아기나 유아를 위해 특별히 마케팅하고 있는 식품에는 인공감미료 첨가를 금지하고 있다는 점을 고려하면 더욱 그렇다. 인공감미료가 치아를 직접 손상시키지는 않지만 다이어트 음료 중에는 여전히 산도가 높은 것이 많아 아동의 치아 법랑질에 큰 손상을 입힐 수 있다.

감미료 첨가 덕분에 많은 초가공식품이 설탕이 없어서 건강에 좋다는 주장을 할 수 있게 됐고, 이제는 많은 초가공식품 위에 '좋은 선택, 삶을 위한 변화Good Choice Change4Life'의 엄지를 들어 올린 로고가 그려져 있다. '삶을 위한 변화'는 영국 공중보건국Public Health England의 소셜 마케팅 캠페인으로, 특히 식품에 들어 있는 설탕 함량에 대한 인식을 고양하고 소비자로 하여금 저설탕 대체품으로 전환하도록 장려하는 것을 목표로 하고 있다. 저설탕 대체품이 건강을 증진한다는 그 어떤 증거도 없고 그 해악에 대해 실질적인 우려가 있는 상태에서 이것은 대단히 이례적인 일이다.●

- 첫걸음 영양재단에서 터무니없다고 지적하는 것이 하나 더 있다. '삶의 위한 변화' 로고가 가끔은 인공색소가 들어 있는 제품에도 등장하는 것이다. 인공색소는 아동의 활동과 주의력에 부정적인 영향을 미칠 수 있기 때문에 인공색소가 들어 있는 제품은 라벨에 반드시 경고문을 실어야 한다. 따라서 경고 문구와 권장 라벨이 동시에 들어 있는 제품이 존재한다는 의미다. 부모들 입장에서는 이것을 어떻게 해석해야 할지 난감할 것이다. 영국의 삶을 위한 변화 캠페인에서 다음과 같은 파트너 업체들을 목록으로 나열하고 있다는 점도 언급할 만한 가치가 있다. 테스코, 아스다, 펩시코, 켈로그, 코오퍼레이티브 그룹Co-operative Group, 피트니스 산업 협회, 광고 협회, 스파Spar, 코스트커터Costcutter, 니사Nisa, 프리미어 앤드 밀스 그룹Premier and Mills Group.

해롭기만 하고 이로운 점은 거의 없을 가능성을 보여주는 걱정스러운 데이터가 존재함에도 불구하고 인공감미료 음료의 섭취는 계속 이어지고 있다.• 정부와 정책 입안자들 사이에서는 규제를 통해 건강에 좋은 쪽으로 전환되는 것을 승리라 보는 분위기가 있다. 쉽지 않은 일이기 때문이다. 나는 이런 생각에 꼭 동의하지는 않지만, 그렇다고 내가 정책을 만들려고 시도할 필요도 없다. 아이에게 식생활 관련 질병이 생기는 것을 막고 싶다면 두 살배기 아이에게 인공감미료가 들어간 청량음료를 매일 평균 한 캔씩 먹이는 정책을 도입하는 것은 별로 좋은 방법이 아니라고 생각한다. 이런 방법은 인공감미료 음료가 건강에 이롭다는 메시지를 전달하여 판매 기업에 면죄부를 준다.

데이나 스몰의 논문을 읽다가 맛과 영양 사이의 불일치가 초가공식품 전반에서 보인다는 생각이 들었다. 폴 하트가 말해주었던 검과 반죽은 입안에서 지방의 감각을 만들어낸다. 무지방 요구르트나 저지방 마요네즈 같은 식품에서 이런 일이 일어나면 우리 내부의 생리학에는 어떤 영향을 미칠까? 아무도 모른다. 그리고 안드레아가 자기 혓바닥 위에 올린 프링글스에서 향미강화제가 어떤 일을 하는지 정확히 아는 사람은 아무도 없다.

나는 이런 일이 벌어지지 않을까 의심하고 있다(그리고 내 의심을 뒷받침하는 데이터가 많이 나와 있다).[34]

쌍곡포물선인 프링글스의 안장 모양은 혓바닥의 곡선에 거의 정확

• 영국 청량음료협회British Soft Drinks Association의 최근 보고에 따르면 2018년에 소비자가 구입한 전체 청량음료 중 65퍼센트가 제로칼로리 혹은 저칼로리였다. 그리고 희석식 음료 중 무려 88퍼센트가 제로칼로리 혹은 저칼로리로 판매됐다.[33]

하게 들어맞는다. 즉 안드레아의 입안에 있는 모든 미뢰가 프링글스와 동시에 접촉한다는 의미다. 그리고 그가 프링글스를 씹으면 이중 곡면 형태 때문에 이 감자칩이 고르지 않게 부서진다. 공학자들은 이것을 파국적 파손 catastrophic failure 이라고 부른다. 안드레아가 감자칩을 씹으며 어머니가 만든 리소토를 먹을 때 자신의 감칠맛 수용기가 내부의 생리학을 어떻게 준비하는지 설명하기 시작했다. 그리고 감자칩을 삼키며 이렇게 말했다. "하지만 결국 배 속에 도착하는 것은 감자전분으로 만들어진 이 딱한 곤죽 덩어리밖에 없죠."

의식적 경험으로 거의 드러나지 않는 생리학적 혼란으로 인해 우리는 또다시 프링글스로 손이 간다. 맛이 약속했던 영양분이 도착하지 않자 찾아 나서는 것이다. 이것을 보면 마치 프링글스가 비만을 조장하기 위해 전문적인 천재 악당이 일부러 고안한 작품처럼 보인다. 그러나 프링글스는 1960년대에 나온 제품이다. 누군가가 일부러 중독성 있게 만들려고 시작한 일이라고는 생각되지 않는다.• 하지만 우리가 가게에서 구입할 수 있는 제품들 간의 군비경쟁에서는 중독성 있는 제품이 살아남는다.

따라서 초가공식품은 미각에 영향을 미치는 첨가물을 사용하여 감각적 경험들을 결합함으로써 그렇지 않았다면 감당할 수 없었을 수준의 많은 보상(설탕 등)을 우리의 목구멍 너머로 몰래 밀어 넣고 있는 것

● 내 변호사는 특정 제품의 중독성 여부에 관한 의견을 표현하지 않는 것이 좋다고 했지만 프링글스 마케팅 부서에서는 제품의 중독성을 그리 불편하게 생각하지 않는 것 같다. 이런 광고 문구도 내놓았으니까 말이다. "한번 손대면 멈출 수 없는 맛!" 이것은 법적으로 애매한 회색지대. 그럼에도 2009년 5월에 《가디언Guardian》의 한 기사는 프링글스를 "골판지 튜브 속에 들어 있는 크랙 코카인crack in a cardboard tube"이라 묘사하고도 무사히 빠져나갔다.

이다. 그럼 우리는 집밥보다 초가공식품을 훨씬 더 갈망하게 된다. 그리고 입안의 감각과 소화관으로 들어가는 영양분 사이에 불일치를 만들어냄으로써 초가공식품 회사들은 우연일지언정 섭취량을 늘릴 방법을 찾아냈다. 하지만 초가공식품을 식별할 때 사용할 수 있는 수천 가지 다른 첨가물들은 어떨까? 그것들도 우리 건강에 구체적으로 영향을 미치고 있을까?

Chapter 14

||||||||||||||||||||||||||||||

식품첨가물의 세계

우리 병원 사람들은 모두 프레타 망제^{Pret A Manger}, 간단히 줄여서 프렛에서 사 먹는다. 선물에서 눈에 보이는 지점만 세 개가 있고, 걸어서 5분 거리 이내로 두 개가 더 있다. 병원 사람들이 모두 찾는 곳이니 좋은 곳이겠지? 프렛은 자연적이고, 윤리적이고, 건강에 좋은 식품을 추구하는 브랜드이니까 말이다.

내가 식생활 실험 마지막 주 어느 날 그곳을 찾은 이유도 그 때문이었다. 초가공식품을 피해 한숨을 좀 돌리기 위해서 말이다. 나는 빨간 태국 수프를 구입했는데 곧바로 익숙한 싸한 맛이 느껴졌다. 나는 무려 49가지(!)나 되는 식품 성분 목록을 살펴보았다. 말토덱스트린과 향신료 추출물이 눈에 들어왔다. 함께 먹던 샌드위치에 들어 있는 빵의 성분 목록도 확인해보았다. 오래도록 프렛에서 밥을 사 먹으면서 한 번도 해본 적 없는 일이었다. 지방산의 모노글리세라이드 및 다이글리세라이드의 모노아세틸 및 디아세틸 타르타르산 에스테르가 들어 있었다.

내가 알고 있던 브랜드와는 어울리지 않는 성분이었다. 2016년에 프렛에서 온라인에 게시한 이 문구를 한번 보자. "프렛은 1986년에 런던에서 문을 열었고 (중략) 시장에 나와 있는 기성 식품과 패스트푸드에서 흔히 보이는 목적이 불분명한 화학물질, 첨가물, 보존제의 사용을 피하고 제대로 된 샌드위치를 만들었습니다."

이 웹페이지에서는 '천연', '내추럴'이라는 단어를 여섯 번 더 사용했다.

'진짜 빵 캠페인'에서는 이 회사에 서신을 보내 이런 주장에 대해 확인을 요청했고, 프렛의 제품들에 내가 위에서 언급한 것을 비롯해서 다양한 첨가물이 들어 있음을 확인했다. 거기에 해당하는 첨가물은 다음과 같다. E920(l-시스테인염산염), E472e(모노글리세라이드 및 다이글리세라이드의 디아세틸 타르타르산 에스테르), E471(지방산의 모노글리세라이드 및 다이글리세라이드), E422(글리세롤), E330(구연산), E300(아스코르브산). 진짜 빵 캠페인에서는 당시 프렛의 최고경영책임자였던 클라이브 슐리Clive Schlee에게 첨가물 첨가를 멈추든지 아니면 '천연'을 주장하는 마케팅을 멈추라고 요청했다. 슐리는 양쪽 모두 거부했다. 그래서 캠페인 측에서는 영국 광고표준청Advertising Standards Agency에 서신을 발송했고, 광고표준청에서는 프렛에 "자연이 만듭니다"라는 광고를 멈추라고 지시했다. 프렛의 대변인은 어떻게든 핑계를 만들어보려고 했다. "우리도 정말 해법을 찾고 싶습니다. 식품 연구팀은 유화제를 사용하지 않는 제조법을 실험하면서 지금까지 열심히 연구를 이어왔지만, 소비자가 기대하는 기준을 충족할 해법을 아직 찾아내지 못했습니다."[12]

유화제와 첨가물을 사용하지 않는 빵이 더 널리 보급되었다면 우리의 기대치가 달라졌을 수도 있다. 하지만 프렛의 소유주인 JAB 홀딩 컴퍼니의 관점에서 이것을 생각해보자. 이 회사는 룩셈부르크에 본사를 둔 개인 소유의 대기업으로, 2020년 기준 기업 총가치가 1,200억 달러를 넘는다.[3-7] 첨가물 없이 빵을 만들려면 비용이 훨씬 높아질 것이고, 어차피 지금 당장은 소비자들도 프렛이 첨가물을 사용하고 있다는 사실을 잘 알지 못하는 것 같다.

하지만 이런 부분을 걱정하는 것이 맞나? 이 첨가물들은 규제 기관에서 요구하는 수많은 안정성 검사를 통과해서 결국 사람이 먹어도 괜찮다고 결론이 난 것 아닌가? 앞에서 나는 특정한 기술적 목적을 위해 식품에 첨가되는 모든 물질을 일컫는 '첨가물'이 초가공식품임을 나타내는 표식이며, 이것은 실제로 해롭기는 하지만 그 자체로는 안전하고 꼭 필요한 나머지 모든 가공 과정을 말해주는 신호라고 가정했다. 그리고 나는 전반적인 반과학적 의제와 함께 종종 등장하는 '첨가물 불안증'에 편승하기를 꺼렸다.

첨가물 불안증은 소아과의사였던 벤 페인골드Ben Feingold가 인공향미료와 인공색소가 ADHD(주의력결핍 과다행동장애)를 유발할 수 있다고 주장하면서 1970년대 캘리포니아에서 처음 등장했다. 의학계는 그의 주장을 폄하했고, 당시였다면 나 역시 그를 폄하했을 것이라 생각한다. 결국 식품은 모두 화학물질로 이루어진 것이니까 말이다. 우리 몸

역시 화학물질로 만들어져 있다. 합성 화학물질에 독성이 있을 수는 있지만, 그 점은 천연 화학물질도 다르지 않다.

하지만 초가공식품 전문가들과 얘기를 해보니 이런 첨가물이 내가 상상했던 것보다 더 심각한 영향을 미칠 수도 있다는 것이 분명해졌다. 나는 감미료와 향미강화제가 일으키는 맛과 영양의 불일치가 어떻게 해를 가할 수 있는지에 대해 생각하기 시작했다. 그러다 페인골드가 사망한 지 25년이 지난 2007년에 발표된 한 연구를 찾아냈다.

이 연구는 영국 식품표준국에서 연구비를 지원받았고, 300명 정도의 아동을 대상으로 이루어졌다.[8] 아이들에게 모두 'E 번호(유럽연합에서 사용하는 식품첨가물을 종류별로 일련번호로 나타낸 것—옮긴이)'를 부여받은 여섯 가지 색소와 방부제 혹은 위약을 제공했다. 첨가물 강화 음료를 마신 아동은 위약을 섭취한 아동에 비해 과다행동 점수가 높게 나왔다. 이 연구는 《랜싯》에 발표됐고, 영국에서는 이제 이 여섯 가지 인공색소 중 어느 하나라도 포함하고 있는 음료는 포장에 다음과 같은 경고 문구를 실어야 한다. "아동의 행동과 주의력에 부정적인 영향을 미칠 수도 있습니다."◆ 색소가 그렇다면 다른 식품첨가물에 대해서도 걱정해야 할 이유가 있지 않을까?

우리가 식품첨가물을 얼마나 많이 먹는지, 심지어 몇 가지나 먹는지도 분명하지 않다. 유럽연합에서 사용을 허가한 첨가물은 2,000종

● 이것이 뛰어난 연구는 아니었다. 미국 식품의약국FDA과 유럽 식품안전청에서는 독립적으로 이 연구를 검토하여 첨가물과 행동에 미치는 영향 사이의 연관성이 확인되지 않았다고 결론 내렸다. 하지만 이 연구는 첨가물의 유해성에 대해 사람들이 신중하게 생각해볼 수 있는 계기를 마련해주었다.

이 넘는다. 미국에서는 끔찍하게도 그 숫자조차 알려지지 않았지만 1만 종이 넘을 것으로 여겨지고 있다.[9] 생산 과정이 완전히 자동화되어 컴퓨터가 조종하는 로봇이 채소를 자르고, 고기를 갈고, 반죽을 섞고, 반죽을 압출하고 최종 제품을 포장하기 때문에 수많은 첨가물이 필요하다. 그래야 식품이 공정을 견딜 수 있기 때문이다. 식품이 로봇의 거친 조작을 거치면서 색이나 향미를 잃는다면 앞에서 보았듯이 화학적으로 대체하면 그만이다.

이런 첨가물이 수천 가지가 있기 때문에 주요 범주만 언급하기도 벅차다. 향미료, 향미강화제, 인공색소, 유화제, 인공감미료, 점증제, 습윤제, 안정제, 산도조절제, 방부제, 항산화제, 기포제, 소포제, 증량제, 탄산제, 겔화제, 광택제, 킬레이트제, 표백제, 팽창제, 청징제 등등. 나는 이 중 몇 가지에만 초점을 맞추어 이것들이 우리 몸에 어떤 영향을 미치고, 어떻게 규제되고 있는지, 혹은 어떻게 규제가 이루어지지 않고 있는지에 대해 이해해보려 한다.

첨가물의 큰 범주 중 하나는 빵에 들어가는 유화제다. 사실 유화제는 초가공식품에 거의 보편적으로 들어간다.

유화제도 DNA 못지않은 생명의 분자라 할 수 있다.[•] 유화제는 지방을 좋아하는 부분과 물을 좋아하는 부분으로 이루어져 있다. 그래서 물과 기름처럼 서로 섞일 수 없는 물질들을 한데 결합하는 것이 가

- 살아 있는 세포는 모두 물방울을 둘러싸서 서로를 분리시켜주는 지방성 막에 의존하고 있다. 지방성 막은 물을 좋아하는 친수성 머리와 물을 싫어하고 기름을 좋아하는 소수성 꼬리를 가진 분자로 이루어져 있다. 이들은 유화제다. 놔두면 저절로 배열되어 물방울을 둘러싸는 막을 형성한다. 이것이 바로 세포다. 이 막은 생명을 바깥 세계와 나눠준다. 당신과 당신이 아닌 것을 가르는 경계, 말 그대로 생명의 가장자리다.

능하다. 사람의 몸에는 이런 유화제가 가득 들어 있고, 전통 식품뿐만 아니라 자연계 곳곳에서도 찾아볼 수 있다. 마요네즈 속의 계란 노른자나 샐러드드레싱에 들어가는 겨자도 부분적으로는 유화제 역할을 위해 들어가 있는 것이다. 이들은 수성의 식초와 지성의 기름이 섞일 수 있게 해준다.

식품 성분 목록에서 제일 흔하게 등장하는 유화제 중 하나는 레시틴이다. 이것은 계란이나 대두, 혹은 다른 공급원에서 추출할 수 있다. 레시틴은 천연 성분으로 분류되지만, 화학적으로 추가 변성된 천연 화학물질을 아주 부자연스러운 방식으로 섞어서 만드는 경우가 많다. 또한 폴리소베이트 80, 카복시메틸셀룰로스, 그리고 영국의 빵에서 자주 볼 수 있고 E472e 혹은 DATEM으로 알려진 모노글리세라이드 및 디글리세라이드의 디아세틸 타르타르산 에스테르 등도 보일 것이다.

DATEM은 동물성 혹은 식물성 지방(중성지방 triglyceride)을 가공해서 만들어진다. 이들은 자연에서 만들어지지 않지만 레시틴처럼 생물 분자와 비슷하고, 이런 유사성이 위험하게 작용할 수 있다. 실험실에서 세포로 실험한 바에 따르면 DATEM은 세포막에 삽입되어 들어갈 수 있는 것으로 보인다. 이 성분이 소화관을 손상시키는 원리를 지금부터 소개할 연구 결과를 가지고 설명할 수 있을 것이다.[10, 11] 우리는 DATEM이 식품에서 정확히 어떤 방식으로 작동하는지 아직 완전히 이해하지 못하고 있다. 이 성분은 빵의 단백질, 물, 탄수화물의 상호작용을 강화하고, 부드럽게 만들고, 변화시키고, 상업적으로 팔리는 다양한 초가공 빵에 촉촉한 탄력을 부여하고 유통기한을 늘려준다.

미국의 화학 회사 듀폰DuPont은 다양한 유화제를 만든다. 거기서 만드는 DATEM은 파노단Panodan이라는 브랜드로 나온다.[12] 그리고 저지방 제품에 추가적으로 크림 같은 성질을 추가해주는 또 다른 유화제가 있다. 이것은 씹는 껌과 PVC에도 널리 사용되는 것이다. 그리고 케이크 반죽의 성능과 단립구조를 향상시킬 수 있는 유화제도 있다. 이것은 플라스틱에서 '김서림 방지제'로도 잘 작용하는 성분이다.

하지만 듀폰이 사용한 제일 유명한 유화제 유사 물질은 과불화옥탄산perfluorooctanoic acid, PFOA이다. 이것은 생산 과정에서 테프론 코팅이 뭉치지 않게 하는 용도로 사용된 적이 있다. 생명체가 우연히 삼켰을 경우 영원히 체내에 축적되는 화학물질 중 하나다. 미국 환경보건국 Environmental Protection Agency의 2016년 보고에 따르면 이 성분은 고콜레스테롤, 간효소 증가, 백신 반응 감소, 선천성 결함, 임신성 고혈압, 고환암, 콩팥암과 관련이 있다.[13]

1950년대에 과불화옥탄산을 사용하기 시작한 후로 수십 년 동안 듀폰은 수천 파운드의 과불화옥탄산을 오하이오강과 폐수 분해용 연못에 버렸다. 여기서 나온 물이 지역 지하수면으로 스며들어 웨스트버지니아에 있는 워싱턴 웍스Washington Works 공장 근처에 사는 10만 명 이상의 거주민이 먹는 식수로 유입되었다.[14] 이것을 버리는 동안 회사 측에서는 이 성분이 갖고 있는 잠재적 해로움에 대한 의학 연구를 동시에 진행하고 있었다. 그들은 이것이 동물에서 암과 선천성 결함을 유발한다는 것을 발견했다. 그리고 자기네 몇몇 직원의 자녀들도 선천성 결함을 안고 태어났다는 사실을 알게 됐다. 집단 소송을 제기한 환경 변호사 롭 빌럿Rob Bilott은 이렇게 말했다. "듀폰은 수십 년 동안 적극적으로 자신의 행동을 숨기려 노력했습니다. 이들은 이 성분이 해롭다는 것을 알면서도 물에 버렸습니다. 정말 안타까운 사실입니다."[15]

실로 안타까운 사실이다. 듀폰의 자체적인 기준에 따르면 식수에서 이 성분의 안전 상한선은 1ppb(10억 분의 1)이었다. 해당 지역 식수는 그보다 세 배 높은 수준으로 오염됐다. 하지만 듀폰은 그런 사실을 공개하지 않았다. 지금까지 듀폰을 상대로 한 소송은 재판이 열리기 전에 합의가 이루어졌으며 회사에서 쓴 총비용은 4억 달러였다.[16] 이 소송은 여전히 진행 중이지만 어떤 의미에서 보면 이 모든 짓을 저지른 듀폰은 더 이상 존재하지 않을 수도 있다.

NBC 뉴스에서는 2020년에 듀폰이 자신의 정화 및 보상 의무를 지불 능력이 없는 더 작은 회사로 떠넘겼다는 뉴스를 보도했다. 듀폰은 자신의 책임을 회피하기 위해 분사 회사를 설립한 사실을 부인하고 있지만, 듀폰이 이 목적으로 설립한 것이 아니라고 주장하는 회사 중 하나가 듀폰이 책임을 떠넘길 때 그에 따르는 책임의 범위가 어디까지인지 고의적으로 숨겼다고 주장하며 듀폰을 상대로 현재 소송을 제기 중이다.[17]

과불화옥탄산은 식품용 유화제가 아니라서 일부 초가공식품에 사용되는 유화제와는 아주 다른 용량에서 아주 다른 방식으로 해를 입힌다. 하지만 나는 이 이야기가 두 가지 이유에서 대단히 유용하다고 생각한다.

첫째, 환경운동가의 마음가짐으로 쇼핑을 하면서 환경에 심각한 피해를 입힌 기업의 제품을 피할 수 있다. (하지만 솔직히 초가공식품의 공급망이 워낙 복잡하기 때문에 한 제품을 만드는 데 관여한 여러 회사들의 이름은 고사하고, 그 수가 몇이나 되는지도 파악하기가 거의 불가능하다. 당신의 빵 속에 들어 있는 DATEM을 어느 회사에서 만들었는지 알아내기는 거의 불가능에 가깝다.)

둘째, 식품첨가물 규제의 측면을 살펴보자면, 현재의 제도에서는 듀폰 같은 회사에서 자체 인증하고 자체 규제하는 내용을 그대로 믿을 수밖에 없다. 과불화옥탄산 이야기가 그들에 대한 당신의 신뢰에 영향을 미쳤을지도 모르겠다.

하지만 법적 논란이 있는 회사가 만들었다는 것 말고도 초가공식품에 들어 있는 유화제가 해롭다는 증거가 있을까? 그렇다. 그리고 그러한 유해성 대부분은 마이크로바이옴에 가해지는 변화에서 비롯되는 것으로 보인다.

═ 몸속 미생물과 첨가물의 방정식 ═

도넛의 형태를 기술하는 수학 방정식과 당신과 나의 형태를 기술하는 수학 방정식은 본질적으로 동일하다. 우리는 모두 이중 벽 원통double-walled cylinder에 해당한다. 가운데에 있는 튜브는 소화관이고 귀, 폐, 그리고 몇몇 다른 곳으로 가지를 뻗고 있으며, 모두 수분, 단백질, 당단백의 복잡한 혼합물인 점액으로 코팅되어 있다. 점액은 지방이나 젤라틴은 아니지만 끈적거리고 매우 가변적이다. 이것은 소화관 속에 살고 있는 다른 거주자, 즉 마이크로바이옴과 평화적인 관계를 유지하는 데 도움을 주는 항체와 면역세포가 가득 들어 있는 살아 있는 층이다.

마이크로바이옴에 대해서는 방대한 양의 논문이 나와 있지만 그에 대한 지식은 여전히 상대적으로 부족하다. 그러나 우리는 기본적인 과학에 대해서는 조금씩 알아가기 시작했다.

태어나는 동안, 그리고 그 후로 며칠, 몇 주 동안 새로 태어난 아기의 몸에 10조에서 100조 마리의 미생물이 대량으로 서식하게 된다.● 생후 초기 몇 달 동안 유아의 면역계와 새로 자리 잡은 마이크로바이옴은 아직 잘 밝혀지지 않은 복잡한 춤을 통해 서로를 시험하고, 영향을 미친다. 모유 수유를 받는 유아는 엄마로부터 마이크로바이옴뿐만 아니라, 유용한 세균의 발달에 유리한 특정 항체를 공급받는다. 생후 첫 몇 년 동안 아이와 마이크로바이옴이 광란의 탐색전을 벌이다가 결국에는 아이와 몇백 종의 세균종이 함께 정착해 살기로 결정한다. 그리고 이 마이크로바이옴은 몸에서 가장 거대한 면역기관 중 하나로 자리 잡는다. 우리는 미생물들에게 따뜻하고 영양이 많은 축축한 점액을 집으로 제공하고, 그 대가로 마이크로바이옴은 생물막^{biofilm}을 형성한다. 이 생물막은 점액질 막으로서 해로운 균이 우리나 그들을 해치지 못하게 제한하는 역할을 한다. 이들은 하나의 연합체를 이루어 잠재적 침입자를 막아주는 방어벽을 형성한다.

일부 추정치에 따르면 우리 몸의 세포 하나당 바이러스, 파지^{phage}, 세균, 원생동물, 고세균, 곰팡이, 심지어 벌레나 진드기 같은 동물에

● 대량 서식의 초기 과정은 부분적으로는 대변을 통해서도 이루어지지만 질내 세균총을 통해 주로 이루어진다. 이들은 선구 종 역할을 한다. 이 사실은 중요하다. 1977년에서 2012년 사이에 태어난 200만 명의 덴마크 아동을 검토한 연구에서는 제왕절개를 통해 태어난 아기는 천식, 전신성 결합조직질환, 연소성^{年少性} 관절염, 염증성 장질환, 면역 결핍, 백혈병 등에 걸릴 위험이 현저히 높은 것으로 나왔다.**18**

이르기까지 100마리 정도의 다른 생명체가 우리의 일부로 살아가고 있다. 우리 몸에 사람의 유전자는 2만 개 정도이지만 세균의 유전자는 수백만 개가 있다.• 음식이 소화되는 소장 끝부분과 수분이 흡수되고 식이섬유가 발효되는 대장에 유기체가 제일 많이 들어 있다. 사람의 대장은 열대우림의 흙을 비롯해서 지구의 모든 환경 중 세균의 밀도가 높은 곳 중 하나다. 하지만 실제 숫자보다 더 중요한 것은 다양성이다. 세균만 따져도 500종에서 1,000종 정도가 당신 몸 안팎에 존재한다. 우리 각자는 고유의 종들로 구성된 마이크로바이옴을 갖고 있고, 시간의 흐름에 따라 이 종의 구성이 변한다. 정확한 이유는 아직 모르지만 우리 몸을 구성하는 생명 공동체를 보살피는 것은 건강과 밀접한 관계가 있다. 여기서 말하는 보살핌이란 곧 좋은 식단을 먹는 것이다.••

우리 소화관 속의 미생물들은 적응 능력이 있는 소화 엔진이다. 이들은 비타민을 만들고 소화 불가능한 음식을 우리의 심장과 뇌에 이로운 분자로 전환해준다. 식이섬유가 건강에 좋은 이유가 이 때문이다. 넓게 보면 탄수화물 중에서 그것을 소화하는 데 필요한 효소가 우리에게 결여되어 있는 것은 모두 식이섬유라 할 수 있다. 우리 유전체 속에 암호화되어 있는 탄수화물 소화효소는 몇 개 되지 않는다. 하지만 그 대신 우리 몸속 세균들이 다양한 효소들을 제공해준다. 대장 속

• 이 유전자들은 사실 당신의 유전자다. 당신의 몸속 기관을 당신과 따로 분리해서 생각할 수 없듯이 마이크로바이옴도 당신과 분리할 수 없다. 마이크로바이옴에게도 우리의 선조가 원시 어류였을 때보다 훨씬 오래전부터 사슬처럼 끊어지지 않고 이어져 내려온 조상이 있다.
•• 내 생각에 프로바이오틱스의 형태로 다른 세균들을 많이 먹어야 좋다는 증거는 불확실하다.

세균들은 식이섬유를 발효해서 자신이 사용할 에너지를 만든다. 이 과정에서 휘발성 단쇄지방산이라는 폐기물 분자가 만들어진다. 우리는 이 지방산을 이용해서 에너지도 만들고, 온갖 다른 용도로도 사용한다. 이 지방산은 염증을 줄이고, 면역반응을 조절하는 데 도움을 주며, 심장과 뇌의 특수 연료로도 사용된다. 간단히 말하자면 에디 릭슨의 소처럼 우리도 부분적으로는 우리 소화관 속 세균이 배설하는 폐기물을 먹고 사는 것이다.

우리와 마이크로바이옴은 경계선이 분명한 관계를 이루고 있다. 대장에 사는 미생물은 대장에만 있어야 한다. 우호적인 생명체라도 엉뚱한 장소에 가면 비우호적인 생명체로 돌변한다. 예를 들어 대부분의 요로감염은 대변 속 세균이 이런 세균을 감당할 수 없는 비뇨기 계통으로 들어갔을 때 생긴다.

소화관 내벽이 음식물, 항생제, 침입자 등에 의해 손상을 입으면 마이크로바이옴의 개체군에 변화가 생긴다. 우리와 평화 조약을 맺지 않은 새로운 종이 들어오는 것이다. 이들은 우리의 이익에 복무하도록 진화하지 않았다. 이들에게 우리는 그저 착취해야 할 틈새시장에 불과하다. 그리고 모든 새로운 식민주의자들과 마찬가지로 이들도 그 지역의 문화와 생태계를 의도적으로든, 우연으로든 파괴하게 된다. 이것을 장내세균 불균형dysbiosis이라고 한다. 장내세균 불균형이 염증성 장질환(크론병과 궤양성 대장염 등), 미숙아에서 일어나는 괴사성 장염(소화관이 죽어서 치명적인 경우가 많은 질환이다), 자가면역질환(다발성 경화증과 1형 당뇨), 알레르기 질환(아토피성 피부염과 천식), 대사질환(비만과 2형 당뇨)뿐만 아니라 암, 심지어 심각한 정신질환*과도 연관되어 있다는 확신이 점점 커지고 있다.[19-22] 소화관과 뇌 사이의 소통 역시 아직 자세히 밝혀지지 않았지만 원생생물, 곰팡이, 고세균, 세균 등의 다양한 공동체가 무임승차를 하고 있는 것은 아니다. 이들은 우리가 무엇을 먹고, 어떻게 살아갈지에 대해 투표권을 행사하는 것으로 보인다. 이들이 우리의 생각, 감정, 결정에 영향을 미친다는 것이 점점 더 명확해지고 있다.

장내세균 불균형이 많은 질병을 일으키는 것인지, 반대로 질병 때문에 장내세균 불균형이 일어나는 것인지는 분명하지 않지만, 이 모든 것이 마이크로바이옴에 대한 면역계의 반응성 증가 때문에 생길 가능성이 있다.

우리의 식생활이 세균 개체군의 변화를 유도하고, 이 변화가 소화관 장벽을 손상하면서 이런 일이 생길 수도 있다. 이 장벽은 세포, 점

- 마이크로바이옴은 생쥐의 행동에 큰 영향을 미친다. 무균 생쥐는 세균 승객을 태우고 있는 생쥐에 비해 사회성이 떨어지고 위험 감수 패턴이 극적으로 변한다. 생후 초기에 생쥐에게 항생제를 투여하면 불안과 사회적 행동에서도 변화가 나타난다. 젖을 뗄 무렵에 무균 환경에서 키운 생쥐에게 미생물군을 주입하면 보호 기능에 적절한 수준의 불안감 등을 비롯해서 정상적인 행동을 회복할 수 있다. 유화제의 영향은 2019년에 우아하게 입증된 바 있다.[23] 식수에 카복시메틸셀룰로스나 폴리소베이트 80을 타서 먹였더니 생쥐에게 염증이 생기고 체중이 불었다. 하지만 가장 중요한 점은 이들이 불안과 비슷한 행동을 훨씬 많이 보이기 시작했다는 점이다. 혹시나 궁금해할 사람을 위해 설명하자면, 생쥐의 불안을 측정하는 방법은 공터 테스트open-field test로 동물 심리학에서 널리 사용되는 테스트 중 하나다. 생쥐나 사람 모두 특별한 훈련을 받지 않아도 결과를 얻을 수 있다. 이 방법은 소, 돼지, 토끼, 영장류, 꿀벌, 바닷가재에 사용돼왔다. 테스트는 높은 벽이 세워져 있고 뚜껑은 없는 하얀 상자로 간단히 구성되어 있다. 동물은 상자 중앙의 공터에서는 위험에 노출되었다는 느낌을 받기 때문에 일반적으로 벽에 붙어서 시간을 보낸다. 동물이 공터에서 보내는 시간이 얼마나 되는지, 얼마나 똥을 많이 싸는지 등을 측정하면 불안을 평가할 수 있다. 결과적으로 유화제는 생쥐를 훨씬 불안하게 만들었다.

액, 면역세포 간의 긴밀한 연결로 이루어져 있으며, 이들이 함께 작용해서 마이크로바이옴을 단단히 묶어두고 있다. 이것이 손상을 입으면 소화관에서 미생물이 누수되기 시작하고, 이들의 폐기물이 몸의 나머지 부분으로 스며들 수 있다. 지방, 식이섬유, 유화제 등 우리 식단 속에 들어 있는 많은 것이 마이크로바이옴의 개체군과 소화관 벽의 완전성에 변화를 가져올 수 있다.

가장 흔하게 사용되고, 따라서 가장 많은 연구가 이루어진 유화제 두 가지는 카복시메틸셀룰로스와 폴리소베이트 80이다. 폴리소베이트 80은 폴리옥시에틸렌 소르비탄 모노올레이트 또는 E433이라고도 하며 완전한 합성 유화제다. 이 성분은 코셔 피클, 아이스크림, 휘핑크림의 에어로졸, 치약, 보습 크림, 샴푸, 머리 염색약 등에 들어 있다. 카복시메틸셀룰로스는 E466 혹은 셀룰로스검이라고도 하며, 제1차 세계대전 동안에 발명됐다. 이것은 클로로아세트산을 사용하는 화학 공정을 통해 알칼리화 식물성 당분alkalised plant sugar으로부터 만든 중합체다. 걸쭉하고 끈적끈적한 초가공식품에 많이 들어 있으며, 초가공식품이 분리되는 것을 막아준다. 테스코 브라우니 맛 밀크, 코스타 캐러멜 라테, 뮐러Müller의 쿠키 반죽 맛 밀크셰이크 등이 여기에 해당한다. 이것은 렉소나Rexona라는 롤온 디오더런트 브랜드와 점안액, 심지어 노갈락스Norgalax라는 미세관장제 브랜드에도 들어 있다. 분자 요리나 설사에 관심이 있는 사람이라면 온라인에서 큰 봉지로 구입할 수 있다.

새로운 생각을 하나 덧붙이자면, 무언가가 초가공식품인지 궁금할 때는 경험상 거기 들어 있는 성분 중에 디오더런트나 관장제에도 들어 있는 성분이 있다면 초가공식품일 거라 생각해도 좋다.

2015년에 미국과 이스라엘의 연구진이 카복시메틸셀룰로스와 폴리소베이트 80을 대상으로 한 일련의 실험을 일류 학술지《네이처》에 발표했다.[24] (《네이처》에 실린 논문이라고 절대 틀릴 일이 없다는 의미는 아니지만, 이것은 동일한 연구 결과를 보여준 수많은 논문 중 첫 번째 것이었다.) 연구자들은 폴리소베이트 80과 카복시메틸셀룰로스를 우리가 일상적으로 섭취하는 것보다 낮은 농도로 생쥐에게 실험해보았다.●

불과 12주 만에 극적인 변화가 생겼다. 점액 장벽이 심하게 손상된 것이다. 건강한 생쥐에서는 장내세균이 소화관 내벽을 두르고 있는 세포와 점액질 층으로 분리되어 떠 있지만, 유화제로 처리한 생쥐에서는 세균이 사실상 세포와 접촉하고 있었다. 결국에는 생쥐의 혈류에서 세균 성분이 검출될 정도로 소화관의 누수가 많아지기 시작했다. 마이크로바이옴을 구성하는 세균의 유형도 영향을 받아서, 일반적으로 건강과 관련된 세균인 박테로이데스Bacteroidales의 수치가 낮아지고, 섬액을 분해해서 염증을 일으키는 세균의 수치가 높아졌다. 사람에게 암과 궤양을 일으키는 것으로 알려진 헬리코박터 파일로리 같은 세균이 번창하기 시작했다. 전체적으로 보면 건강의 전형적인 특징 중 하나인 마이크로바이옴의 다양성이 줄어들었다.

현미경으로 보니 생쥐의 소화관에 염증이 너무 심해서 마치 대장염이 생기고 있는 듯 보였다. 이 염증이 생쥐의 몸 곳곳으로 퍼져나갔

● 이들은 1퍼센트 농도를 이용했는데 이는 여러 식품에 들어 있는 방부제 농도보다 낮은 수치다. 작용 최소 용량을 확인하기 위해 연구자들은 농도를 0.5퍼센트, 0.1퍼센트로 낮춰봤는데 영향이 계속 이어졌다. 폴리소베이트 80의 경우 불과 0.1퍼센트에서도 저강도 염증과 비만증이 일어난다는 증거가 나왔다.

고, 생쥐들은 더 많이 먹어 체중이 늘기 시작했다. 유화제가 생쥐들의 포도당 관리 능력을 교란하자, 일부는 식생활과 관련된 2형 당뇨병이 생기기 시작했다.

이런 영향들이 마이크로바이옴을 통해 중재되는 것인지 여부를 확인하기 위해 연구진이 무균 생쥐(소화관 속에 아무런 세균이 없게 태어나고 길러진 생쥐)를 대상으로 실험을 반복해봤더니 이런 영향이 전혀 나타나지 않았다. 그다음에는 유화제 처리한 생쥐의 대변을 무균 생쥐의 대장에 집어넣었더니 모두 같은 문제가 발생했다. 전체적으로 볼 때 이 연구는 흔히 사용하는 이 두 가지 유화제 때문에 발생하는 해로운 영향이 마이크로바이옴에 생기는 손상 때문이라는 강력한 증거를 제공해주었다.●

《네이처》에 실린 논문은 식용 유화제가 "20세기 중반 이후에 일어난 염증성 장질환, 대사증후군, 그리고 어쩌면 다른 만성 염증성 질환의 발병률 증가에 기여했을지도 모른다"라고 결론 내렸다.

과식은 마이크로바이옴을 변화시켜 장내 염증을 촉진하는 식품첨가물에 의해 일어나는지도 모른다. 물론 생쥐가 사람은 아니지만 초가공식품의 서로 다른 성분들이 섬세한 소화관 내벽에 미치는 영향, 그리고 그 결과로 우리 뇌에 미치는 영향이 점점 더 분명해지고 있다.

하지만 마이크로바이옴에 영향을 미치는 초가공식품 첨가물이 유화제만 있는 것은 아니다. 말토덱스트린●●은 초가공식품에 흔히 들어

● 이 연구 결과를 사람에게 적용하려면 사람의 식단에 이런 유화제가 적어도 평균 0.1퍼센트는 섞여 있다고 가정해야 하는데 일부 사람, 어쩌면 대부분의 사람에게 이것은 일반적인 상황이다.

있는 당 분자의 합성 사슬이다. 이 성분은 식감을 부여하고 유통기한을 늘려주며, 거의 아무런 맛이 없음에도 식품으로부터 얻는 보상감을 높여주는 듯 보인다(데이나 스몰의 실험에서 식품을 원하도록 학습시킬 때 이것을 사용했다는 점을 기억하자).

언뜻 보면 말토덱스트린은 별다른 유해성이 없어 보이지만 실험 결과 세포 스트레스를 일으키고, 섬세한 점액성 내벽에 손상을 가하고, 내장 염증을 일으키고, 세균에 대한 면역반응을 줄이는 것으로 보인다. 이 성분은 크론병과 2형 당뇨 같은 만성 염증성 질환의 증가와도 관련이 있을 수 있다. 생쥐 연구에 따르면 말토덱스트린은 살모넬라와 대장균 등이 점액 필름^{slime film}을 형성해서 몸의 점막을 뚫고 들어가도록 촉진한다.[25-28] 유화제는 모든 사람에게 염증을 일으키는 것이 아니라 염증성 장질환의 유전적 위험을 안고 있는 경우에만 염증을 일으킨다는 증거가 있다. 당사자는 자신이 이런 유전적 위험을 안고 있음을 전혀 모르고 있다가 말토덱스트린이나 유화제를 통해 알게 될 수도 있다.

그리고 온갖 검 종류가 있다. 잔탄검은 우리가 꾸준히 섭취하는 검이다. 이것은 세포밖다당류^{exopolysaccharide}로서, 채소에 검은썩음병^{black rot}을 일으키는 크산토모나스 캄페스트리스^{Xanthomonas campestris}라는 세균이 분비하는 당분 점액질이다.

검은 점증제로 사용되지만 놀라운 속성도 가지고 있다. 흔들거나 짤 때는 일시적으로 묽어지기 때문에 잘 흘러나온다. 그러고 나서 그

●● 말토덱스트린은 1812년에 발명되었지만 사라졌다가 또 다른 산업화학자인 프레드 C. 암브러스터^{Fred C. Armbruster}에 의해 다시 발견됐다. 그의 취미는 덫으로 사냥하는 것이었고, 시간제로 유해 동물 구제 회사인 프레드의 야생동물 방제 회사^{Fred's Wildlife Nuisance Control}를 운영했다.

냥 놔두면 다시 걸쭉해지고 잘 달라붙는다. 이 성분은 치약, 삼키는 데 어려움이 있는 사람들을 위한 음료에도 사용되고, 석유 시추 산업에서 굴착 이수drilling mud의 점도를 증가시키는 용도로 사용된다. 이 성분이 고형물들을 진흙(그리고 샐러드드레싱) 속에 띄워주기 때문에 유정oil well에서 펌프로 더 쉽게 빼낼 수 있다.

나는 잔탄검이 역겹기는 해도 무해할 것이라 생각했었다. 하지만 미시간대학교의 미생물학 및 면역학과에 있는 매슈 오스트로우스키Matthew Ostrowski라는 연구자가 잔탐검이 우리 몸에서 무슨 일을 하는지 자세히 들여다보았다.[29] 오스트로우스키는 잔탄검이 새로운 세균 종의 먹이임을 알게 됐다. 개체군 데이터를 들여다보니 잔탄검이 이 세균을 수십억 명의 사람 속에서 대량 서식하도록 유도한 것으로 보였다. 이 세균은 잔탄검을 먹지 않는 인구 집단에는 전혀 들어 있지 않았다. 오스트로우스키는 이런 사람을 외딴 지역에 사는 수렵·채집인 집단에서만 찾아볼 수 있었다. 더군다나 이런 세균 종을 갖고 있다면 이 세균이 만들어낸 분해 산물을 먹고 사는 또 다른 신종을 갖고 있을 수 있다. 이런 세균이 어떤 영향을 미치는지는 알려지지 않았지만 잔탄검이 사람의 소화관 속에서 먹이사슬을 만들어냈다는 점은 분명하다. 그리고 잔탄검을 먹고 사는 세균은 이른 나이부터 유아의 몸속에 자리 잡아 대량 서식할 수 있기 때문에 면역계의 발달에 큰 영향을 미칠지도 모른다.

다양한 첨가물이 마이크로바이옴에 미치는 영향에 관한 논문이 계속 쏟아지고 있다. 2000년에 미국에서 안전하다고 평가를 받은 당분 첨가물인 트레할로스trehalose는 항생제 내성균인 클로스트리듐 디피실리$^{Clostridium\ difficile}$의 창궐과 관련이 있는 것으로 밝혀졌다. 사람을 대상으로 연구한 결과, 글리세롤 스테아레이트$^{glycerol\ stearate}$, 소르비탄 모노스테아레이트$^{sorbitan\ monostearate}$, 카라기난 등 흔히 사용되고 있는 유화제 중 상당수가 장내세균총 속 이로운 세균의 전체적인 수준을 변화시키는 것으로 나타났다.[30-37]

이런 점들을 놓고 보면 애초에 식품 제조업체에서 이런 물질들을 사용할 이유가 없어 보인다.

그럼 이렇게 나쁘다는 성분들은 어떻게 우리 식품에 들어가게 됐을까?

초가공식품

Part 4

위태로운 식탁

Chapter 15

|||||||||||||||||||||||||||||||||

규제의
사각지대

2017년 6월, 당시에는 코팩 스트레터지스^{CoPack Strategies}라고 불리던 아이오와주 기반의 회사 콘 오일 원^{Corn Oil ONE}에서 'COZ 옥수수유'라는 제품을 시장에 출시하려 한다고 자발적으로 FDA에 통보했다.[1]

  FDA는 미국에서 식품첨가물과 약물을 규제하는 기관이기 때문에 그곳에 연락한 것은 옳은 일이었다. 당신이 복용하는 약물은 FDA처럼 엄격한 의약품 규제 기관으로부터 허가를 받았을 것이다. 약물 허가를 받으려면 많은 양의 동물실험과 인체실험 데이터를 제출해야 할 뿐 아니라, 규제 기관과 그 소속 전문가들이 모든 연구 과정과 제조 시설을 자유롭게 살펴볼 수 있게 개방해야 한다. 그 때문에 의약품 허가를 받는 데는 상당히 많은 돈이 들 수밖에 없다. 적절한 테스트를 진행하기 위해서는 수억 파운드의 돈이 들어갈 수도 있다.•

331

나는 미국의 식품첨가물이 동일한 연방 기관에서 규제하기 때문에 비슷한 절차를 거칠 것이라고 생각했다. 그리고 내가 제약 관련 규제의 지루한 문구에 이미 익숙하기 때문에 이 절차의 기본 요점을 어렵지 않게 이해할 수 있을 줄 알았다. 하지만 막상 FDA 웹사이트를 찾아가서 읽기 시작하니 테스트와 자료 제출에 관한 요구 사항을 전혀 이해할 수 없었다. 심지어 그들이 말하는 첨가물의 정의도 이해할 수 없었다. 이것은 FDA에서 복잡하고 세밀한 접근 방식을 취하고 있다는 신호로 보였다. 하지만 혹시 모를 일이라서 식품첨가물 규제 관련 전문가들에게 설명을 부탁해봐야겠다고 생각했다.

마리셀 마피니Maricel Maffini와 톰 넬트너Tom Neltner는 2011년에 「미국 식품첨가물 규제 프로그램에 대한 탐구Navigating the US food additive regulatory program」[3]라는 제목으로 발표된 27쪽짜리 논문의 저자 중 두 명이다. 두 사람은 미국의 식품 규제 시스템에 존재하는 커다란 구멍을 언급하는 일류 학술지 논문에 꾸준히 이름을 올렸다.[4, 5] 나는 두 사람과 각각 따로 대화를 나누었지만 두 사람은 사실상 역동적인 한 팀 같았다. 마피니는 생화학자이자 생리학자인 반면, 넬트너는 화학공학자이자 변호사다.

두 사람은 COZ 옥수수유를 예로 들어 식품첨가물 규제 절차에 대해 설명해주었다.

당신도 나처럼 궁금해졌을지 모르겠다. 어째서 회사 측에서 FDA에

- 엄격한 규제와 감독이 필요한 이유는 면밀하게 감독하지 않을 경우, 제약 회사가 겉으로 드러나는 해로움은 최소화하고 이점은 극대화하는 방식으로 정교하게 데이터를 조작하는 데 엄청나게 능숙하다는 것이 입증되었기 때문이다.[2]

옥수수유같이 해로울 것 없는 식품에 대해 문의했을까? 옥수수유는 옥수수 알곡을 압착해서 만드는, 미국에서 인기 있는 식용유다. 하지만 이 옥수수유를 만드는 방식이 새롭다.

이것은 자동차용 에탄올 바이오연료를 만드는 데 사용하는 옥수수액corn mash에서 추출하는 방식으로 만들어졌다. 이 옥수수액에는 항생제와 다른 첨가물이 들어 있으며 거기서 추출할 수 있는 증류 옥수수유distiller corn oil는 기존에는 가축 사료용으로만 허가됐다. 회사 측에서는 이 기름을 사람이 먹을 수 있는 기름으로 추가로 가공해서 수익을 창출하고 싶어 했다.

추가 공정을 거쳐 사람이 먹을 식품으로 사용하려면 이것을 새로운 식품첨가물로 간주해야 했다. 회사가 이것을 시장에 출시하는 방법에는 세 가지 선택지가 있었다.

첫 번째 방법은 가장 엄격한 방법으로, FDA에 새로운 옥수수유에 대한 전면적인 검토를 청원해서 식품첨가물로 공식 등재할 수 있다. 그렇다고 신약을 개발할 때와 동일한 수준의 꼼꼼한 검증을 받아야 하는 것은 아니지만, FDA에 상당한 양의 데이터를 제출해야 한다는 의미다. 그 과정에 몇 년의 시간이 걸릴 수도 있다.

새로운 성분이 식품첨가물로 공식 승인을 받는 데 필요한 요건은 1950년대에 마련됐다. 당시에는 산업적으로 새로 생산되어 미국인들이 식품을 재배하고, 포장하고, 가공하고, 운송하는 방식을 바꾸어 놓고 있었던 수백 가지 화학물질의 안정성에 대한 미국 의회의 우려가 점점 더 커지고 있었다. 당시에 나온 한 보고서에서는 식품에 사용되는 화학물질이 700가지가 넘으며, 그중에 안전하다고 알려진 것은

400가지 정도라고 추정했다. 보고서는 다음과 같이 말하고 있다. "저명한 약리학자, 독물학자, 생리학자, 영양학자들이 오늘날 식품에 첨가되는 화학물질 중 다수가 무독성 및 식품 사용 적합성을 입증할 충분한 검사를 거치지 않았다고 우려를 표명하고 있다."[6]

 어제 썼다고 해도 믿을 것 같은 글이다. 1950년대의 과학자들이 즉각적인 독성에 대해서만 걱정한 것이 아니다. 이런 부분은 상대적으로 쉽게 검증이 가능하기 때문이다. 이들은 '몇 달 혹은 몇 년 동안 사용하고 난 후에야 해로운 영향을 미칠 수 있는 물질'에 대해 걱정했다.

 분자가 암, 선천성 결함, 즉각적인 독성을 일으키는지 여부를 확인할 수 있는 좋은 검사 방법이 나와 있지만 그보다 미묘하게 나타나는 장기적 유해성은 평가하기가 훨씬 어렵고, 그 점은 지금도 마찬가지다. 첨가물이 우울증, 10대의 자살률 증가, 젊은 성인의 체중 증가, 가임 능력 저하, 염증성 질환, 2형 당뇨 같은 대사질환 등 몇 년에 걸쳐 장기간 노출된 이후에만 확인 가능한 문제를 일으키는지를 파악하기는 쉽지 않다.

 1950년대에 미국 의회에서는 이런 질병과 식품첨가물 사이의 연관성을 인식하고 이를 입증할 필요성을 느꼈다. 특히 의회에서는 FDA에 이런 화학물질의 '누적적 영향'에 대해 고려할 것을 지시했다. '누적적'이라는 단어가 중요하다.

 갑상선 기능을 예로 들어보자. 식품에 첨가되거나 살충제나 포장지에서 식품으로 유입되는 여러 가지 화학물질이 낮은 용량에서 갑상선을 손상시킬 수 있다는 것이 알려져 있다. 폴리브롬화 디페닐 에테르, 과염소산염, 유기인산염 살충제, 과불화화합물 per- and polyfluoroalkyl substance,

PFAS, 비스페놀 A, 질산염, 오르소프탈레이트$^{ortho\text{-}phthalate}$ 등은 갑상선 호르몬 시스템의 다양한 측면을 교란할 수 있다. 낮은 용량에서는 무해할지 모르지만, 모든 식품에 소량씩 들어 있어서 장기간 섭취하게 된다면 어떨까?

이런 우려 때문에 1958년에 식품첨가물 개정안$^{Food\ Additives\ Amendment}$이 나왔다. 이 법안으로 FDA가 식품첨가물에 대한 규제를 강화하고, 안정성 보장을 위해 광범위한 검사를 요구할 수 있는 권한을 갖게 될 것으로 보였다. 이 법은 취약한 사람을 보호하기 위한 것이다. 여기에는 미국에서 식품을 먹거나 먹어왔던 모든 사람이 포함되지만, 아동의 경우는 발달 과정에 있기도 하고, 반편생을 산 이후에 처음 노출된 성인에 비해 이런 성분에 더 오랜 시간 노출되고, 체격에 비해 성인보다 더 많이 먹고 마시기 때문에 식단에 들어 있는 독성 물질에 특히나 취약하다.

하지만(이것은 아주 중요한 '하지만'이다) 이 개정안에서는 '식품첨가물'이라는 용어에 한 가지 예외를 허용했다. 일부 물질은 '그라스^{GRAS}', 즉 '일반적으로 안전하다고 볼 수 있는 물질$^{Generally\ Recognized\ As\ Safe}$'로 인정하기로 한 것이다. 이것은 식초, 소금같이 흔히 사용되는 성분을 제조하는 업체가 가공식품에 자기네 제품을 첨가할 때 FDA의 번거로운 안전성 검토 절차를 우회할 수 있게 허용할 목적으로 지정됐다.

그러나 이 법률적 허점은 거의 즉시 기업들이 FDA의 규제를 완전히 우회할 수 있는 수단이 되고 말았다. 그라스 목록에 수백 가지 화학 물질이 곧바로 추가됐다. 일부는 대체 어떻게 그 목록에 올라갔는지 알 수 없다. 많은 문서가 원래 그라스 목록 등재를 요청했던 회사에 보관되어 있고, 규제 당국에 제출된 데이터는 공개되지 않았기 때문이다.

　새로운 첨가물을 그라스에 등재하는 것이 FDA에서 제공한 두 번째 선택지였고, 콘 오일 원도 이 경로를 택했다. 수많은 데이터를 제출해야 해서 혁신을 방해하는 성가신 상황을 피하고 싶다면 자발적으로 그라스 등재를 요청하고, FDA에 약간의 데이터를 보내면 된다. 그럼 FDA에서는 더 이상의 후속 질의가 없다는 서류를 보내올 것이다. 휴!

　넬트너가 콘 오일 원의 80쪽짜리 FDA 제출 자료를 내게 보내줬다.[7] 자료에서는 두 가지 미발표 연구와 회사에서 소집한 전문가 네 명의 의견을 바탕으로 옥수수유가 안전하다고 주장하고 있었다. 나는 이 자료를 뒤지다가 옥수수유의 분자 구조가 나와 있는 도표를 찾았다. 이것을 포함시킨 것은 몇 가지 이유로 이상한 일이었지만, 가장 큰 이유는 옥수수유에는 분자 구조가 없다는 점이었다. 옥수수유는 서로 다른 여러 가지 분자로 구성되어 있다. 그리고 도표 자체도 이상하게 익숙해 보였다. 나는 약리학 교과서를 뒤져보았고, 회사 측에서 기름의 구조 대신 로피나비르^{Lopinavir}라는 에이즈 약물의 분자 구조를 실어놓았다는 것을 발견했다. 아마도 실수일 것이다. 하지만 엉뚱한 분자 구조를 실어놓았다는 것은 회사가 식품첨가물의 안정성을 판단할 때 우리가 기대하는 것처럼 철저하고 세밀하게 접근하지 않았을 수도 있다는 단서였다.

　FDA에서는 또한 회사 측의 그라스 결정서에 중요한 결함이 있음을 확인하고 우려를 표했다. 예를 들면 이 회사에서는 듀폰에서 만든 퍼마슈어 XL$^{FermaSure\ XL}$(이산화염소)이라는 가공 보조제를 사용하고 있었는데, 톰 넬트너의 블로그와 듀폰의 온라인 발표에 따르면 이 회사는 2011년에 FDA로부터 그라스 신청을 거절당했음에도 불구하고 시장에서 그라스로 판매하고 있었다.[8,9] •

이 시점에서 FDA가 제약 회사에 하듯이 현장 조사를 요청하면 될 것이 아니냐는 생각이 들겠지만, 회사 측에서 세 번째 선택지를 택할 경우에는 현실적으로 그것이 불가능하다. 바로 FDA에 첨가제에 대한 평가를 중단해달라고 요청하는 것이다. 회사 측에서 제공한 증거에 대해 FDA에서 의문을 제기하자 콘 오일 원이 취한 조치가 바로 이것이었다. 하지만 회사가 FDA에 기름에 대한 평가 중단을 요청했음에도 불구하고 식품에 그 기름을 섞자는 아이디어를 포기할 필요는 없었다. 몇몇 회사에서 원래의 그라스 법을 재해석한 덕분이었다.

1960년대, 1970년대, 1980년대에 그라스 신청이 계속 밀리자 회사들은 FDA에 보고하지 않고 비밀리에 자율적으로 안정성을 판단하기로 했다. 1997년에 FDA는 이런 법률 해석이 아무런 문제가 없다고 했고, 2016년에는 이 규칙을 확정했다. 법적으로 문제가 없다는 뜻이었다.[10-12] 이것을 자율결정 self-determination 이라고 한다. 긍정적인 말처럼 들린다. 그렇지 않은가? 한마디로 자기네 제품의 안정성을 자율적으로 결정해서 식품에 첨가할 수 있다는 의미다.

약물 규제와는 너무 딴판이라 나는 마피니와 넬트너에게 몇 번에 걸쳐 이 부분에 대한 설명을 들어야 했다. 어떤 성분으로 돈을 벌려고 하는 회사가 FDA의 우려에 동의하지 않고, 자기네 제품이 그라스라

• 콘 오일 원은 세 건의 그라스 결정서를 제출했다. 여기서 소개한 문제는 두 번째 결정서에서 나온 것이다. 이 결정서에 대해 FDA는 추가로 질의 요청서를 보냈고, 결국 회사에서는 FDA에 기름에 대한 평가를 중단해달라고 요청했다.

고 믿는다면 FDA 승인 신청을 철회하고 어떻게든 식품에 해당 분자를 첨가할 수 있다는 말이었다.

COZ 옥수수유가 식품에 들어갔는지 여부는 알려지지 않았지만, 콘 오일 원에서 일하는 과학자들(옥수수유의 분자 구조를 에이즈 약과 혼동한 바로 그 과학자들)이 안전하다고 믿기만 한다면 그 회사에서 COZ 옥수수유를 안전하다고 마케팅해도 막을 방법이 없다. 넬트너에 따르면 FDA에서 해당 시설이나 회사 본부로 찾아가 수사할 수 있지만 그렇게 하고 있다는 증거는 없다. 당신의 부엌에 놓여 있거나 점심 식사의 성분 목록에 들어 있는 옥수수유는 허가받지 않은 첨가물과 항생제가 가득 들어가는 기술을 이용해서 만들어졌을 수도 있다. 하지만 식품 라벨에는 그냥 '옥수수유'라고만 적혀 있을 것이다.

너무 극단적인 사례를 드는 게 아닌지 의문을 품는 사람도 있을 것이다. 나도 그랬다. 그래서 넬트너에게 기업이 법률상의 허점을 얼마나 자주 이용하고 있는지 물어보았다. 자율결정을 통해 그라스로 지정된 분자가 몇 가지나 되는지는 알 수 없다. 회사에서 그 사실을 FDA에 알릴 의무가 없기 때문이다. 2000년 이후로 FDA에 새로운 물질의 완전 승인을 요청한 건수는 10건에 불과하다. 반면 그 후로 식품 공급망에 새로 추가된 식품첨가물은 766가지나 된다. 그럼 98.7퍼센트에 해당하는 나머지 756건은 그 첨가물을 만든 회사가 자율결정했다는 의미다.[13]

마피니와 넬트너가 신청서들을 검토한 결과, 의미 있는 방식으로 첨가물의 누적적 영향을 고려한 경우는 한 건에 불과했다. 제도적으로 권장하고 있는 동물 대상 1개월 식이급여 연구를 진행한 경우는 4분의 1도 안 됐고, 발달이나 생식에 미치는 영향을 검사한 경우는 7퍼센트에도 못 미쳤다.[14] 출산율은 떨어지고 첨가물 섭취량은 제일 많은 고소득 국가에서 관련 정보가 이 정도로 결핍되어 있다는 것은 놀라운 일이다.•

넬트너는 미국에서 식품에 첨가되는 물질이 1만 가지 정도 된다고 추정하고 있다. 하지만 기업이 자율결정할 수 있기 때문에 FDA에서도 완전한 목록을 갖고 있지 않다. 그리고 이 물질 중 1,000개 정도는 비밀리에 자율결정된 것으로 추정된다.

미국에는 식품의 안정성을 확인하기 위한 식품첨가물 규제가 사실상 존재하지 않는다는 마피니와 넬트너의 말이 너무 이상해 보여서 나는 그들이 과장하는 거라 생각했다. 나는 확인을 위해 에밀리 브로드 리브Emily Broad Leib에게 전화했다. 그녀는 하버드대학교의 교수이자 하버드 로스쿨 식품법 및 정책 클리닉Harvard Law School Food Law and Policy Clinic의 창립 이사다. 그녀도 정확히 똑같은 얘기를 했다. 이제는 모든 과정이 사실상 자발적으로 이루어지고 있다고 말이다.

법학 교수인 그녀는 이런 법률상의 허점이 FDA를 통해 제품을 규제하려고 했던 미국 의회의 의지가 좌절된 것이라고 보았다. 브로드

• 이 시점에서 당신에게는 여러 가지 합리적인 의문이 떠오를 것이다. 예를 들면 '아무리 회사에서 자율적으로 결정한다고 해도 특정 검사는 진행해야 한다는 요구 사항 같은 것이 존재하지 않을까?' 같은 의문이다. 같은 질문을 넬트너에게 해보았다. "회사가 특정 검사를 해야 한다는 요구 사항은 없습니다." 넬트너는 이것을 '가정 기반' 독성학이라고 불렀다. 회사는 자체적인 과학자들을 동원해서 증거를 살펴보게 한 다음 그 제품이 그라스인지 결정할 수 있다. 넬트너가 말을 이었다. "나중에 문제가 생기더라도 그것이 특정 첨가물 때문이라는 것을 절대 입증할 수 없습니다. 라벨에 모두 적혀 있지 않으니까요. 옥수수유를 생각해보세요. 그것이 어떤 과정을 거쳐 생산됐는지 무슨 수로 알겠습니까?"

리브는 트랜스지방의 사례를 통해 자율결정이 어째서 문제인지 보여주었다. 트랜스지방은 수소화 공정을 이용해 액체 상태의 식물성 기름을 용도가 더 다양한 고형지방으로 바꿀 때 만들어진다. FDA에서는 트랜스지방이 매년 수십만 건의 심장마비와 수만 건의 사망을 일으키고 있다는 사실을 인지했다. 그런데도 미국의 식품 공급망에서 트랜스지방을 제거하기까지 수십 년이나 걸렸다. 우려하는 목소리가 처음 나온 것이 1950년대임에도 불구하고 말이다! 하지만 이 경우는 적어도 문제점을 알고 있기라도 했다. 브로드 리브는 지적한다. "만약 트랜스지방이 자율적으로 승인되었다면● 사람들의 감시망에 포착되지 않았을 겁니다. 그 성분이 심장마비와 사망 증가와 관련되어 있음을 아무도 몰랐겠죠."●●

═ 첨가물은 불평등을 키운다 ═

향미료는 별개의 문제다. 향료 및 추출물 제조업자 협회Flavor and Extract Manufacturers Association, FEMA는 약 120개의 업체를 회원으로 둔 무역단체다. FEMA는 FDA와는 독립적으로 자체적인 그라스 결정 과정을 갖추고 있다. 회사들이 이 단체의 전문가 패널에 그라스 신청서를 제출한다.

- 두 종류의 트랜스지방이 FDA의 승인을 받았지만, 다른 용도나 다른 변이 제품은 아무런 검토 없이 자체적으로 그라스로 승인됐다. 따라서 업계가 식품첨가물 승인 청원서를 제출하도록 효과적으로 강제하기 위해서는 규제 기관에서 이런 제품이 그라스가 아니라고 먼저 선언해야 한다. 그 때문에 매년 수천 명의 사람이 죽는 것으로 추정되기 때문이다. 하지만 FDA에서는 이를 거부했다.

FEMA는 지금까지 2,600가지가 넘는 향미 물질을 그라스로 결정했다. 향미료 산업은 말 그대로 자율 규제를 하고 있다. 이것이 문제다.

이소유제놀을 예로 들어보자. 이것은 정향, 바질, 치자나무에서 추출할 수 있는 화학물질로 흔히 음료수, 껌, 제과제빵류에 향미료로 첨가된다. 이 성분은 FEMA에서 그라스로 인증받았다. 그런데 이 성분이 암을 유발하는 다른 분자와 비슷한 구조를 갖고 있기 때문에 미국 독성학 프로그램US National Toxicology Program에서 연구를 수행했다.[15] 이 연구에서 이소유제놀이 생쥐에서 간암을 일으킨다는 '분명한' 증거가 나왔다. 이소유제놀로 처리한 수컷 생쥐 중 80퍼센트에서 간 종양이 생겼다.

그럼에도 FEMA에서는 암 발생이 고용량에서 나타나는 현상이고, 이소유제놀을 식품 향미료 성분으로 사용하는 데 따르는 잠재적 암 발생 위험에 대한 평가와는 아무런 관련이 없다는 이유로 이소유제놀을 그라스로 지정했다. FEMA는 미국의 1인당 하루 이소유세놀 향미

•• FDA의 식품첨가물 안전국의 관점에서 이 모든 것을 고려해볼 가치가 있다. 이곳은 1만 가지가 넘는 화학물질과 수십억 달러 규모의 산업을 규제하는 일을 담당하고 있다. 적어도 이론적으로는 그렇다. 이곳의 정규직 기술 인력은 100명에 불과하고, 1년 예산은 약 10억 달러에 불과하다. 실제로 필요한 인력과 예산에 비하면 턱없이 부족하다. 이곳에는 그라스 의뢰가 쇄도한다. FDA 안에서 보면 규제 시스템이 돌아가는 것처럼 느껴진다. 어쨌거나 데이터와 증거들을 살펴보고 있고, 또 열심히 하고 있으니까 말이다. 하지만 실제로는 이 모든 것이 거의, 어쩌면 아무런 의미도 없다. 독립적으로 이루어지는 의미 있는 규제가 존재하지 않기 때문이다. 식품에 들어가는 화학물질에 관한 한 FDA가 직원들을 모두 집으로 돌려보내고 부서의 문을 닫는다 해도 아무런 차이가 생기지 않을 것이다. 차라리 이렇게 문을 닫고, 업계가 그냥 알아서 하라고 말하는 것이 솔직한 일이다. 이런 식이면 우리는 업계가 자체적으로 어떤 결정을 내리든 그냥 운에 맡길 수밖에 없다. 도널드 트럼프 정부의 접근 방식이 어느 정도는 이런 식이었다.

료 섭취 추정량이 세계보건기구의 추정치(이 추정치는 생쥐로 연구했던 것보다 여전히 낮은 용량이지만 생쥐 실험에서는 용량 의존적 효과가 입증됐다)보다 2,000배 낮다고 추정했다.[16]

한 명의 소비자 혹은 시민으로서 이 부분이 걱정된다고 해도 당신이 고를 수 있는 선택지는 제한적이다. 성분 제조업체에 소송을 제기할 수 있지만 식품 속에 성분이 들어 있음을 안다고 해도 상관관계를 밝히기는 어렵다. 사실 성분이 들어 있다는 것을 알기도 어렵다. 넬트너는 비관적이었다. "소비자가 즉각적이고 입증 가능한 손상을 입은 경우가 아니면 누군가에게 책임을 묻는 시나리오는 거의 상상하기가 불가능합니다. 변호사로서 드리는 말씀입니다."

대부분의 첨가물에 최대 안전 섭취량과 생식 독성에 관한 데이터가 결여되어 있음을 보여준 마피니와 넬트너의 한 연구에 대한 반응으로 회사와 FDA의 상호작용을 돕는 AIBMR 생명과학^AIBMR Life Sciences의 최고과학책임자 존 엔드레스^John Endres는 유해성을 입증할 어떤 증거도 찾아내지 못했다고 주장했다. "그것 때문에 죽은 사람의 시체라도 있습니까?" 그가 물었다.[17]

물론 그 시체가 우리 주변 곳곳에 존재할지도 모른다. 미국의 식품에 들어 있는 1만 가지 화학물질 칵테일이 부작용을 갖고 있지만, 이런 효과가 가임 능력 감소, 체중 증가, 불안, 우울증, 대사질환 같은 것을 일으키면서 여러 해에 걸쳐 비간접적으로 발현된다고 해보자. 모두 이런 화학물질을 섭취하면서 생긴 현상이더라도 데이터가 제한되어 있고, 사람들이 보편적으로 화학물질에 노출되고 있는 상황에서는 인과관계를 입증하거나 반증하기가 거의 불가능하다.

하지만 브로드 리브의 지적대로 우리가 모두 동일한 수준으로 첨가물에 노출되는 것은 아니다. 첨가물은 불평등을 더욱 키운다. 제대로 된 음식을 식탁에 올릴 돈이 없는 사람들은 일반적으로 제일 저렴한 브랜드의 식품을 먹는다. 저가 식품은 소규모 회사의 제품인 경우가 많고, 소규모 회사에서는 자율결정된 첨가물을 사용할 가능성이 더 높다. 그리고 첨가물이 몸에 안 좋은 것도 알고, 더 나은 식품을 먹고 싶은 생각도 있지만 한마디로 주머니 사정이 여의치 않은 공동체는 첨가물이 잔뜩 들어 있는 초가공식품 말고는 먹을 것이 없는 경우가 많다.

브로드 리브는 이렇게 말했다. "이것은 불공정의 대표적 사례입니다. 이런 식품 시스템으로 누가 이익을 얻고 있는지를 생각하면 특히나 그렇죠. 소수의 아주 부유한 사람들이 저소득 인구 집단, 원주민 공동체, 유색인종 등 소외계층에 속한 다수의 개인을 희생한 대가로 이윤을 취하고 있는 것입니다."

유럽의 상황은 그나마 나은 편이다. 유럽연합에서는 사전예방적 접근 방식을 취해 데이터베이스를 유지하면서 모든 것을 공개한다. 유럽연합에서는 주기적, 선행적으로 첨가물에 대해 검토하고 있다. 하지만 여전히 검사에 많은 간극이 존재한다. 마이크로바이옴을 통해 중재되는 만성적 영향을 검사하기는 정말 어렵기 때문에 그런 검사는 진행하지 않는다. 유럽 식품안전청의 보고서에는 '비만', '장내세균 불균형', '마이크로바이옴' 같은 단어들이 거의 등장하지 않는다.

여기에는 윤리적 문제도 있다. 우리는 매년 전 세계적으로 독성학 연구에 20억 달러 정도를 지출하고, 1억 마리 정도의 실험용 동물을 죽인다.[18] 생식 안정성 확인을 위한 2세대에 걸친 테스트를 한 번 하는 데 1,000마리 넘는 동물이 사용될 수 있다. 식용색소 때문에 이렇게 많은 동물을 죽이는 것이 옳다고 생각할 사람은 많지 않을 듯하다. 하지만 포장지에 적힌 첨가물의 안정성을 판단하기 위해 죽인 동물의 수는 찾아볼 수도 없다.

게다가 우리는 70킬로그램짜리 쥐가 아니다. 우리는 쥐와는 아주 다른 방식으로 물질을 흡수하고 대사한다. 동물실험의 결과를 인간에게 적용할 수 없다는 것을 보여주는 연구도 많이 나와 있다.

솔직히 나도 내 주장을 뒷받침하기 위해 생쥐와 생쥐의 데이터를 기꺼이 이용하고 있지만, 거기에는 차이가 있다. 나는 생명에 가해지는 위험을 줄이기 위해 노력하고 있는 반면, 식용색소 제조업체에서는 식용색소를 팔기 위해 노력하고 있다. 생쥐에게서 문제가 생긴다면 사람에게서도 문제가 생길 가능성이 있다고 할 수 있다. 하지만 생쥐에게서 문제가 없었다는 것이 사람에게도 안전하다는 의미가 될 수는 없다.

사람에게 써도 안전한 첨가물이라면서 사람을 대상으로 더 많은 실험을 하지 않고 있으니 논리적으로 참 이상한 일이다. 윤리위원회에서 사람 대상 실험 제안을 기각하고 있거나, 연구비 지원이 없다는 얘기일 것이다. 아니면 1년 동안 1퍼센트 폴리소베이트 용액을 마실 실험 참가자를 구하기 어렵거나, 평소 식단에 이미 폴리소베이트가 들어가 있지 않은 사람을 구하기가 어려운 것이 진짜 중요한 문제일지도 모른다.

현재는 정부가 해야 할 일을 대신하면서 가장 취약한 사람들을 보호하려 애쓰는 소수의 학자와 활동가들이 있다. 에밀리 브로드 리브 같은 변호사는 식품업계를 위해 일했다면 많은 돈을 벌 수 있었을 것이다. 나는 그녀에게 편을 바꾸는 것에 대해 생각해본 적이 있는지 물었다. "돈을 벌면서 상황을 더 악화시키는 일을 한다는 건 상상할 수가 없어요." 그녀가 그런 생각을 한 번도 해본 적이 없었다는 듯 목소리가 작아지면서 얼굴을 찡그렸다. "내가 그런 일을 하는 모습은 상상하기 힘드네요. 법학 학위를 제대로 써먹으려면 이런 부당함을 찾아내서 고치려 애쓰는 것 말고 더 좋은 방법이 있을까요?"

나는 넬트너에게도 같은 질문을 던져봤다. 그는 벌 수 있는 돈을 벌지 않아서 생긴 손실이 얼마인지에 대해서는 별로 생각해본 적이 없다고 말했다. "우리는 이 사안에 헌신하고 있습니다. 마피니와 나는 12년 동안 한 팀으로 일해왔습니다. 이 일을 놓지 않을 겁니다. 우리는 불독 같은 사람들이에요. 아니지! 악어거북하고 더 비슷합니다. 한번 물면 절대로 놓는 법이 없지요!"

유럽과 미국 모두에서 식품에 첨가하는 분자에 대해 좀 더 사전예방적 접근 방식을 취해야 한다는 것은 당연해 보인다. 첨가물의 장기적 안정성을 입증하는 책임은 첨가제를 사용하는 회사에 돌아가야 한다. 그리고 분자들이 장기간에 걸쳐 미묘한 방식으로 우리 건강에 어떤 영향을 미치는지에 관해 훨씬 독립적인 연구가 필요하다.

완전히 새로 합성한 분자를 식단에 추가하는 것이 해로울지도 모른다는 것을 입증하는 부담을 어째서 시민사회단체, 활동가, 학계가 짊어져야 한단 말인가? 분명 이것은 옳지 않다. 활동가들이 이 문제를 해결하기 위해 들이는 시간과 돈은 우리가 초가공식품에 여러 번에 걸쳐 지불하는 수많은 비용 중 하나에 불과하다. 나는 이 사실을 브라질에서 알게 됐다.

Chapter 16

||||||||||||||||||||||||||||||

전통 식단의
종말

2020년 초에 나는 브라질로 갔다. 《영국 의학 저널》과 BBC 방송국을 대신해서 유아식 산업에 대해 조사하고 있었다(지금도 진행 중이다). 이 프로젝트에는 네슬레에서 진행한 역사상 가장 야심 찬 산업식품 마케팅 전략의 영향을 조사하는 것도 포함되어 있었다.

네슬레는 스위스의 다국적 기업이며 세계 최대의 식품 가공 공장이다. 네슬레의 2021년 수입은 950억 달러가 조금 넘는다. 어지간한 국가의 GDP보다 큰 액수다. 네슬레는 글로벌 아이콘에서 현지 인기 제품에 이르기까지 2,000개가 넘는 브랜드를 관리하고 있고, 186개 국가에서 제품을 판매하고 있다. 2016년에 네슬레는 매출의 40퍼센트 이상을 브라질 같은 신흥 시장에서 올렸다. 네슬레의 최고경영자 마크 슈나이더^{Mark Schneider}는 그해에 투자자에게 이렇게 말했다. "선진국 경제의 성장이 둔화되는 시기에는 강력한 신흥 시장을 추구하는 전략이 승산이 있다고 생각합니다."[1]

네슬레의 제품은 대다수가 초가공식품이다. 하지만 이곳에서는 반려동물용 사료(일종의 초가공식품), 일부 의료용 식품(이것 역시 초가공식품), 미네랄 생수도 만든다. 내 아내 디나는 미네랄 생수야말로 궁극의 초가공식품이라고 주장한다. 특이한 첨가물은 들어 있지 않을지 몰라도 지구상에서 제일 저렴한 성분을 가져다가 오직 경제적 이득만을 위해 공격적인 마케팅을 하고 있기 때문이다.

강력한 전통 식품 문화는 현대의 식품 기업이 반드시 극복해야 할 도전 과제다.

유럽과 북미 지역 시장이 포화되고, 공중보건과 관련한 대중의 반발이 커짐에 따라 지난 수십 년간 네슬레는 브라질로 시선을 돌렸다. 브라질에서 가장 취약한 사람들에게 접근하기 위해 네슬레는 새로운 마케팅 기법, 특히 '직접 판매 방식'을 개척했다. 이것은 기업 유니폼을 입은 영업팀들이 푸딩, 쿠키, 포장식품이 들어 있는 작은 수레를 끌고 정상적인 유통 기반 시설이 갖춰지지 않은 슬럼가를 집집마다 돌아다니며 판매하는 방식이다.

2017년에 이런 관행에 대한 《뉴욕 타임스》의 보도[2]가 나간 이후로 네슬레에서는 관련 웹페이지를 내렸다. 하지만 인터넷 기록보관소●에 따르면 네슬레는 200개의 소규모 유통업체와 7,000명의 판매원을

● 웨이백 머신Wayback Machine은 정말로 훌륭한 정보원이다. 나도 이곳에 매달 기부를 하고 있다. 이 사이트에서는 인터넷을 샅샅이 뒤져서 정기적으로 웹페이지들을 저장한다. 회사 측에서 자료를 삭제해도 우리는 여전히 자료에 접근할 수 있다.

통해 네슬레의 성분 강화 제품을 매달 70만 명의 저소득층 소비자에게 판매함으로써 사회에 가치를 제공하는 일이라 묘사하고 있다.[3] 네슬레의 관점에서 보면 "이런 지역들은 새로운 소득뿐만 아니라 브라질의 3대 결핍 영양분인 비타민 A, 철분, 아연이 강화된 제품을 통해서도 건강상의 혜택을 입고 있다".

네슬레는 이 사업을 추가적으로 확장할 계획도 세우고 있었다. 관리자인 펠리피 바르보자Felipe Barbosa는 이렇게 말했다. "우리 프로그램의 본질은 가난한 사람에게 손을 내미는 것입니다. 판매자와 소비자 간의 개인적 유대감을 통해 효과가 나타나지요."

이 사업은 브라질 전체에 영향을 미친다. 농부들은 자급용 작물을 버리고 초가공식품의 원재료인 옥수수, 콩, 사탕수수 같은 작물을 재배하게 될 것이고, 초가공식품 회사에 유리한 정책을 세우기 위한 로비 활동이 이루어질 것이다.

네슬레는 문 앞으로 배달되는 이 세품들이 건강에 좋다고 주장한다. 하지만 건강에 좋은 식품에 대한 회사 측의 정의를 액면 그대로 받아들인다고 해도, 방문판매원의 말에 따르면 고객은 킷캣 초콜릿이나 1인분에 거의 하루 최대 권장량의 설탕이 들어 있는 요구르트 등 달콤한 제품에만 관심을 나타낸다고 한다.

브라질에 있는 동안 나는 귀에 들리는 소문에 호기심이 생겼다. 이 것은 2010년에 네슬레가 거듭 공표했던 엄청난 마케팅 활동에 관한 것이었다. 나는 당시에 배포된 보도자료를 어렵게 구할 수 있었다.[4]

"네슬레 아테 보체 아 보르도Nestlé Até Você a Bordo(네슬레가 배 위에서 당신을 뵙겠습니다)"는 11명이 일하는 거대한 수상 슈퍼마켓으로 내가 근무하고 있던 도시 벨렘Belém에서 출발해서 상류로 수백 킬로미터를 이동하면서 아마존 외딴 지역 주민 80만 명에게 서비스를 제공할 계획이었다. 보도자료에서는 이렇게 얘기하고 있다. "네슬레는 북쪽 외딴 지역공동체에 영양, 건강, 웰빙을 제공할 또 다른 거래 채널 개발을 목표로 하고 있다."

보도자료가 발표된 날 네슬레의 웹사이트에서는 이렇게 주장했다. "우리의 핵심 목표는 더 맛있고 건강에도 좋은 식품과 음료를 선택할 권리를 제공하고 건강한 생활 방식을 장려함으로써 매일, 어디서나 소비자의 삶의 질을 향상시키는 것입니다."

= 네슬레가 들어온 이후의 브라질 =

1616년에 세워진 벨렘은 브라질 북부에서 두 번째로 큰 도시이고, 포르투갈이 프랑스로부터 빼앗은 마지막 지역이었다. 이 도시는 거대한 아마존 삼각주에서 조금 떨어진 만에 자리 잡고 있다. 우발적으로 선택된 위치였다. 벨렘은 아마존강의 주요 수로에 위치하면서 무역 거래를 감시하려는 의도로 세워졌다. 하지만 지역에서 전해지는 이야기에 따르면 당시에 강이 너무 광대하다 보니 도시가 엉뚱한 자리에 세워졌다고 한다. 작은 강에 자리 잡고 만 것이다. 여기서 '작은 강'이라는 말은 상대적으로 작다는 의미이다. 파라Pará강은 양쪽 강둑 어디에서 보아도 갈색의 거대한 바다처럼 보인다.

벨렘은 세계 최대의 노천 시장 중 하나인 베르오페소Ver-o-peso의 고향이다.• 카를루스 몬테이루는 내게 전통적인 브라질 식단의 마지막 전초기지인 이곳을 둘러보라고 권했다. 그곳은 물가 가장자리에 있고, 썩어가는 캔버스 천막으로 덮여 있는 1제곱킬로미터 크기의 좌판 시장이다. 기름기 흐르는 아사이베리, 쿠푸아수 열매^{cupuaçu fruit}, 작은 복숭아야자^{pupunha fruit}, 말린 새우, 염장한 생선, 카사바 뿌리, 아직 꼬투리 안에 들어 있는 견과류 등을 팔고 있었다. 모두 아마존에서 나온 것들이다. 물 건너편에는 황무지로 보이는 녹색의 띠가 있었다.

쉬는 날에 지역 중개인과 함께 도시 남쪽 물가 정박장에 있는 네슬레의 수상 슈퍼마켓을 찾아갔다. 우리는 두 개의 커다란 창고 사이에 난 비포장길을 따라 기둥 위에 세워져 금방이라도 무너질 것 같은 목재 선착장으로 걸어갔다. 거기에 테라 그란데^{Terra Grande}가 있었다. 이것은 보트라기보다는 바지선에 가까웠다. 배의 선미에는 2층 구조물이 있고 함교에서 슈퍼마켓이 내려다보였다. 물결 모양의 지붕을 얹은 하얀 건물이었다. 그리고 최근에 새로 칠한 갑판이 이 모든 것을 눌러싸고 있었다.

그냥 올라타면 될 것 같았다. 안 될 이유가 있나? 우리는 통나무와 부러진 선창, 반쯤 잠긴 보트를 기어오르고 헤쳐가며 버려진 작은 배를 테라 그란데 쪽으로 밀었다. 그러자 갑자기 사이렌이 울리고 개들이 미친 듯이 짖기 시작했다. 무서우면서도 웃음이 터져 나왔다. 다시 배로 뛰어올라 선창으로 돌아왔다. 작은 모험이었지만 불안한 모험이

• 17세기 식민지 시대에는 열대우림에서 채취한 모든 것에 세금을 매겨 '카사 두 하베르오페소 (저울이 있는 집)'에서 포르투갈 황실을 대신해 거둬들였다. 이것이 3세기에 걸쳐 줄어들어 지금의 베르오페소가 됐다.

었다. 누가 배를 지키고 있는 것일까? 어째서 경보가 울리면서 개에 둘러싸인 거지? 나는 아직도 이 질문의 답을 알지 못한다.

다음 날 나는 상류로 가는 배에 올라타고 수상 슈퍼마켓이 10여 년 전에 자기네 제품을 처음 팔았던 몇몇 장소로 찾아가봤다. 우리는 햇빛이 작열하는 아침에 벨렝을 출발했다. 강물은 황토색이고 강둑의 나무들이 선명한 녹색으로 빛났다. 두 시간에 걸쳐 우리는 만을 가로지르고 나무로 뒤덮인 섬들 사이를 지나 파라강의 주요 수로로 들어섰다.

우리는 곧 원양 컨테이너선과 유조선에 둘러싸였다. 이 배들은 동종의 선박 중 세계 최대 규모일 정도로 큰 것도 있어서 부분별로 나누지 않고는 크기를 비교해서 설명하기가 어렵다. 배 뒤쪽에 있는 함교는 대성당 크기만 했고, 안테나와 안테나 기둥으로 뒤덮인 첨탑도 8층 높이로 솟아 있었다. 선박의 몸체는 창이 없는 녹슨 고층 건물이 옆으로 누워 있는 것 같은 모습이었다. 아마존 대두가 수출되는 주요 항구 중 하나인 바르카레나Barcarena의 폰타 다 몬타냐Ponta da Montanha 곡물 터미널에서 나오는 거대한 컨베이어에서 배 20척 정도에 짐을 선적하고 있었다.

이곳은 전 세계 초가공식품에 있어 중요한 장소다. 2022년 2월에 미국의 다국적 식품 가공 및 상품 무역 회사인 아처 대니얼스 미들랜드Archer-Daniels-Midland는 바르카레나에서 배 한 척에 대두 8만 4,802톤을 싣는 사상 최대의 선적 기록을 세웠다.[5] 올림픽 공식 규격 수영장 50개를 가득 채울 수 있는 콩이[6] 길이 236미터, 폭 40미터의 MV 하비스트 프로스트 한 척에 모두 실린 것이다. 이 대두는 네덜란드 로테르

Chapter 16 전통 식단의 종말

담으로 갔다.

브라질은 세계 최대의 대두 수출국이며, 수출된 대두는 대부분 중국, 유럽, 미국에서 동물 사료로 사용된다. 영국에서는 대부분의 닭에게 브라질산 대두를 먹인다. 이렇게 대규모로 대두 농업이 이루어지기 때문에 가격이 쌀 수밖에 없다. 따라서 이것이 초가공식품을 만들기 위한 훌륭한 밑바탕이 되어준다. 추정치에 따르면 아침 식사용 시리얼에서 시리얼바, 비스킷, 치즈 스프레드, 과자, 케이크, 푸딩, 그레이비, 국수, 페이스트리, 수프, 조미료에 이르기까지 영국에서 생산되는 모든 가공식품 중 60퍼센트 이상이 대두를 포함하고 있다.[7] 대두를 원래의 형태대로 볼 수 있는 경우는 에다마메 콩edamame beans(콩이 완전히 익기 전에 꼬투리째 따서 껍질째 삶은 콩)뿐이다. 에다마메는 당분과 유리 아미노산 함량이 높아 달콤한 감칠맛이 난다.

에다마메 콩이나 두부를 먹지 않는 한 당신이 섭취하는 대두는 여러 차례의 분쇄, 분리, 정제 등 여러 가지 물리적, 화학적 단계를 거치며 초가공된 것이다. 식품 라벨에는 콩가루, 가수분해 식물성 단백질, 분리대두단백, 단백질 농축액, 조직식물단백질textured vegetable protein, 식물성 기름(단순, 완전 혹은 부분 수소화), 식물 스테롤plant sterol, 유화제 레시틴 등으로 표시될 수 있다. 한 성분이 여러 가지 모습으로 나타나는 것을 보면 제조업체에게 얼마나 귀한 존재인지 짐작할 수 있다.

바르카레나에서 나오는 대두 중에는 남쪽으로 수백 킬로미터 떨어진 마투그로수Mato Grosso(브라질 중부의 주—옮긴이)의 농장에서 생산된 것이 많다.[8] 이름은 몰라도 마투그로수의 삼림 벌채 사진은 본 적이 있을 것이다. 사진의 절반에는 원시 열대우림이 있고, 자로 일직선을 그

어놓은 듯한 경계선부터 대두밭이 시작된다. 아처 대니얼스 미들랜드의 대두 선적 신기록에 관해 이야기하면서 이 회사의 남미 지역 물류 책임자 비토르 비누에사Vitor Vinuesa는 열정적으로 말했다. "앞으로 이런 일을 더 자주 하게 될 것입니다."

파라강을 가로지르는 동안 구름이 끼다가 하늘을 완전히 뒤덮으면서 강과 하늘이 하나로 합쳐진 것처럼 보였다. 저 멀리 강둑 위로 어둠이 짙게 내려앉았고, 우리가 무아나Muaná(브라질 북부의 파라주에 있는 도시—옮긴이)에 도착했을 즈음에는 폭우가 너무 심해져서 공기가 기체가 아니라 액체에 더 가까웠다. 모든 것이 비로 흠뻑 젖었다. 우리가 여기까지 오는 데 다섯 시간이 걸렸다. 이곳은 네슬레 수상 슈퍼마켓의 3주 일정 중 여섯 번째 중간 기착지다.

배에서 내리면서 이 강이 강 유역 지역공동체에 가져온 개발과 착취에 대해 생각하지 않을 수 없었다. 무아나는 오두막, 야자수, 무선 안테나 기둥, 벽돌 건물들이 난장판으로 뒤섞인 곳이다. 이곳은 수천 명의 주민이 살고 있는 집이자, 그보다 큰 무아나 지방자치단체의 주민 4만 명의 허브다. 나는 아이들 및 지방 관료들과 인터뷰를 했는데, 그중 두 명이 나서서 네슬레 때문에 시작된 문제에 대해 설명해주었다.

파울라 코스타 페헤이라Paula Costa Ferreira는 지역 학교의 교장 선생님으로 훌륭한 선생님이라면 공통적으로 갖추고 있는 부지런함과 권위를 지니고 있다. 그녀는 네슬레의 배를 아주 잘 기억하고 있었다. "매주 찾아왔어요. 도시에 있는 쇼핑몰 같았어요. 새로웠고, 늦은 시간까지 문을 열었죠. 젊은 사람들은 이곳에서 사람들을 만났어요. 제일 먼저 일어난 일은 가격을 현지 시장 가격보다 낮춘 것이었습니다."

경제적 이익에 대한 주장이 복잡하게 얽혀 있지만 이런 부분은 네슬레가 보도자료나 논평에서 언급했던 효과가 아니었다. 네슬레가 실제로 몇 명의 사람을 고용하기는 했지만, 무아나 지역 주민을 고용한 것은 아니었다. 한편 낮은 가격 때문에 자연식품을 파는 지역 상인들의 삶이 더욱 팍팍해졌다. 배 위의 쇼핑몰은 사치품에서 점점 필수 서비스로 바뀌어갔다.

코스타 페헤이라는 이어서 식생활과 관련된 2형 당뇨를 앓고 있는 몇몇 지역 아동에 대해 이야기했다. 나는 통역사가 잘못 통역한 줄 알았다. 이렇게 작은 지역공동체에 2형 당뇨가 있는 아동이 존재한다는 것은 정말 놀라운 일이기 때문이다. 이런 지역에서는 마땅히 그 숫자가 0이 되어야 한다. 그리고 얼마 전까지만 해도 실제로 0이었다. 이런 현상은 아동 비만 통계가 숨기고 있는 부분이다. 비만의 정의를 충족하는 아동의 비율이 수백 퍼센트씩 증가한 곳이 많지만, 가장 심각한 곳의 증가율은 사실상 무한대다. 나는 네슬레의 수상 슈퍼마켓 같은 사업이 시작되기 전에 브라질의 이런 지역에 식생활 관련 당뇨가 있는 아동이 있었다는 증거를 찾지 못했다.

나는 마을에 있는 프루테이라 포마르Fruteira Pomar라는 작은 슈퍼마켓에 가보았다. 이곳에는 쌀, 콩, 참마, 파파야, 토마토, 양파 등의 전통 식품은 물론이고 초가공식품 역시 다양하게 구비되어 있었다. 가게 주인이 말하기를 그 배가 들어오기 전에는 네슬레의 제품에 대해 한 번도 들어본 적이 없다고 했다. 하지만 지금은 소비자들이 찾기 시작해서 그런 제품을 들여놓을 수밖에 없다. 의도했던 것인지는 알 수 없지만 상황이 네슬레에게 유리하게 진행되고 있었다. 이제 마을의 가장 작은 가게에서도 네슬레와 다른 제조사의 초가공식품을 바닥부터 천장까지 쌓아놓고 팔고 있다.

교회 비정부기구들이 공중보건 위기를 관리하기 위해 움직이기 시작했다. 가톨릭 비정부기구 파스토랄 다 크리안사$^{Pastoral\ da\ Criança}$에서 나온 리제트 노바에스$^{Lizete\ Novaes}$가 나를 무아나 외곽의 한 마을로 데려갔다. 습지림에 기둥을 세우고 그 위로 줄줄이 지은 작은 목조주택들이 길게 이어져 있었다. 공중보건의 관점에서 보면 이곳은 하나의 재앙이었다. 습지 진흙탕에서 2미터 정도 위로 널판자를 깔아서 길을 냈고, 주택의 재래식 화장실이 진흙탕으로 바로 이어져 있었다. 물은 거의 흐르지 않았다. 노바에스가 그곳에 사는 사람들은 주로 야자심$^{palm\ heart}$(야자나무 줄기 속에 있는 식용 가능한 싹—옮긴이) 회사에서 일한다며 수수께끼 같은 말을 했다. "이 사람들은 다른 갈 곳이 없어서 여기에 사는 겁니다."

그녀가 나를 데리고 레오^{Leo}라는 소년을 보러 갔다. 레오는 세 개의 작은 방으로 나뉜 작은 집에서 엄마와 함께 살고 있었다. 레오는 열두 살이었고, 심각한 학습장애가 있었다. 그의 BMI는 45 정도다. 이 정도면 영국에서 해당 나이의 아동 중 체중 상위 1퍼센트에 들어간다.

우리는 밝은 미소를 짓고 있는 레오와 함께 널판자 길 위로 불안정하게 걸어서 동네 가게를 찾아갔다. 거기까지 가는 데 2분 정도가 걸렸다. 날씨가 무덥다 보니 가게 입장에서는 초가공식품을 파는 게 유리하다는 것을 쉽게 확인할 수 있었다. 보관에 냉장고가 필요 없기 때문이다. 가게에서 파는 제품 중 상당수가 네슬레의 것이었다. 레오의 엄마는 아이가 가게에 가는 것을 막기가 불가능하다고 했다. "가끔 아이에게 먹지 말라고도 말하는데, 어떻게든 나를 속이고 가게에 가요. 채소도 먹기는 하는데 좋아하지는 않아요. 왜 그런지 모르겠어요. 아이가 정크푸드만 좋아해요."

레오는 가게를 뒤져서 초콜릿 비스킷, 딸기 비스킷, 분유, 감자칩 등 여러 가지를 계산대 위에 산더미처럼 쌓았다. 계산은 모두 내가 했다.

식민지 개척자, 선교사, 군대, 이들은 모두 개발이라는 명목으로 이 지역에서 행사하는 폭력을 정당화했다. 신체와 환경에 초래한 손상이라는 측면에서 보면 무아나 같은 지역에 들어온 '거대 식품 회사'들 역시 전 세계에서 그래왔듯이 이곳에서도 폭력을 휘두르고 있다. 런던에서는 이런 폭력이 확연하게 눈에 들어오지 않는다. 어쩌면 너무 오랜 세월 동안 일상화되어 있었기 때문인지도 모른다. 하지만 브라질에서는 변화가 일어나는 과정을 직접 목격할 수 있었다. 몬테이루가 자신의 데이터에서 목격했던 것, 즉 네슬레의 배가 처음 등장했던 순간이 살아 있는 현실로 눈앞에 펼쳐지고 있었다. 노바에스는 이렇게 말했다. "배에 실려 온 새로운 제품들은 아주 맛있었어요. 그래서 모두가 이런 식품을 먹기 시작했죠."

가게 주인부터 레오의 엄마, 선생님, 그리고 비정부기구에서 일하는 사람까지 모두가 동의하는 점이 있었다. 모든 일이 네슬레의 배와 함께 시작되었다는 것이다. 그리고 코스타 페헤이라, 노바에스, 레오의 엄마와 레오 등 우리가 만났던 사람들 거의 모두가 비만을 안고 살고 있었다.

═ 가나에서 KFC 치킨을 먹는다는 것 ═

초가공식품을 만드는 회사는 브라질에서처럼 전통 식단을 대체하거나, 아니면 그것을 흡수해서 새로운 성분을 첨가해 재창조한다. 나는 식생활 실험 초기부터 이 부분을 인식하기 시작했다.

하버드대학교의 식품법 교수 에밀리 브로드 리브가 초가공식품이 초래하는 불평등에 대해 얘기해준 다음 날, 나는 KFC에서 핫윙을 먹기 위해 자리에 앉았다. 핫윙은 초가공 식단 실험을 시작하면서 제일 기대했던 식품 중 하나로 내가 어린 시절에 좋아했던 음식이다. 잰드와 나는 수요일에는 운동을 마치고 학교에서 집으로 오는 버스를 탔다. 운동이 늦게 끝난다고 엄마에게 말해두었기 때문에 수요일만큼은 집에 늦게 들어가도 괜찮았다. 매주 우리는 오는 길에 KFC에 들렀다.

당시에도 우리는 핫윙이 특별한 음식이라는 것을 알고 있었다. 튀김옷은 거의 달걀 껍데기처럼 바삭했고 튀김옷이 부서지면서 안쪽에 들어 있는 촉촉하고 부드러운 닭고기에서 육즙이 터져 나왔다. 숨이 턱턱 막힐 정도로 매콤했다. 핫윙은 마약만큼 갈망을 불러일으켰고, 특히 금지된 음식이어서 더 그랬다. 우리는 여기저기 기름을 덕지덕지 묻히고 귀가했고 배가 불러서 저녁도 먹지 못했는데, 어떻게 들키지 않았는지 지금 생각해봐도 모를 일이다.

성년기 초기까지만 해도 핫윙은 여전히 내가 좋아하는 간식이었지만, 30대 후반의 어느 시점에 아내가 생기고 내 배가 점점 나오면서 핫윙 섭취량은 0으로 줄어들었다. 나의 결정이라기보다는 공중보건 메시지, 의사나 어린이 방송 진행자라는 직업적 특성, 환경에 대한 우려, 내가 핫윙 먹는 것을 싫어하는 아내 때문에 강요된 굴레였다.

그러나 지금은 그 굴레에서 벗어나 있었다. 나는 연구를 위해 의무적으로 핫윙을 먹어야 했으니까! 그래서 어느 날 밤 나는 자리에 앉아서 마침내 핫윙을 온전히 즐길 수 있었다. 내가 기억하는 맛 그대로였다. 어쩌면 더 좋았던 것 같다. 더 매콤하고, 튀김옷은 더 바삭하고, 속살은 더 촉촉하고 부드러웠다. 하지만 이런 감각 정보에 대한 나의 해석은 완전히 달라져 있었다. 다른 많은 제품처럼 핫윙도 아주 불쾌하게 변해 있었다.

핫윙을 먹는 동안 검색을 해봤더니 영국산 핫윙의 재료는 찾아볼 수 없었지만 캐나다산 핫윙의 재료는 찾을 수 있었다. MSG, 변성 옥수수전분, 부분 수소화 대두유, 그리고 디메틸폴리실록산이라는 것이 들어 있었다.

식품첨가물 E900인 디메틸폴리실록산는 1969년에 식품표준국에서 처음으로 평가했다. 이것은 작업자의 안전을 확보하기 위해 튀김용 기름에서 소포제로 사용된다.[9] 또한 벼룩 약, 헤어 컨디셔너, 콘돔 윤활제로도 사용된다. 쥐를 대상으로 한 광범위한 실험에서 이 성분을 먹었을 때 거의 흡수되지 않고 변화 없이 대변으로 빠져나온다는 것이 입증됐다. 디메틸폴리실록산은 안전하다고 말할 수 있을 것이다. 아니면 장기간 사용했을 경우 아직 밝혀지지 않은 어떤 메커니즘을 통해 약간의 유해성이 있을지도 모른다. 어느 경우든 이 성분은 자연계 어디에도 존재하지 않는다. 이것이 몸에 어떤 영향을 미치든 간에 우리는 이전에 이 물질을 한 번도 접해본 적이 없고, 진화는 이 성분에 대처할 시간적 여유가 없었다.

디메틸폴리실록산보다 더 문제다 싶은 것은 포장지의 캐릭터였다. 10대 시절에는 한 번도 생각해보지 못했던 문제였다. 미니애폴리스의 경찰관 데릭 쇼빈Derek Chauvin이 조지 플로이드George Floyd를 살해하고 몇 달 후에 나는 KFC를 먹고 있었다. 미국과 영국의 노예 역사에 대한 이야기가 어디서나 흘러나오고 있는 와중에 남부군 대령처럼 생긴 사람이 내 치킨 상자에 그려져 있었다.[10-12]

영국에서 인종과 프라이드치킨에 대한 논의에 다시 불을 지핀 《가디언》의 한 기사가 기억났다. "저는 언제나 프라이드치킨을 좋아했습니다. 하지만 그것을 둘러싼 인종차별이 저를 부끄럽게 만들었습니다."[13] 요리사이자 기자, 식품 역사가인 멀리사 톰프슨Melissa Thompson이 쓴 기사였다. 그녀의 최신 저서 『마더랜드Motherland』에는 자메이카 음식의 역사가 기록되어 있다.

기사에서 톰프슨은 자신이 겪었던 인종차별과 프라이드치킨의 역사를 엮어 넣었다.

> 역사적으로 닭은 미국 흑인 노예들에게 사육이 허용된 유일한 가축이었기 때문에 특별한 의미가 있었다. 흑인 가사 노동자들은 주인을 위해 프라이드치킨을 요리하다가 나중에는 고용주를 위해 요리했다. 그러다가 노예 해방 이후에는 '웨이터 캐리어waiter carrier'로 알려진 여성들이 기차가 역에 정차할 때 열린 창문으로 승객에게 쟁반에 담은 프라이드치킨과 비스킷을 팔았다.
> 남부의 음식으로 자리 잡게 된 프라이드치킨의 발명자는 사실상 흑인 요리사와 흑인 주부들이었지만, 그들의 공헌은 지워지고 말았다. 어느

덧 이 남부 음식 창시자의 명예는 백인에게 돌아갔고, 흑인은 그저 탐욕스러운 소비자로 조롱과 놀림을 받았다. 이것은 문화 도용의 충격적인 사례 중 하나다.

나는 톰프슨에게 연락해서 KFC에 대해 물어봤다. 그녀는 미국 남부 흑인의 전통 음식인 프라이드치킨이 가정 환경에서 흑인 요리사들에 의해 만들어진 것임을 강조했다. "KFC는 흑인의 독창성을 기반으로 탄생한 회사예요. 하지만 그럼에도 그런 사실을 암시하지도, 찬양하지도 않죠."

KFC 웹사이트에 가보면 그 남부군 대령 같은 인물의 역사가 나와 있다. 1890년에 태어난 그는 13세의 나이에 돈을 벌려고 집을 나왔다. 1930년에는 휴게소를 인수해서 자기가 어렸을 때 먹었던 것과 같은 프라이드치킨을 지친 여행자들에게 제공했다. 그가 어렸을 때 프라이드치킨을 요리해준 사람이 누구였는지는 불분명하나. 그의 어머니였을 수도 있고, 하녀였을 수도 있다. 그것이 누구였든 지금 내 앞에 있는 요리의 진정한 창시자는 아닐 것이다. 그리고 원래의 조리법에 부분 수소화 식물성 기름, 변성 옥수수전분, 향신료 추출물, MSG가 들어 있었을 거라고 믿기는 힘들다.

톰프슨은 초가공식품을 파는 패스트푸드 체인점과 영국의 흑인 공동체 사이의 관계에 대해서도 이야기했다. 우리는 함께 몇몇 광고를 들여다보았다. 2021년 7월에 맥도날드에서 트위터에 짧은 동영상을 올렸다. 여섯 명의 흑인 소년이 공원에서 음식을 먹으며 즐거운 시간을 보내는 영상이었다. 나는 그것을 보고 어떻게 반응해야 할지 알 수 없었다. 포용적으로 느껴지면서도, 동시에 문제가 있다고 느껴졌다. 톰프슨은 이렇게 말했다. "이 나라에서 나오는 패스트푸드 광고는 분명 포용적입니다. 마음 같아서는 정말 칭찬하고 싶은 일이죠. 하지만 포용적인 태도를 보이는 목적이 건강에 좋지 않은 식품을 이미 소외된 계층의 사람들에게 팔려는 데 있어서 문제죠. 그런 의미에서는 대단히 약탈적이라 할 수 있어요."

정교한 마케팅 캠페인은 소수집단을 표적으로 삼아서 인종적 정체성과 해당 브랜드를 떼어낼 수 없는 불가분의 관계로 엮어놓는다. 그러면 이 브랜드에 대한 비판은 곧 문화에 대한 비판이자, 육아에 대한 비판, 그 식품을 선택한 사람들에 대한 비판이 되어버린다. 한때는 문화적 정체성의 자랑스러운 일부였던 음식이 이제는 다국적 기업에게 장악되어 건강 악화와 엮이고 말았다. 하지만 가정에서 만든 전통적 프라이드치킨이 식욕과 상호작용하는 방식은 영국 전역의 번화가에서 팔리는 초가공 프라이드치킨과는 아주 다르다.

이것은 전 세계적인 추세다. 거의 모든 국가에 KFC 매장이 있고 앙골라, 탄자니아, 나이지리아, 우간다, 케냐, 가나 등 사하라 이남의 아프리카 지역에만 850개가 넘는 매장이 있다. 공중보건 관료들은 KFC 같은 식품 때문에 가나에서 비만율이 높아지고 있다고 주장한다. 1980년에는 2퍼센트 미만이었던 가나의 비만율이 13.6퍼센트로 올랐다.[14] 암스테르담대학교의 가나 출신 교수 찰스 아계망Charles Agyemang 은《뉴욕 타임스》에서 가나의 일부 지역에서는 해당 지역의 토속 음식을 먹으면 사람들이 못마땅하게 생각한다고 말했다. "사람들은 유럽 스타일의 음식을 먹어야 문명인이라고 생각합니다."

Chapter 16 전통 식단의 종말

가나의 모든 KFC 프랜차이즈를 소유한 회사를 운영하고 있는 아쇼크 모히나니Ashok Mohinani는 이렇게 말했다. "우리는 이것이 더욱 진화해서 일상의 브랜드로 자리 잡기를 바랍니다." 사람들이 프라이드치킨을 자주 먹는 것이 건강에 해롭지 않느냐고 묻자 KFC의 대변인은 이렇게 대답했다. "KFC는 매장에서 갓 조리해서 내놓는 세계적으로 유명한 프라이드치킨을 대단히 자랑스럽게 생각하며 프라이드치킨을 균형 잡힌 식단과 건강한 생활 방식의 일부로 즐길 수 있다고 믿습니다." CNN과의 인터뷰에서 YUM!(KFC의 모회사)의 전직 최고경영자 그레그 크리드Greg Creed는 여기서 한발 더 나아가 "가나에서 KFC를 먹는 것이 다른 어디에서 먹는 것보다도 훨씬 더 안전합니다"라고 주장했다.

체중이 크게 불고 있는 곳이 가나만은 아니다. 2017년 기준으로 전 세계적으로 비만인 사람이 저체중인 사람보다 더 많았다. 미국, 호주, 영국의 비만 인구 절대 수치도 충격적이지만 비만 증가율은 다른 국가에서 훨씬 높다. 1980년과 2015년 사이에 미국과 영국의 비만 증가율은 200퍼센트를 살짝 넘기는 수준이었다. 그런데 중국에서는 비만율이 800퍼센트 증가했다. 말리에서는 무려 1,550퍼센트 증가했다.●

브라질과 다른 국가에서 나온 증거로 볼 때 서구식 패스트푸드(물론

● 이런 체중 증가는 초가공식품 판매량을 그대로 반영하고 있다. 시장 조사업체 유로모니터Euromonitor에서 수집한 데이터에 따르면 2000년 이후로 라틴아메리카에서 청량음료의 판매량이 두 배로 늘어 시장 규모가 미국을 추월했다. 전 세계적으로도 2011년에서 2016년 사이에 패스트푸드 판매량이 30퍼센트 성장했다. 2016년에 도미노피자는 1,281개의 매장을 열었다. 일곱 시간마다 하나씩 문을 연 셈이고, 거의 모두가 미국 밖에서 개점이 이루어졌다.[15] 이제 인도에는 거의 1,500개의 도미노 매장이 있다.[16]

이것은 대부분 초가공식품이다)의 증가가 당뇨병, 심장질환, 사망의 위험을 높인다는 것은 명확하다.[17] 그리고 저소득 국가와 중간소득 국가에서는 보건의료 기반 시설이 당뇨병이나 고혈압 관리에 필요한 약물의 수요 증가를 따라가기 벅차다. 아마존같이 외딴 지역이나 시골 지역에서는 특히나 그렇다. 하지만 초가공식품 업체들에게 이것은 걱정거리가 아닌 듯하다. 결국 그들에게 개발도상국은 수익과 성장을 추구할 수 있는 주요 원천에 불과하기 때문이다. 전통 식단이 초가공식품으로 대체되면서 전 세계에 걸친 영양 전환이 일어나고 있다. 그리고 전환을 위해 필요한 최고의 계획은 무아나 같은 지역에서 수행됐다.

무아나 방문을 마치고 벨렝으로 돌아오니 우리 중개인이 네슬레 수상 슈퍼마켓의 관리자를 찾아놓았다. 그라실리아누 시우바 하무 Graciliano Silva Ramo 라는 사람이었다. 이곳에서 보내는 마지막 저녁, 우리는 점점 내려앉는 어스름 속에서 테라 그란데 옆 선착장을 함께 걸었다. 그는 일자리를 구한 이야기, 세계에서 하나밖에 없는 수상 슈퍼마켓에서 일해보겠느냐는 네슬레의 제안을 듣고 황홀했던 이야기를 해주었다.

그가 내게 이렇게 말했다. "저는 7년 동안 강을 내 집 삼아 살았습니다. 이 프로젝트와 사람들을 위해 일한다는 자부심이 컸죠. 당시 사람들은 많은 도움이 필요한 상황이었습니다. 특히 질 좋은 식품이 많이 필요했죠."

그가 말을 이었다. "하지만 우리가 사람들에게 가져다준 식품이 모두 영양가가 있는 것은 아니었습니다."

수상 슈퍼마켓에서는 수백 가지 제품을 팔았지만 하무(그리고 모든 마을 사람)의 말에 따르면 킷캣 초콜릿이 제일 많이 팔렸다. 그는 강변에 사는 원주민들을 위해 킷캣을 아주 대량으로 가져와야 했다고 말했다.

네슬레에서 수상 슈퍼마켓 서비스를 취소했을 때 그는 무척 화가 났다. 하무는 강변 지역 공동체 사람들에게 큰 기쁨을 선사하며 살아왔다. 도시의 평범한 브라질 사람들이었다면 절대 볼 수 없을 모습이었다. 하지만 그 전에는 아이들의 체중이 불어나는 것도, 치성 농양이 생기는 것도 본 적도 없었다. 이제 그는 생각이 달라졌다. "아주 큰 문제였고, 여전히 큰 문제로 남아 있습니다. 빈약한 식생활 때문이죠. 사람들이 제대로 먹지 못했습니다. 건강에 좋은 식품을 먹지 않았죠. 그러다 보니 충치가 생기고 위장병도 생겼습니다."

그의 이야기가 모두 끝났을 때는 거의 어두워져 있었다. 수상 슈퍼마켓은 트로이 목마였다. 그것의 목적은 식품 공급이 아니라 시장 개척이었다. 일단 아이스크림과 킷캣 초콜릿에 맛을 들이면 두 번 다시 되돌아갈 수 없기 때문이다.

Chapter 17

||||||||||||||||||||||||||||||||||

프링글스의
진짜 가격

잰드가 프링글스 한 통을 다 비울 즈음 무언가를 떠올렸다. "프링글스에는 감자의 양이 너무 적어서 법적으로 감자칩이라 할 수 없다고 소송을 걸었던 사건이 있지 않았나? 그냥 도시 괴담이었나 싶기도 하고."

알고 보니 도시 괴담이 아니었다. 영국 아일랜드 법률정보연구소British and Irish Legal Information Institute의 파일을 검색해보면 프링글스 소송 사건이 실제로 있었음을 알 수 있다. 이 사건이 도시 괴담 같은 분위기를 갖게 된 것은 아마도 세부적인 내용 때문이었을 것이다. 감자가 충분히 들어 있지 않아서 감자칩에 해당하지 않는다고 입증하려 애쓴 쪽이 오히려 프링글스의 제조업체인 P&G라는 반전이 있었던 것이다.

영국에서 식품과 관련해 뉴스에 올라오는 기이한 소송 사건들은 대부분 전 세계에서 가장 복잡하기로 유명한 영국의 세금 제도 때문이다. 영국에서는 여러 가지 식료품에 부가가치세를 부과하지만 '필수품'으로 여겨지는 것에는 부과하지 않는다.• 영국의 세법에서는 '식품'에 부가가치세를 적용하지 않지만, 세금을 부과하는 예외 목록이 존재한다. 그리고 세금을 부과하지 않는 예외의 예외도 존재한다.

그 바람에 자신의 제품을 부가가치세 면제 품목으로 분류해서 세금으로 낼 돈을 수익으로 남기려는 식품 제조업체와 추가적으로 세금을 거둬들이려는 영국 국세청 사이에 끊임없이 싸움이 벌어지고 있다. 기억에 남는 최근의 사례는 맥비티McVitie의 자파 케이크Jaffa Cake가 케이크냐 비스킷이냐를 두고 진행된 소송이었다.

케이크/비스킷에 대한 법안을 요약해보면 다음과 같다. 과자류confectionery에는 부가가치세를 부과할 수 있지만, 주식에 해당하는 케이크와 비스킷은 예외로 한다. 다만 초콜릿을 입힌 비스킷은 사치품에 해당하므로 다시 예외로 하되, 초콜릿을 입힌 사람 모양 생강 쿠키gingerbread man는 눈으로 찍은 초콜릿 점이 두 개를 넘기지 않는다'는 조건 하에 주식으로 취급하여 사치품에서 예외로 한다. 하지만 이 법의 관점에서 보면 초콜릿 단추나 초콜릿 허리띠가 있는 사람 모양 생강 쿠키는 사치품으로 간주한다. 또한 부르봉bourbon 과자의 경우처럼 초콜릿이 두 개의 비스킷 조각 사이에 들어가 있는 경우에는 부가가치세를 부과할 수 없다. 양동이 모양의 초콜릿 비스킷도 마찬가지다.

• 부가가치세에 대한 비판 중 하나는 부유층 사람들에 비해 빈곤층 사람들은 수입에서 필수품에 지출하는 돈의 비율이 높다는 것이다. 따라서 이것을 상쇄하기 위해 일부 필수품은 부가가치세를 면제한다(더 정확히는 0퍼센트 세금을 매기는 '영세율'을 적용한다. 같은 말이지만 세무 변호사만이 이해할 수 있는 약간의 법적 내용이 있다). 모든 사치품에 대해서는 부가가치세를 부과할 수 있다.

내가 만나본 세무 변호사 중 그 누구도 초콜릿을 입힌 케이크가 사치품이 아닌 이유를 설명하지 못했지만, 세금이라는 측면에서는 사치품이 아니었다.

이것은 두 가지를 의미한다. 첫째, 비스킷 회사의 변호사들은 사람 모양 생강 쿠키의 눈 색깔과 탈의 상태 등에 대해 강경한 의견을 갖고 있다. 둘째, 자파 케이크가 사실 초콜릿을 입힌 비스킷이라면 부가가치세를 내야 하지만, 초콜릿을 입힌 케이크라면 부가가치세가 면제될 것이다. 결국, 맥비티는 세금을 아낄 수 있게 됐다.

프링글스 소송과 관련된 법규는 감자칩에는 부가가치세를 부과할 수 있지만 다른 대부분의 간식에는 부과할 수 없다는 것이다. 이 법령이 정해진 1969년 당시에 정부가 의도했던 바는 영양 섭취를 주목적으로 구입하는 것이 아닌 식품에 세금을 부과하자는 것이었다. 당시만 해도 정말 짭짤하고 맛있는 간식은 감자칩과 견과류밖에 없었다. 하지만 2004년 프링글스 소송이 시작될 즈음에 도리토스^{Doritos} 같은 프링글스의 경쟁 제품 중 다수에는 감자가 들어 있지 않아서 세금이 부과되지 않았다.

P&G는 자기네 제품을 '감자칩'이 아닌 다른 항목으로 분류시켜 부가가치세를 피하기 위해 법률의 허점을 찾아냈다. 바로 제품에 추가적인 조리가 필요하다면 세금을 면제한다는 조항이었다. 이것은 아마도 사치품이 아닌 감자 슬라이스를 세금 부과 항목에서 빼기 위해 만든 예외 조항일 것이다. 그렇게 해서 기나긴 법정 싸움이 시작됐다.

2004년에 P&G에서는 프링글스 디퍼스$^{Pringles\ Dippers}$라는 새로운 제품을 출시했다.[1] 이것은 새로 나온 다양한 소스를 떠먹을 수 있게 숟가락 같은 모양을 하고 있고, 살짝 더 두꺼웠다. P&G에서는 즉각적으로 새 제품을 조세심판원으로 가지고 가서 이렇게 떠먹는 행위가 '추가적인 조리'에 해당한다고 주장했다. 조세심판원은 P&G의 손을 들어주며 프링글스 디퍼스는 감자와의 유사성이 부족하고, 필수 감자 함량도 부족하기 때문에 감자칩이 아니라고 판단했다. 이 판결을 토대로 P&G는 2007년부터 2009년까지 후속 소송을 이어갔다.[2-4]

P&G에서 고용한 변호사는 케임브리지대학교에서 최우수 등급 법학 학위를 받고 졸업한 로더릭 코다라(Roderick Cordara) 칙선 변호사였다. 그의 웹사이트에는 "승리에 굶주린 변호사"라는 아주 적절한 홍보 문구가 적혀 있다. 코다라는 저함량의 감자(40퍼센트 정도)와 제조 과정의 특성 때문에 프링글스는 케이크에 더 가깝다고 주장했다. 법률에 따르면 케이크는 '필수 식품'이어서 부가가치세 면제 대상이다.

코다라가 프링글스의 근본적 특성이라 주장한 내용을 판결문에서는 이렇게 요약했다. 아마도 이것은 산업식품 가공에 대해 당신이 읽어본 것 중 가장 솔직한 설명일 것이다. "감자칩과 달리 프링글스는 감자를 슬라이스로 썰거나 튀겨서 만들지 않는다. 대신 케이크나 비스킷처럼 반죽으로 만든다. 균일한 형태와 색상, 질감을 내기 위해 반죽을 표준화된 금속 틀에 밀어 넣은 다음 컨베이어벨트에서 조리 과정을 거친다."

판결문에는 추가적인 세부 사항도 나와 있다. "표준 프링글스의 독특한 특징은 튀기는 동안 기름이 제품의 구조를 따라 내부 공간 속으로 스며 들어가 수분을 대체한다는 것이다. 이것 때문에 먹었을 때 '입에서 녹는 느낌'을 준다. 이와는 대조적으로 감자칩의 경우 대부분의 지방이 표면에 머문다."

P&G는 두 번의 항소를 통해 소송을 진행했다. 2008년 판결은 표준 프링글스가 부가가치세 면제 대상이 되어야 한다고 결론 내렸다. 회사 측의 커다란 승리였다. 하지만 2009년에 영국 국세청에서 항소를 제기했고, 당시 항소법원 주심 판사였던 로빈 제이컵^{Robin Jacob}은 이것이 "너무 복잡해서 지루할 정도의 법적 분석이 필요하거나, 그런 분석을 정당화할 만한 사안이 아니다"라고 판단을 내렸다.

그럼에도 판결문은 15쪽이나 된다. 이것만 봐도 양쪽 진영이 왜 그렇게 공을 들였는지 알 수 있다. 이 판결문은 셰익스피어의 작품 같은 어조로 시작한다. "프링글스는 '감자칩과 유사하고, 감자로 만들어졌는가?' 그것이 문제로다. 이 판결에 과거의 1억 파운드, 미래의 매년 2,000만 파운드라는 막대한 액수의 돈이 걸려 있다."

P&G는 제품이 감자다움을 갖추기 위해서는 충분한 함량의 감자가 들어 있어야 한다고 주장했다. 하지만 제이컵 판사는 정부가 이 법을 만들 당시 감자다움이라는 특성을 위해 갖춰야 할 것이 무엇인지 정하려는 의도가 있었으리라고 생각하지 않았다. "이 제품이 '감자의 본질'을 갖고 있느냐? 이것은 아리스토텔레스식 질문이다."

1921년에 나온 법률 문헌을 인용한 후에 제이컵 판사는 프링글스가 감자로 만들어졌는지 여부는 식품과학자나 요리 전문가보다 아이들에게 물어보는 편이 나을 거라고 말했다. "나는 아이들에게 라즈베리가 들어간 젤리가 젤리로 만들어졌느냐고 물어보면 라즈베리가 들어 있음에도 대부분의 아이는 '네'라고 대답하리라 생각한다."

수년에 걸친 법적 다툼 끝에 P&G는 최종 항소심에서 패했다. 법원은 프링글스가 감자로 만들어졌다고 판결했고, 부가가치세는 여전히 부과되고 있다. 감자칩을 소스에 찍어 먹는 것이 '추가적인 조리'에 해당하느냐는 질문은 맥코이 딥스McCoy's Dips와 관련해서 진행된 유나이티드 비스킷United Biscuits과 영국 국세청의 2005년 재판에서 해소됐다. 당시 재판부에서는 영어의 일반적 의미로 보아 소스를 찍어 먹는 행위는 분명 조리에 해당하지 않는다고 판단했다. 판결문은 이렇게 준엄하게 말하고 있다. "유나이티드 비스킷의 제품을 구매한 사람은 그냥 감자칩 봉지와 소스 통만 열면 된다. 구매자는 감자칩을 소스에 찍어 먹을 수도, 그러지 않을 수도 있다. 감자칩을 입으로 가져가는 과정은 중간에 소스 통을 거치든 안 거치든 상관없이 '조리 행위'가 아니라 '먹는 행위'에 해당한다는 것이 우리의 판단이다."

한편 프링글스 디퍼스는 이제 판매되지 않는다. 하지만 나는 법률 전략이 너무나 정교하고 장기적이었던 것을 보면 회사가 오직 다양한 소송에서 사용할 법적 선례를 만들겠다는 이유 하나 때문에 해당 카테고리의 제품을 출시했던 것이 아닌가 하는 의문을 떨칠 수 없다. 회사 측에서 부가가치세를 털어내는 데 성공했다면 프링글스 디퍼스에 들어가는 마케팅 비용 350만 파운드는 손쉽게 회수할 수 있었을 것이다. 그리고 영국 국세청의 입장에서는 회사 측의 주장을 그대로 받아들이는 것보다는 소송을 통해 싸우는 쪽이 비용이 덜 들겠지만, 이런 사안을 두고 법적인 다툼을 해야 한다는 것 자체가 놀라운 일이다.

우리가 먹는 대부분의 초가공식품을 만드는 10여 개의 회사 이름을 아무것이나 법률 데이터베이스에 쳐보자. 그럼 수백 건의 소송을 찾을 수 있고, 소송 내용은 뒤로 갈수록 점점 더 흥미진진해진다.

당신과 나를 대표하는 영국 국세청이 패소하는 경우가 많다. 도리토스, 트위글릿^{Twiglet}, 델타^{Delta}, 스킵^{Skip}, 치즐릿^{Cheeselet}, 미뇽 모르소$^{Mignon\ Morceaux}$, 리플린^{Ripplin}, 휘트 크런치$^{Wheat\ Crunchy}$ 등이 모두 부가가치세를 면제받았다.

당신과 내가 이 간식들에 사실상 보조금을 지급하고 있는 셈이다. 제품이 더 저렴해진다고 그 돈이 우리에게 오는 것도 아니다. 여러 가지 간식에 매겨진 가격을 보면 세금을 내고 있는지 여부가 전혀 반영되어 있지 않다. 회사는 부가가치세 절감을 통해 어찌 보면 공공의 이익을 사유화하고 있는 것이다.* 이 간식을 먹지 않는 사람이라도 이들의 세금을 면제해줄 때 한 번, 영국 국세청에서 코다라 같은 변호사들과의 법정 싸움을 위해 고용한 변호사 수수료를 내면서 한 번, 이렇게 두 번에 걸쳐 보조금을 지급하는 셈이다.

이런 소송은 계속 진행 중이며, 점점 더 비싼 변호사와 점점 더 복잡한 논거를 가지고 군비경쟁이 벌어지고 있다.

최근에 켈로그에서 새로운 법안의 적법성에 이의를 제기하며 영국 정부를 상대로 소송을 제기했다. 이 법안에 따르면 켈로그의 제품 중 상당수는 홍보를 하거나 슈퍼마켓에서 제일 눈에 띄는 선반에 진열할 수 없게 된다. 회사 측에서는 우리가 보통 시리얼을 우유에 타 먹기 때문에 시리얼의 설탕 함량은 우유를 포함한 상태에서 판단해야 한다고 주장했다. 그럼 당연히 무게 대비 설탕 함량이 현저히 줄어들 수밖

● 나는 이런 일화들이 P&G 경영진이 온라인에서 말하는 "우리의 지식과 경험을 활용해 소비자의 삶을 개선하기 위해 늘 최선을 다하고 있습니다"라는 주장과 대비되어 불편하게 느껴진다.

에 없다.[5, 6] 결국은 켈로그가 패소했지만 그로 인해 모든 사람이 비용을 부담하게 됐다. 켈로그 영국 지사의 상무이사 크리스 실콕Chris Silcock은 재판 결과에 실망했다며 회사 측에서 상품의 가격을 올릴 수도 있다고 말했다.

어쩌면 켈로그의 변호사 수수료를 충당하기 위해 시리얼 가격도 더 내고, 영국 국세청의 변호사 수수료를 충당하기 위한 세금도 더 내야 할지 모르겠다.

나는 조세 회피가 NOVA 시스템과 몬테이루가 정의한 초가공의 일부라 생각한다. 조세 채무를 줄여서 이익을 늘리는 데 관여하는 법률팀은 식품의 가공에서 필수적인 단계다. 이런 법률팀이 없는 회사는 없다. 그리고 세금이 전부가 아니다. 초가공식품에는 여러 가지 다른 외부화된 비용도 존재한다. 이것은 초가공의 목적이 수익성 높은 제품을 만드는 것이라는 몬테이루의 원래 정의와 연관되어 있다. 나는 세 가지 가장 중요한 부분에 초점을 맞추고 싶다. 환경 파괴(기후 변화와 토지 사용 등), 항생제 내성, 플라스틱 오염이다.

첫째: 기후.

인간은 오랜 기간 동안 지구의 기후에 큰 영향을 미쳐왔지만 초가공식품에 대한 수요가 주도하는 현재의 식품 체계가 생태계 자본을 파괴하는 속도는 재생시키는 속도보다 훨씬 빠르다.◆

현재의 식품 시스템이 미치는 영향은 몇천 년은 고사하고 몇십 년도 지속 가능하지 않다. 그에 따르는 환경 비용이 너무 커서 화석연료에서 나오는 배출을 모두 중단한다고 해도 글로벌 식품 시스템에서 나오는 배출만으로도 2100년이면 기온 상승의 양이 치명적인 수준인 섭씨 1.5도를 넘길 것이다.[12] 80억 명의 사람을 위해 농사를 짓고 식품을 처리하는 데서 오는 환경적인 영향이 항상 존재할 수밖에 없지만, 초가공식품은 탄소 배출과 환경 파괴의 주요 원인일 수밖에 없다.

이런 식생활 추세가 계속된다면 빈 칼로리empty calory(유의미한 영양가가 추가되지 않은 칼로리)에서 나오는 1인당 온실가스 배출량은 2050년에 거의 두 배가 될 것으로 추정된다. 예를 들어 호주의 경우 초가공식품 소비가 이미 식생활과 관련해서 환경에 미치는 전체적인 영향의 3분의 1 이상을 차지하고 있는 것으로 추정된다.**

● '신세계(남북 아메리카 대륙—옮긴이)'에서 1492년은 '콜럼버스 교환Columbian exchange'의 시작을 알리는 해다. 이것은 이상하게 돌려 말하는 표현이다. 마치 무역을 통해 상호 이익이 발생한 것처럼 표현하고 있지만 이는 실제로 일어났던 일과는 거리가 있기 때문이다. 이때는 '대사멸Great Dying'이라는 시기의 시작이었다. 더 정확히는 '대학살Great Killing'이라는 표현이 옳을 것이다. 콜럼버스 이전의 아메리카를 연구하는 역사가들은 콜럼버스에 의해 시작되어 이후 유럽인이 대륙의 자원을 착취하면서 계속 이어진 살인, 폭력, 노예의 주기를 설명하고 있다. 유럽인의 도착으로 홍역, 천연두, 페스트, 인플루엔자 같은 호흡기 바이러스 등의 전염병이 확산됐다.[7-9] 여러 분야의 과학자가 공동 연구한 결과 1492년 직후의 인구에 대한 대략적인 추정치가 나왔다. 유니버시티칼리지 런던의 동료들은 1500년의 아메리카 대륙의 총인구를 6,000만 명 정도로 추정했다. 이곳에는 번창하는 사회가 존재했다. 무려 2,000만 명의 사람이 아마존 강가에 살면서 고구마, 쌀, 카사바, 땅콩, 칠리 페퍼, 옥수수 등을 농사지으며 복잡한 농사 시스템을 갖추고 있었다. 고고학적 증거를 보면 언덕에 돌로 쌓아서 만든 계단식 경작지와 배수 시스템을 갖추고 있었고, 불을 이용해서 경관을 광범위하게 변화시키고, 쓸모없는 식물을 제거하고, 그 씨앗이 퍼지는 것을 막았다는 증거가 있다. 하지만 콜럼버스가 도착하고 100년 만에 그 인구가 600만 명으로 줄어들었다. 한 세기만에 인구가 90퍼센트나 줄

═ 기후 위기에 도움이 되는 식품이 있는가? ═

나는 초가공식품이 환경에 미치는 영향을 이해하기 위해 토양협회^{Soil Association}의 식품 정책 책임자인 롭 퍼시벌^{Rob Percival}을 만나러 갔다. 그는 철학 학위가 있는 정책 전문가처럼 말했다(그는 실제로 철학 학위가 있는 정책 전문가다). 하지만 그의 긴 머리와 턱수염, 헐렁한 니트 옷을 보면 서퍼 같은 분위기가 풍겼다. 우리는 런던 동부의 한 식당에서 만나 채식 카레를 먹었다. 나는 일반적인 식품을 생산하는 경우와 비교했을 때 초가공식품 생산에서 생기는 환경 파괴가 얼마나 되는지 알고 싶었다.

그는 이렇게 말했다. "중요한 질문은 '특정 제품의 탄소 발자국이 얼마나 되는가?'가 아니라 '우리가 식품 시스템 안에서 찾을 수 있는, 기

어드는 바람에 농경지가 다시 숲으로 돌아왔다. 56만 제곱킬로미터의 땅에서 나무가 다시 자라나면서 대기에서 74억 톤의 이산화탄소를 제거했다. 유니버시티칼리지 런던의 연구진은 이렇게 숲이 다시 자라나면서 17세기 그림 속 겨울 풍경에 묘사된 '소빙기^{little ice age}'로 이어졌다고 주장했다.[10, 11] 호주에서도 같은 현상이 일어났는지 모른다. 초기 인구 집단은 아마도 사냥하기 좋은 풀밭을 만들려고 숲에 불을 질렀을 것이다. 그리고 전에는 습지였다가 지금은 사하라 사막이 된 아프리카 북부의 경우처럼 이것이 여름 몬순의 시기에 영향을 미쳤을 수 있다. 논란이 많은 주제이고, 또 논란이 많은 것이 당연하지만, 고대의 사회도 전 지구적 날씨, 기후, 지형에 큰 영향을 끼쳤던 것으로 보인다. 그렇다고 식품과 환경 정책에 원주민의 지식을 통합하겠다는 약속이 훼손되어서는 안 된다. 원주민의 지식은 실용적인 가치를 갖고 있으며 원주민은 토지를 사용할 권리를 갖고 있다. 이들은 수천 년 동안 지속 가능하게 그 땅 위에 살아왔고, 또 살아가고 있는 공동체다. 이들이 환경에 아무런 영향도 미치지 않았다는 것이 아니라 한 세기도 안 되는 기간 동안 시스템의 근본적인 생태 자본을 잠식하지 않았다는 의미다.

●● 구체적으로 말하면 물 사용의 35퍼센트, 에너지 사용의 39퍼센트, 이산화탄소 환산량의 33퍼센트, 땅 사용의 35퍼센트.[13]

후와 자연의 위기를 해소하는 데 도움이 될 식품이 무엇인가?'입니다."

퍼시벌에 따르면 초가공식품 때문에 생기는 분명한 환경 문제가 존재하지만 그 안에는 훨씬 더 심오한 문제가 들어 있다. 우리 식단에 초가공식품이 널리 퍼져 있다는 것은 식품 시스템이 병들어 있음을 보여주는 증상이다. "현재의 글로벌 식품 시스템은 기본적으로 최대한 많이 생산하는 것을 지향하고 있습니다."

사람도 많고, 배고픈 사람도 많으니 당연히 그래야 하는 것 아닌가라는 생각이 들 수도 있다. 하지만 퍼시벌의 설명처럼 이것은 왜곡된 결과를 초래했다. 막대한 양의 식품을 만들어내려 하다 보니 농업이 몇몇 소수의 다수확 작물과 생산품에만 투자하게 된 것이다.● 이런 작물이나 생산품은 보통 원래는 열대림이어야 할 땅에서 비료, 살충제, 제초제, 그리고 당연한 얘기지만 막대한 양의 화석연료 등 농화학적 투입을 이용해 재배 혹은 생산된다. 정부의 보조금을 지원받는 이런 접근 방식 때문에 전 세계적으로 산업작물 commodity crop (대규모로 생산, 거래되며 품질과 특성이 표준화되어 있어 대형 시장에서 표준화된 가격에 거래되는 작물이다. 일반적으로 직접 사용하기보다는 가공을 거쳐 사용한다―옮긴이) 생산의 과잉과 식량 다양성의 감소가 초래됐다.

산업작물로 이윤을 남기려면 작물을 무언가로 바꾸어야 하는데, 여기에는 두 가지 선택지가 있다(바이오연료까지 치면 세 가지). "작물을 공장식으로 사육하는 동물에게 먹여서 육류를 생산하거나, 가공과 공격적 마케팅을 통해 초가공식품으로 만드는 방법이 있습니다."

● 여기에는 팜유, 대두단백, 대두유, 설탕, 밀, 옥수수, 육류, 우유, 계란 등이 해당된다.

특정 공동체를 위해 특정 식품을 재배하는 것은 아주 귀찮은 일이다. 그보다는 소수의 작물을 최대의 효율로 재배한 다음 거기에 색소, 향미료를 첨가해 다양한 식품을 만들어서 시장에 내다 파는 것이 훨씬 이윤이 많이 남는다. 앞에서 보았듯이 치킨 너깃에서 아이스크림에 이르기까지 모든 것을 똑같은 기본 액체와 분말로부터 만들어낼 수 있다.

퍼시벌은 이렇게 말했다. "공장식 축산과 초가공식품은 산업식품이라는 동전의 양면에 해당합니다. 그리고 당연한 얘기지만 전부는 아니어도 대부분의 공장식 축산 육류도 초가공식품으로 재탄생하죠."

그 결과 농업의 탄생 이후로 길러진 수천 종의 식물과 동물 품종 중 불과 12종의 식물과 5종의 동물이 현재 지구상에서 먹고 버려지는 모든 식품의 75퍼센트를 차지하게 됐다.[14-17]

설탕은 건강에 미치는 영향 때문에 비난을 많이 받지만 초가공식품에서 나오는 열량 중 상당 부분은 정제된 식물성 기름에서 나온다. 예전에는 칼로리 공급원에서 아주 적은 부분을 차지했던 식물성 기름이 이제는 글로벌 식단에서 지배적인 부분을 차지하고 있다. 야자에서 생산하는 팜유는 현재 우리가 제일 많이 먹는 기름이고, 팜유가 환경에 미치는 영향도 점점 더 많이 알려지고 있다.

1970년대 이후로 인도네시아의 원시 열대우림 중 절반 이상이 기름야자의 재배를 위해 파괴됐다.[18, 19] 2015년에서 2018년 사이에 인도네시아에서는 기름야자 재배를 위해 1,300제곱킬로미터의 숲이 개간됐다.[20] 이것은 그레이터 런던Greater London의 크기와 대략 맞먹는다. 제트여객기를 타고 상공을 날면서 보아도 기름야자 농장이 사방으로 지평선까지 뻗어 있을 것이다. 말 그대로 우주로 나가지 않고는 이 농장을 한눈에 바라볼 수 없다. 농장은 체인톱과 화전 기법을 이용해 만들어졌다. 숲의 토양이 가연성인 토탄으로 이루어져 있기 때문이다. 이 기법을 동원해서 방출된 탄소의 양은 가늠하기도 힘들다. 2015년에는 이렇게 놓은 불로 며칠 만에 미국 경제 전체에서 배출되는 것보다도 많은 양의 이산화탄소가 배출되기도 했다.[21]

생산되는 팜유 중 4분의 3 정도가 초가공식품에 사용된다. 나머지는 비누, 면도용 거품, 치약, 립스틱, 그리고 수없이 많은 가정용품에 사용된다.[22] 내가 보기에 어떤 제품에 팜유가 들어 있다면 그것은 초가공식품이고, 다른 RBD(정제, 표백, 악취 제거) 기름에도 동일한 논리를 적용할 수 있다고 생각한다. 이것은 우리의 식품 시스템이 얼마나 부패했는지 보여준다. 고도가공 기름을 여전히 단순한 주방 식재료 혹은 NOVA 2그룹으로 간주하고 있기 때문이다. 이들이 사람의 건강에 미치는 영향에 대해서는 따로 얘기할 부분이 있지만 여기서는 다루지 않겠다.

내 이런 생각을 받아들이지 않는다고 해도 팜유가 들어간 제품 중에 초가공식품이 아닌 것을 찾아보기는 힘들다. 여러 국가에서 가정 요리에 버진 팜유를 사용하고 있지만, 이것은 누텔라 초콜릿 스프레드 같은 것을 만들 때 사용하는 고도로 변성된 물질과는 아주 거리가 멀다.

팜유에 대해 대규모로 불매운동이 벌어진다면 초가공식품에 들어 있는 기름을 다른 것으로 대체하게 될 테지만, 이 경우 회사 측에서는 효율성을 따지고 들어올 수 있다. 이들은 같은 양의 기름을 코코넛 농장 같은 곳에서 추출하려면 열 배나 많은 땅이 필요하고, 따라서 열 배나 되는 열대우림을 희생해야 한다는 것을 근거로 기름야자 농장이 칼로리 생산에 가장 효율적인 형태라 주장할 것이다.

물론 이런 주장은 몇 가지 측면에서 잘못된 것이다. 예를 들어 해바라기 등의 다른 지방 공급원은 열대 지역이 아닌 온대기후 지역에서도 재배가 가능하다. 이렇게 하면 사용하는 토지의 면적은 더 넓어지겠지만 탄소 배출량에 미치는 영향은 훨씬 줄어든다. 온대기후의 토지는 예를 들어 보르네오의 토탄 습지보다 저장하고 있는 탄소의 양이 훨씬 적고, 이미 몇백 년, 몇천 년 동안 경작이 이루어져온 곳이기 때문에 기름야자를 재배하기 위해 원시 열대우림을 베어내는 것보다 기후 변화에 미치는 영향이 훨씬 적다.

업계에서 흔히 주장하는 또 다른 주장은 지속 가능한 팜유가 있다는 것이다. 하지만 초가공식품을 생산하는 방식 중에 지속 가능한 것은 아무것도 없다. '지속 가능^{sustainable}'이라는 단어에는 독립석인 기관에서 발표한 공식적인 의미 같은 것이 전혀 담겨 있지 않다. 지속 가능성의 기준은 대체로 업계가 자율적으로 정하며, 일반적으로 이 표현은 그 작물을 재배하는 농장이 새로이 숲을 개간할 수 없다는 의미를 담고 있다. 하지만 이 농장이 지속 가능 제품 지정 신청 전해에 그 숲을 개간했다면 문제 삼지 않는다.

그럼 우리가 인도네시아산 팜유를 먹고 있는 이유는 무엇일까? 초가공식품 중에는 엄격히 말하면 필수품이 아닌 것이 많다. 따라서 이런 원재료를 재배하는 것은 대부분 토지 낭비다. 그리고 초가공식품 간식과 제품 중에 사람의 식단에 필수적인 것은 없기 때문에 초가공식품이 미치는 영향도 미연에 막을 수 있었던 것이 많다.

　더군다나 바헤닝언대학교의 식품공학 연구진이 2016년 논문에서 얘기하듯이 현재의 식품 시스템은 효율적이지 못하다.[23] 저자들은 이 문제에 대해 두 가지 실용적인 측면에서 생각해보았다. 첫째, 이들은 우리가 먹는 식품 속에 들어 있는 에너지가 그것을 만드는 데 들어간 에너지에 비해 훨씬 적다는 점을 지적했다. 신석기 시대 사람들이 식품을 이런 수준으로 손수 가공해서 먹어야 했다면 살아남지 못했을 것이다. 기계화는 에너지 효율성이라는 착시를 가져오지만 사실 이것은 저렴한 화석연료를 대량으로 사용하는 덕분에 가능해진 비용 효율성에 불과하다. 기름이 저렴한 이유는 초가공식품이 저렴한 이유와 같다. 국제통화기금IMF과 다른 많은 사람의 말에 따르면 우리는 공기 오염에 따른 의료 비용의 상승이나 기후 변화로 인한 비용 등 약 6조 달러 가치의 외부 비용을 지불함으로써 거기에 보조금을 지급하고 있는 셈이다.[24]

　두 번째 비효율성은 식물이 잠재적으로 많은 영양을 함유한 단백질을 대량으로 생산하지만, 우리는 그것을 거의 먹지 못한다는 점이다. 우리는 대신 그것을 동물에게 먹이고 있다.[25] 비교적 최근까지도 동물은 아주 낮은 품질의 식물성 단백질(풀, 이파리, 음식물 쓰레기, 사료 등)을 고품질의 식용 단백질로 만드는 수단이었다. 하지만 가축을 신속하게 키워내는 집약적 농업에 대한 요구가 커짐에 따라 요즘에는 사람이 먹을 수도 있는 영양 많은 식물을 동물에게 먹이고 있다.

　식품 공급원으로서 육류가 식물에 비해 탄소 효율이 떨어진다는 것은 잘 알려진 사실이다. 소고기에서 100그램의 단백질을 생산하려면 평균적으로 최소 25킬로그램의 이산화탄소가 방출된다. 닭고기는 그보다 훨씬 적은 4~5킬로그램의 이산화탄소를 방출하지만 우리는 소고기보다는 닭고기를 훨씬 많이 먹는다. 100그램당 두부는 1.6킬로그램의 이산화탄소를, 콩은 0.65킬로그램, 완두콩은 0.36킬로그램을 방출한다. 일부 견과류는 운송 과정까지 모두 포함해도 탄소 네거티브(탄소를 배출한 만큼 흡수해 실질 배출량을 0으로 만드는 것―옮긴이)를 나타낸다. 견과류 나무가 작물의 공간을 대체해서 공기 중으로부터 탄소를 흡수하기 때문이다.[26]

소와 닭을 사육하는 방법 중에는 탄소 격리에 도움되는 방법도 있고, 화학물질을 투입하지 않고 동물을 방목 사육해서 지역 및 전 지구적 생태계를 뒷받침하는 방식으로 토양의 건강과 자연 자본을 구축하는 농업생태 시스템agroecological system도 많다. 하지만 과연 이런 방식으로 점점 커지고 있는 우리의 식욕을 따라잡을 만큼 충분한 양의 육류를 생산할 수 있을지는 의심스럽다.● 우리가 계속 더 많은 육류를 먹는다면 점점 더 많은 열대우림이 파괴될 것이고, 이것이 다시 전 세계적인 전염병 창궐과 기후 변화로 이어질 것이다.

우리가 먹는 것이 대부분 초가공식품이기 때문에 우리가 먹는 육류도 대부분 초가공식품이다. 너깃, 버거 등 새로 제조해서 만든 초가공 육류는 영국인의 식단에서 평균 7퍼센트 정도를 차지한다. 반면 신선한 육류나 최소가공 육류는 겨우 5퍼센트 정도에 불과하다.[29]

● 현재 전 세계 농지의 80퍼센트 정도는 동물 방목이나 동물에게 먹일 작물의 생산에 이용되고 있다. 식용으로 사육되는 동물을 모두 더한 무게가 현재 모든 야생 포유류와 조류를 합친 무게의 열 배나 된다.[27, 28]

그리고 초가공식품은 본질적으로 제조 과정에서 환경에 대해 염려하지 않고 동물 복지 등을 고려하지 않는다. 이런 식품은 과도한 섭취를 조장하고, 필연적으로 식품의 기원을 제대로 알기가 어렵다. 신선식품으로 소고기나 닭고기를 구입할 때는 포장지에 '목초 사육grass-fed', '옥수수 사육corn-fed' 등이 적혀 있는 경우가 많다. 사람들은 그 고기가 어떤 농장에서 생산된 것인지 알고 싶어 한다. 하지만 포장되어 나온 초가공식품 샌드위치에 들어간 닭고기가 무엇을 먹여 사육한 것인지 물어보는 사람은 거의 없다. 아주 중요한 질문인데도 말이다.

세계에서 가장 오래 경작된 식물 중 하나인 대두를 예로 들어보자. 전통적으로 대두는 맛이 없고 소화가 힘들어서 식량으로 널리 사용되지 않았다. 대두는 발효시켜 두부의 형태로 질 좋은 단백질을 추출하거나, 일찍 수확해서 에다마메를 만들어 먹을 수도 있지만 최근까지도 대부분의 사람에게는 중요한 칼로리 공급원의 역할을 한 적이 없었다.

그러나 단백질 함량이 42퍼센트에 달하는 대두는 화석연료를 대량으로 이용해서 집중적으로 가공하면 동물에게 대량으로 먹이기에 대단히 효율적이다. 먼저 대두 꼬투리를 흔들어서 줄기와 먼지를 제거하고, 거대한 가열기를 이용해 탈수하고, 기계적으로 겉껍질을 벗겨낸 다음 거대한 롤러로 짓눌러서 입자로 만든다. 그다음에는 다시 수화하고 롤러로 밀어서 플레이크로 만든다. 기름은 가연성 용제인 헥산을 이용해서 추출한다. 이렇게 만들어진 플레이크는 동물에게 먹이거나, 아니면 추가적으로 가열하고, 냉각하고, 곱게 빻아 특정 pH에서 녹인 다음 또 다른 pH에서 침전시켜 '분리단백'으로 만들 수 있다. 어떤 초가공식품이라도 이것을 대량으로 추가해서 용량을 늘리거나, 식감을 개선하거나, 단백질 함량이 풍부한 식품이라고 마케팅할 수 있다. 대두는 공장식 축산과 초가공식품 산업의 상호 의존성을 보여주는 좋은 사례다. 대두의 75퍼센트는 동물 사료용이지만 대두유 시장도 수익성이 높다. 이렇게 해서 대두는 온갖 종류의 초가공식품에 들어간다.[30]

이것은 식물로부터 음식을 만드는 효율적인 방법이 아니다(예를 들어 식물을 직접 먹는 경우와 비교하면). 하지만 저렴하다. 워낙에 저렴하기 때문에 대두에 들어 있는 단백질의 대부분을 돼지와 젖소뿐만 아니라 닭에게 먹인다. 그럼 이 닭고기는 다시 초가공식품을 만드는 데 사용된다.[31]

닭고기는 제일 인기가 많은 육류다. 영국에서는 매년 10억 마리의 닭이 사육되고 있으며(전 세계 평균의 두 배다), 이 중 95퍼센트는 실내에서 집중적으로 사육되는 성장이 빠른 품종이나. 이린 닭이 농장을 자유롭게 돌아다니는 경우는 거의 없다. 그리고 이제는 조류 독감 때문에 가금류를 실내에서 키워야 해서 자유 방목한 닭은 과거의 일이 되었는지도 모른다.

닭으로 돈을 버는 제일 좋은 방법은 닭을 키우는 시간을 최소화하는 것이다. 닭을 반려동물로 키우면 6년 정도 산다. 하지만 우리가 육류로 소비하는 닭의 95퍼센트는 부화해서 도축되기까지 걸리는 시간이 6주에 불과하다. 자연 수명의 2퍼센트도 못 사는 것이다. 자유 방목한 닭은 8주 정도 살고, 자유 방목하는 유기농 닭은 12주 정도 산다(그래서 더 비싸다). 순수하게 상업적인 측면에서 보면 공장식 양계는

대단히 성공적이었다. 오늘날 닭고기 가격은 1960년대에 비해 실질적으로 세 배 가까이 저렴해졌다.[32]

닭에게는 약간의 어분과 대량의 대두로 구성된 고단백질 식단을 먹인다.

매년 300만 톤의 대두가 영국으로 수입되고 있으며, 그중 대부분은 이미 환경 파괴를 일으키며 세계 기후에 영향을 미쳤다.[33-35]

영국이나 유럽에서는 1인당 매년 평균 61킬로그램 정도의 대두를 소비하고 있다. 그리고 이것은 대부분 닭고기, 돼지고기, 연어, 치즈, 우유, 계란 등의 동물성 식품 형태로 소비된다.[36] 수입된 콩 중 '지속 가능 인증'을 받은 것은 20~30퍼센트에 불과하다. 이것마저도 얼마나 무의미한 것인지는 앞에서 이미 살펴보았다. 따라서 영국인 딱 한 명이 먹을 대두를 생산하는 데만 테니스 코트 하나 크기의 땅이 필요하고, 이 땅은 대부분 브라질이나 아르헨티나처럼 세계 기후에 영향을 미치는 생태계가 파괴되고 있는 곳에 있다.●

현재의 추세라면 전 세계 육류 생산량은 앞으로 30년에 걸쳐 거의 두 배로 증가할 것으로 보인다. 그럼 동물에게 먹일 대두와 옥수수를 생산하기 위해 유럽만 한 크기의 토지가 필요해질 것이다.

이것은 그저 서식지 파괴에서 그치지 않는다. 아메리카 대륙에서는 토양에 사용한 살충제가 해당 지역 주민의 선천성 결함 및 높은 암

● 1960년대 이후로 대두 생산과 소 방목을 위해 브라질 세하두Cerrado 열대 생태계의 절반이 파괴됐다. 영국의 해외 '대두 발자국 soy footprint'은 웨일스의 면적과 맞먹는다. 수천 년 동안 아르마딜로, 개미핥기, 재규어, 사람이 살아왔던 1만 7,000제곱킬로미터의 열대우림이 더 이상 그들이 살 수 없는 곳이 되고 말았다.[37] 1인당 기준으로 보면 이런 영향력의 규모는 영국보다 인구가 다섯 배 정도 많은 미국, 그리고 대부분의 서구 경제권에서 동일하게 적용된다.

발생률로 이어졌다. 아르헨티나의 경우 1990년 이후 대두 생산량이 네 배로 증가했고, 그동안 제초제 사용량은 11배 증가했다. 이 지역에서는 유산과 선천성 결함도 증가했다. 아르헨티나의 전체 사망자 중 암으로 인한 사망은 20퍼센트 정도이지만, 이 지역에서는 그 비율이 30퍼센트를 넘기고 있다.[38-40]

먼 지역에서 일어나는 일이야 남 일처럼 느껴진다 해도 세계 기후 변화는 남 일로 치부할 수 없을 것이다. 우리가 누리고 있는 안정적인 식량 안보는 야생의 토지를 파괴하고 대기 중 탄소 비용을 치르지 않은 덕분에 유지되는 생산 시스템의 산물이다. 역설적이게도 이런 접근 방식이 식량 안보를 위태롭게 만들고 있다. 이미 전 세계적으로 이런 일이 벌어지고 있지만 대두를 재배하기 위해 숲을 베어낸 아마존 지역만큼 직접적으로 타격을 받은 곳은 없다.

내륙 지역에는 나무가 필요하다. 바다에서 발생한 비구름이 자체적으로 이동할 수 있는 거리는 400킬로미터가 안 된다. 따라서 아마존 숲 같은 대륙 중심부에 비가 내리기 위해서는 해안부터 그곳까지 숲이 연속적으로 이어져 있어야 한다. 숲속 나무들이 호흡을 통해 수증기를 내뿜으면 수증기로 만들어진 구름이 소위 '하늘의 강'을 타고 내륙 쪽으로 더 이동할 수 있다.

이것이 바로 브라질 중심부와 서부의 대두 농장, 옥수수 농장에 물이 도달하는 방식이라는 점이 중요하다. 일단 숲이 파괴되고 나면 비가 줄어든다. 2019년의 한 연구에서는 마투그로수의 우기가 10년 전보다 한 달 짧아진 것으로 나왔고,[41, 42] 브라질에 있는 주요 대두 농장 중 다수는 이제 자신이 일으킨 가뭄으로 인해 고통받고 있다.

강의 물줄기를 전용하는 것도 불가능하다. 강줄기를 만들어내는 것 역시 비이기 때문이다.⁴³ 더 뜨거워진 기온과 가뭄 때문에 아마존 남동부 지역은 이제 탄소 흡수원^{carbon sink}이 아니라 탄소 공급원이 되어버렸고, 일부 추정치에 따르면 이제 아마존은 탄소 저장량보다 탄소 생산량이 더 많아졌다.⁴⁴, ⁴⁵

따라서 브라질의 기업식 농업을 위협하는 가장 큰 요인은 브라질의 기업식 농업 그 자체다.

우리는 왜 이런 점을 걱정하지 않는 것일까? 지구의 재앙을 알리는 이런 정보들이 식품 포장지에서 전혀 언급되지 않는다는 점도 한몫한다. 사실 30가지가 넘는 성분 목록을 일일이 신경 쓰기도 어렵다. 포장과 가공은 소비자와 환경 사이에 거리를 만들어낸다.•

우리는 제조업체에서 닭고기의 출처를 알아서 잘 명시했겠거니 하고 그냥 믿어버린다. 그것이 바로 브랜드의 힘이다. 하지만 더 비싼 브랜드에 더 많은 돈을 썼으니 회사 측에서 초가공식품에 들어가는 닭고기의 종류에 더 신경을 썼으리라 생각한다면 오산이다.

2022년 봄, 영국 헐^{Hull}에 있는 크랜스윅^{Cranswick}의 식품 가공 공장에서 실시한 정기 내부 검사에서 살모넬라균이 검출됐다. 크랜스윅은 샌드위치와 식사용 고급 조리 치킨을 하루에 160톤 생산하는 업체라고 스스로 홍보하는 곳이다. 살모넬라균은 설사, 발열, 위경련을 일으키고 매년 영국에서 50명의 목숨을 앗아가는 세균 속^屬이다.

• 우리가 버리는 음식의 양을 봐도 이런 유대감 결여가 반영되어 있는 듯하다. 그 전형적인 국가가 영국으로, 모든 음식의 25퍼센트 정도를 버린다.⁴⁶

저가 브랜드에 해당하는 100개 이상의 브랜드가 리콜 조치를 했다. 하지만 더 비싼 고급 제품군에서도 리콜이 이루어졌다. 알디, 테스코, 스타벅스, 아마존, 웨이트로즈, 세인즈버리, 셸의 제이미 올리버 델리Jamie Oliver Deli by Shell, 코업, M&S, 레온Leon, 프렛 등 영국의 식품 소매업 영역 전체가 리콜 대상에 포함됐다.

닭고기 샌드위치를 만드는 회사에서 닭고기에 최소 비용 이상으로 돈을 쓴다면 미친 짓이다. 닭고기는 어떻게 해봐도 닭고기일 뿐이니까 말이다. 초가공식품에 들어가는 육류에 대해, 그것이 어떻게 처리되었고 지구에 어떤 영향을 미치는지에 대해 생각하는 사람은 거의 없다.

가공 그 자체는 대단히 에너지 집약적이다. 초가공식품의 경우 가열, 분쇄, 절단, 재조합 등의 여러 단계를 거칠 수 있고, 각각의 단계별로 이동이 이루어져야 한다. 일괄 조리 대량 생산이 과연 효율적인지에 대해서는 논란이 있다. 한 공장에서 100만 개의 감자를 한꺼번에 삶는 것이 100만 가구에서 감자를 하나씩 삶는 것보다 효율적이라는 점은 분명하다. 하지만 공장에서 갈고, 탈수하고, 포장한 감자를 소비자가 집으로 가져가 다시 끓는 물을 부어 불리는 과정이 더 효율적일 리는 없다.

많은 초가공식품에 네다섯 개의 대륙에서 생산된 재료가 들어 있다. 당신이 먹는 라자냐 아이스크림에는 아시아산 팜유, 아프리카산 코코아, 남아메리카산 대두, 미국산 밀, 유럽산 향미료가 들어 있을 수 있다. 이런 재료 중 상당수는 한 번 이상 운송이 이루어진다. 남아메리카 대륙의 한 농장에서 유럽의 가공 공장으로, 그리고 유럽 다른 지역의 2차 가공 및 포장 공장으로, 이어서 소비자에게로 운송이 이루어질 수도 있다. 그리고 그 소비자가 어쩌면 남아메리카 대륙의 바로 그 농장 옆에 살고 있는 사람일 수도 있다.

바르카레나 곡물 터미널에서 바지선에 선적된 대두가 유럽행이었다는 것을 기억하는가? 이 대두 중 일부가 다시 무아나로 돌아오게 될 것은 거의 분명하다. 이것을 두고 효율적이라고 말하기는 어렵다.

적어도 농생태학적 농업agroecological farming을 중심으로 하는 시스템과 다양한 신선식품 및 최소가공 자연식품의 섭취를 상상해볼 수는 있을 것이다.[47] 이런 시스템이라면 생물다양성을 촉진할 수 있고, 지금보다 낮은 토지 발자국을 바탕으로, 증가하는 인구를 위한 충분한 양의 건강식품 생산 능력을 갖추면서 기후에도 큰 이로움으로 작용할 것이다. 육류의 섭취량은 줄여야겠지만 이것이 가능한 일임을 모형은 분명하게 보여주고 있다.[48-53] 이렇게 새로운 유기적 농업 시스템을 통하면 신선식품과 최고가공 자연식품이 훨씬 풍족해지고, 가격도 저렴해질 것이다. 하지만 이런 시스템은 크나큰 피해를 입히는 초가공식품에 필요한 단일 재배에는 불리하게 작용한다. 지속 가능하도록 농업 시스템을 수정하면 화석연료를 기반으로 하는 농화학적 투입의 필요가 줄어들고 자연식품의 생산 비용이 낮아지는 반면, 초가공식품 생산을 위한 생산 비용은 높아질 것이다. 초가공식품은 현재와 같이 파괴적인 농업 방식을 필요로 하며, 이 시스템에서는 이런 결과밖에 나올 수 없다. 농생태학적 접근 방식을 적용하면 식품의 품질과 다양성은 올라가는 한편, 건강 악화와 기후 변화 등의 외부 비용은 모두 줄이들게 된다. 이것으로 모든 문제가 해결되리라 기대하는 것은 너무 순진한 생각일 수 있으며, 십중팔구 새로운 도전 과제가 생겨날 것이다. 하지만 식품 시스템을 변화시키지 않았을 때의 결과와 비교해보면 이런 어려움은 아무것도 아니다.

인간의 생명을 위태롭게 하고 있는데도 포장지에서는 언급되지 않는 초가공식품의 또 다른 위협은 바로 항생제 내성이다.

수지 싱글러$^{Suzi\ Shingler}$는 거의 혼자 힘으로 '항생제 살리기 연합$^{Alliance\ to\ Save\ our\ Antibiotics}$'이라는 단체를 운영하고 있다. 이 단체는 요로감염이나 피부감염이 생겼을 때 기존의 항생제로 치료하는 것이 불가능해서 죽는 일이 없도록 노력하는 비정부기구다. 영국에서는 사소한 감염도 치료하기가 점점 어려워지고 있다(내가 하는 일이다). 항생제 내성균이 너무 많기 때문이다.●

이런 현상이 벌어지는 이유는 항생제가 동물 관리의 일상적인 부분으로 자리 잡는 바람에 동물의 내장 속에 사는 미생물들에 항생제 내성이 생겼기 때문이다. 우리는 오랫동안 가족 주치의들이 항생제를 과다 처방하거나, 항생제가 소용없는 바이러스 감염에 항생제를 처방하는 것 때문에 걱정해왔다. 하지만 이것은 전체 항생제 사용에 비하면 극히 일부에 불과하다. 항생제를 제일 많이 사용하는 곳은 산업형 농장이다. 그곳에서는 동물 복지 관리의 만성적 실패를 항생제로 만회하려 한다.

- 항생제 내성을 부여하는 유전자는 어디에나 널려 있다. 수천 년, 심지어 수백만 년 동안 바깥세상과 격리되어 있던 깊은 동굴 속 세균에서도 찾을 수 있다. 이런 유전자가 존재하는 이유는 미생물들이 서로 끊임없이 충돌하고 있기 때문이다. 항생제는 미생물이 다른 미생물을 죽일 때 사용하는 화학물질이다. 이 군비경쟁에서 충돌을 일으키는 양쪽 모두 방어 수단을 진화시키기 때문에 항생제 내성이 생기는 것이다.

가축의 대변에 들어 있는 내성균을 우리와 차단해줄 생물학적으로 안전한 사육 방식은 존재하지 않는다. 미국 남부의 집약적 양돈 농장에서는 돼지의 분뇨를 분뇨 저장용 연못으로 흘려보낸다. 이 연못은 토네이도에 의해 에어로졸화하여 공중으로 퍼지거나, 폭풍 이후에 흘러넘쳐 상수도로 유입되는 경우가 많다. 파리는 미생물을 농장 안팎으로 실어 나를 수 있고, 이 미생물은 우리가 먹는 육류에서도 발견된다.●

농장에서 항생제가 널리 사용된다는 것은 효과적인 항생제가 존재하지 않던 시절로 되돌아갈 수 있다는 의미다. 아이가 트램펄린에서 놀다가 팔이 부러져 뼈에 나사를 박는 수술이 필요해도 거의 불가능할 수 있다. 그리고 초가공식품을 내내 먹는 바람에 생긴 암을 화학요법으로 치료하려고 해도 불가능할 것이다. 화학요법 치료를 할 때는 면역계가 억제돼서 항생제가 필요한 경우가 많기 때문이다.[54-56] 단순한 요로감염이 콩팥으로 퍼져 영구적인 손상을 일으킬 수도 있다. 그리고 이런 일이 이미 벌어지고 있다. 영국 공중보건국의 발표에 따르면 2018년에는 항생제 내성균에 의한 심각한 감염이 6만 건을 넘겼다.

그 결과 영국과 유럽에서는 항생제 사용을 제한하는 여러 가지 정책이 도입됐다. 영국 대부분의 슈퍼마켓에서는 항생제 사용을 제한하기 위한 훌륭한 정책들이 작동하고 있다. 이런 정책은 보통 영국에서 생산된 자체 브랜드 농산물에만 적용되므로 영국의 슈퍼마켓에서 닭

- 과학자들은 한곳에 25만 마리의 새가 있는 산업형 양계 농장을 떠나는 파리의 발에 붙어 있는 세균에서 항생제 내성 유전자를 조사해보았다. 파리는 내성균을 싣고 건물 안팎으로 자유롭게 이동할 수 있기 때문에 온갖 내성균을 우리의 폐, 채소, 식수로 옮겨 나른다.

고기나 소고기를 샀다면 그 고기는 의학적으로 중요한 항생제에 노출되지 않았을 가능성이 크다. 하지만 수입육과 초가공식품에 들어가는 가공육의 경우에는 적용되는 규제가 훨씬 느슨하다. 이 글을 쓰고 있는 시점에 자기네 모든 공급업체에 이런 항생제 정책을 적용하는 곳은 M&S와 아이슬란드밖에 없다. 소비자들은 전체 식품에 대해 통일된 한 가지 기준을 적용할 것을 요구하고 있고 어느 정도는 그렇게 되었지만, 이번에도 역시 초가공식품은 커다란 예외다.

마지막으로 언급하고 싶은 초가공식품의 외부 비용은 플라스틱 생산과 사용을 통해 환경에 미치는 해악이다. 2020년에 코카콜라, 펩시코, 네슬레는 전 세계 1만 5,000명의 자원봉사자가 참여하는 'BFFP^{Break Free From Plastic}(플라스틱으로부터의 해방)'의 연례 감사 보고서에서 3년 연속 세계 최고의 플라스틱 오염 기업으로 선정됐다.[57] 코카콜라 병은 조사 대상이었던 55개 국가 중 51개국에서 해변, 강, 공원, 기타 쓰레기장에 제일 사주 버려지는 플라스딕으로 조사됐다. 2019년에는 조사 대상 51개국 중 37개국에서 가장 빈번하게 버려지는 플라스틱이었다.[58, 59]

티어펀드^{Tearfund}의 2020년 보고서에서는 이 세 회사와 유니레버가 개발도상국을 대상으로 일회용 병, 봉지, 통에 담은 제품을 수십억 개씩 판매하고 있으며, "폐기물이 제대로 관리되지 않아 결국 오염물이 될 것이며, 폐기물 오염이 환경과 사람의 건강에 심각한 해악을 미칠 것을 알고 있음에도 조치를 취하지 않는다"라고 보고했다. 티어펀드에서는 6개국(중국, 인도, 필리핀, 브라질, 멕시코, 나이지리아)의 표본을 조사하여 코카콜라에서 만들어내는 플라스틱 폐기물이 이들 국가에서

만 매년 20만 톤(병 80억 개)씩 발생해서 소각되거나 매립되고 있다고 판단했다. 이 정도면 매일 축구장 33개를 덮을 수 있는 양이다. 매년 전 세계적으로 코카콜라는 300만 톤의 플라스틱 폐기물을 생산하고 있으며 대부분이 재활용되지 않는다.[60] 지금까지 생산된 모든 플라스틱 폐기물 중 무려 91퍼센트가 재활용되지 않아 소각되거나, 매립되거나, 그냥 방치되었다.[61]

모든 회사가 말로는 자기들이 지속 가능성과 환경 보존에 전념하고 있다고 단언한다.

이상한 일이지만 기업의 웹사이트에 들어가보면 이 회사가 식품 회사가 아니라 환경 개선에 전념하는 자선단체가 아닌가 하는 생각이 들 정도다. 2022년 7월 기준으로 코카콜라의 홈페이지에는 이런 문구가 적혀 있다. "쓰레기 없는 세상 만들기: 우리는 포장 폐기물과 기후변화라는 상호 연결된 전 세계적 과제에 맞서고 있으며, 우리가 사용하는 포장재를 면밀히 검토하며 변화를 주도할 수 있는 방법을 모색하고 있습니다."

초가공식품

Part 5

우리가 할 수 있는 것

Chapter 18

어떻게 과잉 섭취를 유도하는가

드디어 여기까지 왔다. 초가공식품이 인체에 미치는 영향에 대한 과학적 근거는 다음과 같다.

- 초가공식품은 물리적, 화학적, 열적 처리 과정을 거치면서 식품 매트릭스가 파괴되기 때문에 전반적으로 부드럽다. 그래서 먹는 속도가 빨라지고, 분당 섭취 칼로리가 많아지고, 식사를 마치고 오래 지나도 포만감이 느껴지지 않는다. 또한 잠재적으로 얼굴뼈의 크기를 작게 만들고 뼈밀도를 감소시키기 때문에 치과적인 문제로 이어질 수 있다.
- 초가공식품은 보통 건조하고, 지방과 당분 함량이 높고, 식이섬유 함량은 낮기 때문에 칼로리 밀도가 대단히 높다. 그래서 한 입에 섭취하는 칼로리가 대단히 많다.

- 초가공식품은 식단에서 다양한 자연식품을 몰아낸다. 특히 저소득 계층에서 이런 성향이 두드러진다. 그리고 초가공식품에는 미량영양소가 결핍된 경우가 많다. 이것 역시 과잉 섭취를 일으킬 수 있다.
- 입에서 올라오는 미각 신호와 일부 초가공식품에 들어 있는 영양소 함량 사이의 불일치가 대사와 식욕을 변화시킬 수 있다. 이것이 어떤 방식으로 이루어지는지는 이제 막 이해하기 시작한 상태지만, 결국 과잉 섭취를 유발하는 것으로 보인다.
- 초가공식품은 중독성이 있어서 폭식을 유도한다.
- 유화제, 방부제, 변성전분, 기타 첨가물이 마이크로바이옴을 손상시켜 염증성 세균이 번성하고, 장누수gut leakage가 생길 수 있다.
- 초가공식품은 편의성, 가격, 마케팅 때문에 우리로 하여금 생각 없이 계속 먹도록 부추긴다. 그래서 결국 더 많은 간식 섭취, 빠른 식사 속도, 섭취량 증가, 충치 등으로 이어진다.
- 초가공식품은 첨가물과 물리적 처리 과정 때문에 우리의 포만 시스템에 직접적으로 영향을 미친다. 어떤 첨가물은 뇌와 내분비계의 기능에 영향을 미칠 수 있고, 포장지에 들어 있는 플라스틱은 생식 능력에 영향을 미칠 수 있다.
- 초가공식품을 만드는 생산 방식은 값비싼 보조금을 필요로 하며, 환경 파괴, 탄소 방출, 플라스틱 오염 등을 일으킨다. 이런 것들이 우리 모두에게 해를 끼친다.

과학적 논거는 중요한 것이고, 공중보건에 관심이 있는 사람들은 논거를 이용해 초가공식품이 문제를 안고 있으니 조치가 필요하다는 주장을 펼칠 수 있다. 하지만 실질적인 변화를 불러올 가능성은 높지 않아 보여 걱정스럽다. 이런 주장에 대해 식품업계는 추가적인 가공으로 반응하기 때문이다.

그들은 이미 반응하고 있다. 유화제가 마이크로바이옴에 해를 입힌다고? 프로바이오틱스를 첨가하지 뭐. 음식이 너무 부드럽다고? 그럼 검을 더 추가해. 에너지 밀도가 너무 높아? 그럼 인공감미료 추가! 초가공에 대해 이들은 고도가공을 해결책으로 제시한다. 이것을 재구성 reformulation이라고도 한다.

업계 입장에서는 대단히 유용한 전략이다. 초가공식품 포장지에 어떤 경고 문구를 적을 것인지에 대한 논의를 뒤로 늦춰주기 때문이다. 하지만 재구성은 두 가지 이유로 효과를 볼 수 없다.

첫째, 현재 전 세계적으로 식생활 관련 질병을 일으키고 있는 초가공식품 중에는 이미 재구성을 거친 것이 많다. 우리는 지난 40년 동안 초가공식품을 재구성해왔다. 40년 전에는 지방을 설탕으로 대체하면서 비만이 급격히 증가했다. 20년 전에는 반反탄수화물 운동이 등장했지만 비만율 증가 속도에는 아무런 영향을 미치지 못했다. 인공감미료도 재구성이다. 지방을 대체하기 위해 첨가하는 검들도 모두 재구성이다.

당신이 먹는 거의 모든 것이 이미 재구성된 것이지만, 재구성 계획은 아직도 계속 확장되고 있다. 아처 대니얼스 미들랜드(매출액 약 850억 달러)에서는 마이크로바이옴 손상과 관련 있는 성분들을 만든다(유화제, 안정제, 변성전분 등). 하지만 이들은 효소, 프리바이오틱스, 프로바이오틱스, 포스트바이오틱스도 만들 뿐 아니라, 개인 맞춤형

397

마이크로바이옴 서비스도 판매하고 있다. 아처 대니얼스 미들랜드에서는 마이크로바이옴 건강 증진을 위한 보충제 시장이 2026년이면 91억 달러 규모로 커질 것이라 예측하고 있다. 유화제에 프로바이오틱스 분말만 첨가하면 되는데 어느 회사에서 유화제를 없애려고 하겠는가?

하지만 내가 생각하기에 초가공식품을 우리 건강에 더 이롭도록 재구성하는 일이 불가능한 가장 큰 이유는 따로 있다. 바로 이런 식품은 우리가 가능한 한 많은 양을 구입해서 섭취하도록 설계되었기 때문이다. 그리고 섭취량이 적은 식품은 절대 섭취량이 많은 식품만큼 잘 팔릴 수 없다.•

이런 부분에 대해 생각하는 공중보건 전문가, 소아과의사, 영양학자는 많지만 우리는 모두 업계 외부 사람들이다. 그래서 나는 업계 내부의 사람에게 직접 들어보기로 했다.

내가 지금까지 읽었던 학계 논문들 중에는 식품-공급 사슬에 대해서는 얘기하지 않고, 가치-공급 사슬이나 식품-가치 사슬에 대해 얘기하는 것이 많았다. 그리고 내게 음식이 공급되는 것과 동시에 그 반대 방향으로 돈이 공급되는 것도 보이기 시작했다. 음식이 미토콘드리아의 단백질을 관통하며 흐르듯이 돈은 재료 회사와 가공 회사를 관통하며 흐른다. 가공의 각 단계는 보조금을 지급받는 저품질의 농작물로부터 조금이라도 돈을 더 뽑아내기 위해 존재한다.

- 체지방률이 늘어난 사람은 식품을 더 많이 먹기 때문에 식품 회사가 우리의 체중을 불리는 데 관심이 있다고 생각하기도 한다. 하지만 과연 회사가 그런 부분까지 고민힐지는 의심스럽다. 그들은 다음 분기 실적에 관심이 있을 뿐, 미래의 식욕에는 큰 관심이 없다.

예를 들어 사람이 먹는 통옥수수 시장은 아주 작지만, 옥수수를 고과당 옥수수 시럽으로 바꾸면 더 많은 돈을 벌 수 있다. 고과당 옥수수 시럽은 대부분의 향미 첨가 음료수의 기본 재료이자 바비큐 소스에서 냉동 사과파이에 이르기까지 거의 모든 제품에 첨가물로 들어가기 때문이다. 옥수수는 가공 사슬을 따라 한 방향으로 흐르고, 돈은 그 반대 방향으로 흐른다. 이 가공 단계들 덕분에 옥수수로 만들 수 있는 제품의 범위가 늘어난다. 가공은 유통기한을 늘리고, 향미 특성을 바꿔주고, 성분을 재구성해서 저녁 식탁에서 어쩌다 한 번 통옥수수를 먹는 사람보다 훨씬 다양한 소비자들에게 어필할 수 있게 해준다. 초가공을 거치고 나면 옥수수는 운동선수, 아동, 임산부, 바쁜 통근자, 혹은 간식이 필요한 사람들이 밤낮 가리지 않고 언제든지 먹을 수 있는 식품이 된다.

우유는 유아식, 요구르트, 아이스크림보다 부가가치가 작다. 사람이 먹을 수 있는 토마토의 양은 어느 정도 정해져 있지만, 그 토마토를 케첩, 피자, 파스타 소스 등으로 바꾸면 시장이 거대해진다.

식품 공급이라는 것은 환상이다. 그것은 주로 돈의 흐름이며, 이 흐름이 가공을 점점 더 복잡하게 만든다.

나는 이런 돈의 흐름을 추적해서 흐름 중간중간에 생기는 유인incentive들을 이해하고 싶었다. 회사들이 정말 과잉 섭취가 이루어지도록 식품을 설계하고 있을까? 그리고 회사가 자신의 운영 방식을 바꾸는 선택을 내릴 수 있을까?

나는 초가공식품의 판매로 마지막에 돈을 버는 사람, 즉 농부에서부터 시작했다. 내가 춥고 바람 부는 날에 에디 릭슨과 이야기하기 위해 찾아갔을 때, 그는 다시 소에게 먹이를 주고 있었다. 에디는 그래도 운이 좋아 자기 소유의 땅에서 농사를 짓고 있지만, 그처럼 농부로 사는 것은 돈을 벌기에 그리 좋은 방법이 아니다. 돈이 에디의 호주머니로 들어올 즈음이면 별로 남는 것이 없다. 집에서 먹는 음식에 소비자가 지출하는 돈 중 평균 27퍼센트 정도가 농부에게 돌아온다. 그리고 집이 아닌 곳에서 먹는 식품에서는 그 비율이 훨씬 낮아진다.[1]

소고기를 생산하는 것은 브랜드 제품을 만드는 것과 다르다. 브랜드가 있으면 사람들이 브랜드를 보고 사기 때문에 가격을 훨씬 높게 매길 수 있다. 하지만 에디가 생산하는 제품은 옆 사람이 만든 제품으로 얼마든지 대체 가능한 미가공상품이다. 그는 이렇게 말했다. "가격은 시장이 결정합니다. 생산 비용이 올랐다고 내 소고기의 가격을 높게 부르면 슈퍼마켓 입장에서는 다른 곳에서 소고기를 받아 오면 그만이죠. 이런 압박을 피할 방법은 없어요."

에디는 식품 사슬의 모든 단계에서 일을 해보았기 때문에 특별한 통찰력을 갖고 있다. 농장 일을 하기 전에는 웨이트로즈의 바이어였고, 켈로그가 시장에 뉴트리 그레인 바$^{\text{Nutri-Grain bar}}$라는 새로운 간식을 들고나왔을 때는 그 회사에서 젊은 영업 사원으로 일했다. 그는 잉글랜드 남부를 돌아다니며 슈퍼마켓에 뉴트리 그레인 바를 팔았고, 목표치를 달성하면 보너스를 받았다.

에디가 랜드로버 트럭 뒤에 미네랄 믹스 자루를 싣는 동안 나는 뉴트리 그레인 바의 성분을 찾아보았다. 포도당 시럽, 글리세롤, 구연산, 전화당 시럽, 팜유, 덱스트로스, 과당, 메틸셀룰로스(마이크로바이옴 연구에서 설치류의 소화관에 출혈을 일으켰던 카복시메틸셀룰로스와 비슷한 분자), 대두 레시틴이 들어 있었다. 그리고 약간의 사과 퓌레, 과일 농축액, 밀가루도 들어 있었다.

에디는 이것이 건강에 좋다고 생각했을까? "이 바가 편의점에서 파는 마스 바$^{\text{Mars bar}}$ 같은 다른 아침 식사 대용품보다는 건강에 좋다고 들었습니다. 슈퍼마켓에서 일하는 사람들에게 구매하도록 설득할 때도 그런 말을 했죠. 그 말을 내가 믿고 안 믿고는 중요하지 않았어요."

그래서 에디는 뉴트리 그레인 바를 슈퍼마켓에 팔았다. 그리고 슈퍼마켓은 바를 많이 구입할수록 더 낮은 가격에 살 수 있었기 때문에 더 많이 사서 더 많이 팔려는 유인이 작동했다. 슈퍼마켓에서는 일단 바를 구입하고 나면 그만큼 돈이 비기 때문에 소비자에게 열심히 팔아야 했다. 한편 에디의 상사는 에디의 세일즈팀에 의존해서 최대한 많이 팔았다. 뉴트리 그레인의 가치 사슬에 속한 모든 사람에게 작용하는 유인은 오직 한 가지였다. 최대한 많은 바를 파는 것이었다. 바를 개발한 사람부터 파는 사람에 이르기까지 그 시스템에 포함된 사람 중에 어떻게 하면 바를 적게 팔 수 있을지 고민하는 사람은 없었다. 그런 고민을 한다면 어떻게 될까? 켈로그는 건강에 좋다는 비슷한 주장을 하면서 비슷한 신제품 바를 파는 다른 회사들과 군비경쟁을 하고 있다. 이들 모두 가게에서 판매량을 극대화해줄 좋은 자리를 차지하기 위해 경쟁하고 있다. 만약 켈로그에서 판매량을 줄이기로 결심한다면 그 공간은 바로 다른 회사에서 출시된 다른 제품으로 채워질 것이다.

폴 하트도 유니레버 아이스크림 부서에서 일하던 때에 대해 똑같은 얘기를 해주었다. 프로젝트의 목표는 당연히 공공의 건강이 아니라 아이스크림이었다. 연구진의 임무는 아이스크림의 감각적, 미각적 경험을 개선하는 것이었고, 비용을 절감해야 한다는 압박이 심했다. 폴이 아이스크림계의 주요 혁신가들과 함께 일하는 삶에 대해 얘기해주었다. 게리 빈리$^{Gary\,Binley}$는 분사 노즐과 에어레이션^{aeration}의 전문가였고, 얼린 폼^{foam}을 다양한 형태 및 층으로 압출하는 새로운 방법을 끊임없이 발명했다. 폴이 이렇게 설명했다. "아이스크림은 새로운 것도 아니고 독점권도 없습니다. 경쟁력을 유지하려면 아이스크림 군비경쟁에서 끊임없는 진화가 필요하죠."

폴은 분명 이 과학자들을 우상처럼 우러러보고 있었다. 빈리의 노즐 특허 목록을 보니 그 이유를 알 만했다.[2] 비에네타^{Viennetta}, 트위스터^{Twisters} 등 우리 세대를 대표하는 아이스크림 중 일부는 바로 이 팀에서 만든 것이었다. 폴이 존경심을 담아 이렇게 말했다. "트위스터는 특히나 복잡한 나선형 압출물입니다. 연구진의 머릿속에는 제품에 대한 생각밖에 없었죠."• 천재는 다양한 형태로 나타난다.

폴은 식품을 발전시킬 때 활용했던 시식단에 대해 말해주었다. 시식단에는 두 종류가 있었다. 첫 번째는 전문가 시식단이다. 폴은 여러해 동안 저지방 스프레드 전문가 시식단으로 활동했다. 그는 모든 스프레드와 작용 방식에 대해 알고 있었다. 전문가 시식단은 개인의 선호도보다는 객관적인 기술에 초점을 맞춘다. 사람의 입을 온갖 다양

- 폴 하트에 따르면 패트릭 던피$^{Patrick\,Dunphy}$라는 향미 방출 과학자는 어느 날 아침 잠에서 깨면서 물을 지방에 유화시키는 마가린 기술을 입술 보습용 립스틱에 적용할 수 있을지도 모른다는 생각을 떠올렸다. 풀이 밀했다. "그렇게 해서 입술에 수분을 공급해주는 8파운드짜리 립스파^{LipSpa}가 탄생했죠!"

한 변수를 측정하는 분석 장치로 사용하는 것이다. 그는 이렇게 말했다. "한 제품을 대상으로 입자 크기, 짠맛, 바삭함, 맥아맛, 탄맛, 점도 등 서로 다른 모든 변수를 측정해 별 모양 다이어그램을 만듭니다." 그다음에는 소비자 시식단으로 넘어가서 제품의 즐거움이나 섭취량에 초점을 맞추어 평가가 이루어진다. 이 모든 정보가 제품의 발전을 위해 다시 연구실로 전달된다.

에디와 폴의 관점에서 바라보면 '악덕' 식품 회사라고 욕하는 것이 그리 합리적인 행동이 아닌 듯싶어진다.

나는 돈의 흐름을 쫓아 더 상류로 거슬러 올라 로버트 플로먼Robert Plowman을 찾아갔다. 그는 미국의 다국적 투자은행인 씨티그룹에서 유럽, 중동, 아프리카의 소비재 부분 책임자로 일하고 있다. 그는 기업들이 자본을 조달하고, 서로 물건을 사고팔면서 전략적 야망을 충족할 수 있게 돕고 있으며, 특히 식품 및 식재료 가치 사슬에 집중하고 있다.

초가공이 결국 부가가치 창출에 관한 것임을 이해하기 시작하면 그것이 단순히 유화제를 첨가하는 일이 아님을 알 수 있다. 변호사, 컨설턴트, 플로먼 같은 은행가들 역시 우리가 초가공식품에 지불하는 돈으로부터 가치를 뽑아낸다. 플로먼이 어찌나 말을 유창하게 하는지 한 시간 동안 이야기하면서도 "음…"이라고 머뭇거리는 소리가 한 번도 안 나왔다.

나는 그에게 식품 산업에 대해 설명해달라고 부탁했다. 그가 말했다. "몇몇 대형 주자로 구성된 항공기 제조 산업과 달리 식품 산업은 정확히 정의하기가 힘듭니다. 식품 산업은 온갖 규모의 수십만 개 식품 제조업체로 구성된 거대하고 복잡한 생태계입니다. 초콜릿 같은 일부 산업 분야는 합병이 많이 이루어졌지만 전반적으로는 전 세계적으로 서로 다른 수많은 참가자들이 존재하죠."

하지만 식품 산업에도 계층이 존재한다. 대규모 기업에서 소규모 농부까지 모두 아우르는 농부 계층은 자기네 작물과 가축을 직접 식품 생산업체에 팔거나 1차 가공 산업에 판매한다. 이 계층에는 앞에서 언급했던 아처 대니얼스 미들랜드, 번지[Bunge Limited](430억 달러), 카길[Cargill Corporation](1,140억 달러), 루이 드레퓌스 컴퍼니[Louis Dreyfus Company BV](360억 달러) 등 아마 당신이 한 번도 들어보지 못했을 거대 농업 기업이 포함된다. 미국과 유럽에 있는 이 네 개 회사가 전 세계 곡물 무역을 대부분 담당하고 있다.

올람 인터내셔널[Olam International](500억 달러)과 윌마 인터내셔널[Wilmar International Limited](500억 달러) 같은 다른 대형 기업들은 아시아를 기반으로 한다. 이들 중에는 밀, 쌀, 식물성 기름, 초콜릿, 설탕, 커피, 육류 같은 주력 업종을 전문으로 하는 기업이 있는 반면, 어떤 기업은 식품(변성전분, 반려동물 사료, 포도당 시럽)을 만들고 팜유 같은 상품을 거래, 구매, 유통하며, 자체적으로 가축을 키우고, 금융 서비스 부문까지 보유하고 있다. 이 회사들이 그 17가지 식물과 동물을 가져다가 초가공식품 구성의 기본 재료로 사용되는 반죽, 분말, 기름으로 만든다.

그다음 계층은 부가가치 원료 회사들로 이루어진 세계다. 이들은 식감, 향미 등을 위한 첨가물을 만든다. 이들이 생산하는 여러 가지 첨가물질이 초가공식품에 들어가서 포장지 위에 '저칼로리', '저지방', '저설탕' 등의 주장을 실을 수 있게 해주고, 식품의 유통기한을 늘려주고, 더 맛있고 먹기 쉽게 만들어준다.

플로먼의 관점에서 보면 지난 수십 년 동안 식품 산업을 주도해온 '메가트렌드'는 맛이 좋고, 먹기 편하고, 가성비 좋은 식품에 대한 소비자의 요구였다. 그가 이렇게 말했다. "거기에 더해 우리는 건강에 더 좋고, 더 마음껏 먹을 수 있는 제품을 원합니다. 소비자들은 윤리적 문제와 지속 가능성에 대해서도 관심을 가지고 있습니다. 그래서 업계에서는 이 모든 요구를 충족하는 데 주력하고 있죠."

그다음 계층에 속한 회사들은 1차 가공업자와 재료 회사로부터 원료를 구입해서 초가공 과정을 거쳐 초가공식품을 만들어낸다. 이 다국적 기업, 중견 기업, 스타트업들이 최종적으로 당신이 알고 있는 소매점에 자신의 제품을 판매한다.

플로먼은 유인에 대해 솔직하게 말했다. "회사들은 각자 환경 문제나 지속 가능성 등의 문제에 대해 올바른 일을 하려고 노력하지만, 결국 돈을 벌어야 하는 사업입니다. 금융시장과 대형 투자자들은 성장, 마진, 현금 흐름, 배당금 등을 중요하게 여기죠. 위에 나열한 회사들의 최고경영책임자들은 결국 성과와 주가로 평가받습니다."

환경이나 지속 가능성 등의 결과는 어떨까? 플로먼은 이렇게 말했다. "투자자들도 점점 더 환경, 사회, 지배구조environmental, social, governance, ESG를 바탕으로 회사를 평가하는 경우가 많아지고 있고, 회사 임원들에게 지불하는 돈도 점점 더 ESG 목표와 연관된 것이 많아지고 있습니다." 하지만 시장은 재무적 성과에 더 초점을 맞추고 있다. "판매량 증가, 이윤 개발, 수익 증가 같은 것들이죠. 이런 점은 다른 산업 분야와 다를 것이 없습니다."

물론 이는 사실이며 식품 기업에 두 가지 선택지를 제공한다. 제품을 고급화해서 같은 수의 제품을 더 많은 돈을 받고 팔거나, 더 많은 제품을, 더 많은 사람에게, 더 자주 파는 것이다. 돈을 벌기 위한 기업들 간의 군비경쟁에서 모든 회사는 이 모든 것을 최대한 빠른 속도로 동시에 해내고 있다.

나는 플로먼에게 초가공식품이 최대한 많이 구입해서 소비하도록 만들어졌는지 물었다. 그는 이렇게 대답했다. "이 회사들은 모두 끊임없이 신제품을 출시하고, 개선합니다. 당연히 더 많이 팔기를 원하죠." 기업 성장에 대한 요구는 인구 증가, 새로운 시장 진출, 다른 기업으로부터 시장 점유율을 빼앗아 오기 등 여러 가지 방식으로 충족된다. "맞아요. 그리고 기존 소비자들의 지출을 늘리는 방식도 있죠. 대부분의 산업이 그렇듯이 식품 산업에 종사하는 사람들에게도 목표 매출이 유인으로 작용합니다."

플로먼은 회사가 자체적으로 공중보건의 문제를 해결하기는 무척 어렵다고 생각한다. 그는 이렇게 설명했다. "어느 한 회사가 나서서 우리가 이 문제를 해결하겠다고 말하기는 무척 어렵죠. 어느 회사도 단독으로 그 일을 해낼 만큼 크지는 못하니까요. 그렇게 했다가는 너무 많은 비용이 들어서 궁극적으로 아무런 차이도 만들지 못할 겁니다. 그 규칙을 정하는 주체는 정부여야 합니다. 그리고 결국 기업들은 그런 규칙에 대응하는 데 아주 능하죠. 영국에서 2018년에 도입된 청량음료 설탕세를 생각해보세요. 그 덕에 청량음료를 통해 섭취되는 설탕의 양이 엄청나게 감소했습니다."

내가 대화를 나눠본 식품업계 사람들 모두 같은 생각이었다. 규제는 외부로부터 가해져야 한다는 것이다. 그리고 그 과정에서 경제를 희생시켜야 할 필요도 없다. 가장 규제가 심한 분야인 제약 산업과 담배 산업이 가장 많은 수익을 남기는 분야임을 지적하는 사람이 많다.

플로먼은 내게 식품을 전문으로 하는 경영 컨설턴트를 만나보라고 했다. 그 컨설턴트는 개인적인 의견을 좀 더 자유롭게 이야기하고 싶다며 익명을 요구했다. 유쾌한 분위기에서 유용한 정보가 담긴 대화가 오갔고, 이 정보들은 모두 완벽하게 체계화되어 있으면서도 내가 이해할 수 있을 정도로 간단했다.

나는 그에게 식품 제조업체가 돈을 많이 벌 수 있다면 과잉 섭취를 유도하는 제품을 만들어낼 수도 있는지 물어보았다. 예를 들어 회사에서 아침 식사용 시리얼 두 가지로 실험해보았더니 둘 중 하나에서 사람들의 섭취량이 5퍼센트 더 많았다면, 그 제품이 시장에 나가는 것이냐고 물어보았다. "그러니까…" 그 컨설턴트가 마치 아이들에게 세상에 멍청한 질문은 없다고 방금 말해놓고 학생에게 세상에서 제일 멍청한 질문을 받은 선생님처럼 뜸 들이며 말했다. "…아침 식사용 시리얼을 파는 회사 입장에서는 당연히 시리얼이 많이 팔릴수록 좋지요."

다음으로 플로먼은 이브라힘 나자피Ibrahim Najafi와의 면담을 주선해주었다. 그는 네슬레와 프랑스의 사모펀드 PAI가 합작 투자해서 만든, 영국에서 두 번째로 큰 아이스크림 회사인 프로네리Froneri의 최고경영책임자다. 나는 에디에게로 흘러 들어오던 가느다란 하류 물줄기와 멀어져 돈의 흐름 최상류에 점점 가까워지고 있었다. 나자피는 공학 박사학위를 갖고 있었고, 이라크에서 자란 사람이었다. 그보다 자기 일에 열정적인 사람은 만나기 힘들 것이다. "제 직업은 사람들의 얼굴에 미소가 피어오르게 하는 것입니다. 우리는 정말 운이 좋습니다.

우리는 아이스크림을 만들고, 아이스크림을 팔고, 아이스크림을 먹고, 그것으로 돈을 법니다. 이런 게 진짜 직업이죠."

재미있게 들리기는 했지만 나는 그의 유인이 무엇인지 이해하고 싶었다. 그는 이렇게 말했다. "우리에게는 소유주가 있습니다. 그리고 전통적인 의미의 경제적 주주는 아니지만 다른 주주도 존재합니다. 바로 우리의 소비자들이죠. 이들이 자기 주머니 돈으로 투표를 하는 셈이니까요. 이들이 행복해야 합니다." 소비자를 만족시켜야 한다는 요구 조건은 업계에 속한 모든 사람이 한결같이 강조하는 부분이다. 공중보건의 입장에서는 업계가 사람들에게 자기네 제품을 강요하고 있는 것으로 보이지만, 업계 내부에서는 고객의 수요에 부응하는 것뿐이라고 느낀다.

나자피가 이라크에서 자라던 어린 시절에 어머니가 집에서 아이스크림을 만들어주던 추억을 들려주었다. "어머니는 계란, 설탕, 진짜 크림, 진짜 바닐라를 이용하셨죠. 우리도 그와 똑같은 일을 하고 있습니다. 규모만 더 클 뿐이죠." 이런 주장이 초가공식품의 정의에서 핵심이다. 이것이 나자피의 어머니가 만들어준 아이스크림과 상업적으로 판매되는 거의 모든 아이스크림을 명확하게 구분해준다. 나는 그에게 유화제, 안정제, 향미료 등 가장 많은 수의 첨가물이 들어간 제품에 대해 물어봤다. 그러자 나자피는 프로네리가 다양한 제품을 만들고 있음을 지적했다. "켈리스Kelly's 아이스크림을 집에서 만드는 아이스크림과 비교해보세요. 아주 비슷합니다." 나는 켈리스 아이스크림의 성분표를 찾아보았다. 그 목록은 "콘월산 전유, 응고 크림, 설탕"으로 시작했고 유화제와 안정제도 포함되어 있었다. "우리가 이런 성분을 사용하는 이유는 계란이 다루기 어렵고 비용이 많이 들어가기 때문입니다. 적절한 가격에 맞추는 것이 정말 중요하거든요." 최근에 영국을 뒤덮었던 살모넬라균에 대한 공포가 이 부분을 잘 보여준다.

우리는 초가공식품의 확산에 대해 이야기했다. 나는 아이스크림이 어떤 면에서는 그 영향에 대해 대중이 꽤 정확한 관점을 가지고 있는 부분임을 깨닫게 됐다. 나자피는 규제와 라벨 표시에 대한 내 생각을 놀라울 정도로 편안하게 받아들였고, 공중보건 교육, 특히 저소득 계층과 이민자의 공중보건 교육에 대해서도 진보적인 관점을 갖고 있었다. "어린 나이부터 교육을 시작해야 합니다. 교육은 정부에서 책임을 져야죠."

나로서는 나자피가 자신의 고객과 제품의 품질에 대해 아주 진지하게 고민하고 있다는 점을 확신할 수 있었다. 하지만 켈리스 아이스크림의 목적은 그의 어머니의 목적과 근본적으로 다른 것이 아닐까? 이것을 검증하기는 힘들다. 양쪽 모두 맛있게 먹기 위해 만들어진 달콤한 간식이다. 하지만 켈리스 아이스크림에는 추가적인 경제적 목적, 혹은 의무 같은 것이 있어 보였다. 나자피의 어머니는 아이에게 주는 아이스크림의 양을 제한할 수 있지만, 켈로그에서 일했던 에디 릭슨의 경우처럼 나자피도 판매량을 줄이고 싶다고 해서 자기 맘대로 그럴 수는 없다. 판매량에 제동을 걸고 싶다면 나자피는 그 이유를 이사회에서 설득할 수 있어야 하고, 이사회는 다시 주주들을 설득할 수 있어야 한다.

초가공식품을 덜 팔고 싶어 하는 회사라면 어디든 이런 문제와 마주할 수밖에 없다. 이들은 소유주에게 자신의 행동에 대해 설명하고 설득할 수 있어야 한다. 대부분의 식품 기업은 공공 소유이기 때문에 누구나 기업의 주식을 구매할 수 있다. 그래서 각 회사 주식의 상당 부분은 블랙록BlackRock, 뱅가드Vanguard, 피델리티Fidelity 같은 소수의 대형 펀드가 소유하고 있다. 이 회사들은 20조 달러 이상의 자산을 관리하고 있다. 나는 대형 자산운용사의 고위 투자자에게 전화해서 다국적 식품 기업에 대해 물어보았다. "이 회사들은 자신의 비즈니스 모델을 제대로 통제하지 못하고 있습니다." 그가 이렇게 말하며 다농을 예로 들었다.

기관 투자자들은 다농의 지분을 상당 부분 소유하고 있다. 그 투자자는 이렇게 말했다. "다농에서 누군가가 환경이나 공중보건의 이유로 식품을 덜 팔아야 한다고 제안한다면, 더 많은 식품을 팔아서 더 많은 돈을 벌 방법을 생각해낸 사람보다 출세하기 힘들 겁니다." 식품을 덜 팔면서 돈을 더 많이 벌 방법도 있지만 대기업에서도 이런 방법들을 모두 모색해봤다. 가격은 시장이 감당할 수 있는 수준에서 최대한 높아야 하고, 생산 효율은 최고로 높여야 한다. "엄청난 양의 식품을 엄청나게 많은 사람에게 팔아야 합니다. 그래서 저소득 국가와 중간 소득 국가가 중요한 시장인 것이죠. 미국이나 영국은 거의 포화 상태니까요."

많은 사람에게는 이것이 당연해 보이겠지만 다농의 전직 최고경영책임자였던 에마뉘엘 파베르Emmanuel Faber에게는 그렇지 않았다. 파베르는 ESG 목표 달성을 추구한 최고경영책임자였다. 잉글랜드은행의 전직 총재 마크 카니Mark Carney는 비금전적 가치를 창조하는 회사에 대한 BBC 리스 강좌Reith Lecture에서 그를 극찬하기도 했다. 파베르는 다농에서 혁명을 이끌어 주주 우선주의를 법적으로 폐기하고 회사를 환경, 고용인, 공급업체 보호를 우선적 목표로 삼는 최초의 회사로 만들었다. 파베르는 자신이 밀턴 프리드먼Milton Friedman의 동상을 쓰러뜨렸다고 선언했다. 프리드먼은 1970년에 「기업의 사회적 책임은 이윤을 늘리는 것이다The social responsibility of business is to increase its profits」[3]라는 제목의 중요한 논문을 썼던 노벨 경제학상 수상자다. 하지만 이사회는 파베르와 생각이 달랐다. 결국 블루벨 캐피털Bluebell Capital이 공개적으로 캠페인을 시작하여 2021년 3월에 파베르를 자리에서 끌어내렸다.

  대중의 열광적인 호응을 불러일으켰던 행동주의 투자와 관련된 다른 시도들도 투자자에게 비용이 발생한다는 것이 명확해지자 교착 상태에 빠졌다. 블랙록은 지속 가능한 투자에 대해 목소리를 높여왔지만 이후에는 기업에게 기후 관련 제안을 공개하라고 요구하는 것에서 한발 물러섰다.[4, 5] 이유는 간단하다. 블랙록의 고객에는 공공 및 민간 연금 제도, 정부, 보험사, 기금, 대학, 자선단체, 결국에는 당신과 나도 포함되어 있다. 개별 투자가이든, 그들의 펀드에 직장 연금이 가입되어 있는 사람이든 말이다. 블랙록은 장기적이고 지속적으로 재무 성과를 올려야 할 임무가 있다. 한편으로 보면 우리는 모두 식품 회사로부터 성장을 요구하고, 그러기 위해서는 아마존 열대우림을 더 많이 베어내야 할 수도 있다. 적어도 연금에 가입되어 있는 사람들은 성장을 요구할 수밖에 없다. 연금 펀드는 성장을 기반으로 하기 때문이다. 식품 회사로부터 투자금을 회수하자는 제안도 있지만 실현 가능성은 높지 않다. 주식 매각을 통한 투자 회수는 일반적으로 주가에 의미 있는 영향을 미치지 않는다.[6] 배당금이 나오는 주식을 사려는 사람은 늘

있기 때문이다. 기업의 행동에 변화를 가져올 수 있는 실질적인 방법은 수입의 원천을 차단하는 것밖에 없다.

나는 이 쾌활한 경영 컨설턴트에게 이것에 대해 물어보았다. 그는 이렇게 대답했다. "충분한 식량을 제공한다는 측면에서 보면 지난 250년 동안 놀라운 성과가 있었습니다. 이윤 추구라는 동기를 바탕으로 이루어진 성과지요. 따라서 이런 동기가 환상적인 성과를 만들어 낼 수 있죠." 하지만 그는 모든 외부 비용이 문제라고 생각한다. "이 시스템에서 작용하는 유인은 한마디로 더 많이 생산하고 파는 것입니다. 스스로 바로잡지 못하는 시장을 적절히 규제할 규칙을 마련하는 것은 정부가 나서야 할 일입니다. 자율 규제로는 별 효과를 보지 못합니다. 기업은 근본적으로 상업 조직이니까요. 기업의 유인은 앞으로 6개월에서 12개월 정도에 걸쳐 올릴 수 있는 성과에 대한 고민입니다."

결국 초가공식품에 대한 수요를 줄여야 한다는 얘기다. 그리고 그러기 위해서는 가공식품과 정크푸드에 대한 홍보를 줄이는 등의 정책이 필요하다. "광고는 과잉 섭취를 유도합니다. 따라서 비만을 줄이는 것이 목표라면, 내가 보기에는 당연히 광고를 줄이는 쪽으로 가야 합니다."

우리가 대화를 나누고 며칠 후에 영국 정부에서는 그 경영 컨설턴트가 얘기했던 광고 규제, 즉 지방, 소금, 설탕 함량이 높은 제품의 원 플러스 원 판매 광고에 대한 규제를 완화했다.

내가 대화를 나누었던 식품업계 사람들은 하나같이 두 개의 상반된 힘 사이에 갇혀 있는 것처럼 느끼고 있었다. 두 힘이 합쳐지니 단독으로 작용할 때보다 강력한 압박으로 느껴진다. 한쪽에는 몸에 좋은 식품을 원한다고 하면서도 여전히 초가공식품을 구입하는 소비자가 있고, 또 한쪽에는 무엇을 팔지 지시하는 슈퍼마켓과 회사의 주주가 있다.

회사는 오직 돈을 벌기 위해 존재한다는 개념은 너무 당연한 것이어서 굳이 설명할 필요도 없는 얘기 같다. 하지만 다농이 다른 선택을 내릴 수 있다고 생각했던 마크 카니 같은 사람도 있다. 그 사이에는 큰 혼란이 존재한다.

코카콜라 코퍼레이션의 전직 회장인 아메트 보제르^{Ahmet Bozer}는 연설에서 자기네 회사의 목적을 분명히 밝혔다. 그는 이미 세계를 정복한 것으로 보이는 브랜드에서 어떻게 추가적인 성장을 이끌어낼 수 있을지에 대해 얘기했다. "전 세계 인구의 절반 정도는 지난 30일 동안 콜라를 마신 적이 없고, 지난주에 코카콜라를 마시지 않은 10대 청소년이 6억 명이나 된다는 사실로 볼 때 우리에게는 아직 눈부신 기회가 있다고 믿습니다."

나는 이 연설에서 드러나는 그의 유쾌하고 직설적인 성격이 마음에 든다. 세상 모든 사람이 하루에 적어도 콜라 한 병을 마실 때까지는 성장의 기회가 열려 있을 것이며, 그 이후에도 한 병에 만족해서는 안 된다는 것이다. 보제르나 코카콜라를 도덕적으로 비판하는 사람들은 이 회사의 의무를 잘못 이해하고 있는 것이다. 법이 다른 일을 하라고 강제하지 않는 한 이것이 바로 그들에게 떨어진 의무다.

회사가 말로는 자신의 목적이 무엇이라고 하든 간에 다른 모든 목적보다 우선하는 단 하나의 목적이 있음을 이해할 때 비로소 현실적인 해결책이 등장할 수 있다. 당신이 먹는 식품을 만드는 모든 주요 업체에서는 웹사이트의 상당 부분을 사회적, 환경적 프로젝트에 할당한다. 이런 프로젝트는 실제로 이루어지고 있다. 기업의 평판을 높이는 데 유리하기 때문이다. 하지만 이런 프로젝트 중 그 어떤 것도 주주를 위한 가치 창출을 방해해서는 안 된다.

이 최우선 목표 하나로 회사의 수많은 모순된 행동을 이해할 수 있다. 자기가 문제를 일으켜놓고, 다시 그에 대한 해결책을 내다 파는 행동 말이다. 예를 들어 2006년에 네슬레는 체중 감량 브랜드인 제니 크레이그Jenny Craig를 인수하여 체중 관리 시장에 진입했다.[7]● 당시 네슬레의 회장 겸 최고경영책임자였던 피터 브라벡 레트마테Peter Brabeck-Letmathe는 이것이 네슬레가 "체중 관리를 핵심 경쟁력으로 여기는 영양, 건강, 웰빙 기업"으로 전환하는 데 있어서 중요한 단계라고 말했다.●●

이 사업의 일환으로 네슬레는 린 퀴진Lean Cuisine이라는 이름으로 다양한 초가공식품을 생산했다. 여기 '린 퀴진 구운 닭고기 및 채소'의 성분 목록을 소개한다. 익힌 리가토니 파스타(물, 듀럼 밀 세몰리나, 밀글루텐), 물, 익혀서 양념한 닭고기(흰살 닭고기, 물, 분리대두단백, 변성 옥수수 및 타피오카 전분, 옥수수 말토덱스트린, 소금, 인산나트륨, 양념), 토마토

● 제니 크레이그 웹사이트에는 다음과 같은 주장이 있다. "과학 학술지 《네이처》에 새로 발표된 연구에 따르면 혁명적인 '리차지 바Recharge Bar'를 비롯해서 우리의 가장 혁신적인 계획을 따르는 사람들은 놀라운 체중 감량과 혈당 저하 효과를 경험했습니다."[8] 하지만 이 연구는 《네이처》에 발표되지 않고 《국제 비만 학술지International Journal of Obesity》에 발표됐다. 이 학술지는 내가 앞에서 언급했던, 코카콜라의 자금을 지원받은 연구 결과도 발표했던 곳이다. 민망하게도 이 학술지 역시 《네이처》 계열사인 것은 맞지만, 이것은 모회사가 같다는 이유로 스코다Skoda 자동차를 벤틀리 자동차로 부르는 것과 비슷한 얘기다.
●● 제니 크레이그는 2013년에 실적이 부진한 브랜드를 매각하는 추진 사업의 일환으로 공개되지 않은 금액에 매각됐다.[9]

주스[구연산(산미료), 염화칼슘], 애호박, 브로콜리, 당근, 파르메산 치즈와 로마노 치즈, 변성 옥수수전분, 양파, 사과식초, 토마토 분말, 소금, 설탕, 마늘 퓌레, 콩기름, 올리브유, 황설탕, 효모 추출물, 바질, 오레가노, 염화칼륨, 향미료, 양념.

나는 체중 증가와 체중 감량의 주기로부터 이윤을 얻는 회사가 체중 관련 문제를 해결할 제품을 만들 수 있다는 것은 억지라고 생각한다.

네슬레는 체중 감량 솔루션뿐만 아니라 식생활 관련 질병 치료제에 대해서도 관심을 갖고 있다. 뉴트리션 사이언스 파트너스Nutrition Science Partners Limited는 네슬레 헬스 사이언스Nestlé Health Science와 제약 및 건강 그룹 치메드Chi-Med가 50대 50으로 합작해서 세운 벤처기업이다. 뉴트리션 사이언스 파트너스는 위장관 건강에 초점을 맞추고 있으며, 장래에는 대사성 질환과 뇌 건강 영역으로 사업을 확장할 수도 있다.[10] 2011년에 네슬레는 소화기내과의 진단 및 허가된 전문의약품을 전문으로 하는 프로메테우스 연구소Prometheus Laboratories도 인수했다. 프로메테우스 연구소는 네슬레가 참여하고 있는 식품 시스템이 야기한 건강 문제를 진단하고 치료하는 데 이미 도움을 주고 있는지도 모른다.

이 글을 쓰는 시점에 네슬레는 제약 부문 대기업 GSK의 소비자 건강 사업부인 헤일리온Haleon 인수를 고려하고 있는 것으로 보인다.[11] 그 웹사이트에는 다음과 같이 나와 있다. "우리의 소화관 건강 제품은 전 세계적으로 수백만 명에게 안심할 수 있는 편안함을 선사합니다. 우리는 속쓰림, 위산과다, 소화불량의 치료에 강력한 전통을 가진 이노Eno와 텀스Tums를 비롯해서 시장을 선도하는 신뢰할 수 있는 브랜드의 포트폴리오를 가지고 있습니다."

한편 다농은 수백 개의 자회사를 거느리고 있고, 그중 적어도 두 곳은 제약 회사로 보인다.[12]

회사 내부에서는 천식 흡입기, 공동체 농업 등의 프로젝트를 통해 자기들이 공익적인 일을 하고 있다고 느낄 것이다. 동일 기업에서 진행하는 다른 사업은 질병 발생과 환경 파괴에 기여하고 있더라도 말이다. 아마도 네슬레는 아마존에 진출하면서 좋은 일을 한다고 생각했을 것이다. 2017년 《뉴욕 타임스》 기사에는 당시 네슬레의 식품 연구 개발 책임자였던 숀 웨스트콧Sean Westcott이 비만은 널리 보급할 수 있는 저렴한 식품을 만드는 과정에서 뜻하지 않게 발생한 부작용이라고 한 말이 인용됐다. "우리는 그것이 어떤 영향을 미칠지 예상하지 못했습니다."

하지만 영양학 분야에서 전문성을 갖춘 조직이라 자평하는 회사가 초가공식품으로 가득한 배를 강에 띄워 공중보건 기반 시설이 전무한 외딴 공동체로 진출했을 때 비만과 충치라는 결과를 초래할 수 있음을 예상하지 못했다니 놀라운 일이 아닐 수 없다.

네슬레에는 지구에서 제일 빈곤한 지역에 제품을 파는 일을 전문으로 하는 부서들이 존재한다. 예를 들어 '네슬레 중서부 아프리카 지역'이라는 부서가 존재한다. 이 부서는 앙골라, 베냉, 부르키나파소, 카메룬, 카보베르데, 중앙아프리카공화국, 차드, 콩고, 코트디부아르, 콩

● 문제를 일으켜놓고 그에 대한 해법도 파는 회사로 내가 즐겨 사용하는 사례는 전 세계에서 가장 큰 담배 회사인 필립 모리스Philip Morris다. 2021년 7월에 필립 모리스는 11억 파운드에 벡투라 그룹Vectura Group을 인수하기로 합의했다.[13] 당시 벡투라는 2억 파운드의 매출 대부분을 흡연 관련 질병을 치료하는 제품군으로부터 창출하고 있었다.

고민주공화국, 적도기니, 가봉, 감비아, 가나, 기니비사우, 기니, 라이베리아, 말리, 모리타니, 니제르, 나이지리아, 상투메프린시페, 세네갈, 시에라리온, 토고를 상대로 제품을 판매한다.

모든 주요 식품 회사는 이런 지역에서 자기네 제품을 판매하며 성장하고 있다. 전 세계 거의 어디서든 시원한 콜라를 사 먹을 수 있는데, 공장에서 생산한 백신을 충분히 저온 상태로 유지해서 아동에게 공급하는 데는 큰 어려움을 겪고 있는 것을 보면 공중보건 의사들은 기가 찰 수밖에 없다.

식품 생산 회사는 어떤 식품을 만들고, 어떤 방식으로 만들지에 대한 선택권이 없고, 우리 중 많은 사람들은 그것을 살지 말지에 대한 선택권이 없다. 하지만 살짝 다른 선택을 통해 조금 더 나은 상황을 이끌어낼 수 있는 두 집단이 존재한다. 정부와 의료계 사람들(의사, 간호사, 공중보건학자, 영양학자, 그리고 사람을 돌본다는 하나의 목적 아래 일하는 모든 사람)이다.

다음 장에서는 이런 사람들 속에서 해결책을 찾아보자.

Chapter 19

정부에
무엇을 요구할 수 있는가

카를루스 몬테이루는 1970년대 중반 의대생 시절의 이야기를 들려주었다. 그의 아내 역시 의대생이었고, 두 사람은 함께 유아 수유에 관한 수업을 들었다. 당시 몬테이루의 아내가 첫 딸을 임신하고 있었기 때문에 두 사람은 20년 전에 그와 비슷한 수업을 들었던 나보다 그 내용을 훨씬 잘 기억할 것 같았다. 몬테이루는 심지어 강사의 이름까지 기억하고 있었다. "오스왈도 발라린Oswaldo Ballarin이라는 사람이었습니다."

그 과에는 카를루스의 아내뿐만 아니라 임신한 다른 학생과 젊은 의사도 몇 명 있었고, 이들은 모두 매달 기저귀, 분유 등 보급품 꾸러미를 받았다. 그들은 딸이 태어났을 때 잠깐 모유 수유를 했지만 머지않아 보급품으로 받은 분유로 바꾸었다. 몬테이루는 이것이 일반적인 경우였다고 했다. "내가 영양실조에 대해 연구하던 외딴 계곡에서도 여성들은 수유 센터에서 분유를 신청하곤 했습니다."

몇 년 후에 그는 공부를 위해 뉴욕으로 떠났다. 그는 유아의 영양실조에 대해 연구하고 있던 영국인 부부 소아과의사 데릭 젤리프$^{Derrick\ Jelliffe}$와 패트리스 젤리프$^{Patrice\ Jelliffe}$를 만났다. 일련의 논문에서 두 사람은 저소득 계층을 대상으로 한 유아 분유 산업, 특히 네슬레의 공격적인 마케팅 관행에 대해 꼼꼼하게 기록했다. 자격증도 없고 교육도 받은 적 없는 영업 사원들이 '육아 간호사'처럼 옷을 차려입었다. 이들은 처음으로 엄마가 되어 귀가 얇아진 여성들을 상대로 분유의 장점을 홍보했고, 이 일은 결국 수천 건의 사망과 연관됐다.[1] 피할 수도 있었던 죽음이었다.

네슬레와 다른 분유 회사들은 네 가지 위험을 초래하고 있었다.

첫째, 깨끗한 물로 만든 분유라고 해도 치명적인 감염의 위험이 증가한다.[2-5] 이는 아마도 유아의 마이크로바이옴에 미치는 영향 때문일 것이다. 둘째, 네슬레는 오염되지 않은 분유를 타서 먹일 가능성이 거의 없는 지역공동체에도 분유를 마케팅하고 있었다.[6] 저소득 환경의 부모들은 보통 분유병이 하나밖에 없고, 그것을 깨끗이 씻을 방법이 없기 때문에 하수로 오염된 강물이나 우물물을 사용할 수밖에 없었고, 문맹률이 높았다. 그래서 분유를 올바르게 타서 먹이는 데 큰 어려움이 있었다.

셋째, 초기 샘플은 낮은 가격, 혹은 무료로 제공되었지만 일단 산모가 모유 수유를 중단하고 나면 가격을 올렸기 때문에 빈곤이 심화되고 아동과 그 형제들은 위험에 빠졌다. 예를 들어 동아시아 지역에서는 아기에게 분유를 제대로 먹이려면 노동자 임금의 3분의 1 이상이 필요했다.

마지막으로 산모들은 돈을 아끼기 위해 분유를 더 묽게 탄 것으로 보인다. 그래서 이미 설사병을 앓고 있던 아기에게 영양부족이 초래되는 경우가 많았다. "이런 상황에서는 거의 동종요법처럼 묽은 우유를 대량의 세균과 함께 투여하기 때문에 기아와 설사로 이어지게 됩니다. 그래서 사망에 이르는 경우가 너무 많았죠."[7, 8]

젤리프 부부는 모유 수유를 "후진적이고 부족한 방식"이라고 마케팅하는 분유 회사의 사례를 목록으로 작성했고, 1972년에는 '상업 유발성 영양실조commerciogenic malnutrition'라는 용어를 만들었다. 상업 회사에 의해 발생하는 영양실조라는 의미다.[9] 현대의 비만 역시 상업 유발성 질병이다.

그 후로 언론 보도가 뒤따랐다. 《뉴 인터내셔널리스트New Internationalist》 1973년 8월 호 표지에는 잠비아 아기의 무덤 사진이 실렸다. 사진에는 어머니가 무덤 위에 올려놓은 분유병 하나와 텅 빈 분유 깡통 하나가 보였다.[10, 11]

1977년에 가장 큰 분유 제조회사인 네슬레가 비정부기구들의 전 세계적인 불매운동의 표적이 됐다. 이 현상에 영감을 받은 상원 보건 소위원회 위원장 테드 케네디Ted Kennedy 상원의원은 주요 분유 회사의 대표들에게 청문회에 출석해서 증언할 것을 요구했다.

몬테이루는 젤리프 부부와 함께 이 청문회에 참석했다. 가장 먼저 증언에 나선 사람은 네슬레 브라질 사업본부 회장인 오스왈두 발라린이었다. 몬테이루와 그의 아내에게 강의를 했던 바로 그 사람이다. 몬테이루는 이렇게 말했다. "우리가 받은 분유 보급품 꾸러미는 네슬레에서 온 것이었습니다. 네슬레는 발라린을 통해 강의에 참석했던 모든 학생과 레지던트의 이름과 정보를 확보했죠."

청문회는 네슬레에게 재앙이었다. 발라린은 문맹률이 높고 위생적인 물을 안정적으로 공급받지 못하는 지역에 제품을 마케팅한 것은 잘못된 결정이었지만, 그로 인해 발생한 사망에 대처하는 것은 네슬레의 책임 범위를 넘어서는 일이라고 주장했다. 그리고 불매운동을 두고 자유세계의 경제 시스템에 대한 공격이라고 말했다. 케네디는 발라린이 자유시장의 의미를 잘못 이해하고 있다고 지적했다. 당연히 불매운동은 자유시장 체제에서 인정하는 중요한 도구다.

이 스캔들로 인해 '코드The Code'라는 정책 문서가 만들어졌다. 이 문서는 활동가들과 세계보건총회World Health Assembly가 작성했으며, 유아용 분유 마케팅에 대한 지침이 담겨 있다.

이것은 아주 영리한 접근 방식이었다. 분유를 금지하거나 세금을 매기는 정책이었다면 아주 해롭게 작용했을 것이다. 유아용 분유는 초가공식품이면서도 필수 식품이라는 점에서 초가공식품 중에서도 독특한 위치에 있다(다른 유형의 초가공식품도 이용 가능한 칼로리 공급원이 그것밖에 없는 상황에서는 필수 식품이 될 수 있지만). 사람들에게는 그것을 사용할 권리가 있고, 그것을 사용할 자유가 주어져야 한다. 분유가 저렴한 가격에 높은 품질로 널리 보급되어야 한다는 의미다. 사람들은 또한 다양한 수유 방식의 이점과 해로움에 대해 정확한 정보를 제공받을 권리가 있다. 여기에는 오해의 소지가 있는 주장에 노출되지 않을 권리도 포함된다.

네슬레는 영화배우 조지 클루니가 이제 네스프레소를 광고해도 그리 위험하지 않을 것 같다고 판단할 만큼 명성을 회복했다. 하지만 젤리프 부부가 1970년대 초에 묘사했던 위험한 유형의 마케팅은 아직도 계속 이어지고 있다.

분유 산업의 마케팅 예산은 거의 이해가 불가능할 정도다. 1년에 30억에서 50억 달러 규모로, 이 정도면 세계보건기구의 연간 운영 예산과 맞먹는다. 마케팅에 이렇게 막대한 돈을 들이는 바람에 유아용 조제분유와 후속 우유의 시장이 전 세계 인구 증가율보다 여덟 배나 빠른 속도로 성장하고 있다. 1998년에는 이 시장의 규모가 150억 달러 미만이었지만 지금은 550억 달러를 훌쩍 넘는다.[12] 그 결과 저소득 환경에서 생후 7개월 미만의 유아 중 60퍼센트 이상이 분유를 먹고 있다.[13] 이것이 전 세계 아동의 가장 큰 감염성 사망 원인인 폐렴과 설사 발병률에 재앙과도 같은 영향을 미치고 있다.

《랜싯》의 한 보고서에서는 모유 수유가 보편화되어 있었다면 저소득 국가와 중간소득 국가에서 80만 건 이상의 아동 사망을 예방할 수 있었을 것이라고 추측했다.[14] 분유로 인한 사망이 이들 국가 전체 유아 사망 건수의 15퍼센트 정도를 차지한다. 중국, 인도, 인도네시아, 멕시코, 나이지리아에서는 분유의 사용으로 매년 23만 6,000명 이상의 아동이 사망하는 것으로 추정된다.[15, 16] 5세 미만 아동의 사망을 예방할 가장 효과적인 정책을 딱 한 가지만 든다면 분유 마케팅의 제한일 것이다.[17]

우려되는 통계 중 하나는 시장이 성장하는 이유가 그저 분유 수유 유아가 많아졌기 때문이 아니라는 점이다. 이런 판매량 증가의 이유는 한 아동이 마시는 분유의 양이 많아진 데 있다. 2008년에는 한 아동이 1년에 평균 5.5킬로그램의 분유를 마셨지만 지금은 거의 8킬로그램을 마시고 있다. 40퍼센트 이상의 증가율이다.[18] 이것은 마케팅 때문이거나, 분유를 더 맛있게 만드는 새로운 성분 때문이다.

케임브리지대학교의 한 연구진은 많은 부모가 아기에게 필요 이상으로 많은 분유를 먹이고 있음을 알아냈다. 물론 우유는 아기의 울음, 젖니 나기 등 온갖 문제를 해결해준다. 그래서 아기들이 세계보건기구의 하루 섭취 권장량보다 몇백 칼로리 정도 더 섭취하고 있었다. 이런 아기들은 울음, 짜증, 구토 등의 증상 때문에 병원을 찾았다. 그리고 알레르기나 역류 등의 진단을 받고 값비싼 특수 분유를 처방받았다. 하지만 부모가 아기에게 제공하는 분유의 양을 권장량 수준으로 줄이자 많은 아기에게서 여러 증상들이 사라졌다.[19-22]

가루 분유를 포기할 사람은 없기 때문에 빠르게 섭취할 수 있는 맛있는 분유를 만들면 사업이 잘될 수밖에 없다. 그 결과 분유를 먹인 아기들은 모유 수유를 하는 아기보다 훨씬 빨리 체중이 는다. 나도 부모로서 포동포동하게 살이 오르는 아기를 바라보는 것이 얼마나 만족스러운 일인지 잘 안다. 하지만 그게 건강하다는 의미는 아니다.

더 미묘한 마케팅 방식도 있다. 밥 보일Bob Boyle은 임페리얼칼리지 런던의 소아 알레르기 고문 의사다. 그는 아동의 알레르기를 연구하면서 포장에 적혀 있는 주장들을 조사하는 일을 부업으로 하고 있다. 영국 식품표준국[23], 일본 알레르기 학회[24], 호주 가이드라인[25], 미국 소아과학회[26]에 따르면 특수 분유가 알레르기를 예방해준다는 증거는 어디에도 없다. 그런데도 다농 뉴트리시아Danone Nutricia에서는 보일의 연구를 근거로 들어 자기네 프리바이오틱 보충 분유가 알레르기 가족력이 있는 아기에게서 습진을 50퍼센트 이상 감소시켜준다는 것이 "임상적으로 입증"되었다고 주장한다. 오히려 연구 결과는 그 반대였는데도 말이다.

이런 주장은 필요하지도 않은 사람들에게 값비싼 분유를 사용하도록 부추기기 때문에 해롭다.

나도 2018년에 분유업계에 대해 조사해본 적이 있다.[27] 여기서는 모유 수유만 한 아동에게서도 소 우유 알레르기 진단이 나온다는 마케팅이 적발됐다. 알레르기로 진단할 수 있는 증상이 워낙 광범위하기 때문에(발진, 과민성, 설사, 배앓이 등) 사실상 모든 아이가 알레르기 진단을 받을 수밖에 없다. 그리고 모유 수유를 하는 엄마는 식단에서 유제품을 배제해야 한다고 권유하기도 했다. 이는 그렇지 않아도 어려운 과제에 또 하나의 장벽을 만들어 모유 수유를 원하는 여성이 모유를 수유하기 더 어렵게 만든다.

이 연구는 또한 의료계 전문가 중에 분유업계에 포섭되어 있는 사람이 얼마나 많은지도 밝혀주었다. 분유업계는 기초 연구에도 자금을 지원하고, 국가 수유 지침의 저자들에게도, 전문 협회에도(최근까지는 영국 왕립보건소아과학회도 여기에 포함되어 있었다), 환자들에게 정보를 제공하는 자선단체와 웹사이트에도 자금을 지원했다. 내가 당시 영국 왕립보건소아과학회의 회장과 인터뷰했을 때 그녀는 네슬레 과학위원회에 자리를 받아서 가려는 참이었다.

이것은 큰 문제가 아닐 수 없다. 가정에서 가장 좋은 정보를 바탕으로 자유롭게 분유 사용에 대해 판단을 내릴 수 있다면 영국 같은 국가에서는 분유도 좋은 선택이 될 수 있다. 하지만 영국에서는 업계가 유아 수유의 모든 측면에 영향을 미치기 때문에 모유 수유를 원하는 여성들은 벽에 가로막히고, 적절한 지원도 받지 못하고 있다. 몇몇 세대에 걸쳐 영국은 전 세계에서 가장 낮은 모유 수유율을 보여주었다. 에이미 브라운Amy Brown은 스완지대학교의 공중보건학 교수다. 그녀의 설명에 따르면 만약 한 여성의 자매나 어머니, 혹은 의사나 조산사, 지역 간호사 그 누구도 모유 수유를 하지 않는 상황이라면 모유 수유를 하기 정말 어려운 환경이 만들어진다고 한다. 게다가 모든 교육이 분유 업계의 후원 아래 이루어진 경우에는 어려움이 배가된다.

수유 방법은 단순히 아기의 건강을 넘어 훨씬 폭넓은 의미를 지니고 있다. 브라운은 모유 수유가 엄마 자신의 건강, 종교, 엄마가 선호하는 육아 방식 등 분유로는 해결되지 않는 여러 가지 이유로 여성에게 중요할 수 있다고 설명한다. "모유 수유를 할 수 없는 여성은 산후우울증의 위험이 높아질 수 있습니다. 모유 수유를 하는 여성은 산후우울증의 발생 비율이 훨씬 낮죠." 자기가 원하는 것보다 더 빨리 모유 수유를 중단한 여성은 자기가 원하는 방식으로 아기에게 수유하는 여성보다 산후우울증 발생률이 훨씬 높다. 그들은 브라운과 상담할 때 정신적 외상, 사별 등의 언어를 사용한다.[28]

지금 영국의 환경을 보면 모든 엄마에게 낙인을 찍고 있고, 마케팅이 모두에게 해를 끼치고 있다. 특히 모유와 분유를 병행 수유하거나 분유 수유를 하는 엄마들로 하여금 마케팅의 주장과 달리 아동의 문제를 해결하는 데 아무런 효과도 없는 더 값비싼 제품에 돈을 쓰게 만들고 있다.

이 책은 진짜 식품의 경이로움을 찬양하는 책도 아니고, 지금도 양쪽 수유 방식 중 어느 한쪽이 더 이롭다고 주장하는 것이 아니다.• 나도 1978년에 런던에서 태어난 대부분의 아기와 마찬가지로 분유를 먹고 자랐다. 우리 어머니는 가족을 위해 올바른 선택을 했다. 어머니는 직장을 다니던 상태에서 쌍둥이를 낳았기 때문에 신속하게 업무에 복귀해서 경제적 안정을 찾았고, 그 덕에 나는 살면서 많은 자유를 누릴 수 있었다. 그래서 나는 보호자가 안전하게 수유하는지만을 따질 뿐, 어떤 식으로 수유하는지는 따지지 않는다. 올림픽 금메달리스트와 노벨상 수상자 중에도 분유를 먹고 자란 사람이 많다.

하지만 1960년대와 1970년대에 부적절한 마케팅 기법으로 인해 전 세계적으로 아기들이 사망한 후에 뒤따라온 논의들은 초가공식품을 둘러싼 정책에 대해 전반적으로 어떻게 생각해야 하는지에 대한 본보기가 되어준다. 유아용 조제분유는 고려하기 가장 까다로운 초가공식품이므로 이야기를 시작하기에 좋은 지점이다.

분유 마케팅 이야기에서 나오는 두 가지 주요 정책적 개념이 있다. 이것을 보면 NOVA 4그룹 식품에 관한 규제에 대해 어떻게 생각해야 하는지 알 수 있다.

• 수유 방식에 관한 최고의 독립적인 증거를 이 각주에서 소개하려 하지만, 수유 단계를 벗어난 사람이라면 그냥 건너뛰기 바란다. 모유 수유를 한 번도 안 한 아동, 부분적으로 한 아동, 전적으로 모유 수유만 한 아동을 비교해본 품질 좋은 독립 연구가 많이 나와 있다. 모든 국가에서 분유는 전 원인 사망 위험을 증가시키고, 설사 및 폐렴에 의한 사망[29], 비만과 2형 당뇨[30], 중이염[31], 부정교합[32], 천식[33], 유아 돌연사 증후군[34]의 위험을 증가시키는 것으로 나왔다. 모유 수유를 하지 않은 아동은 또한 산모의 IQ에 대해 보정을 한 이후에도 IQ 점수가 유의미하게 낮게 나왔다.[35] 분유 수유를 하면 난소암, 유방암, 2형 당뇨 등을 예방하는 모유의 효과를 포기하게 되어 산모의 건강에 영향을 미친다.[36]

Chapter 19 정부에 무엇을 요구할 수 있는가

첫째, 정책을 만드는 사람과 정책의 기반이 될 정보를 제공하는 사람은 식품업계로부터 직간접적으로 돈을 받아서는 안 된다. 둘째, 권리와 자유를 증진하는 가장 좋은 방법은 마케팅을 제한하는 것이다.

먼저 정책 입안에서 산업계의 역할에 대해 살펴보자. 유아 수유 정책에 미치는 영향에 관해서라면 유아 분유업계가 이해 충돌 관계에 있음은 분명하다. 이해관계가 일부 중첩되는 경우도 있지만(예를 들면 안전하고 좋은 제품을 만들기) 회사의 목적은 분유를 통해 돈을 버는 것이고, 이것은 모유 수유의 경우이든, 분유 수유의 경우이든 전 세계 유아들의 필요와 이해 충돌 관계에 있다.

이런 영향력을 제거하는 것이 가장 중요한 단계다. 건강 증진을 위한 정책 사업을 목록으로 정리하기는 아주 쉽지만 그것을 산업계와의 협력을 통해 진행할 수는 없다.

의사와 과학자를 포함한 정책 입안자들은 스스로를 규제 담당자라고 여길 필요가 있다.

전 세계적인 유아용 분유의 부적절한 마케팅으로 촉발된 질병과 마찬가지로 비만과 모든 식생활 관련 질병 역시 상업 유발성이다. 따라서 이런 회사들이 끼치는 해악을 제한하고자 하는 사람이라면 반드시 업계와 적대적인 관계를 설정해야 한다.

그렇다고 식품 산업이 본질적으로 부도덕하다거나, 정책 입안자들이 산업계와 아예 대화를 하지 말아야 한다는 의미는 아니다. 하지만 업계로부터 돈을 받지 않아야 한다는 것은 분명하다. 현재 미국과 영국의 상황은 그와는 거리가 멀다.

영국의 경우 초가공 산업은 식품 정책에 깊이 관여하고 있다. 내가 서문에서 언급했던 600가지 정책 제안 중 어느 것 하나 효과를 보지 못했던 이유가 바로 그 때문이다.

헬렌 크롤리Helen Crawley는 내게 이 부분을 강조했다. 그녀는 겸손한 사람이지만 영양 정책에서 영향력이 큰 인물로 거의 40년을 영국 전역의 취약계층을 위해 더 나은 식품 기준을 독려하고 이해 충돌과 싸우면서 보냈다. 그녀가 세운 자선단체인 첫걸음 영양재단은 여러 해 동안 임신 여성, 유아, 어린 아동의 식단에서 초가공식품을 제외할 것을 독려해왔다. 크롤리는 이렇게 설명한다. "정책을 수립하는 주체가 정치인이라고 생각하겠지만 구체적인 내용은 특수 이익단체가 작성하는 경우가 많아요. 특히 자선단체와 비정부기구, 그리고 의료인을 대표하는 전문가 집단이 참여하죠."

영국 영양재단British Nutrition Foundation을 비롯해서 다양한 기관들이 정부에 영향을 미친다. 영국 영양재단은 "일반인, 교육자, 기관이 영양학에 관한 신뢰성 있는 정보에 접근할 수 있게 하기 위해 존재하는 공공자선단체"다. 이 재단은 스스로를 "정책 개발의 테스트용 사운딩보드(아이디어에 대한 반응 테스트의 대상이 되는 사람―옮긴이)"[37]라 묘사하고 있고, 영양 정책, 소통, 학교 식품 교육에 초점을 맞추어 여러 정부 부서와 계약을 맺고 있다. 이 재단의 구성원들은 정부 자문위원회에 소속되어 있다. 영국 영양재단은 코카콜라, 네슬레, 몬델리즈, 펩시코, 마스, 다농, 케리, 카길 등 당신이 생각할 수 있는 거의 모든 식품 회사로부터 자금을 지원받고 있다.[38]

미국에도 비슷한 상황이 존재한다. 미국의 경우 영양사를 교육하고 국가의 식품 정책 수립에 도움을 주는 영양 및 식이요법 학회가 식품 산업계와 광범위한 관계를 맺고 있는 것으로 밝혀졌다. 동료 심사가 이루어지는 학술지 《공중보건 영양학Public Health Nutrition》에 실린 한 보고서에 따르면 이 기관은 코카콜라, 펩시코, 네슬레, 허쉬Hershey, 켈로그, 코나그라Conagra 등 식품 회사와 식품산업협회로부터 400만 달러 이상의 자금을 받았다.[39] 이것도 2011년에서 2017년 사이에 받은 액수만 따진 것이다. 게다가 이들은 펩시코, 네슬레, J. M. 스머커Smucker 등의 주식을 100만 달러 이상 보유하는 등 초가공식품 기업에 상당한 지분을 보유하고 있었다.[40]

한편 대서양 건너 영국 당뇨병협회Diabetes UK는 부츠Boots, 테스코, 애보트를 협력 기업으로 두고 있다.[41] 영국 암연구협회Cancer Research UK는 콤파스Compass, 로드셰프Roadchef, 슬리밍월드Slimming World, 테스코, 워버턴스Warburtons로부터 자금을 지원받고 있다.[42] 영국 심장재단은 테스코로부터 돈을 받고 있다.[43] 영국 영양학협회British Dietetic Association는 애보트, 다농, 쿼른Quorn을 현재 전략 파트너로 두고 있으며, 일부 식품 회사들을 후원업체로 두고 있다.[44]

사회정의센터Centre for Social Justice는 비만 정책에 관한 보고서에서 "신체 활동과 스포츠가 비만의 위기를 해결하는 데 근본적으로 중요하며, 식품업계와 청량음료 업계가 반드시 정부 및 시민사회와 힘을 합쳐 아동 비만을 종식시켜야 한다"라고 적었다. 완전히 틀린 말은 아니다. 다만 업계의 이해관계에 부역하는 안이한 얘기일 뿐이다. 이 보고서가 다농과 아스다의 후원을 받았음을 생각하면 놀랄 일도 아니다. 저자 중 한 명은 후원업체로부터 광고와 관련된 문구를 순하게 다듬어달라는 요청이 들어왔었다고 털어놓았다.

429

업계와 협력하고, 그들로부터 자금을 지원받는 것이 완전히 일반적인 관례로 자리 잡다 보니 이런 단체들 중에는 초가공식품 제조판매 업체와 함께 일하는 바람에 해당 브랜드를 '건강 세탁health-washing'해주는 효과가 생겼다는 사실조차 온전히 이해하지 못하는 경우도 많다. 회사 입장에서는 건강 세탁이 자신의 행동을 자발적으로 변화시키기보다는 지연 전략을 펼치면서 지키나 마나 한 약속을 홍보하며 시간을 벌 기회가 되어준다. 코카콜라 같은 곳에서 돈을 받으면서 비만과 싸우고 있다고 주장하는 조직은 그냥 코카콜라 마케팅 부서의 연장선상에 있는 것이나 다름없다.

영국에서는 식품 운동과 초가공식품 업계 사이의 경계선도 아주 흐릿하다.

제이미 올리버Jamie Oliver는 거의 20년 동안 영국의 선도적인 식품 활동가 중 한 명이었고 양질의 학교 급식, 더 나은 식품 교육, 그리고 좀 더 최근에는 정크푸드의 원 플러스 원 행사 중단을 위한 캠페인을 벌여왔다.

그는 2030년까지 비만 아동의 수를 절반으로 줄이자는 운동을 펼치고 있고, 현재는 바이트 백 2030Bite Back 2030이라는 자선단체에 자금을 지원하는 컨소시엄의 일원으로 활동하고 있다. 바이트 백 2030은 젊은이들을 계몽해서 부적절한 식품 마케팅에 의문을 제기하고, 영국의 비만 정책에 적극 참여하도록 독려하는 것을 목표로 한다.

나는 제이미 올리버도 만나보았고, 바이트 백 2030에 참여하는 많은 사람과 함께 일도 해보았다. 나는 그들이 아동 건강 개선을 위해 활동하고 있다는 것을 의심하지 않으며, 올리버를 만나고 그와 함께 일해본 많은 이들이 아동 건강에 대한 그의 헌신을 증언해줄 것이다.● 하지만 나는 2021년 10월에 열린 바이트 백 2030 청년 정상 회의에서 본 것 때문에 걱정이 됐다.

올리버는 열정이 넘치는 젊은 활동가 패널과 함께 그곳에 있었다. 이들 중에는 내가 개인적으로 알고 존경하는 이들도 많다. 그런데 그 젊은 활동가들과 함께 당시 영국 KFC의 상무이사 폴라 매켄지[Paula Mackenzie], 테스코의 수석고객책임자 알레산드라 벨리니[Alessandra Bellini], 딜리버루[Deliveroo]의 최고경영책임자, 그리고 식품업계의 고위급 인물 다수가 참가하고 있었다.

참석자들 모두 동일한 목적의식 아래 참여해서 이루어진 대화는 열정적이면서도 한편으로는 모호한 약속들이 뒤섞여 있었다. 젊은이들이 일부 강력한 발언을 하기도 했지만 내가 보기에는 업계 측이 더 많은 것을 얻어 간 행사로 보였다. 예를 들어 KFC의 이해관계가 비만 운동가들의 이해관계와 같지 않고, 같을 수도 없다는 사실을 사람들이 이해하지 못하고 있는 것 같았다. KFC 측에서는 비만 문제에 신경 쓰고 있다는 설득력 있는 주장을 펼쳐 보였고, 그들이 실제로 신경 쓰고 있다는 것을 나도 확신하지만, 이 회사는 소유주로부터 초가공식품을 많이 팔아야 한다는 요구를 받고 있다. 이런 회사가 비만과의 싸움에서 파트너가 될 수는 없다.

바이트 백 2030은 또한 '식품 시스템 가속기[food systems accelerator]'라는

● 올리버와 여러 해 동안 함께 일했던 헬렌 크롤리만 해도 올리버가 좋은 의도를 갖고 하는 일임을 내게 수차례 강조했다.

것을 개시했다. 이것은 KFC, 테스코, 코스타 커피Costa Coffee, 다농, 딜리버루, 이노센트Innocent, 제이미 올리버 그룹, 콤파스 그룹/찰트웰스 영국과 협력 관계를 맺고 젊은 활동가들이 각각의 기업과 짝을 지어 활동하면서 소비자가 해당 기업의 제품으로부터 실제로 원하는 것이 무엇인지 고위 경영진이 더욱 잘 이해할 수 있게 돕는 운동이었다.

바이트 백 2030의 최고경영자 제임스 투프James Toop는 이렇게 말했다. "모든 아동은 저렴하고 영양가 있는 식품에 접근할 권리를 가지고 있으므로 저는 이 여덟 개 기업이 변화를 이끌어가기 위해 한 걸음 더 앞으로 나선 것을 기쁘게 생각합니다. 이들 기업은 영국의 쇼핑 및 섭식 습관을 대표하고 있으므로, 바이트 백 2030의 젊은 활동가들이 그들과 협력해서 미래의 식품 시스템에 영향을 미칠 수 있을 거라 생각하니 대단히 기대가 큽니다."

참여 기업들에 대한 열정적인 지지이지만, 이 기업 중에는 내가 로버트 플로먼과 에디 릭슨이 설명한 이유 때문에 중요한 역할을 할 수 없을 것이라 말하고 싶은 기업들도 있다.

청년 정상 회의 자체는 영국의 온라인 언론사 토터스 미디어Tortoise Media에서 개최했다. 토터스 미디어는 맥도날드와 유니레버 같은 협력 기업과 긴밀한 관계를 맺고 일하고 있으며, 얼마 전에는 '더 나은 식품 지수Better Food Index'라는 프로그램을 시작했다. 이 프로그램은 다양한 정보원으로부터 취합한 데이터를 이용해서 회사들이 환경, 경제성, 영양, 경제적 지속 가능성 같은 영역에서 말한 바를 실제로 실천에 옮기고 있는지에 대해 106가지 지표를 바탕으로 판단한다. 토터스 미디어에서는 '더 나은 식품 지수'가 책임을 물을 수 있는 힘을 확보하고, 식품업계 내에서 최고의 모범 사례와 최악의 사례를 조명하는 것을 목표로 하고 있다고 말한다.

놀랍게도 지속 가능성, 사회적 지표, 윤리적 지표에서 가장 우수한 성과를 거둔 기업을 찾는 토터스 미디어의 '책임 100대 지수Responsibility 100 index' 중 유아식 부문 지수에서 네슬레가 1위를 차지했다. 유니레버는 3위다(한때는 1위였다).

건강 및 환경의 측면에서 이 기업들을 대상으로 제기된 의혹들을 생각하면 정말 어울리지 않는 순위다. 일례로 2019년 그린피스의 한 보고서에서는 인도네시아 화재와 가장 깊이 관련된 30개 제조업체 중 네슬레는 28개 업체로부터, 유니레버는 적어도 27개의 업체로부터 물건을 구입했다고 밝혔다.[45] 다른 사례는 앞의 18장을 참고하기 바란다.

올리버 자신도 식품업계의 일부로서 깊숙이 관여하고 있다. 그의 회사는 초가공식품을 만든다(경계에 있는 제품이라 힐 수 있지만 향미료가 들어 있기 때문에 초가공식품이 맞다). 그리고 초가공식품 생산업체 겸 소매업체 테스코, 셸로부터 수익을 창출한다. 이곳에서 파는 그의 식사 세트에는 체리 콜라, 닥터페퍼, 환타 같은 음료와 워커Walker의 맥스 켄터키 프라이드치킨 맛 감자칩 같은 간식이 포함되어 있다.

업계가 아동 비만을 줄이는 활동의 파트너가 될 수 있고, 식품 운동을 망치지 않으면서 자금을 지원하여 도울 수 있다는 생각에 대해 누구도 문제를 제기하지 않는 것 같다.

담배 회사인 필립 모리스가 흡연의 유해성을 연구하는 의사들에게 연구비를 지원하는 것이 옳다고 생각하는 사람은 아무도 없다. 담배 회사인 브리티시 아메리칸 토바코$^{British\ American\ Tobacco}$로부터 자금을 지원받는 자선단체가 담배 관련 법안을 만드는 것이 옳다고 생각하는 사람도 없다. 그렇다면 식품 관련 정책도 다를 이유가 없지 않은가?

이 판에서 업계를 배제하려면 법률의 변화 이전에 문화적 변화가 필요하다. 담배업계가 흡연 관련 질병에 책임이 있듯이 식품업계도 식생활 관련 질병에 책임이 있음을 이해하는 사람이 많아지면 활동가들도 초가공식품 업계와 함께 일하는 것을 점점 부끄럽게 여길 것이다. 물론 식품업계와 대화하지 않고 국가적인 식품 정책을 설계할 수는 없다. 하지만 정책을 개발하고 입안하는 사람들이 규제 대상인 업계로부터 돈을 받지 않도록 하는 일은 가능하다. 둘 사이의 관계가 협력 관계여서는 안 된다.

판에서 업계를 배제하는 것 말고도 고려할 만한 몇 가지 구체적인 정책이 있다.

칠레는 전 세계에서 비만율이 가장 높은 나라 중 하나로, 성인 중 4분의 3이 과체중이나 비만을 안고 있다. 관계자들은 아동 비만율이 세계 최고 수준이라는 점 때문에 특히나 경각심을 느꼈다. 칠레의 6세 아동 중 절반 이상이 과체중이나 비만이다.

2016년에 칠레는 마케팅을 제한하고 에너지, 설탕, 나트륨, 포화지방 함량이 높은 식품과 음료에 검은색 팔각형 라벨을 의무적으로 부착하게 하는 일련의 정책을 시행했다. 또한 이 식품들은 학교 급식에서 제외되고 무거운 세금이 부과됐다.[46]

이 정책 때문에 킨더 서프라이즈 에그$^{Kinder\ Surprise\ egg}$가 금지되고 켈로그 시리얼의 토니 더 타이거$^{Tony\ the\ Tiger}$와 치토스의 체스터 치타^{Chester}

Cheetah 그림을 포장지에서 빼야 했다. 치토스의 생산업체인 펩시코와 콘푸로스트 시리얼의 생산업체인 켈로그는 이 규제가 지적 재산권을 침해한다고 주장하며 소송에 나섰지만 이 글을 쓰고 있는 시점에 토니와 체스터의 그림은 포장지에 들어가지 않고 있다.•

기술적 측면에서 보면 이것은 대중과의 협의를 통해 개발된 후 검증과 시범 운영을 거친 정책 결정의 걸작이라 할 수 있다. 일반인 단체 회의에 참가한 모든 사람이 명확하게 라벨을 붙일 것을 원했다.

라벨 표시는 식품 구입을 감소시키는 등 큰 영향을 미친다. 특히 이런 규제 덕분에 아이들이 부모에게 그 제품을 사달라고 조르는 경우가 줄어든다는 점이 연구를 통해 밝혀졌다.[48]

이것은 아이들에 대한 내 경험과도 일치한다. 아이들은 똑똑하다.

물론 아이들이 마케팅에 잘 휘둘리는 것은 사실이지만 눈앞의 동기에 의해서만 움직이는 것은 아니다. 아이들도 자신의 건강과 부모의 건강에 신경을 쓴다.

이런 정책이 비만에 대한 상황을 개선하고, 더 나아가 지속되는 업계의 압력에 맞서는 수준까지 나아갈 수 있을지는 아직 불분명하지만 문제에 어떻게 접근해야 하는지 보여주는 본보기 역할을 한다. 사람들은 좋은 선택을 내릴 수 있을 때는 좋은 선택을 내린다.

더 구체적으로 들어가면, 나는 정책의 목표가 사람들이 초가공식품을 덜 먹게 만들자는 것이 되어서는 안 된다고 생각한다. 이것은 정치

• 킨더 서프라이즈 에그가 금지된 이후에 페레로Ferrero의 한 임원은 이 장난감은 판촉물이 아니라 과자의 본질이라고 주장했다. 한편 칠레 주재 이탈리아 대사는 공중보건부 장관이 '식품 테러'를 벌였다며 비난했다.[47]

인이 할 일이 아니다. 잰드가 그랬던 것처럼 나도 이래라 저래라 잔소리를 듣고 싶지는 않다.

초가공식품을 먹는 것에 대해서 나는 정말 아무런 도덕적 평가를 내리지 않는다. 내 친구 중에는 이 말을 믿는 사람이 없지만 사실이다. 나는 당신이 자녀에게 무엇을 먹이든 상관하지 않는다. 당신에게 실질적인 선택권이 있고, 당신이 그런 선택을 내릴 자유가 있는 세상을 만드는 것이 우리의 목표가 되어야 한다.

NOVA 분류 체계는 식생활 관련 질병과 환경 파괴를 일으키는 식품에 대해 고려하는 완벽한 방법은 아니다. 완벽한 분류라는 것이 애초에 존재하지 않기 때문이다. 내 경험으로 볼 때 이 분류 체계는 우리 중 많은 이가 끊지 못해 고생하고 있는 특정 식품들을 모두 포괄하고 있으며, 적어도 경제적 형편이 되는 사람들에게는 선택 가능한 식사의 지평을 열어주는 역할을 하고 있다.

초가공식품을 끊을 수 있을지 알아보기 위해 초가공식품 80퍼센트 식단을 시도해보기로 했던 잰드에게도 이런 일이 일어났다.

식생활 실험 첫날에 잰드가 코스타 커피에서 전화를 걸었다. 소시지 롤빵을 구입하고 있었다. 맛있는 빵이다. "이거 먹어도 되는지 알고 싶어서. 탄산칼슘이 초가공식품이야?"

요즘에는 친구들로부터 매일 이런 전화를 받는다. 사실 놀랄 일도 아니다. 내가 마리아 라우라 다 코스타 루자다에게 물어보았던 그 라자냐처럼 현대 영국의 번화가에서 파는 많은 간식에 '클린 라벨'이 붙어 있다. 나는 잰드에게 탄산칼슘이 들어갔다고 해서 소시지 롤빵이 초가공식품인 것은 아니라고 말해주었다. 이것을 특이한 성분으로 치지 않는 이유는 법에 의해 대부분의 흰색 밀가루에 첨가되기 때문이다. 이 성분은 한마디로 분필이다.

하지만 잰드는 나머지 성분을 계속 읽어 내려갔다. "돼지고기, 밀가루(탄산칼슘, 철분, 나이아신, 티아민), 무염버터, 양파, 감자, 저온살균 계란, 소금, 화이트와인 식초, 유채씨유, 가루 양념(후추, 백후추, 육두구), 고수, 파슬리, 세이지, 말린 타임thyme, 효모, 통후추. 이거 괜찮지? 아닌가?"

잰드가 저온살균 계란에 대해 묻는데 그의 뒤에 서 있는 사람이 짜증을 내는 소리가 들렸다. "이건 우리 집 부엌에 없는 거잖아." 솔직히 나도 항상 마음속으로 이와 똑같은 논쟁을 벌이고 있다. NOVA 시스템 때문에 나는 항상 식품의 목적에 대해 생각하게 됐다. 이 식품은 내 건강에 무관심한 환경에서 만들어졌을까? 이것이 기후 변화와 비만을 일으키는 식품 시스템 안에 자리 잡고 있나? 몬테이루가 소시지 롤빵의 실체 파징을 일고 있을까? 이것이 더 많이 먹고 싶은 욕망이 드는 식품을 선호하는 시스템을 통해 생산되었나? 부드러운가? 칼로리 밀도가 높은가?

나는 잰드에게 부드러움과 칼로리 밀도에 대해 얘기하기 시작했다. 그러자 그가 칼로리를 읽어주었다. 100그램당 294칼로리가 들어있었다. 빅맥보다 살짝 많아서 맥도날드 감자튀김과 대략 비슷하다. 부드러운가? 포장지에는 그에 대한 측정치는 나와 있지 않았지만 만져보니 그렇다고 했다.

나는 코스타에서 판매하는 M&S의 베스트 에버 소시지 롤빵이 에너지 섭취를 조절하는 내부 시스템을 교란하는 식품일 거라 추측했다. 내 생각에는 그래도 이 제품이 더 많은 성분이 들어간 다른 소시지 롤빵보다는 교란 효과가 덜할 것 같았다. 그레그스에서는 자기네 소시지 롤빵을 "국민들이 제일 좋아하는 음식"이라고 설명한다. "이 영국식 전통 음식은 양념한 소시지 고기를 바삭하고 노릇노릇하게 구운 페이스트리로 겹겹이 말고, 사랑과 정성을 듬뿍 담아 만든 요리입니다. 그것밖에 없습니다. 그 어떤 교묘한 반전도, 비밀 성분도 들어 있지 않습니다."

아이슬란드에서 파는 그레그스 소시지 롤빵에는 40가지 정도의 성분이 들어가 있다. 그중에는 지방산의 모노글리세라이드 및 디글리세라이드의 모노아세틸 및 디아세틸 타르타르산 에스테르와 카복시메틸셀룰로스도 포함되어 있다.

이 두 제품을 직접 비교하는 실험을 구상하기는 쉽지 않다. 엄청나게 많은 참가자가 필요할 것이고, 그 차이도 아주 미미할 수 있다.

잰드는 다른 곳으로 가서 확실하게 초가공식품에 해당하는 소시지 롤빵을 사기로 했다.

그리고 3일째 되는 날 잰드는 초가공식품 먹기를 그만두고 지금까지 두 번 다시 뒤돌아보지 않았다.

Chapter 20

|||||||||||||||||||||||||||||||||

달라지고 싶다면 해야 할 일

초가공식품을 끊고 싶은 사람은 잰드와 내가 했던 것을 시도해볼 수 있다. 나흘간 초가공식품 80퍼센트 식단을 진행해보는 것이다. 꼭 4주를 진행할 필요는 없다. 밖으로 나가 초가공식품을 찾아서 한번 들여다보자. 약간의 향료 추출물이나 덱스트로스만 들어 있어서 NOVA 4그룹의 정의에 속하는지 아닌지 애매한 파이나 라자냐 앞에서 이것이 과연 초가공식품이 맞는지 판단이 안 돼 혼란이 올 수도 있다. 그리고 마리아 라우라 다 코스타 루자다가 말한 판타지 식품의 의미를 이해하게 될 것이다. 싸구려 초콜릿이나 감자칩을 한 입 무는 순간 페르난다 라우버가 귓가에 속삭이는 소리가 들릴 것이다. "이건 음식이 아니에요. 그냥 산업적으로 생산된 식용 물질이죠."

자신이 초가공식품에 중독된 것 같다는 생각이 들면 온라인으로

'예일대학교 식품 중독 척도 검사Yale Food Addiction Scale test'를 검색해보자. 중독이 맞다고 생각되면 친구나 가족, 의사에게 도움을 구하자.

초가공식품을 어느 정도는 먹되 문제가 될 만한 제품들은 멀리하는 접근 방식을 취할 수도 있다. 취약해지는 순간이 있을 것이다. 친구와 점심 식사로 초가공식품 샌드위치를 먹을 때는 폭식이 유발되지 않는 반면, 집에서 배고플 때 혼자 감자칩을 먹으면 폭식 가능성이 높아질 수 있다.

차라리 아예 끊는 것이 훨씬 쉬울 수도 있다. 잰드와 나에게는 이것이 가장 좋은 접근 방식이었다. 우리는 초가공식품에 중독되어 있었기 때문에 완전히 끊는 것이 유일한 해결책이었다. 잰드는 초가공식품을 끊은 뒤 몇 달 만에 20킬로그램을 감량했다. 그는 이제 완전히 끊었다. 아예 예외를 두지 않는다.

그리고 초가공식품은 다른 문제들이 실현되는 통로 역할을 하는 물질일 뿐임을 기억하자. 우리가 그것에 끌려서 먹는 이유가 있다. 다른 물질에 중독되어 고생하는 이유와 같은 경우가 많다. 초가공식품의 문제를 해결하기 전에 그런 문제들을 먼저 찾아서 고쳐야 할 수도 있다. 무엇이 문제인지 아는 사람도 있을 것이다. 이런 경우도 역시 도움을 구하자.

실제로 초가공식품을 끊는다면 다른 것을 먹어야 한다. 그리고 여기에는 더 많은 시간과 돈이 들어간다. 한정된 예산으로 활용할 수 있는 요리책이 많이 나와 있지만 내가 특별히 추천하는 두 저자는 알레그라 맥에브디Allegra McEvedy와 잭 먼로Jack Monroe다. 이들의 요리법은 저렴하고, 만들기 쉽고, 맛도 좋다. 요리는 번거로운 일이지만 시간에 쫓기면서도 끊이지 않고 이어지며 충분히 오래 살아남아 당신을 만들어낸 인류의 기나긴 사슬과 이어지는 방편이 되어준다.

살이 별로 빠지지 않을지도 모른다. 책을 시작하면서 이것은 체중 감량 서적이 아니라고 말했다. 배리 스미스는 이 책을 쓰기에 앞서 우리가 함께 진행했던 팟캐스트 이후로 초가공식품을 끊었다. 그의 학생들은 그를 '구석기 시대 배리'라고 부르기 시작했다. 이것을 봐도 우리 식품 시스템이 얼마나 망가졌기에 그냥 음식을 먹기만 해도 이상한 것을 먹는 괴짜 취급을 받게 되었나 싶다. 어쨌거나 그는 초가공식품과 작별한 뒤로 치즈, 버터, 진짜 빵을 좋아하는 만큼 실컷 먹을 수 있을 줄 알았다. 하지만 나나 배리 또래의 남성들은 말토덱스트린이 발명되기 전부터 이미 살이 쪘었다는 점을 명심해야 한다. 머지않아 그는 치즈 섭취량을 적당히 조절할 필요가 있다는 것을 깨닫게 됐다.

우리가 '초가공인간'이 되어버린 이유가 비단 우리가 먹는 식품 때문만은 아니다. 스마트폰과 앱, 옷, 소셜미디어, 게임, 델레비전 등 우리가 구입하는 다른 제품들 중에도 과잉 소비를 유도하는 것이 많다. 어떨 때는 이것들이 우리에게 주는 것보다 빼앗아가는 게 더 많다고 느껴진다. 성장에 대한 요구와 그것이 우리 몸과 지구에 끼치는 해악은 세상의 구조 속으로 엮여 들어가 있기 때문에 눈에 거의 보이지 않는다. 이런 제품들을 절제하는 것도 도움이 될 수 있을 것이다.

마지막으로, 잰드처럼 자기가 하고 싶은 일이 무엇인지 인정해야 한다. 그리고 어떤 일이 일어나더라도 자책하지 말고 내게 연락해서 어떻게 진행되고 있는지 알려주기 바란다.

출간 후일담

이 책이 출간되고 5개월 동안 거의 매주 언론에서 초가공식품의 유해성과 중독 가능성에 대한 기사가 쏟아져 나왔다. 책은 비만과 식생활 관련 질병에 대해 전국적인 우려가 드러나던 시기에 출간되었고, 대중은 우리 모두를 병들게 하는 식품의 범주에 대해 명확하게 설명하는 과학적 내용을 받아들일 준비가 되어 있어 보였다.

그러다가 2023년 9월 27일에 모든 주요 일간지에 다른 헤드라인 기사들이 등장했다. 당신도 읽어본 적이 있을 것이다. 《타임스》에서는 이런 제목의 기사를 실었다. 「초가공식품이 몸에 나쁜가? 과학자들은 항상 그런 것은 아니라고 말한다Is ultra-processed food bad for you? Not always, scientists say」.[1] 《인디펜던트Independent》에는 「사실은 몸에 좋은 10가지 초가공식품 10 ultra-processed foods that are actually good for you」[2]이라는 기사가 실렸다. 그리고 《텔레그래프^{Telegraph}》³와 다른 언론에도 비슷한 기사들이 실렸다.《뉴 사이언티스트$^{New\ Scientist}$》에서는 이런 제목의 기사를 실었다.「영국의 식품 관련 공무원들은 초가공식품이라고 항상 건강에 나쁜 것은 아니라고 말한다$^{Ultra-processed\ food\ isn't\ always\ unhealthy,\ say\ UK\ food\ officials}$」. 이 기사는 이렇게 시작한다. "영국의 공무원들은 초가공식품이라는 이름으로 알려진 고도가공식품이 제조 방식과 인공 성분 때문에 무조건 건강에 해로운 것이 아니냐는 최근의 우려를 일축했다."⁴ 친구들, 동료들, 그리고 소셜미디어에서 만난 이름 모를 사람들이 이 기사를 내게 전하면서 넌지시, 때로는 직접적으로 이런 질문을 던졌다. "당신이 틀린 거 아닌가요?"

이 기사들은 전달에 열린 기자회견에서 나온 내용을 담고 있었다. 그 기자회견에서 다섯 명의 과학자가 초가공식품에 관한 과학은 "인과관계를 입증할 수 없으며" 통밀빵, 아침 식사용 통곡물 시리얼, 요구르트 등 초가공식품으로 분류된 품목 중에는 오히려 섭취를 독려해야 할 음식도 있다고 말했다. 오직《가디언》에서만 이 과학자들이 취하고 있는 다소 의아한 입장을 설명해줄 만한 기사를 실었다.⁵ 다섯 명의 발표자 중에서 네 명은 초가공식품 제조회사와 중요한 관계를 맺고 있었다. 하지만 이 사실을 은폐했다는 의혹은 없었으며 기자회견장에서도 잠재적 이해 충돌에 대해 밝힌 것으로 보인다.

리즈대학교의 재닛 케이드$^{Janet\ Cade}$ 교수는 영국 영양재단의 의장이며, 이 재단의 기업 회원으로는 맥도날드, 브리티시 슈가$^{British\ Sugar}$, 마스 등이 있고, 후원사는 네슬레, 몬델리즈, 코카콜라 등이다. 그리고 노리치에 있는 쿼드럼 연구소$^{Quadram\ Institute}$의 피트 와일드$^{Pete\ Wilde}$ 교수가 있다. 그는 예전에 유니레버, 몬델리즈, 네슬레로부터 연구비 지원

443

을 받은 적이 있다.

키어런 포드 교수도 발표했다. 3장에서 그가 과학 논문에서 처음에는 네슬레와의 경제적 이해관계를 밝히지 않았다고 한 내용을 기억할지 모르겠다(나중에 정정 발표를 하기는 했지만). 그리고 11장에서 설명했듯이 그는 케리 그룹의 과학 자문위원으로 있다고 밝혔음에도 불구하고 또 다른 논문에서 '이해 충돌'이 없다고 주장했다. 그리고 이번에도 역시 이해 충돌에 관해서 나중에야 정정했다. 《가디언》에서는 그가 펩시코, 제너럴 밀스를 비롯한 다른 회사로부터도 연구비를 지원받았다고 보도했다. 그는 기자회견에서 초가공식품을 피하라는 조언은 "영양학적으로 이로운 식품을 악마화할 위험"이 있다고 말했다.

정부의 영양과학자문위원회Scientific Advisory Committee on Nutrition 위원장인 이언 영Ian Young 교수의 참가로 이 행사의 신뢰성이 올라가는 듯했지만, 그는 예전에 유니레버와 슈가 뷰로Sugar Bureau(설탕업계로부터 자금을 지원받는 조직)로부터 연구비를 지원받은 바 있다.[6,7] 《가디언》 기사에는 이런 관계가 보도되지 않았지만 몇 년 전에 헤드라인 기사로 나온 적이 있었다. 당시 설탕 관련 가이드라인 개발에서 그가 맡고 있는 역할이 이런 회사나 조직 때문에 영향을 받을 수 있지 않느냐는 의문이 제기된 바 있다.[8] 그는 《그로서》와의 인터뷰에서 자신은 이런 식품 회사로부터 영향을 받은 바가 없으며, 투명성과 도덕성을 확보하기 위한 절차가 마련되어 있다고 말했다.[9]

다른 매체들 중 그 어디서도 이해 충돌에 대해 지적하지 않았고, 《가디언》조차 이 이야기에 숨어 있는 또 다른 이면에 대해서는 언급하지 않았다. 여기에 참가한 다섯 명의 과학자 중 두 명이 영국 정부

관료였음에도 불구하고 이 기자회견은 정부 기관에서 주최한 것이 아니라, 사이언스 미디어 센터Science Media Centre라는 곳에서 개최한 것이었다. 이곳은 대중과 정책 입안자를 위해 정확한 과학 정보를 제공한다고 주장하는 언론사다. 당신이 영국에서 언론 매체를 통해 읽는 과학 기사들 중 상당수, 어쩌면 대부분은 사이언스 미디어 센터 웹사이트에서 인용한 내용이거나, 사이언스 미디어 센터 기고자의 말을 인용한 것이다. 과학에 관한 영국의 대중적 담론에서 사이언스 미디어 센터의 영향력은 아주 강력하다. 이곳은 과학적인 주제를 다루는 기자들이 너 나 할 것 없이 제일 먼저 찾는 곳이다.

사이언스 미디어 센터는 자신들이 관리 체계 및 자금으로부터 완전히 독립적이라고 주장한다. 내가 무슨 말을 하려는지 여러분도 짐작하고 있겠지만 어쨌든 살펴보자. 그렇다면 사이언스 미디어 센터의 자금은 어디에서 나올까? 그 기자회견이 열린 후 몇 주 동안《영국 의학 저널》에서 이 부분을 조사해「초가공식품 패널을 둘러싼 논란으로 영국 과학 보도에서 핵심 문제인 이해 충돌 문제가 부각되다Row over ultra-processed foods panel highlights conflicts of interest issue at heart of UK science reporting」[10]라는 기사로 발표했고, 이 기사는 금방 그 웹사이트에서 독자들이 가장 많이 읽은 기사가 됐다. 이 기사는 사이언스 미디어 센터가 푸드드링크유럽FoodDrinkEurope(이 조직의 회원으로는 카길, 코카콜라, 다농, 마스 등이 있다)뿐만 아니라 네슬레, P&G(프링글스를 만드는 회사)로부터 자금을 지원받고

- 다섯 번째 발표자는 영국 식품표준국의 로빈 메이Robin May 교수였다. 그는 이해 충돌 기록이 없는 사람인데, 어째서 이런 이해 충돌이 있는 사람들과 함께 발표를 하기로 했는지 나로서는 이해하기 힘들다.

있다는 사실을 밝혀냈다. 사이언스 미디어 센터는 또한 테이트 앤드 라일, 노던 푸즈Northern Foods, 크라프트, 코카콜라로부터 직접 지원금을 받은 적도 있다.《타임스》의 과학 편집자 톰 휘플Tom Whipple은《영국 의학 저널》기사에서 이렇게 말했다. "나는 사이언스 미디어 센터가 여기저기 촉수를 뻗고 있는 과학계의 볼드모트이며 우리 기자들은 거기에 휘둘리는 꼭두각시 인형으로 묘사할 수 있다고 생각합니다." 나도 아주 적절한 묘사라고 생각한다.

과학 논문이 발표되면 사이언스 미디어 센터에서는 해당 연구의 질과 맥락에 대한 과학자들의 반응을 수집해서 자기네 웹사이트에 게시한다. 그리고 그 페이지 아래에는 해당 논평자들의 이해 충돌을 밝히는 부분이 있는데, 아무런 이해 충돌도 보고되지 않는 경우가 아주 많다. 예를 들어 레딩대학교의 영양 및 식품과학 교수인 군터 쿤레Gunter Kuhnle는 지난 한 해 동안 초가공식품과 관련된 사이언스 미디어 센터의 '전문가 반응'에 여러 차례 등장한 바 있다. 그리고 그때마다 쿤레는 이해 충돌 관계가 없다고 선언했다.[11-14] 하지만 약간의 조사를 통해(그리고 글로벌 영양 정책 전문가인 스튜어트 길레스피Stuart Gillespie 박사의 정보 공개 요청을 통해) 그가 마스(마스 바를 만드는 그 마스를 말한다)로부터 무제한의 연구비를 받았고, 최근에는 마스의 고용인들과 공동 저자로 논문도 발표했다는 사실이 밝혀졌다. 그가 레딩대학교에서 일하고 있는 학과는 세 곳의 주요 후원 업체를 두고 있으며, 이 업체들은 모두 초가공식품을 만든다. 바로 마스, 펩시코, 로케뜨 프레르Roquette Frères다. 2018년에서 2023년 사이에 마스는 26만 2,832파운드(한화 약 4억 6,000만 원)의 연구비를 이 학과에 지원했다. 쿤레는《영국 의학 저널》에 "센터의 지침에 따라 관련되어 있는 이해관계를 모두 신고하고 있으며, 이해 충돌에 관해서는 언제나 공개해왔다"라고 말했지만, 그가 실제로 신고한 내용을 보면 그가 한 말과 일치하지 않는다.

이해 충돌에 해당하는 것이 무엇인지 확실히 짚고 넘어가자. 쿤레(그리고 초가공식품 업체에서 지원금을 받는 다른 사람들)가 사이언스 미디어 센터 웹사이트에서 발언을 할 때 그의 주요 이해는 초가공식품이 사람의 건강에 해로운지 여부를 둘러싼 증거다. 이 증거는 여러 가지 초가공식품 제품이 포함되어 있는 포트폴리오로 수익을 올리려 하는 마스의 주요 이해와 직접적으로 충돌한다. 만약 당신이 초가공식품이 사람의 건강에 영향을 미치는지 여부에 관해 논평하면서 마스로부터 돈을 받는다면 그것은 이해 충돌에 해당한다. 그렇다고 이 과학자가 하는 말이 모두 틀렸다는 의미는 아니지만, 언론과 대중은 초콜릿 회사와 연결된 과학자들의 입에서 나온 의견에 대해서는 회의적인 태도를 취해야 마땅하다. 증거들을 살펴보면 이들의 의견에 편견이 담겨 있을 가능성이 높기 때문이다. 아니나 다를까 쿤레는 초가공식품이 식생활 관련 질병의 원인으로 작용한다는 주장에 대해 회의적인 입장을 취하고 있다.[15]

사이언스 미디어 센터에서 초가공식품에 대해 논평하는 과학자들 중에 이해 충돌이 있는 사람은 쿤레만이 아니다.** 이 글을 쓰는 시점까지 지난 2년 동안 사이언스 미디어 센터에서는 초가공식품에 관한 과학 논문 16편에 대해 논평을 발표했다. 논평 중 70퍼센트 이상이 초

- 로케뜨 프레르는 초가공식품에 사용하는 분리단백질, 변성전분 같은 성분을 생산한다.

가공식품을 만드는 회사와 계속해서 재정적 관계를 맺고 있거나 맺었던 전문가들의 것이다.

따라서 초가공식품 업계로부터 자금을 지원받은 기관에서 주최한 기자회견에서 그 업계로부터 자금을 지원받은 과학자들이 나와 초가공식품 중에는 건강에 좋은 것도 있다는 주장을 펼친 셈이다. 영국에서는 초가공식품을 둘러싼 대중의 논쟁이 이런 식으로 조율되고 있다. 업계가 왠지 신뢰성 있어 보이는 사이언스 미디어 센터에 자금을 지원하면, 사이언스 미디어 센터에서는 다시 산업계로부터 자금을 지원받는 과학자들을 동원한다. 그리고 이 과학자들은 왠지 신뢰성 있어 보이는 영국 영양재단(코카콜라, 맥도날드, 그리고 당신의 머릿속에 들어 있는 대부분의 식품 제조 회사에서 자금 지원을 받음)이나 왠지 신뢰성 있어 보이는 레딩대학교의 휴 싱클레어 인체영양학부 Hugh Sinclair Unit of Human Nutrition(마스와 펩시의 자금 지원을 받음) 소속인 경우가 많다.

사이언스 미디어 센터에서 논평을 하는 과학자 중에는 영양과학자문위원회 소속인 사람도 있다. 이 위원회는 영양과 관련된 건강 문제에 대해 정부에 자문하는 기관이다. 이곳에서 초가공식품을 둘러싼 의심과 혼란이 제일 많이 만들어진다. 이름만 들어서는 전적으로 신뢰할 수 있는 기관으로 보이기 때문이다. 하지만 이 위원회의 회원들은 영국 영양재단, 미국 영양학회(이 기관의 후원 업체는 마스, 네슬레, 몬

●● 스캔들이 불거진 후에 쿤레는 자신의 이해 충돌 관계를 업데이트했는데 자신의 연구가 마스로부터 지원을 받았다는 것뿐만 아니라, 자신이 '학부모 교사 협의회 이사'라는 점을 비롯해서 이해 충돌에 해당하지 않는 다른 이해관계에 대해서도 긴 목록을 추가했다. 이는 그와 사이언스 미디어 센터가 이해 충돌이 무엇이며, 그것이 어떻게 이루어지는지에 대해 제대로 이해하지 못하고 있음을 반증한다.[16]

델리즈 등이다), 카길, 육류업계, 유제품업계, CBC 이스라엘(코카콜라와 스프라이트 등을 제조하고 판매), 테이트 앤드 라일, 세인즈버리, 다농과 이해 충돌이 있다고 선언한 바 있다. 그리고 충격적이게도 산모 및 아동 영양Maternal and Child Nutrition이라는 소그룹 위원 중에는 네슬레와 관련된 사람도 있다.[17]

나는 이런 내용으로 얼마든지 페이지를 채울 수 있다. 업계의 영향력은 문어발처럼 광범위하게 뻗어 있어서 한 번에 전체적으로 설명하기가 거의 불가능하다. 내가 설명을 마무리하기도 전에 여러분은 지쳐서 이런 생각이 들기 시작할 것이다. "그래, 알겠어. 하지만 이런 이해 충돌이 정말로 중요한 문제일까?"

중요하다는 것을 보여주는 정말 좋은 증거들이 나와 있다. 업계로부터 자금을 지원받는 과학이 독립적인 자금으로 진행되는 연구에 비해 업계에 이로운 연구 결과를 내놓을 확률이 더 높다는 것을 보여주는 데이터가 많다. 3장에서도 일부 인용했지만, 내가 좋아하는 사례는 가당 음료가 체중 증가 및 비만과 상관관계가 있다는 증거들을 다룬 2016년의 문헌 고찰 논문이다.[18] 먼저 전문가들 사이에는 실제로 이런 상관관계가 존재한다는 공감대가 형성되어 있다는 점을 말하고 싶다. 심지어 영국 영양재단, 영양과학자문위원회, 레딩대학교의 휴 싱클레어 인체영양학부에서도 이 부분에 대해서는 의견을 같이하고 있다. 문헌 고찰 논문에 따르면 가당 음료가 비만, 2형 당뇨와 상관관계가 있음을 보여준 34편의 연구 중 33편, 즉 97퍼센트가 식품업계와 음료업계로부터 자금을 지원받지 않은 독립 연구였다. 그와는 대조적으로 상관관계가 없다는 결과가 나온 26편의 연구 중 25편은 코카콜라, 펩시코, 닥터 페퍼 스내플 그룹Dr Pepper Snapple Group, 테이트 앤드 라일, 그리고 가당 음료로 돈을 버는 다른 업체들로부터 자금을 지원받은 것이었다. 업계의 자금을 지원받은 연구 중 96퍼센트는 탄산음료를 마셔도 괜찮다고 주장한 것이다. 이는 독립 연구에서 가당 음료를 해롭다고 평가할 확률이 33배나 더 높다는 의미다.

모든 과학 분야에서 이와 비슷한 패턴을 확인할 수 있다. 업계의 자금 지원이 편향을 일으킨다. 이것을 '부패'라 불러도 좋을 것이다. 하지만 초가공식품과 관련된 특수한 경우에 대해서는 이런 질문을 던져보아야 한다. 그들, 즉 사이언스 미디어 센터, 영국 영양재단, 레딩대학교, 영양과학자문위원회의 주장이 실제로 옳을 수도 있지 않을까?

아주 세밀하고 구체적인 부분으로 들어가보면 영국 영양재단의 과학자들이 말하는 내용이나 사이언스 미디어 센터에서 인용하는 말들은 상당 부분 진실에 해당하면서도 아주 교묘하게 상황을 왜곡하고 있다. 예를 들어 영국 영양재단의 웹사이트에서는 초가공식품에 관한 연구에서 일관된 상관관계가 입증된 것은 사실이라고 인정하면서도, 건강에 덜 이로운 식생활 패턴과 생활 방식이 미치는 영향을 따로 분리해서 밝히기는 어렵기 때문에 가공식품 자체와 건강 사이의 인과관계를 보여주는 명확한 증거는 나와 있지 않다고 주장한다.[19] 사이언스 미디어 센터 웹사이트에서 이해 충돌이 있는 과학자들(영국 영양재단 소속인 경우가 많다)이 하는 말 중 상당수가 이런 식이다. 그들의 말은 사실이다. 초가공식품과 그 유해성에 관한 인구 조사 연구를 통해 인과관계를 입증할 수는 없다. 하지만 그렇게 따지면 담배와 폐암 사이의 관계도 마찬가지다. 사실 담배가 폐암을 일으킨다고 정확하게 인

과관계가 증명된 적은 없다.•

담배 회사들은 이런 불확실성을 이용해서 많은 돈을 벌어들였다. 1953년에 그들은 담배 산업 연구위원회Tobacco Industry Research Committee를 설립했다. 내가 보기에 이 기관은 영국 영양재단과 똑같은 것으로 보인다. 담배 산업 연구위원회에서는 1954년에 다음과 같은 주장을 담은 성명서를 대중에게 발표했다.[25]

1. 최근의 의학 연구에 따르면 폐암에는 여러 가지 원인이 존재한다.
2. 무엇이 폐암의 원인인지를 두고 권위자들 사이에서 의견이 엇갈리고 있다.
3. 흡연이 원인 중 하나라는 증거가 없다.

• 초가공식품 섭취 증가를 우울증과 연관 짓는 논문[20]에 대해 한 논평자(발표한 연구 논문이 없는 힌 영양사)는 이렇게 말했다. "이 연구에서 상관관계가 존재하는 것으로 나오기는 했지만 정말로 초가공식품이 그 원인인지는 확신할 수 없습니다. 이것은 상관관계지 인과관계가 아니까요."[21] 그런데 문제는 이 논문이 역학 연구의 원리에 대해 잘 이해하고 있는 하버드대학교 의대와 공중보건대학의 연구팀이 발표한 것이라는 점이다. 그리고 이들은 자신들의 논문이 초가공식품 섭취가 우울증을 일으킨다는 것을 증명해 보였다고 주장하는 것이 아니라, 초가공식품의 섭취 증가가 우울증과 상관관계가 있음을 보여주는 인구 조사 연구로부터 증거가 쌓이고 있다고 얘기하고 있다(이것은 동일한 연구 결과를 보여준 연구 중 네 번째로 규모가 큰 연구다[22-24]). 역학 데이터를 검증하는 중요한 방법 중 하나는 초가공식품이 사람들을 우울하게 만들 수 있는 설득력 있는 메커니즘이 존재하는지 묻는 것이다. 그리고 실제로 그런 메커니즘이 존재한다. 염증을 일으키거나 마이크로바이옴에 영향을 미치는 첨가물에 관한 논문은 수백 편 나와 있으며, 비만이나 다른 건강 문제와 상관관계가 있는 식품이 이러한 문제들로 인해 우울증과 고통을 유발할 수도 있다. 따라서 초가공식품이 우울증을 유발한다고 단정적으로 말할 수는 없지만 초가공식품의 위험을 진지하게 받아들이고 대중과 공유할 만한 가치가 있음을 보여주는 증거들이 전 세계 우수한 독립 단체들을 통해 충분히 쌓여 있다. 초가공식품과 관련된 다른 여러 가지 건강 문제에 대해서는 '인과관계'라는 말을 사용할 수 있다고 생각한다. 증거가 훨씬 많이 축적되어 있기 때문이다.

4. 흡연과 질병 사이에 상관관계가 존재한다고 주장하는 통계가 나와 있지만, 현대 생활의 다른 많은 측면도 마찬가지다. 실제로 통계의 타당성 자체에 대해 수많은 과학자들이 의문을 제기하고 있다.

위에 나온 영국 영양재단의 성명서도 이 성명서와 꼭 닮은꼴이다. 흡연이 폐암을 일으킨다거나, 초가공식품이 건강에 해롭다는 100퍼센트 확실한 증거는 없다. 하지만 양쪽 모두 그럴 가능성이 지극히 높다.

새로운 연구가 나올 때마다 사이언스 미디어 센터에서는 소위 '전문가'를 초빙해서 똑같은 말을 시킨다. 전 세계적으로 명망이 있는 임페리얼칼리지 런던의 한 연구진이 초가공식품 섭취와 34가지 암 사이의 상관관계에 대해 지금까지 나온 것 중 가장 포괄적인 연구를 발표했다.[26] 이 연구는 초가공식품 섭취 증가가 전체적인 암, 특히 난소암의 위험 증가, 그리고 난소암 및 유방암 관련 사망률의 전체적인 위험 증가와 상관관계가 있음을 입증해 보였다. 이 연구 결과는 동일한 결과를 보여준 기존의 증거와도 일맥상통한다.[27-29]

하지만 아니나 다를까, 영국 영양재단 소속의 한 과학자가 나와서 이 연구는 초가공식품과 암, 혹은 다른 질병 위험과의 사이에 명확한 인과관계가 존재한다는 증거를 제공하지 않아 한계가 있다고 설명했다.[30] 사실이다. 하지만 이런 설명이 과연 기자나 대중을 위해 유용한 그림을 그리고 있을까? 결국 이 과학자는 모든 역학 연구의 정당성을 부정하고 있는 셈이다. 세계적인 수준의 역학 연구자들인 임페리얼칼리지 런던의 연구진도 인과관계를 증명하는 것이 얼마나 어려운 일인지 잘 알고 있다. 그래서 이들은 흡연 혹은 사회 인구 통계, 신체 활동, 식단의 다른 측면 등 가능한 다른 여러 요인에 대해 보정을 시도한다.

과학적 증거의 한계를 인정하는 것은 대단히 중요한 일이다. 하지만 영국 영양재단과 사이언스 미디어 센터에서는 논문이 나올 때마다 업계의 입맛에 맞게 하나씩 하나씩 비판함으로써 초가공식품과 관련된 증거에 대해 회의적인 시각을 퍼뜨리는 특권을 누리고 있다. 이들은 수십 년 동안 담배 회사에서 해왔던 바로 그 일을 하고 있다. 그들은 과학적 증거에 대한 의심을 생산한다. 연구실에서 일하거나 직접 연구를 진행하는 사람이 아니고서는 일반적으로 발표된 논문이나 연구가 어느 정도의 결함을 안고 있는지 이해하기 어렵다. 특히 영양학 분야에서는 더욱 그렇다. 이 분야에서는 과학적 증거의 황금률로 여겨지는 무작위 실험randomized trial을 진행하기가 정말로 어렵기 때문이다.●

현재는 초가공식품의 유해성에 대한 증거가 산더미처럼 쌓여 있기 때문에 과학자가 실험 참가자를 초가공식품 함량이 높은 식단에 배정하는 것을 연구윤리위원회에서 허가하기가 점점 더 힘들어질 것이다.

● 이상적으로는 많은 수의 사람을 데려다가 초가공식품 여부만 차이가 나는 두 가지 식단 집단에 무작위로 배정해서 실험을 진행해야 한다. 그리고 이런 실험을 여러 가지 식단을 대상으로 여러 번 진행해야 한다. 그렇게 해도 당연히 '이 중에서 실제로 해악을 끼치고 있는 초가공식품은 어느 것이지?'라는 질문은 그대로 남게 된다. 따라서 매번 실험을 할 때마다 식단에서 한 가지 성분만을 달리 해야 한다. 빵에 대해 이해하고 싶다면 사람들을 빵의 종류만 다르고 나머지는 모두 동일한 식단에 무작위 배정해야 한다. 초가공 빵과 비초가공 빵 집단으로 나누는 것이다. 그리고 이상적으로는 모든 사람을 태어날 때부터 케빈 홀의 실험실 같은 대사 실험실에 수십 년 동안 가두어놓고 어떤 일이 벌어지는지 지켜보아야 한다. 정말로 완벽한 실험을 원하는 경우에는 일란성 쌍둥이들을 태어날 때부터 서로 떨어뜨려서 각각을 죽는 날까지 추적 관찰해야 한다. 어차피 이런 실험은 윤리위원회에서 막고 나설 테지만, 그 전에 비용 때문에 진행 자체가 불가능할 것이다.

따라서 점점 동물실험과 몇몇 소규모 임상실험, 그리고 이를테면 '야생에서' 서로 다른 양의 초가공식품을 먹는 사람들을 추적하며 그들에게 무슨 일이 일어나는지 관찰하는 대규모 인구 조사 데이터를 바탕으로 연구를 진행하는 경우가 늘어날 것이다. 그리고 이런 연구를 진행하는 과학자는 초가공식품을 먹는 사람이 골초가 아닌지 등을 확인하기 위해 최선을 다해야 한다.

흡연 연구에서 그랬던 것처럼 한 걸음 뒤로 물러서서 문헌 전체를 살펴보면 초가공식품이 해롭다는 주장은 설득력이 대단히 높다. 현재 흡연과 암을 연관 짓는 인구 조사는 80편에 가깝고, 초가공식품 함량이 많은 식생활 패턴이 해롭다는 증거를 제공하는 연구는 2,000편이 넘는다. 초가공식품이 암, 심장대사질환, 중독, 그리고 무엇보다도 섭식장애와 관련이 있다는 새로운 증거가 나와 있다.[31-39] 초가공식품에 관한 증거가 이제 임계치를 넘었기 때문에 초가공식품이 식품의 한 범주로서 우리가 완곡하게 일컫는 '부정적인 건강 결과negative health outcome'를 다양하게 일으킬 수 있다고 확실하게 말할 수 있게 됐다. 부정적인 건강 결과는 암에서 사망에 이르기까지 모든 것을 포함하고 있기 때문에 사실은 극단적으로 부정적인 범주다.•

하지만 각각의 연구가 안고 있는 결함에 대해 비판하다 보면 업계의 입맛에 맞는 결과가 나온다. 어떤 식품이 해롭다고 모두의 의견이 모아져야 그 식품에 대해 어떤 조치를 해야 하는지 논의를 시작할 수 있는데 그런 논의가 자꾸 뒤로 늦춰지기 때문이다. 이 부분에 대해서는 뒤에서 설명하겠지만, 기본적으로 나쁜 음식에는 경고 라벨을 붙일 필요가 있다. 먼저 콜라와 설탕이 들어간 다른 탄산음료 등 우리가 해롭다고 모두 동의하는 제품에서 시작할 수 있을 것이다. 이런 음료에 들어 있는 설탕은 충치, 체중 증가, 대사질환을 일으킬 수 있다. 그리고 그 안에 들어 있는 다른 산성 성분들도 치아에 손상을 일으키고, 뼈를 손상할 수 있다는 증거가 있다. 이런 음료를 아주 많이 마시면 결국 자기 뼈를 녹여 소변으로 배출하는 결과를 낳게 된다.[40] 현재 내 여섯 살짜리 아이는 어느 가게든지 마음대로 가서 캔 음료를 구입할 수 있다. 그리고 그 캔에는 그 음료가 미치는 영향에 대해 아이나 나에게 말해주는 경고가 전혀 쓰여 있지 않다.

사이언스 미디어 센터의 기자회견에서 발표하는 영국 영양재단 소속 과학자의 입에서 아동에게서 나타나는 과체중과 대사질환의 위기에 대한 이야기나, 이런 제품에 라벨을 붙일 수 있는 최선의 방법에 대한 이야기를 좀처럼 듣기 어려운 이유가 무엇일까? 영국 영양재단에서 2023년에 주최한 '건강 식생활 주간 Healthy Eating Week'이 코카콜라 등으로부터 후원을 받았다는 것이 그 이유 중 하나일지도 모르겠다. 그

- 초가공식품은 그저 건강 문제와 상관관계가 있는 것에 그치지 않고(예를 들면 초가공식품은 취약계층이 더 많이 섭취하기 때문이라는 등) 건강 문제를 실제로 일으킨다고 확실하게 말할 수 있는 기준을 충족한다.
  1. 일관된 상관관계를 보인다: 초가공식품과 건강 유해성 사이의 상관성이 서로 다른 인구 집단을 대상으로 다양한 연구자에 의해 진행된 여러 편의 연구에서 일관되게 발견됐다.
  2. 강한 상관관계를 보인다: 그 해악이 사소하지 않다. 빈약한 식단은 조기 사망의 주요 원인이다.
  3. 상관관계가 차등화되어 있다: 식단에서 초가공식품이 차지하는 비율이 높을수록 해악도 커진다.
  4. 인과관계가 설득력이 있다: 식감에서 첨가물에 이르기까지 초가공식품의 모든 것이 병리를 유발한다는 사실을 보여주는 수천 편의 연구가 나와 있다.
  5. 인과관계를 뒷받침하는 증거가 있다: 초가공식품과 초가공식품의 성분을 가지고 사람과 동물을 대상으로 진행한 실험들이 인과관계를 뒷받침하고 있다.

리고 앞에서도 이미 말했듯이 사이언스 미디어 센터는 코카콜라, 그리고 비슷한 제품을 만드는 다른 회사들로부터 자금을 지원받은 업계 단체인 푸드드링크유럽의 후원을 받고 있다.

한 명의 개인이나 기관이 초가공식품 관련 증거를 믿지는 않지만 식생활 관련 질병을 줄이는 일에 진심이고, 탄산음료에 경고 라벨을 붙이겠다는 진정한 의지를 보여준다면 나도 문제없이 그들과 그 사업을 함께 진행할 수 있다. 분명 우리는 엇갈리는 의견보다는 동의하는 의견이 많을 것이라 확신한다. 하지만 업계로부터 자금을 지원받은 집단은 당연히 이런 사업에 아무런 열의가 없다.

의심과 혼란의 씨앗을 심기 위해 중개인들에게 자금을 지원하는 와중에도 초가공식품 업계에서는 나를 간절히 만나고 싶어 했다. 한 대형 패스트푸드 체인에서는 미국에서 열리는 이사회에 나를 데리고 가겠다고 제안했고, 다른 대형 식품 회사에서는 줌^{Zoom}을 통해 잠깐이라도 직원들과 얘기를 해보라며 터무니없는 금액을 제시했다.

처음에 나는 이런 반응에 당혹스러웠다. 이 책에 실린 가장 중요한 정보들은 식품 회사의 내부자들로부터 나온 것이기 때문이다. 자체적인 상업적 유인이 무엇인지부터 특정 유화제를 사용하는 이유에 이르기까지 식품 시스템의 다양한 측면에 대해서는 그들이 나보다 훨씬 잘 안다. 그리고 그들이 모르는 내용은 이 책에서 읽거나 내가 인터뷰에서 하는 말을 들어보면 알 수 있다. 그런데 한 시간에 수만 파운드의 돈을 들여가며 내 얘기를 듣고 싶다니, 이게 무슨 바보 같은 이야기인가 싶었다. 하지만 나는 그들을 정말 만나보고 싶었다. 그들이 내게 배워 갈 것보다 내가 그들에게서 배워 올 것이 더 많다고 확신했기 때문이다.

나는 이해 충돌 없이 그 돈을 받을 수 있는지 여부 때문에 고민했다. 결국 그나마 덜 끔찍한 회사 한 곳으로부터 2만 파운드(한화 약 3,500만 원)를 받기로 결정했다. 내 은행계좌를 거쳐 가지 않는 방식으로 돈을 받기로 했다. 내 에이전트가 대신 돈을 받아서 내가 함께 일하는, 식품과 관련 없는 자선단체에 직접 기부하기로 했다. 우리는 만날 날짜를 정했고, 이어서 계약서가 도착했다. 그것을 읽어보니 나에게 그 많은 돈을 제안하는 이유를 이해할 수 있었다.

> 공급자(나를 말한다)는 다음을 보증, 진술 및 약속한다. 공급자(나)는 이 식품 회사의 합리적인 판단에 따라 이 식품 회사와 그 고객, 제품, 서비스에 대해 비방하거나, 이 식품 회사의 명성을 훼손할 수 있는 어떠한 발언도 하지 않으며, 그러한 행동도 하지 않는다.

이들은 2만 파운드에 나의 침묵을 사려 했던 것이다. 물론 이들은 초가공식품, 공중보건 혹은 다른 어떤 것에 대한 나의 의견을 듣고 싶었던 것이 아니다. 그저 나와 내 동료, 공동 연구자들이 입을 닥치길 원했을 뿐이다. 계약 조건은 우주 전체를 포괄할 수 있을 정도로 굉장히 광범위했다. 나는 명왕성으로 이사를 가더라도 이 회사의 제품이나 고객에 대해 아무런 비판도 할 수 없을 것이다.

나는 돈을 거절했고, 그들은 만남을 취소했다.• 이것은 자연스럽게 식품 시스템 개선을 위해서 대체 어떤 조치가 이루어지고 있는지에 대한 질문으로 이어진다.

2023년 9월에 나는 뉴욕에서 열린 글로벌 비만 포럼Global Obesity Forum 에 참석했다. 이것은 유엔 총회가 열리기 전날에 열리는 세계보건기구의 산하 행사다. 비만에만 초점을 맞추고 있는 국제적 조직으로는 이것이 유일하다.

나는 포럼에서 초가공식품에 대해 강의하고, 거대 식품 회사와 거대 담배 회사가 아주 유사하기 때문에 유사한 규제를 통해 접근해야 한다는 점을 강조했다. 반응은 괜찮았지만 강연장에는 혼란스러운 분위기가 감돌았다. 나는 영국에서 의원들, 기자들, 정책 입안자들, 그리고 업계의 메시지에 깊이 물들어 있는 대중들과 대화할 때 대단히 방어적으로 접근해야 했었기 때문에 이번에도 강의를 그런 식으로 구성했다. 반론에 대한 답변을 꼼꼼하게 검토하며 필요한 증거들을 강조

- 대형 회사 두 곳은 내가 돈을 받지 않을 것이고, 내 입에 재갈을 물리는 계약서에 서명하지도 않겠다고 했는데도 여전히 나를 만나고 싶다고 해서 만나보았다. 두 회사에서 나온 사람 모두 두 시간의 만남으로 판단하건대 똑똑하고 괜찮은 사람들이었다. 우리는 그들이 만드는 제품이 사람의 건강에 해롭다는 증거에 대해 동의했다.
이렇게 만나고 보니 규제하고 싶은 산업과 대화를 나누는 것이 정말 중요하다는 사실을 알게 됐다. 나는 이 회사들이 직면하고 있는 여러 제약 사항에 대해 구체적으로 알게 됐다. 예를 들어 코코넛 밀크에서 안정제 검을 빼면 그 내용물이 캔 안에서 분리되기 때문에 그것을 보고 상패했다고 생각하는 고객들로부터 불만이 접수될 것이다.
나는 한 회사에게 '과일과 채소를 기반으로 하는' 사업으로 전환할 수는 없냐고 물어보았다. 그러자 모두들 어색한 표정이 됐다. "문제는 우리가 간식을 팔아야 돈을 번다는 점입니다." 이해할 수 있는 부분이었다. 배 같은 경우는 아무리 품질이 좋은 것이라도 판매가 어렵다. 배는 1년 내내 재배하기도 번거롭고, 쉽게 무르고, 며칠만 지나도 썩어버리기 때문이다. 그보다는 밀가루, 팜유, 초콜릿 향료로 만든 초콜릿 브라우니를 유통기한의 제약 없이 파는 것이 분명 더 나은 사업이다. 내가 그들이었다고 해도 그랬을 것이다.
그들은 만약 내게 무제한의 권력이 주어진다면 무엇을 하고 싶은지 물었다. 내가 장황하게

하기 위해 노력을 기울였다. 혼란스러웠던 이유는 내가 틀린 말을 했기 때문이 아니라 내 말에 동의하지 않을 사람이 과연 있을까 싶었기 때문이다. 내가 강의한 것들은 지구 반대편에서는 사실 이미 오래전부터 논의되던 내용이었다.

이 부분에서 영국은 뒤쳐져 있다. 전 세계적으로 볼 때 초가공식품 함량이 많은 식단에 대한 판단은 이미 내려져 있다. 내 강의에 이어 중남미에서 온 공중보건학자들이 나와서 자기네는 초가공식품에 검은색 팔각형 라벨을 붙이고 있고, 그 덕분에 이미 초가공식품 판매량이 줄어들고 있다고 발표했다(19장 참고). 나는 유니세프UNICEF에서 나온 동료들을 만났는데 그들은 초가공식품을 제조하는 회사들에 대해 자기네가 어떤 정책을 취하고 있는지 말해주었다. 그 전문을 여기에 인용한다. 모든 정책 입안자와 규제 당국이 식품업계와 어떤 식으로 상

> 대답하면서 언급했던 한 가지는 즉석식품에 커다란 경고 라벨을 붙이고, 많은 브랜드에서 중심적인 역할을 하고 있는 만화 캐릭터를 없애겠다는 것이었다. 그 말을 하고 난 후로 우리의 대화는 신속하게 마무리됐다.
> 업계와 대화를 나누는 것은 유용하지만, 그들로부터 돈을 받으면 당신도 그 업계의 일부가 된다. 공중보건에 관심이 있는 사람이라면 규제 기관 같은 입장을 취할 필요가 있다. 업계는 당신의 친구나 파트너가 될 수 없으며, 당신에게 단돈 한 푼도 줄 수 없다.
> 내가 돈을 거절하면서 결국 일종의 '메울 수 없는 거리감'이 만들어졌다. 무언가를 규제하고 싶을 때는 이런 거리감이 정말로 중요하다. 우리가 지적인 측면에서 의견이 엇갈리는 것은 아니었다. 다만 서로 완전히 다른 것을 원했을 뿐이다. 나는 사람들이 약탈적 마케팅으로부터 자유로워지고, 저렴한 식품에 쉽게 접근할 수 있기를 바란다. 초가공식품 업계에서 일하는 많은 사람도 개인적으로는 이런 것들을 원하지만, 사업자의 입장에서는 돈을 많이 벌기를 원한다. 결국 이것은 두 시간짜리 맞선에서 만난 두 남녀가 처음 5분 동안은 서로를 맘에 들어 하다가 서로가 결코 양립할 수 없는 것을 원하고 있음을 깨닫게 된 꼴이다. 한 사람은 미술관이나 오페라를 관람하며 살고 싶어 하는데, 다른 한 사람은 남극에 가서 자연인으로 살고 싶어 하는 경우라고 할까? 서로에 대한 호감은 유지할 수 있겠지만, 절대 부부로 살 수는 없다.

호작용해야 하는지를 가장 단순하게 요약해서 보여주는 글이다.

유니세프는 초가공식품 및 음료 업체와의 파트너십을 모두 피할 것이다. 우리의 생각, 그리고 행동의 리더십을 보존하고 우리의 프로그램 전략에 부합하여 아동을 위한 공공 정책, 규범적 가이드라인, 프로그램 실천에 대한 조언자로서의 신뢰성을 유지하기 위해 유니세프는 초가공식품 업계와 어떤 형태의 재정적, 비재정적 파트너십이나 협업도 피할 것이다. 여기에는 개별 회사뿐만 아니라 초가공식품 업계와 그들의 이해관계를 대변하는 모든 형태의 연합, 플랫폼, 위장 단체가 포함된다.[41]

유니세프뿐만 아니라 전 세계 연구 그룹들도 데이터에 대해 매우 확신을 가지고 있으며, 외국의 많은 정부에서도 초가공식품에 대해 모호함 없는 아주 분명한 가이드라인을 발표했다. 이 가이드라인들은 아주 명확하기 때문에 읽으면 도움이 될 것 같아 아래에 첨부한다.[42]

벨기에

초가공식품은 최대한 적게 선택하라. 초가공식품은 건강하고 환경 친화적인 식단에 아무런 가치도 보태지 못한다.

브라질

초가공식품을 피하라. 항상 천연 식품이나 최소가공식품, 그리고 갓 만든 요리와 식단을 선택하라. 아이에게 초가공식품을 제공하지 말라.

캐나다

고도로 가공된 식품과 음료는 건강한 식생활 패턴의 일부가 아니므로 섭취를 제한하라. 그럼에도 고도가공식품을 먹을 경우에는 다음의 내용을 지켜보자.

- 먹는 횟수를 줄이자.
- 먹는 양을 줄이자.
- 더 건강한 식품으로 바꿔 먹자.

에콰도르

초가공식품의 섭취를 피하라.

프랑스

단 음료, 지방이 많이 들어간 달콤하고 짭짤한 초가공식품의 섭취를 제한하라. 3세 미만 아동에게 초가공식품을 주지 말라. 3세 미만 아동에게는 시판되는 이유식이나 즉석식품을 주는 것도 피해야 한다. (나는 프랑스 가이드라인에서 이 인용문이 특히나 마음에 든다. "Pour varier les goûts et les textures, le fait maison a tout bon … Plus de goûts, plus de textures, plus de miam!" 이것을 대략 번역하면 "맛과 식감을 풍부하게 하고 싶다면 집에서 만든 집밥이 제격이다. … 맛도 더 좋고, 식감도 좋고, 더 맛있게 냠냠!")

이스라엘

가능한 한 초가공식품의 섭취를 줄여라. 가공식품, 산업화된 식품, 포장 식품은 최대한 피하라. 특별히 어린이와 유아를 위해 만들어진 식품을 살 필요는 없다.

멕시코

초가공식품을 피하라. 초가공식품은 아주 달콤하거나 짭짤한 맛을 좋아하게 만들고, 비만과 영양실조의 위험을 증가시킨다.

페루

초가공식품의 섭취를 피하라.

우루과이

자연식품 위주로 식단을 구성하고 지방, 설탕, 소금 함량이 과도한 초가공식품을 정기적으로 섭취하지 말라.

영국

진척 속도는 느리지만 꾸준히 변화가 이루어지기를 바란다. 현재 사이언스 미디어 센터는 적어도 부분적으로는 신뢰를 상실했고, 기자들도 코카콜라에서 자금을 지원받는 영국 영양재단과 관련이 있는 사람에 대해 점점 더 의심하고 있다. 돌리 반 툴레켄Dolly van Tulleken 박사(나는 그녀가 돌리 테이스 박사였던 시절에 그녀와 인터뷰를 한 다음 그녀의 여동생과 힘을 합쳐서 그녀를 내 형 잰드와 연결해주었다. 이 책은 여러 가지 뜻하지 않았던 결과를 낳았지만 그중 가장 큰 즐거움을 가져다준 것은 바로 이 일이었다)와 앤 젠킨Anne Jenkin 남작 부인, 로지 보이콧Rosie Boycott 남작 부인, 롬퍼드의 베델Bethell of Romford 경의 특별한 노고 덕분에 영국 하원에서는 2024년 상반기에 초가공식품과 비만의 연관성에 대한 조사에 착수한다고 밝혔다.

═ 어떤 정책이 필요한가? ═

두 개의 프로젝트가 있다. 첫째, 우리는 선택과 자유를 증가시키는 방향으로 초가공식품 제조업계를 규제해야 한다. 둘째, 사람들이 원한다면 건강하고 저렴한 식품을 선택할 수 있게 해야 한다. 두 번째 프로젝트에는 이미 여러 다양한 목소리들이 참여하여 저렴한 진짜 음식을 장려, 홍보하고 있다. 나는 첫 번째 규제에 관심이 있다.

나는 이 접근 방식이 담배 규제의 틀을 따라야 한다고 믿는다. 여기서 중요한 것은 무엇을 금지하는 것이 아니다. 중독성 물질을 금지하면 보통 득보다는 실이 많다. 크게 보면 두 가지가 필요하다.

1. 유해 식품에 경고 라벨 붙이기

가정의 주방에서는 찾아볼 수 없는 첨가물이 들어간 모든 식품에 검정색 팔각형을 붙이려고 하면 업계에서 고용한 변호사들은 부엌에 잔탄검을 비치하는 사람도 있다며 불만을 토로할 것이다. 하지만 그런 것은 중요하지 않다. 아르헨티나와 멕시코에서는 최악의 식품에 최대 다섯 개까지 검은색 팔각형 정지 신호가 붙고(소금, 지방, 설탕, 트랜스지방이나 포화지방, 칼로리 등에 각각 하나씩), 카페인과 감미료에는 두 개의 검은색 사각형이 붙는다. 세계보건기구의 영양소 프로필 분류를 바탕으로 하는 이 라벨 시스템은 여러 중남미 국가에서 효과를 나타내는 것으로 보인다. 가장 중요한 점은 이 시스템이 초가공식품을 95퍼센트 이상 포괄하고 있다는 것이다. 나는 합성 유화제에 관한 경고 라벨을 추가할 것을 제안하고 싶은데 일단 식품에 검은색 팔각형이 하나 붙어 있고, 라벨 부착을 위한 증거 기준이 충족된 경우에는 추가로 하나 더 붙이기가 어렵지 않다. 어떤 회사도 자기네가 식품에 첨가하려는 물질이 쥐를 부풀어 올라 죽게 만든다는 것을 밝혀낸 연구를 두고 정부 측 변호사와 정면으로 맞서려 하지 않는다. 여러 국가에서 이런 라벨이 법률로 정해졌다. 이제 아르헨티나에서는 당분과 칼로리 함량이 과도한 코카콜라 캔에 두 개의 검은색 팔각형이 붙어 있다. 그리고 중요한 점은 여기에 영국처럼 지방과 소금 함량이 낮다는 초록 신호등 표시가 없다는 것이다. 이런 표시가 붙어 있으면 마치 콜라가 건강에 좋은 식품이라는 인상을 심어준다. 일단 제품에 검은색 팔각형을 붙여놓으면 사람들에게 어떤 식품을 피해야 하는지 말하기가 쉬워진다.

2. 이해 충돌 끝내기

이 단계는 단순하지만 필수적인 부분이고, 담배를 규제할 때도 필수적이었다. 이로써 업계의 자금이 더러운 것으로 인식되기 시작했기 때문이다. 영국에서 공중보건을 개선하고자 한다면 업계와 규제 관계에 있어야 한다. 열린 소통을 통해 화기애애한 분위기를 유지할 수는 있겠지만, 업계가 하기 싫어하는 일을 하게 만들 필요가 있기 때문에 그 관계가 그냥 협업 관계가 될 수는 없다. 문제를 일으켜서 수익을 얻는 사람이 그 문제를 해결하는 데 도움을 줄 수는 없다. 영양과학자문위원회 같은 조직은 업계와 공식적인 관계를 맺고 있는 사람을 위원회에 참여시켜서는 안 된다. 현재 위원회에는 특정 업계 전문가가 한 명 있고, 나머지 14명 중 6명은 다농, 마스, 네슬레 같은 회사와 이해 충돌

관계에 있다. 자선단체도 마찬가지다. 영국 영양재단과 바이트 백은 업계와 재정적으로 연관이 있는 반면, 최고의 식품 자선단체는 그 어떤 돈도 받지 않는다. 첫걸음 영양재단, 유니세프, 식료품재단 등은 모두 대단히 훌륭한 단체들이다. 업계와 관련된 과학자들은 정책 공간이나 공개 토론에서 엄격히 배제되어야 한다. 담배업계로부터 자금을 지원받는 과학자들과 마찬가지로 이들의 글은 기사에 인용되어서는 안 되고, 뉴스에 등장해서도 안 된다. 이해 충돌은 과학에 대한 신뢰를 갉아먹기 때문에 영양 관련 전문가와 기관들은 식품 회사와의 재정적 관계, 협력 관계, 공동 브랜딩을 피해야 한다. 그리고 그 대신 연구를 지원하는 공공 자금의 확대를 주장해야 한다.

일단 이 두 가지 목표를 달성하고 나면 나머지는 대부분 쉽게 따라온다. 국가 영양 가이드라인에 초가공식품에 대한 경고를 추가할 수 있다. 그리고 아동을 대상으로 하는 초가공식품(즉 팔각형이 찍힌 모든 식품)의 표적 마케팅을 중단한다. 스포티파이나 유튜브에도 광고할 수 없고, 만화 캐릭터도 사용할 수 없고, 버스표에 맥도날드 광고도 실을 수 없게 된다는 의미다. 그리고 학교, 병원, 교도소 같은 기관에서 제공하는 식품도 바꾸어 그 자리에서 사람이 바로 요리해서(그냥 덥히기만 하는 것이 아니라) 제공하게 한다. 이렇게 하면 일자리가 창출되고 음식을 준비하는 사람과 먹는 사람에게서 여러 가지 개선이 이루어질 것이다.

내 우선순위 목록에서 교육과 세금은 낮은 순위를 차지하고 있다. 모두가 의존하고 있는 필수 초가공식품에 세금을 매겨야 한다고 진지하게 생각하는 사람은 아무도 없다. 결국에는 과자, 탄산음료, 감자칩 등 가장 해로운 제품에 세금을 매겨야 한다. 그리고 거기서 걷은 세금으로는 진짜 식품에 보조금을 지급해서 사람들이 진짜 음식을 더 쉽게 구할 수 있게 만들어야 한다. 지방 정부는 이미 이 분야에서 훌륭한 일을 해내고 있지만, 그들에게는 레스터에 갔을 때 그레그스와 맥도날드 같은 패스트푸드점 말고는 아무것도 보이지 않는 상황을 막을 수 있는 힘이 있다. 그러면 당연히 힘을 사용해야 한다. 한편 우수한 음식 자선단체인 테이스티드^{TastED}가 한 일만 봐도 확인할 수 있듯이 교육을 개선하는 것도 훌륭한 일이지만, 아이들이 마케팅에 사로잡혀 있고 다른 음식을 구할 형편이 안 되는 상황에서는 그런 교육이 불편하게 느껴질 수도 있다.

정말로 해결이 어려운 문제는 진짜 식품을 저렴하게 만드는 것이다. 가난하게 살다 보면 어쩔 수 없이 해로운 식생활을 할 수밖에 없기 때문에 필요한 첫 번째 단계는 빈곤을 종식시키는 것이다. 이것은 가능한 일이다. 빈곤에 따르는 비용을 순수하게 금전적인 측면에서만 표현해서는 안 되며, 그럴 수도 없다. 빈곤은 곧 정의의 실패다. 아이들은 어떤 가정에서 태어났든 상관없이 동등한 삶의 기회를 부여받아야 한다. 순수하게 경제적인 측면에서만 보아도 빈곤 종식을 뒷받침하는 논거가 압도적이며, 세계 제일의 막강한 군대와 세계를 제패하는 축구팀을 원하는 가장 매파적이고 우파적인 국수주의자라 하더라도 빈곤 종식을 최우선 과제로 삼아야 한다(아마도 이런 사람 중에서 이 책을 여기까지 읽은 사람은 많지 않을 거라 생각하지만, 아직까지 이 책을 붙잡고 있다면 환영의 인사를 전한다).

영국에서 빈곤에 따른 보건 의료, 교육, 치안, 사법, 사회복지 비용의 증가와 세수 감소로 인해 정부가 지출하는 돈이 1년에 약 780억 파운드(한화 약 138조 700억)로 추정된다.[43] 이 돈은 빈곤을 종식시키는 데 드는 것보다 더 많은 돈이다. 따라서 빈곤 종식은 도덕적으로도 합당할 뿐만 아니라, 빈곤으로 산산이 부서진 삶을 고치는 데 돈을 쓰는 것보다도 훨씬 비용 효율적이다.

그다음 단계는 진짜 식품을 위한 시장을 만드는 것이다. 이 시스템은 하향식으로 관리하기에는 너무 복잡하다. 나는 사람들에게 무엇을 먹어라 말아라 말하는 것은 옳지 않다고 생각한다. 그보다는 모든 사람이 진정한 선택권을 갖는 세상을 만드는 데 일조하고 싶다. 포장지 위에 적힌 경고 라벨, 교육, 공중보건 캠페인은 사람에 대한 과도한 간섭이나 통제가 아니다. 이 방법은 사람들에게 힘을 실어준다. 사람들이 자신이 먹는 식품에 대해 이해하고 본질을 호도하는 마케팅으로부터 자유로워지면 진짜 식품을 요구하게 된다. 업계는 수요의 변화에 반응하는 능력이 아주 탁월하다. 기존의 거대 식품 업체들이 모두 살아남지는 못하겠지만, 다른 구조와 제품 포트폴리오를 갖춘 새로운 회사들이 등장하게 될 것이다.

그러면 이 책의 범위를 아득히 뛰어넘는 농업 경제 시스템의 변화가 찾아올 것이다. 이 시스템은 이미 보조금과 인센티브를 통해 강력하게 관리되고 있다. 정부는 이런 것들을 재조정해서 저렴하고, 건강하고, 환경적으로 지속 가능한 식품을 만들어내는 식품 시스템을 뒷받침할 수 있을 것이다. 하지만 이런 식품에 대한 시장이 형성되지 않으면 아무것도 변하지 않을 것이다. 정치인들에게 회사를 규제할 명분이 생기지 않을 것이기 때문이다.

= 문제는 당신이 아니라 식품이다 =

지난 몇 달 동안 수백 번의 강의와 인터뷰를 통해 이 책의 핵심 메시지를 요약하고 반복하다 보니 굉장히 도움이 될 만한 몇 가지 개념이 떠올랐다. 당신이 자기가 원하지 않는 식품을 먹으며 고통스러워하고 있다면 원하는 것을 먹도록 이 개념들이 도와줄 수 있을 것이다.

    초가공식품에 대해 알아가는 동안에는 계속해서 초가공식품을 먹어야 한다. 금지하지 않는 것이 회복에서 정말로 중요한 부분인 것 같다. 하지만 초가공식품이 우리의 건강을 해치는 방식에 대한 이 목록만은 기억하자.

- 초가공식품은 식감이 부드럽고 일반적으로 칼로리 밀도가 높기 때문에 신체가 따라잡을 수 없는 속도로 먹게 되고 포만감을 느끼기 어렵다.
- 분리단백질, 정제 기름, 변성 탄수화물 같은 것은 너무 빨리 흡수되기 때문에 포만 신호를 뇌로 보내는 장 부분에 아예 도착하지 못할 수도 있다. 우리는 이런 식품을 먹도록 진화하지 않았다.
- 첨가제 중에는 해롭게 작용한다고 알려진 것들이 있다. 특히 유화제와 인공감미료를 주의하자. 유화제는 장의 점막을 얇게 만들기 때문에 대변 속의 세균들이 혈중으로 새어 나와 전신에 염증을 일으킬 수 있다. 영양가가 없는 감미료는 단맛 때문에 몸에 설탕이 들어오고 있다는 신호를 보내지

만 실제로는 아무런 칼로리도 제공하지 않는다. 이것이 대사 스트레스를 일으키고 마이크로바이옴을 변화시킨다.
- 마이크로바이옴에 영향을 미치는 다른 첨가제로는 말토덱스트린, 변성전분, 여러 가지 검과 점도증강제 등이 있다.
- 향미강화제(글루탐산염, 구아닐산, 이노신산, 리보뉴클레오티드 등)는 과잉 섭취를 유발한다. 이런 성분들 역시 맥락에서 벗어나서 첨가된 경우에는 몸에게 당신이 먹고 있는 식품에 들어 있는 영양에 대해 거짓말을 하게 된다.

하지만 가장 중요하게 기억해야 할 것은 바로 초가공식품의 목적이다. 이것이 가장 중요한 부분이다. 위에 적어놓은 속성 중 어느 하나가 문제가 되는 것이 아니다. 모든 식품은 산성, 점도, 지방 식감, 유화제의 종류, 색소, 질감, 포장지 글씨의 색깔, 광고에 사용된 만화 동물의 종류 등등 수백 가지의 속성을 지니고 있다. 이런 변수들은 모두 시식단을 상대로 테스트를 거쳐 사람들이 최대한 많이 구입해서 먹도록 최적화된다.

당신이 먹는 식품의 최종 목적은 돈을 버는 것이기 때문이다.

식품이 대규모 기관 투자자가 소유한 다국적 대기업에서 만드는 것이라면 그런 식품은 당신의 건강보다는 돈을 버는 것을 우선시하고, 돈을 버는 가장 좋은 방법은 중독성 제품을 만드는 것이다. 중독성 제품은 최대한 저렴한 원재료를 이용해서 만들 수 있다. 초가공식품을 먹을 때는 이것을 누가 만들었는지, 그리고 그들이 달성하고자 하는 것이 무엇인지 스스로에게 물어보아야 한다. 이것은 당신에게 영양을 공급하기 위해 만든 진짜 식품일까? 아니면 당신의 건강을 희생해서 다른 누군가의 호주머니를 채우기 위해 산업적으로 생산된 식용 물질일까?

　고민이 된다면 하나만 기억하자. 문제는 당신이 아니라 식품이다.

자주 받는 질문들

| | | | | | | | | | | | | | | | | | | | | | | | | | | | | | | | | | | |

어떤 식품이 초가공식품인지 어떻게 확신할 수 있나요?

성분 목록이 나와 있나요? 그렇다면 아마도 초가공식품일 것입니다. 모르는 성분이 들어 있다고요? 그럼 아마도 초가공식품일 겁니다. 몇 가지 예외는 있습니다. 일반적으로 통조림에 방부제가 들어 있다고 해서 초가공식품이란 의미는 아니며, 많은 국가에서 밀가루에 추가하도록 요구하고 있는 성분들도(영국에서는 칼슘, 철분, 티아민, 니아신) 마찬가지입니다. 오픈 푸드 팩트Open Food Facts가 데이터베이스로서 아주 유용합니다.

초가공식품은 모두 나쁜가요? 통밀빵은 어떤가요?

유화 처리된 초가공 통밀빵은 유화제와 부드러운 식감 때문에 과잉 섭취나 다른 문제를 일으킬 가능성이 높습니다. 그래도 통밀이 아닌 초가공식품 빵보다는 분명 낫겠죠. 하지만 진짜 빵보다는 아마도 안 좋을 것입니다. 어느 초가공식품이 가장 해로운지 이해하는 것은 가치가 있지만, 그보다 나은 제품들을 어느 정도까지 구분할 수 있는지는 제한적입니다. 우리가 갖고 있는 식품 시스템은 주로 초가공식품을 생산하고 있으며, 이는 고쳐야 할 부분입니다. 완전히 초가공식품으로 이루어진 식단이라면 통밀빵이 그래도 다른 식품들보다는 덜 해롭겠지만, 통밀빵은 유해성이 알려진 다른 식품들보다 많이 먹는 것이라 문제가 될 수 있습니다. 예를 들어 초콜릿을 매일 아침마다 먹지는 않을 테니까요.

집에서 잔탄검을 넣어서 요리하면 초가공식품을 만드는 것인가요?

아닙니다. 초가공식품은 이윤 창출을 위해 산업적으로 생산됩니다. 이것이 초가공식품의 정의에도 들어 있습니다. 당신이 누군가를 사랑하고, 그 사람에게 영양을 공급하기 위해서 요리하고 있다면 초가공에 해당하지 않습니다. 이런 일반적인 규칙에 몇 가지 예외는 있을 수 있습니다. 완전히 초가공식품만을 재료로 사용해서 만드는 요리법이라면 건강한 식단이 되기 어렵습니다. 인공 첨가물이 들어간 토르티야 위에 치즈를 뿌려 먹는 것을 요리라고 하기는 힘들죠.

어째서 초가공식품이 신선식품보다 저렴하죠? 식품에 이런저런 처리를 하고 포장까지 해야 하니 더 비싸야 정상 아닌가요?

첨가제를 쓰면 돈을 아낄 수 있습니다. 유지방보다는 팜스테아린이 저렴합니다. 안정제를 사용하면 유통기한이 늘어나서 돈을 아낄 수 있죠. 그리고 향미료가 과일보다 쌉니다.

초콜릿과 아이스크림을 어떻게 끊어야 하나요?

아이스크림을 계속 드세요. 아이스크림을 먹는다고 비난할 생각은 없습니다. 하지만 아이스크림을 먹으면서 1장을 다시 읽어보시고, 아이스크림에 나온 성분 목록도 살펴보세요. 초가공식품이 아닌 아이스크림도 있기는 합니다만 찾기가 쉽지 않습니다. 저는 제 생일 선물로 아이스크림 제조기를 사달라고 했습니다.

알펜은 건강에 좋은가요?

알펜은 건강에 좋은 통곡물이 많이 들어 있지만, 일반적으로 가정에서 사용하지 않는 성분인 '우유 유청 분말'이 들어 있습니다. 이 성분이 과잉 섭취를 유도하는지 여부를 이해하려면 그 안에 들어 있는 다른 재료들(통곡물 밀, 통곡물 귀리, 건포도, 설탕, 탈지분유, 헤이즐넛, 아몬드, 소금)을 구입해서 그것으로 알펜처럼 거부할 수 없는 맛의 음식을 만들 수 있는지 한번 시도해보세요. 저는 실패했습니다. 알펜을 만드는 곳은 수십억 달러 규모의 포장식품 회사인 포스트 홀딩스입니다. 이들은 시리얼을 어떻게 만들어야 당신이 많이 먹게 될지 잘 알고 있습니다. 따라서 알펜이 꼭 건강에 나쁜 것은 아니지만, 필요 이상으로 많이 먹게 될 것입니다. 저는 예전에 그것을 푸딩에도 넣어서 먹었습니다!

사람들이 특정 음식을 무서워하게 만들면 섭식장애가 생기지 않나요?

나는 식품의 한 범주에 대해 비판하면 혹시 섭식장애를 일으킬 위험이 있지 않을까 하는 걱정을 많이 했습니다. 하지만 이런 위험을 감수할 필요가 있어 보입니다. 특히 초가공식품이 섭식장애에 기여한다는 증거도 나와 있기 때문입니다. 나는 영국 정신의학회Royal College of Psychiatrists의 섭식장애 정신의학과 사람들과 만나 논의해보았습니다. 그들뿐 아니라 섭식장애를 치료하는 이 분야의 다른 많은 종사자들도 초가공식품이 맡고 있을지 모를 역할에 대해 우려하고 있습니다. 초기 데이터를 살펴보면 사람들이 폭식하는 음식은 100퍼센트 초가공식품으로 나옵니다.[1,2] 영양 공급을 목적으로 생산되지 않은 음식을 먹으면 우리가 먹는 방식과 우리의 관계가 바뀌는 것으로 보입니다. 이런 점은 중독과 관련해서 가장 분명하게 드러납니다. 이 논의에 진지하게 참여한 사람들은 모두 특정 유형의 식품을 악마화하는 데 따르는 위험을 잘 알고 있습니다. 완벽하게 논의할 수 있는 방법은 없지만, 나는 내 연구를 보여주려고 노력해왔고, 초가공식품의 해로움을 지적하는 데 따르는 위험이 이득보다 크다는 설득력 있는 증거는 나오지 않았다고 생각합니다.

초가공식품은 정말 중독성이 있나요?

많은 초가공식품이 중독성이 있다는 증거는 대단히 강력하며 이 책이 출간된 이후로 더 많아졌습니다. 나는 10장에서 초가공식품을 중독성 물질로 생각하는 데 따르는 이점이 있을 거라는 생각을 조심스럽게 표현한 바 있습니다. 하지만 이제는 그렇게 조심할 필요가 없다고 느깁니다. 자녀에 대해 생각할 때이든, 정부 정책을 수립할 때이든, 중독성이야말로 초가공식품을 바라보는 최고의 관점이라고 점점 더 확신하게 됐습니다.

지난 1년 동안 초가공식품에 관한 여러 논문이 발표됐지만 2023년 10월 호《영국 의학 저널》에 발표된 「초가공식품 중독의 사회적, 임상적, 정책적 함의Social, clinical, and policy implications of ultra-processed food addiction」라는 논문이 그중에서도 분명 가장 중요한 논문일 것입니다.[3] 이 논문은 36개국에서 나온 281개의 연구를 포함하는 두 개의 체계적 문헌 고찰 논문에 대해 보고하고 있으며, 전체적인 식품 중독 유병률이 성인은 14퍼센트, 아동은 12퍼센트로 나왔습니다. 성인의 유병률은 알코올 중독(14퍼센트) 및 담배 중독(18퍼센트)의 유병률과 비슷하지만, 아동의 중독은 전례가 없는 수준입니다. 우리는 역사적으로 아동을 중독으로부터 보호하는 데 뛰어난 역량을 보여왔습니다.

이것이 과연 음모론일까요? 회사들은 일부러 중독성 있는 제품을 만들어내고 있으며, 이 식품에 중독성이 있음을 자신들도 잘 알고 있습니다. 크레이브Krave라는 시리얼이 있는데, 프링글스 통을 한번 개봉하면 먹기를 멈추기가 거의 불가능하다는 사실이 이들의 성공적인 마케팅 캠페인의 밑바탕을 이루고 있습니다. 애시윈 로드리게스Ashwin Rodrigues는《GQ》잡지의 저널리스트입니다. 우리는 초가공식품에 대해 이야기를 나누었는데, 그가 모든 시리얼 마스코트는 자기가 광고하는 제품에 중독되어 있는 것처럼 보인다는 흥미로운 점을 지적했습니다. 유튜브에서 이런 광고를 다시 찾아서 보면 재미있기도 하지만, 이런 식품에 중독되는 것이 마치 정상처럼 보이게 만들고 있는 것은 아닌지 걱정스럽기도 합니다.

　자기가 초가공식품에 중독되어 있다고 느껴지면 아예 끊는 것이 도움이 될 수 있습니다(그럴 형편이 된다면 말입니다!) 중독을 안고 사는 경우가 아니라면 초가공식품의 섭취를 줄이고, 어쩌다 가끔씩 간식으로 먹는 것이 어렵지 않을 것입니다(하지만 일단 초가공식품을 특별한 간식으로 여기기 시작하면 그 맛이 기대에 못 미칠 수도 있습니다.).

초가공식품은 모두 똑같이 해로운가요?

초가공식품에 관해 중요한 많은 질문이 남아 있습니다. 그중 하나가 제일 덜 해로운 제품이 무엇이냐는 질문이죠. 가공 성분이라고는 약간의 잔탄검밖에 없는 프렛의 샐러드와 가공하지 않은 성분이라고는 설탕밖에 없는 미즈 몰리의 아이스크림 사이에는 분명 차이가 있습니다. 프렛 샐러드에 들어 있는 잔탄검은 아마도 당신에게 해롭게 작용하지 않을 테지만, 이 식품이 당신의 건강에 대해서는 별로 신경 쓰지 않는 산업 시스템을 통해 생산된 식품임을 말해주죠. 프렛에서 파는 일부 샐러드에는 빅맥보다 더 많은 칼로리가 들어 있고, 한 그릇을 뚝딱 해치우게 될 것입니다. 그렇게 설계된 음식이니까요. 미즈 몰리의 아이스크림을 먹을 때는 적어도 자기가 무엇을 먹고 있는지는 확실히 알 수 있습니다. 기억해야 할 중요한 점은 초가공식품이 건강에 미치는 영향은 식단에서 초가공식품이 차지하는 비율에 달려 있다는 점입니다. 코코팝 한 그릇만으로는 문제가 되지 않습니다. 하지만 코코팝 같은 제품을 중심으로 구성된 식단은 아주 해로울 듯합니다.

이것은 빈곤 속에 살고 있어서 해결해야 할 문제가 이미 산더미처럼 쌓여 있는 사람들을 향한 문화 전쟁이 아닐까요?

이것이 바로 업계의 자금 지원을 받는 영국 영양재단 소속의 재닛 케이드가 마찬가지로 업계의 자금 지원을 받는 사이언스 미디어 센터의 기자회견에서 주장한 내용입니다.

> 사람들은 다양한 이유로 가공식품에 의존하고 있습니다. 따라서 결론을 말씀드리자면, 만약 우리가 식단에서 가공식품을 없애버린다면 식품 공급에 거대한 변화가 필요해질 것이고, 이것은 대부분의 사람이 감당할 수 없는 일이기 때문에 가공식품에 의존하는 사람들에게 낙인을 찍고 죄책감을 유발하여 취약계층에 대한 불평등을 더욱 조장할 수 있습니다.

저는 이 말의 대부분에 동의합니다. 하지만 결론은 다릅니다. 케이드는 "따라서 계속해서 초가공식품을 먹어야 합니다"라고 말합니다. 반면 저는 "따라서 식품 공급 시스템에 커다란 변화를 줘야 합니다"라고 말합니다. 많은 사람의 삶을 개선할 수 있는 규제를 이런 논거를 이용해서 억압하려 드는 것은 냉소적이고 잔인하게 느껴집니다. 취약계층에게 계속 형편없는 음식을 먹도록 강요하는 것이야말로 진짜 불평등을 야기하는 것입니다. 우리 모두는 본질을 오도하는 약탈적 마케팅에 빠져 있습니다.

루이자 브리튼$^{Louisa\ Britain}$(@roadsidemum)은 빈곤 및 장애 운동가이자 활동가로서, 질 낮은 음식이 가난과 어떻게 상호작용하는지 나보다 훨씬 잘 이해하고 있습니다. 케이드의 말에 그녀는 이렇게 대답했습니다.

여기에서 문화 전쟁이 벌어지고 있다면 그것은 노동자 계층을 향한 전쟁이 아닙니다. 저는 지난밤에 초가공식품 피자를 먹었는데 오늘밤에 만들어 먹고 있는 소고기 스튜보다도 돈이 덜 들었어요. 따라서 초가공식품에 반대한다는 것은 "돈 없는 사람들도 싸구려 음식 좀 그만 먹어라"라고 말하는 것이 아니라 "누구 저 식품 회사들을 좀 제대로 감독해 줄 수 없나요?"라고 묻고 있는 것입니다.

활동가들이 제안하는 해결책들은 모두 불평등과 불이익을 줄이는 것에 초점이 맞춰져 있습니다. 마지막 말은 루이자의 말로 대신합니다. "정말로 중요한 부분은 식품과 비슷한 가짜 식품, 산업적으로 생산된 식품 유사물질이 아니라 제대로 된 진짜 식품이 표준으로 자리 잡게 만드는 것입니다."

감사의 말

내 평생에 진짜 재주가 하나 있다면 나보다 훨씬 뛰어난 사람들을 곁에 두는 재주일 것입니다. 이것이 정말 중요한 부분이었습니다. 이 책을 쓰는 것을 아주 얕잡아 보았다가 결국에는 마무리하는 데 정말 많은 사람의 도움이 필요해졌기 때문입니다.

이것은 이 책이 세상에 나오는 데 꼭 필요했던 사람들을 순서 없이 무작위로 나열한 목록입니다. 이들이 없었다면, 이 책을 쓸 수 있게 지지하고 도와준 사람들이 없었다면 이 책은 정말 형편없는 책이 되었을 것입니다.

제 어머니 키트^{Kit}와 아버지 앤서니^{Anthony}에게 감사드립니다. 어머니와 아버지를 제일 먼저 올린 이유는 그냥 생물학의 논리에 따른 것이 아니라 내 평생에 걸쳐 두 분이 나와 내 형제들에게 모든 것이 가능해 보이는 환경을 만들어주셨기 때문입니다. 어머니는 또한 내가 아는 최고의 요리사이고, 전문 편집자입니다. 그래서 어머니는 말 그대로 이 책과 그 안에 담긴 많은 아이디어를 만들어내는 데 큰 도움을 주셨습니다.

터무니없을 정도로 재능이 뛰어난 세 명의 편집자에게 신세를 졌습니다. 이들이 두 번째 원고를 읽고 어찌나 꼼꼼하게 의견을 남겼는지 그것만 해도 최종 책 분량의 거의 20퍼센트나 됐습니다. 코너스톤 프레스$^{Cornerstone\ Press}$의 헬렌 콘퍼드$^{Helen\ Conford}$는 내가 마감일을 놓쳐서 생긴 스트레스를 마치 핵분열로의 탄소봉처럼 흡수해주었습니다. 어찌나 잘 흡수했는지 그런 스트레스가 있었다는 사실도 한참 후에나 알았습니다. 그녀는 가끔씩 잔인하고, 언제나 예측 불가능하고, 너무나 재미있는, 제가 바랄 수 있는 최고의 편집자입니다.

 미국 W. W. 노튼Norton의 멜라니 토르토롤리Melanie Tortoroli와 캐나다 크노프Knopf의 릭 마이어Rick Meier가 내게 절실히 필요했던 건설적인 비평을 따듯하고 유머 있게 포장해서 전달해준 덕분에 그런 문제점을 고치는 과정을 오히려 즐길 수 있었습니다. 초기 원고에 대한 그들의 열정이 나를 계속 나아가게 해준 원동력이었습니다. 코너스톤 프레스의 팀원들은 저를 기대 이상으로 지원해주었습니다. 제 홍보 담당자인 에티 이스트우드Etty Eastwood는 이 책에 담긴 아이디어를 최대한 많은 사람에게 전달하기 위해 쉬지 않고 일했습니다. 클레어 부시Claire Bush와 샬럿 부시Charlotte Bush(가족 아님)는 각각 마케팅과 홍보를 맡아 영웅적인 활약을 펼쳤습니다. 영업 담당 매트 워터슨Matt Waterson과 판권 담당 페니 리히티Penny Liechti는 내 책이 독자들에게 닿을 수 있게 도와주었습니다. 조애나 테일러Joanna Taylor는 편집 과정을 감독해주었고, 오드란 오도노휴Odhran O'Donoghue는 가끔은 민망할 정도였지만 꼭 필요한 세부 교정을 진행해주었습니다. 그래도 남은 오류가 있다면 그것은 물론 저의 책임입니다.

RCW의 조 왈디Zoë Waldie는 최고의 문학 에이전트입니다. 그녀는 책의 구조와 계약 같은 굵직굵직한 결정에서 쉼표의 위치 결정에 이르기까지 매 단계에서 친구 겸 멘토 겸 안내자가 되어주었습니다. 그녀와 RCW의 그녀의 팀이 없었다면 이 책은 존재할 수 없었을 겁니다.

미란다 채드윅Miranda Chadwick은 저를 대표하기 전부터 친구였습니다. 그녀가 없었어도 이 책은 세상에 나올 수 없었을 것입니다. 그녀는 최고의 방송 에이전트이며, 내가 그 일을 할 수 있게 된 이유이기도 합니다. 채드윅이 양이라면 제이미 슬래터리Jamie Slattery는 음이었습니다. 그가 없었다면 내 삶의 어떤 측면도 제대로 작동하지 못했을 것입니다. 이 두 사람은 내 삶에서 가장 중요한 사람입니다.

제임스 브라우닝James Browning(사샤의 표현으로는 베임스)은 제안을 돕기 위해 조 왈디가 내게 보낸 사람입니다. 그렇게 1년이 지나고 나니 그가 가족처럼 느껴집니다. 그는 매주 편집자 겸 상담사로 활동하면서 서로 연결되지 않고 나열된 사실적 진술이 한 권의 책과 어떤 차이가 있는지 이해할 수 있게 도와주었습니다.

알렉산더 그린Alexander Greene은 기억도 나지 않는 오래전부터 내 친구였고, 단 한 번도 흔들림 없이 이 전체적인 아이디어를 열정적으로 격려해주었습니다. 이탈리아에 있는 그의 농장에서는 여러분이 먹을 수 있는 최고의 진짜 음식을 판매하고 있습니다. 그의 사이트를 방문해

보세요. https://potentino.com/

리지 볼튼은 초가공식품에 관한 논문을 처음으로 제게 전달해준 사람입니다. 그리고 이 책에서 소개한 식생활 실험을 영상으로 담은 초가공식품에 관한 프로그램 〈우리 아이들에게 무엇을 먹이고 있는가? What Are We Feeding Our Kids?〉를 비롯해서 내가 만든 여러 편의 BBC 다큐멘터리 제작을 뒤에서 지휘한 두뇌 중 한 명입니다. 그녀나 도미니크 워커Dominique Walker(제가 제작한 대부분의 다큐멘터리를 훌륭하게 연출해주었습니다), 잭 부틀Jack Bootle(제 다큐멘터리를 개발하고, 연출하고, 지금은 의뢰해주고 있습니다), 톰 맥도널드Tom McDonald(BBC에 있는 동안 여러 해에 걸쳐 나를 돌보아주었습니다)가 없었다면 이 책은 나올 수 없었을 것입니다. BBC는 상업 자본의 지원을 받지 않는 유일한 방송국이며, 사내 위원과 변호사로 이루어진 용감한 팀을 두고 있습니다. 이 팀은 여러 해 동안 건강의 상업적 결정 요인에 대해 방송할 수 있도록 과감한 지원을 아끼지 않았습니다. 이 팀이 존재한다는 것이 정말 행운이라 생각합니다.

헬렌 크롤리는 식품 정책 전문가로 제 전문 감수자 중 한 명이었고, 아마도 영약학적 증거에서 정책 개발 방식에 이르기까지 식품의 모든 측면에 관해 내가 제일 신뢰할 수 있는 정보원이라 할 수 있을 것입니다. 그녀는 정말 똑똑한 사람입니다.

카를루스 몬테이루와 그의 연구진은 제게 많은 시간과 조언을 아끼지 않았습니다. 특히 카를루스 본인과 페르난다 라우버, 제프리 캐넌(몇 시간이고 나와 대화를 나누고 소중한 연구 자료도 엄청나게 많이 보내주었습니다), 마리아 라우라 다 코스타 루자다, 기오르기 스크리니스, 장클로드 무바라크에게 감사드립니다.

토양협회의 롭 퍼시벌과 헬렌 브라우닝$^{Helen\ Browning}$에게 감사드립니다. 롭은 이 문제에 관한 한 거의 모든 측면에서 전지전능한 사람처럼 느껴집니다. 헬렌은 상품의 경제학에 대해 처음 내게 설명해준 사람이었고, 아직까지도 그처럼 명확한 설명은 들어보지 못했습니다. 이 두 사람과 대화하고 난 후에야 그 내용을 처음으로 제대로 이해한 기분이 들었습니다.

책을 쓰기 시작하면서 식품의 이론과 정치, 그리고 그것을 둘러싼 정책을 깊이 이해할 수 있는 사람을 찾아 돌리 테이스$^{Dolly\ Theis}$와 인터뷰를 했습니다. 그리고 이제 그녀는 내 가족이 됐습니다. 이 책 곳곳에 등장하는 여러 아이디어, 특히 앞으로 나아갈 방향에 관해 다루는 마지막 장에 소개한 아이디어에서 그녀는 핵심적인 위치를 차지하고 있습니다.

앤드루 케이비$^{Andrew\ Cavey}$와 클레어 케이비$^{Claire\ Cavey}$는 내가 제일 아끼는 두 친구이고, 이 책에 등장하는 단어 하나하나를 가지고 두 사람을 괴롭혔습니다. 엉성한 논리를 참지 못하는 앤드루의 성격 때문에 짜증 나기도 하지만, 이것은 그의 가장 큰 장점 중 하나입니다.

자일스 예오는 정말 대단한 사람입니다. 자신이 내게 얼마나 큰 영향을 미쳤는지 정작 본인은 모르고 있을 것입니다. 그의 책 『먹는 유전자 Gene Eating』와 『칼로리가 중요하지 않은 이유 Why Calories Don't Count』는 꼭 구입해서 읽어보시기 바랍니다.

멀리사 톰프슨은 식품과 역사에 관해 내가 이 책에 담은 내용보다 훨씬 많은 것을 얘기해주었습니다. 그녀의 책 『마더랜드』를 구입해서 읽어보시기 바랍니다.

오브리 고든은 과학, 건강, 체중, 인류에 관심이 있는 사람은 누구나 들어야 할 〈메인터넌스 페이즈 Maintenance Phase〉 팟캐스트를 진행하고 있습니다. 그녀는 낙인을 찍지 않으면서 체중에 대해 얘기하는 법에 대해 아낌없이 조언해주었습니다. 그녀의 책, 『우리가 살에 관해 말하지 않는 것들 What We Don't Talk About When We Talk About Fat』(동녘, 2023)과 『살만 빼면 돼: 그리고 살찐 사람에 대한 19가지 다른 미신들 You Just Need to Lose Weight: And 19 Other Myths About Fat People』은 필독서입니다.

유니버시티칼리지 런던에서 레이철 배터햄은 여러 프로젝트에서 내 친구이자 멘토가 되어주었습니다. 샘 디킨, 재닌 마카로니디스 Janine Makaronidis, 클라우디아 간디니 휠러 킹쇼트는 그들이 생각하는 것보다 이 책과 다른 프로젝트에 훨씬 크게 기여했습니다.

비 윌슨은 《가디언》에서 초가공식품에 대해 내가 읽어본 최고의 설명을 해놓았습니다(리지 볼튼이 내게 전해준 자료). 그녀를 친구로 두어서 저는 정말 운이 좋은 사람입니다. 그녀는 일부 개념에 대해 사려 깊은 의견을 전달해주었을 뿐만 아니라 나오미 앨더먼Naomi Alderman에게 나를 소개해주었습니다. 앨더먼은 내게 비판을 받아들이는 방법, 돈이 작동하는 방식에 대해 알려주었습니다.

케빈 홀은 내게 많은 시간을 내어주었고, 내가 증거의 범위 안에서 벗어나지 않게 붙잡아주었습니다(대부분은 그랬습니다!).

크리스토퍼 스노든은 많은 시간을 내주었고, 토론에 대해서도 관대한 태도를 보여주었습니다. 우리는 많은 부분에서 의견이 일치했고, 언젠가 그가 경제연구소를 떠나 자신의 훌륭한 재능을 모두가 더 잘 살 수 있는 세상을 만드는 일에 쓸 수 있기를 바랍니다.

브라질 무아나에서 도와준 파울라 코스타 페헤이라, 가톨릭 비정부기구 파스토랄 다 크리안사에서 나온 리제트 노바에스, 그라실리아누 시우바 하무, 레오와 그의 가족에게도 감사의 마음을 전합니다. 트리스탄 퀸Tristan Quinn은 BBC 다큐멘터리 〈우리 아이들에게 무엇을 먹이고 있는가?〉의 브라질 분량을 감독해주었습니다. 알래스데어 리빙스턴Alasdair Livingston은 훌륭한 촬영감독이었고, 톰 벨Tom Bell은 모든 것을 하나로 엮어주었습니다.

폴 하트는 내가 옆길로 너무 멀리 벗어나지 않도록 잡아주었습니다. 그의 기술적, 윤리적 전문성이 큰 도움을 주었을 뿐 아니라, 친절하게도 본문을 함께 검토해주었습니다. 그와 샤론 덕분에 조사 과정이 재미있었습니다.

게리 타우브스에게도 감사드립니다. 인슐린에 대해서는 서로 생각이 다를지 몰라도 그와의 대화는 무척 즐거웠고, 대화가 끝날 무렵에는 대화를 시작했을 때보다 그를 더 존경하게 됐습니다.

배리 스미스는 내가 한 번도 생각해보지 않았던 새로운 철학과 신경과학 분야를 밝혀주었고, 초가공식품이 몸과 뇌에 영향을 미치는 방식에 대해 이해할 수 있게 도와주었습니다. 그는 여러 가지 아이디어도 아낌없이 나누어주었습니다.

클레어 루엘린은 유니버시티칼리지 런던에서 쌍둥이를 연구하고 있으며 유전과 환경의 관계에 대해 대단히 중요한 연구를 진행해왔습니다. 그녀와의 토론과 그녀의 전반적인 연구는 이 책에서 가장 중요한 개념 중 일부였습니다.

앙토니 파르데는 식품 매트릭스에 대해 말해주었고, 제가 과학적 문제에 접근하는 방식을 고쳐주었습니다.

수지 싱글러는 항생제 살리기 연합을 운영하고 있으며, 우리가 모두 생명을 유지할 수 있게 돕고 있습니다.

벤 샤인들린Ben Scheindlin은 클래라 데이비스에 대해 내게 길게 얘기해주었고, 클래라 데이비스에 관해 찾을 수 있는 것은 모두 파헤치며 여러 해를 보낸 캐나다의 저널리스트 스티븐 스트라우스Stephen Strauss의 설명도 큰 도움이 됐습니다. 스티븐은 너그럽게도 취재 내용을 자세하게 공유해주었으며 영양학에 관한 다른 흥미로운 내용도 많이 알려주었습니다.

매트 보스워스Matt Bosworth는 귀중하면서도 무서운 초기 법률 자문을 무료로 제공해주었습니다.

톰 넬트너와 마리셀 마피니는 환경보호기금Environmental Defense Fund에서 일하며 식품첨가물에 대해 FDA에 책임을 묻기 위해 노력하고 있습니다. 이들은 한번 물면 절대 놓지 않는 악어거북 같은 존재입니다. 하버드대학교의 에밀리 브로드 리브도 같은 주제로 연구를 하고 있습니다. 나는 그녀 역시 아주 좋은 의미에서 악어거북이라 생각하고 있습니다. 그녀는 첨가물이 미치는 영향이 사람마다 똑같지 않음을 이해할 수 있게 도와주었습니다.

세라 파이너Sarah Finer는 여러 해에 걸쳐 수많은 토론을 통해 내 생각에 영향을 미친 쌍둥이이자, 친구이자, 의사이자, 과학자입니다.

저는 의대에 있을 때 뛰어난 전문성과 너그러움을 갖춘 선생님을 많이 만날 수 있어 운이 좋았지만 그중에서도 특히 휴 도킨스Huw Dorkins

와 폴 데니스Paul Dennis 교수님은 저를 많이 응원해주셨고, 두 분이 생각하시는 것보다 제 경력에 큰 영향을 미치셨습니다.

샤론 뉴슨에게도 감사드립니다. 그녀가 비만의 여러 가지 측면에 대해 생각하는 방식, 체중에 대해 논의하는 방식에 대해 내 생각을 얼마나 많이 바꾸어놓았는지에 대해서는 본문에서 다루지 않았습니다. 나는 오랜 시간 그녀를 엉뚱한 방향으로 내몰았지만 결국 그녀가 저를 올바른 방향으로 밀어주었습니다. 그녀는 진정한 전문가이자 훌륭한 친구입니다.

에디 릭슨은 〈오퍼레이션 아우치!Operation Ouch!〉 팀이 그의 농장을 장악한 짧은 시간 안에 농업과 식품 산업에 대해 정말 훌륭하게 설명해주었습니다.

유니버시티칼리지 런던의 팀 콜Tim Cole은 많은 시간을 들여 아동 비만이 미신이라 주장하는 사람들이 얼마나 미묘하면서도 확실히 틀렸는지 설명해주었습니다. 정말 사랑스럽고 영감이 넘치는 사람입니다.

데이비드 빌러David Biller는 투자자의 전지전능함으로 나의 순진함을 깨우쳐주었을 뿐만 아니라 로버트 플로먼, 익명의 경영 컨설턴트, 이브라힘 나자피 같은 업계 전문가와 연결해주었습니다. 이런 사람들은 나와 대화를 나누어봤자 얻을 것은 없고 잃을 것만 많은 사람들이었는데도 자신의 시간과 지식을 아낌없이 내주었습니다.

패티 런들Patti Rundall은 식품 회사들 사이에서 벌어지는 군비경쟁에 대해 누구보다 잘 이해하고 있으며, 전 세계 아동들을 약탈적 마케팅으로부터 보호하는 강력한 힘이 되어주고, 끝없이 영감을 불어넣어주는 사람입니다. 그녀의 영향력은 이 책의 모든 페이지마다 담겨 있습니다.

나는 유니세프 영국 사무소 팀원들, 특히 캐서린 샤츠Katherine Shats, 그레인 몰로니Grainne Moloney, 클레어 쿼럴Claire Quarrell, 제시카 그레이Jessica Gray와 함께 일할 수 있어서 정말 자랑스럽습니다.

세계보건기구의 전문가와 동료들이 이 책이 나오기까지 많은 도움을 주었습니다. 그리고 나이절 롤린스Nigel Rollins, 토니 워터스턴Tony Waterston, 래리 그러머 스트론Larry Grummer-Strawn, 니나 채드Nina Chad, 애나 그룬딩Anna Gruending과 함께 일하게 되어 무척 자랑스럽습니다.

빅토리아 켄트Victoria Kent와 세라 할핀Sarah Halpin은 초가공식품에 대한 여러 개념을 다듬어주었고, 초가공식품이 아닌 음식을 많이 요리해주었습니다. 빅토리아는 나 같은 사람도 쉽게 이해할 수 있는 방식으로 투자와 돈에 대해 설명해주었습니다.

국가식량전략National Food Strategy의 팀원들은 여러 번에 걸쳐 많은 도움을 주고 이 책에서 논의하는 내용에도 많은 영향을 주었습니다. 태스민 쿠퍼Tamsin Cooper와 헨리 딤블비Henry Dimbleby, 제미마 딤블비Jemima Dimbleby

는 이 주제에 어떻게 접근해야 하는지 가르쳐주었습니다. 이 책에서 그들의 계획에 대해 자주 언급한 이유도 그 때문입니다.

조 론트리Jo Rowntree, 필리 보몬트Philly Beaumont, 리처드 베리Richard Berry, 헤스터 캔트Hester Cant는 이 책보다 먼저 나온 〈식품 중독〉 팟캐스트를 제작했습니다. 이들은 정말 놀라운 사람들이고, 내가 그 어느 때보다도 식품에 대해 열심히 생각하게 만들어주었습니다.

매리언 네슬Marion Nestle, 필 베이커Phil Baker, 니콜 아베나, 사다프 파루키, 안드레아 셸라, 멀리사 미알론Mélissa Mialon, 밥 보일, 고든 해밀턴Gordon Hamilton과 그의 가족, 수전 젭Susan Jebb(여러 편의 다큐멘터리를 함께 작업하며 수전은 정말 큰 도움을 주었습니다)에게도 감사드립니다.

불평등을 줄이고 저와 제 아이들을 비롯해 이 세상 모든 이들이 더 나은 세상에서 살 수 있도록 자신의 평생을 바치고, 수입 감소도 감수했던 과학자와 활동가들에게도 큰 감사의 마음을 전합니다. 코카콜라에서 돈을 받았다면 이들의 삶은 훨씬 편해졌을 것입니다.

열대성질환병원에서 일하는 모든 이, 특히 세라 로건Sarah Logan, 필 고서드Phil Gothard, 마이크 브라운Mike Brown은 내 직장 생활이 제대로 굴러갈 수 있게 만들 방법을 찾는 데 도움을 주었습니다. 유니버시티칼리지 런던병원에서 저를 응원하고 채찍질하는 사람들에 둘러싸여 일하면서 임상 업무와 이 커리어를 유연하게 병행할 수 있었던 것은 크나큰 행운입니다.

매주 함께 일하는 사람들은 모든 면에서 뛰어난 사람들이고 내게는 끝없는 영감의 원천이 되어줍니다. 애나 체클리Anna Checkley, 애나 라스트Anna Last, 니키 롱리Nicky Longley에게 특별한 감사의 마음을 전합니다.

임상, 학술, 방송 업무는 겹치는 부분이 많은데 특히 레이철 메이뱅크Rachel Maybank, 샤론 스피테리Sharon Spiteri, 미카엘라 키팅Michaela Keating 등 유니버시티칼리지 런던병원의 커뮤니케이션 팀은 당연히 그 중심에 있습니다.

NHS 의사가 되는 것은 큰 특권이며 내게 제일 많은 가르침을 주는 사람은 내 환자들입니다. 그들은 우리가 무엇을 먹을지는 욕구보다 환경이 훨씬 많은 영향을 미친다는 것을 가르쳐주었습니다. NHS는 현재 세계에서 조기 사망의 가장 큰 원인으로 작용하고 있는 상업 세력에 대항하는 마지막 보루 중 하나입니다. 의료를 민영화해서 식품 회사나 담배 회사와 동일한 인센티브에 따라 운영하도록 허용한다면 우리는 소중한 것을 잃고, 그 후로는 결코 그것을 회복할 수 없게 될 것입니다. 이것은 눈앞에 다가온 현실적인 위험입니다.

제게 학술적 고향이 되어주고 자유로이 활동할 수 있는 여지를 마련해준 유니버시티칼리지 런던에 크게 감사드립니다. 그레그 타워스와 리처드 밀른Richard Milne은 나를 설득해서 박사학위를 받게 해주었고,

그들이 세상에 대해 조사하는 방식은 내가 하는 모든 일에 영향을 미쳤습니다. 두 사람은 이 책의 초기 원고를 읽고 큰 도움을 주었습니다. 《영국 의학 저널》, 특히 레베카 쿰스Rebecca Coombes, 피 고들리Fi Godlee, 캄란 아바시Kamran Abbasi, 제니퍼 리처드슨Jennifer Richardson, 피터 도시Peter Doshi는 여러 해 동안 제 학술 연구를 지원해주었습니다. 거기에 더해서 《영국 의학 저널》은 분유업계의 후원을 거부함으로써 자신이 출판한 내용을 충실히 따랐습니다. 저는 이 학술지에 글을 게재한 것을 무한히 자랑스럽게 생각합니다.

바풋츠Barfoots의 줄리언 마크스Julian Marks는 시간과 지식을 아낌없이 내주었고, 과일과 채소에 관한 모든 것을 완벽하게 설명해주었습니다. 내 친구 닉 세든Nick Seddon은 정부와 정책의 내부 작동 원리를 적어도 일부는 이해할 수 있게 도와주었습니다.

쉘드레이크Sheldrake 가족 모두에게 감사드리며 특히 책을 쓰는 법을 설명해준 멀린Merlin에게 감사드립니다. "책을 쓰는 것은 파티와 비슷해요. 모든 사람이 화장실이 어디 있는지 알아야 하고, 모든 사람이 마실 것이 필요하죠." 에이프릴 스미스April Smith와 재키 돌턴Jackie Dalton은 집에서 우리를 위해 쇼를 함께 진행해주었습니다. 엘케 마이어Elke Maier는 석탄 버터에 대한 소중한 자료들을 보내주었습니다. 오크룸Oak Room의 애덤 러더퍼드Adam Rutherford, 해나 프라이Hannah Fry, 마크 샤츠커, 진 드링커스Gin Drinkers, 닥터 롱크스Dr Ronx, 에이미 브라운, 헨리 바이엄 쿡Henry Byam-Cook과 니콜라 바이엄 쿡Nicola Byam-Cook, 마거릿 매카트니Margaret McCartney, 랠프 우들링Ralph Woodling(내게 전자와 화학에 대해 설명해주었습니다), 맥스 하디Max Hardy, 닉 매컨Nick Macan, 루퍼트 윈클러Rupert Winckler, 에드 폰 데어 부르크Ed von der Burg, 브루스 패리Bruce Parry, 제임스 블런트James Blount, 헨 피스Hen Peace, 스튜어트 길레스피, 캐럴라인 바터Caroline Barter와 이머전 바터Imogen Barter(캐럴라인은 이머전을 비롯해서 제 인생에서 좋은 일들을 많이 만들어준 고마운 분입니다), SB, 레이얼 리버풀Layal Liverpool, 에스테르 바모스Eszter Vamos, 데브 샤르마Dev Sharma, 크리스티아 아데인, 제이미 올리버, 니키 화이드민Nicki Whiteman, 비키 쿠퍼Vicki Cooper, 모니카 고시Monika Ghosh, SBWAG, 제바 로우Zeba Lowe, 댄 브로클뱅크Dan Brocklebank(돈을 잘 이해하고 그것에 대해 설명도 잘하는 또 한 사람)에게도 감사드립니다. 로지 헤인스Rosie Haines(스콜트 헤드 펍과 스위트 서스데이 피자 가게의 운영자로, 이곳은 제가 유일하게 초가공식품이 아닌 패스트푸드를 먹을 수 있는 곳입니다), 안드레아스 웨세만Andreas Wesemann(제게 경제학에 대해 얘기해주고 생각이 게으르다고 혼내주었습니다)에게도 감사드립니다. 알래스데어 캔트는 내 형과의 관계를 회복시켜주었고, 변화를 강요하는 것이 최선의 방법은 아니라는 것을 이해하게 해주었습니다. 〈오퍼레이션 아우치!〉 팀은 이제 내 가족 같은 사람들이고 몇 주간 이어진 유용한 초가공식품 관련 토론에서 잘 버텨주었습니다.

저는 너무도 멋진 장모님인 크리스틴Christine과 함께 살고 있습니다. 장모님은 저와 아내 디나, 제 딸들에게 끝없는 영감을 불어넣어주십니다. 저는 제 컴퓨터를 장모님의 박사학위 논문 위에 올려놓고 사용합니다. 따라서 말 그대로 이 책은 장모님의 연구를 밑바탕으로 태어난 것입니다(그리고 장모님은 내 전반적인 행동에 최고의 방식으로 큰 영향을 미치고 있습니다.)

제 형제와 동서들(라이언Ryan, 치드Chid, 마사Martha, 리아Leah)는 최고의 친구들이고, 그들을 가족으로 둔 것은 너무도 큰 행운입니다.

내 형제 잰드와 J(브래티Bratty)는 최고의 친구이고, 나는 무슨 일을 하든 그 두 사람과 지루할 만큼 길게 논의를 하고 난 후에만 진행합니다. 이번 경우에는 헬렌 콘퍼드의 의견이 제일 중요했지만, 그것을 제외하면 이 두 사람의 의견이 다른 누구의 의견보다도 중요합니다. 내 쌍둥이 형 잰드는 10년에 걸친 몸싸움과 고성이 오가는 논쟁을 통해 중심 주제를 잡아주었고, 결국에는 승리했습니다. J는 저와 잰드를 하나로 엮어주는 접착제입니다.

내 완벽한 조카 줄리언은 자기 때문에 나와 잰드가 이 책에 나온 내용에 대해 얼마나 많이 고민했는지 아마도 모르고 있을 겁니다.

이 감사의 글에서 소개하는 사람들 중에 이 책의 내용에 눈곱만큼도 관심이 없는 사람은 내 두 딸밖에 없습니다. 두 아이 모두 초가공식품의 열렬한 소비자이며, 여러 먹기 실험에 기꺼이 참여한 것을 제외하면 두 아이가 기여한 부분은 부정적인 것밖에 없었습니다.

마지막으로 내 아내 디나에게 감사합니다. 내 삶에서 좋은 것은 모두 그녀 덕분입니다. 그녀는 이런 말을 싫어하지만, 그녀는 내가 만나 본 최고의 사람입니다.

제일 먼저 감사 인사를 드렸어야 할 몇 분과 이 책과 관련된 활동과 연구에 함께 참여했던 분들께 추가로 감사의 말씀을 전합니다. 저는 《랜싯》에 초가공식품에 대한 일련의 논문을 쓴 과학자 연구진의 일원이자, 유아용 제조분유 산업이 보건 전문가에 미치는 영향을 제한하는 것을 추구하는 세계보건기구 산하 자문기관의 일원입니다. 이 프로젝트에 함께 하고 있는 내 동료들과 공동 저자들은 수백만 명의 사람들을 약탈적 산업으로부터 지키기 위해 급여 삭감도 기꺼이 감수한 특별한 사람들입니다. 벤저민 우드Benjamin Wood, 스콧 슬레이터Scott Slater, 게리 색스Gary Sacks, 파울로 세로디오Paulo Serodio, 마크 로런스Mark Lawrence, 아룬 굽타Arun Gupta, 배리 M. 포프킨Barry M. Popkin, 시몬 바케라Simón Barquera에게 특별히 감사의 말을 전합니다. 그리고 파비오 다 실바 고메스Fabio Da Silva Gomes는 라벨링과 기술 정책의 시행에 대해 이해할 수 있게 큰 도움을 주었습니다.

  이 책이 출판될 즈음이면 제 아이가 또 한 명 세상에 태어나 있을 것입니다. 아직 이름도 지어주지 않은 아이를 '감사의 말'에 넣는 것은 시기상조인 것 같지만, 그 아이가 이미 제 마음속에 들어와 있었다는 것을 나중에라도 알아주었으면 좋겠습니다.

참고 문헌

서문

1 Jacobs FMJ, Greenberg D, Nguyen N, et al. An evolutionary arms race between KRAB zinc-finger genes *ZNF91/93* and *SVA/L1* retrotransposons. *Nature* 2014; 516: 242–45.

2 Villarreal L. *Viruses and the Evolution of Life*. London: ASM Press, 2005.

3 Hauge HS. Anomalies on Alaskan wolf skulls. 1985. Available from: http://www.adfg.alaska.gov/static/home/library/pdfs/wildlife/research_pdfs/anomalies_alaskan_wolf_skulls.pdf.

4 Mech LD, Nelson ME. Evidence of prey-caused mortality in three wolves. *The American Midland Naturalist* 1990; 123: 207–08.

5 Rauber F, Chang K, Vamos EP, et al. Ultra-processed food consumption and risk of obesity: a prospective cohort study of UK Biobank. *European Journal of Nutrition* 2020; 60: 2169–80.

6 Chang K, Khandpur N, Neri D, et al. Association between childhood consumption of ultraprocessed food and adiposity trajectories in the Avon Longitudinal Study of Parents and Children birth cohort. *JAMA* Pediatrics 2021; 175: e211573.

7 Baraldi LG, Martinez Steele E, Canella DS, et al. Consumption of ultra-processed foods and associated sociodemographic factors in the USA between 2007 and 2012: evidence from a nationally representative cross-sectional study. *BMJ Open* 2018; 8: e020574.

8 Rodgers A, Woodward A, Swinburn B, Dietz WH. Prevalence trends tell us what did not precipitate the US obesity epidemic. *Lancet Public Health*. 2018 Apr; 3(4):e162–3.

9 Theis DRZ, White M. Is obesity policy in England fit for purpose? Analysis of government strategies and policies, 1992–2020. *The Milbank Quarterly* 2021; 99: 126–70.

10 Cole T. Personal communication. 2022.

11 NCD Risk Factor Collaboration. Height and body-mass index trajectories of school-aged children and adolescents from 1985 to 2019 in 200 countries and territories: a pooled analysis of 2181 population-based studies with 65 million participants. *Lancet*

2020; 396: 1511-24.
12 National Food Strategy. National food strategy (independent review): the plan. 2021. Available from: https://assets.publishing.service.gov.uk/government/uploads/system/uploads/attachment_data/file/1025825/national-food-strategy-the-plan.pdf.
13 UK Government. Obesity statistics. 2022. Available from: https://researchbriefings.files.parliament.uk/documents/SN03336/SN03336.pdf.
14 Hiscock R, Bauld L, Amos A, Platt S. Smoking and socioeconomic status in England: the rise of the never smoker and the disadvantaged smoker. *Journal of Public Health* 2012; 34: 390-96.

Part 1

Chapter 1. 녹지 않는 아이스크림

1   Avison Z. Why UK consumers spend 8% of their money on food.2020. Available from: https://ahdb.org.uk/news/consumer-insightwhy-uk-consumers-spend-8-of-their-money-on-food.
2   Office for National Statistics. Living costs and food survey. 2017. Available from: https://www.ons.gov.uk/peoplepopulationandcommunity/personalandhouseholdfinances/incomeandwealth/methodologies/livingcostsandfoodsurvey.
3   Scott C, Sutherland J, Taylor A. Affordability of the UK's Eatwell Guide. 2018. Available from: https://foodfoundation.org.uk/sites/default/files/20210-10/Affordability-of-the-Eatwell-Guide_Final_Web-Version.pdf.
4   BeMiller JN. One hundred years of commercial food carbohydrates in the United States. *Journal of Agricultural and Food Chemistry* 2009; 57: 8125-29.
5   Centre for Industrial Rheology. Hellman's [sic] *vs* Heinz: mayonnaise fat reduction rheology. Available from: https://www.rheologylab.com/articles/food/fat-replacement/.
6   di Lernia S, Gallinaro M. The date and context of neolithic rock art in the Sahara: engravings and ceremonial monuments from Messak Settafet (south-west Libya). *Antiquity* 2010; 84: 954-75.
7   di Lernia S, Gallinaro M, 2010.
8   Dunne J, Evershed RP, Salque M, et al. First dairying in green Saharan Africa in the fifth millennium BC. *Nature* 2012; 486: 390-94.
9   Evershed RP, Davey Smith G, Roffet-Salque M, et al. Dairying, diseases and the

evolution of lactase persistence in Europe. *Nature* 2022; 608: 336 – 45.
10 List GR. Hippolyte Mège (1817 – 1880). *Inform* 2006; 17: 264.
11 Rupp R. The butter wars: when margarine was pink. 2014. Available from: https://www.nationalgeographic.com/culture/article/the-butterwars-when-margarine-was-pink.
12 Khosrova E. *Butter: A Rich History*. London: Appetite by Random House, 2016.
13 McGee H. *On Food and Cooking: The Science and Lore of the Kitchen* (revised edition). London: Scribner, 2007.
14 Snodgrass K. Margarine as a butter substitute. *Oil & Fat Industries* 1931; 8: 153.
15 SCRAN. Whale oil uses. 2002. Available from: https://www.scran.ac.uk/packs/exhibitions/learning_materials/webs/40/margarine.htm
16 Nixon HC. The rise of the American cottonseed oil industry. *Journal of Political Economy* 1930; 38: 73 – 85.

Chapter 2. 초코 맛 시리얼은 공학의 놀라운 승리다

1 Monteiro CA, Cannon G, Lawrence M, et al. Ultra-processed foods, diet quality, and health using the NOVA classification system. Rome: Food and Agriculture Organization of the United Nations, 2019.
2 Ioannidis JPA. Why most published research findings are false. *pLoS Medicine* 2005; 2: e124.
3 Rauber F, da Costa Louzada ML, Steele EM, et al. Ultra-processed food consumption and chronic non-communicable diseases-related dietary nutrient profile in the UK (2008 – 2014). *Nutrients* 2018; 10: 587.
4 Rauber et al, 2020.
5 Chang et al, 2021.
6 Rauber F, Steele EM, da Costa Louzada ML, et al. Ultra-processed food consumption and indicators of obesity in the United Kingdom population (2008 – 2016). *pLoS One* 2020; 15: e0232676.
7 Martínez Steele E, Juul F, Neri D, Rauber F, Monteiro CA. Dietary share of ultra-processed foods and metabolic syndrome in the US adult population. *Preventive Medicine* 2019; 125: 40 – 48.
8 Public Health England. Annex A: The 2018 review of the UK Nutrient Profiling Model. 2018. Available at https://assets.publishing.service.gov.uk/government/uploads/system/uploads/attachment_data/file/694145/Annex_A_the_2018_review_

of_the_UK_nutrient_profiling_model.pdf.

9   Levy-Costa RB, Sichieri R, dos Santos Pontes N, et al. Household food availability in Brazil: distribution and trends (1974–2003). *Revista de Saúde Pública* 2005; 39: 530–40.

10 Pollan, M. Unhappy meals. 2007. Available at https://www.nytimes.com/2007/01/28/magazine/28nutritionism.t.html

11 Rutjes AW, Denton DA, Di Nisio M, et al. Vitamin and mineral supplementation for maintaining cognitive function in cognitively healthy people in mid and late life. *Cochrane Database of Systematic Reviews* 2018; 12: CD011906.

12 Singal M, Banh HL, Allan GM. Daily multivitamins to reduce mortality, cardiovascular disease, and cancer. *Canadian Family Physician* 2013; 59: 847.

13 Officer CE. Antioxidant supplements for prevention of mortality in healthy participants and patients with various diseases. *Cochrane Database of Systematic Reviews* 2012; 3: CD007176.

14 Snowdon C. What is "ultra-processed food"? 2022. Available from: https://velvetgloveironfist.blogspot.com/2022/01/what-is-ultra-processed-food.html.

15 Your Fat Friend. The bizarre and racist history of the BMI. 2019. Available from: https://elemental.medium.com/the-bizarre-and-racist-history-ofthe-bmi-7d8dc2aa33bb.

Chapter 3. 초가공식품은 어떻게 건강을 망치는가

1   Hall KD, Sacks G, Chandramohan D, et al. Quantification of the effect of energy imbalance on bodyweight. *Lancet* 2011; 378: 826–37.

2   Fothergill E, Guo J, Howard L, et al. Diet versus exercise in 'The Biggest Loser' weight loss competition. *Obesity* 2013; 21: 957–59.

3   Hall KD, Ayuketah A, Brychta R, et al. Ultra-processed diets cause excess calorie intake and weight gain: an inpatient randomized controlled trial of ad libitum food intake. *Cellular Metabolism* 2019; 30: 67–77.

4   Martini D, Godos J, Bonaccio M, et al. Ultra-processed foods and nutritional dietary profile: a meta-analysis of nationally representative samples. *Nutrients* 2021; 13: 3390.

5   October 28. Health inequalities and obesity. 2020. Available from: https://www.rcplondon.ac.uk/news/health-inequalities-and-obesity.

6   Fiolet T, Srour B, Sellem L, et al. Consumption of ultra-processed foods and cancer risk: results from NutriNet-Santé prospective cohort. *British Medical Journal* 2018; 360: k322.

7   Zhong G-C, Gu H-T, Peng Y, et al. Association of ultra-processed food consumption with cardiovascular mortality in the US population:long-term results from a large prospective multicenter study. *International Journal of Behavioral Nutrition and Physical Activity* 2021;18: 21.

8   Schnabel L, Kesse-Guyot E, Allès B, et al. Association between ultra-processed food consumption and risk of mortality among middle-aged adults in France. *JAMA Internal Medicine* 2019; 179: 490-98.

9   Rico-Campà A, Martínez-González MA, Alvarez-Alvarez I, et al. Association between consumption of ultra-processed foods and all cause mortality: SUN prospective cohort study. *British Medical Journal* 2019; 365:l1949.

10 Kim H, Hu EA, Rebholz CM. Ultra-processed food intake and mortality in the USA: results from the Third National Health and Nutrition Examination Survey (NHANES III, 1988-1994). *Public Health Nutrition* 2019; 22: 1777-85.

11 Bonaccio M, Di Castelnuovo A, Costanzo S, et al. Ultra-processed food consumption is associated with increased risk of all-cause and cardiovascular mortality in the Moli-sani Study. *American Journal of Clinical Nutrition* 2021; 113: 446-55.

12 Chen X, Chu J, Hu W, et al. Associations of ultra-processed food consumption with cardiovascular disease and all-cause mortality: UK Biobank. *European Journal of Public Health* 2022; 32: 779-85.

13 Bonaccio et al, 2021.

14 Kim et al, 2021.

15 Srour B, Fezeu LK, Kesse-Guyot E, et al. Ultra-processed food intake and risk of cardiovascular disease: prospective cohort study (Nutri-Net-Santé). *British Medical Journal* 2019; 365:l1451.

16 Fiolet et al, 2018.

17 Llavero-Valero M, Martín JE-S, Martínez-González MA, et al. Ultraprocessed foods and type-2 diabetes risk in the SUN project: a prospective cohort study. *Clinical Nutrition* 2021; 40: 2817-24.

18 Srour B, Fezeu LK, Kesse-Guyot E, et al. Ultraprocessed food consumption and risk of type 2 diabetes among participants of the NutriNet-Santé prospective cohort. *JAMA Internal Medicine* 2020; 180:283-91.

19 Jardim MZ, Costa BVdL, Pessoa MC, et al. Ultra-processed foods increase noncommunicable chronic disease risk. *Nutrition Research* 2021; 95: 19-34.

20 Silva Meneguelli T, Viana Hinkelmann J, Hermsdorff HHM, et al. Food consumption by degree of processing and cardiometabolic risk: a systematic review. *International Journal of Food Sciences and Nutrition* 2020; 71: 678-92.

21 de Mendonça RD, Lopes ACS, Pimenta AM, et al. Ultra-processed food consumption and the incidence of hypertension in a Mediterranean cohort: the Seguimiento Universidad de Navarra Project. *American Journal of Hypertension* 2017; 30: 358–66.

22 Zhang S, Gan S, Zhang Q, et al. Ultra-processed food consumption and the risk of non-alcoholic fatty liver disease in the Tianjin Chronic Low-Grade Systemic Inflammation and Health Cohort Study. *International Journal of Epidemiology* 2021; 51: 237–49.

23 Narula N, Wong ECL, Dehghan M, et al. Association of ultra-processed food intake with risk of inflammatory bowel disease: prospective cohort study. *British Medical Journal* 2021; 374: n1554.

24 Lo C-H, Khandpur N, Rossato S, et al. Ultra-processed foods and risk of Crohn's disease and ulcerative colitis: a prospective cohort study. *Clinical Gastroenterology and Hepatology* 2022; 20: 1323–37.

25 Gómez-Donoso C, Sánchez-Villegas A, Martínez-González MA, et al. Ultra-processed food consumption and the incidence of depression in a Mediterranean cohort: the SUN project. *European Journal of Nutrition* 2020; 59:1093–103.

26 Schnabel L, Buscail C, Sabate J-M, et al. Association between ultraprocessed food consumption and functional gastrointestinal disorders: results from the French NutriNet-Santé cohort. *American Journal of Gastroenterology* 2018; 113: 1217–28.

27 Zhang S, Gu Y, Rayamajhi S, et al. Ultra-processed food intake is associated with grip strength decline in middle-aged and older adults: a prospective analysis of the TCLSIH study. *European Journal of Nutrition* 2022; 61: 1331–41.

28 Schnabel et al, 2018.

29 Li H, Li S, Yang H, et al. Association of ultraprocessed food consumption with risk of dementia: a prospective cohort study. *Neurology* 2022;99: e1056–66.

30 Li et al, 2022.

31 Bonaccio et al, 2021.

32 Kim et al, 2019.

33 Chen et al, 2022.

34 Rico-Campà et al, 2019.

35 Romero Ferreiro C, Lora Pablos D, Gómez de la Cámara A. Two dimensions of nutritional value: Nutri-Score and NOVA. *Nutrients* 2021; 13(8).

36 Gibney MJ, Forde CG, Mullally D, Gibney ER. Ultra-processed foods in human health: a critical appraisal. *American Journal of Clinical Nutrition* 2017; 106: 717–24.

37 Tobias DK, Hall KD. Eliminate or reformulate ultra-processed foods? Biological mechanisms matter. *Cell Metabolism* 2021; 33: 2314–15.

38 Corrigendum to *The American Journal of Clinical Nutrition*, Volume 107, Issue 3,

March 2018, Pages 482-3. Available from: https://academic.oup.com/ajcn/article/107/3/482/4939379.

39 Jones JM. Food processing: criteria for dietary guidance and public health? *Proceedings of the Nutrition Society* 2019; 78: 4-18.

40 Knorr D, Watzke H. Food processing at a crossroad. *Frontiers in Nutrition* 2019; 6: 85.

41 Sadler CR, Grassby T, Hart K, et al. "Even we are confused": a thematic analysis of professionals' perceptions of processed foods and challenges for communication. *Frontiers in Nutrition* 2022; 9:826162.

42 Flacco ME, Manzoli L, Boccia S, et al. Head-to-head randomized trials are mostly industry sponsored and almost always favor the industry sponsor. *Journal of Clinical Epidemiology* 2015; 68: 811-20.

43 Stamatakis E, Weiler R, Ioannidis JPA. Undue industry influences that distort healthcare research, strategy, expenditure and practice: a review. *European Journal of Clinical Investigation* 2013; 43: 469-75.

44 Ioannidis JPA. Evidence-based medicine has been hijacked: a report to David Sackett. *Journal of Clinical Epidemiology* 2016; 73: 82-86.

45 Fabbri A, Lai A, Grundy Q, Bero LA. The influence of industry sponsorship on the research agenda: a scoping review. *American Journal of Public Health* 2018; 108: e9-16.

46 Lundh A, Lexchin J, Mintzes B, et al. Industry sponsorship and research outcome. *Cochrane Database of Systematic Reviews* 2017; 2:MR000033.

47 Rasmussen K, Bero L, Redberg R, et al. Collaboration between academics and industry in clinical trials: cross sectional study of publications and survey of lead academic authors. *British Medical Journal* 2018; 363: 3654.

Chapter 4. 궁극의 초가공식품, 석탄 버터

1 Engelberg S, Gordon MR. Germans accused of helping Libya build nerve gas plant. 1989. Available from: https://www.nytimes.com/1989/01/01/world/germans-accused-of-helping-libya-build-nerve-gas-plant.html.

2 Second Wiki. Arthur Imhausen. 2007 [cited 2022 Mar 21]. Available from: https://second.wiki/wiki/arthur_imhausen.

3 Maier E. Coal-in liquid form. 2016. Available from: https://www.mpg.de/10856815/S004_Flashback_078-079.pdf.

4 Imhausen A. Die Fettsäure-Synthese und ihre Bedeutung für die Sicherung der deutschen Fettversorgung. *Kolloid-Zeitschrift* 1943; 103: 105-08.

5   Imhausen A, 1943.
6   Barona JL. From Hunger to Malnutrition: *The Political Economy of Scientific Knowledge in Europe, 1918–1960*. Pieterlen, Switzerland: Peter Lang AG, 2012.
7   Evonik. Arthur Imhausen, chemist and entrepreneur. 2020. Available from: https://history.evonik.com/en/personalities/imhausen-arthur.
8   Maier, 2016.
9   Dockrell M. Clearing up some myths around e-cigarettes. 2018. Available from: https://ukhsa.blog.gov.uk/2018/02/20/clearing-up-some-mythsaround-e-cigarettes/.
10 Kopper C. Helmut Maier, Chemiker im 'Dritten Reich'. Die Deutsche Chemische Gesellschaft und der Verein Deutscher Chemiker im NS-Herrschaftsapparat. Im Auftrag der Gesellschaft Deutscher Chemiker. Weinheim, Wiley-VCH 2015. *Historische Zeitschrift* 2017; 305: 269–70.
11 Von Cornberg JNMSF. Willkür in der Willkür: Befreiungen von den antisemitischen Nürnberger Gesetzen. *Vierteljahrshefte für Zeitgeschichte* 1998; 46: 143–87.
12 Von Cornberg, 1998.
13 tolberg-Wernigerode O. *Neue Deutsche Biographie*. Berlin: Duncker & Humblot, 1974.
14 Emessen TR. *Aus Görings Schreibtisch ein Dokumentenfund*. Dortmund: Historisches Kabinett, Allgemeiner Deutscher Verlag, 1947.
15 Breitman R. *The Architect of Genocide: Himmler and the Final Solution*. New York: Alfred A Knopf, 1991.
16 Imhausen A, 1943.
17 Proctor R. *The Nazi War on Cancer*. Princeton: Princeton University Press, 2000.
18 British Intelligence Objectives Sub-Committee. Available from: http://www.fischer-tropsch.org/primary_documents/gvt_reports/BIOS/biostoc.htm.
19 Floessner O. *Synthetische Fette Beitraege zur Ernaehrungsphysiologie*. Leipzig: Barth, 1948.
20 British Intelligence Objectives Sub-Committee. Synthetic Fatty Acids and Detergents. Available from: http://www.fischer-tropsch.org/primary_documents/gvt_reports/BIOS/bios_1722htm/bios_1722_htm_sec14.htm.
21 Kraut H. The physiological value of synthetic fats. *British Journal of Nutrition* 1949; 3: 355–58.
22 *The Eagle Valley Enterprise*. Butter is made by Germans from coal. 1946. Available from: https://www.coloradohistoricnewspapers.org/?a=d&d=EVE19460906-01.2.29&e=-------en-20—1--img-txIN%7ctxCO%7ctxTA--------0------.
23 Thompson J. Butter from coal: The Grafic Laboratory of Popular Science. *Chicago Daily Tribune* 1946; C2.

24 Historische Kommission für Westfalen. Ingenieure im Ruhrgebiet Rheinisch-Westfälische Wirtschaftsbiographien Volume 17. Aschendorff; 2019.
25 Evonik, 2020.
26 Andrews EL. The business world; IG Farben: a lingering relic of the Nazi years. 1999. Available from: https://www.nytimes.com/1999/05/02/business/the-business-world-ig-farben-a-lingering-relic-ofthe-nazi-years.html.
27 Marek M. Norbert Wollheim gegen IG Farben. 2012. Available from: https://www.dw.com/de/norbert-wollheim-gegen-ig-farben/a-16373141.
28 Johnson JA. Corporate morality in the Third Reich. 2009. Available from: https://www.sciencehistory.org/distillations/corporate-moralityin-the-third-reich.
29 Andrews, 1999.
30 Marek, 2012.
31 Johnson, 2009.
32 Staunton D. Holocaust survivors protest at IG Farben meeting.1999. Available from: https://www.irishtimes.com/news/holocaustsurvivors-protest-at-ig-farben-meeting-1.218051.
33 *Der Spiegel*. IG-Farben-Insolvenz: Ehemalige Zwangsarbeiter gehen leer aus. 2003. Available from: https://www.spiegel.de/wirtschaft/ig-farben-insolvenz-ehemalige-zwangsarbeiter-gehen-leer-ausa-273365.html.
34 Charles J. Former Zyklon-B maker goes bust. 2003. Available from: http://news.bbc.co.uk/1/hi/business/3257403.stm.
35 *Der Spiegel*, 2003.
36 *Der Spiegel*. Die Schweizer Konten waren alle abgeräumt. 1993. Available from: https://www-spiegel-de.translate.goog/politik/die-schweizerkonten-waren-alle-abgeraeumt-a-e59c3df1-0002-0001-0000-000009286542.
37 *Der Spiegel*. Zwanzig Minuten Kohlenklau. 1947. Available from: https://www.spiegel.de/politik/zwanzig-minuten-kohlenklau-a-9896e990-0002-0001-0000-000041123785?context=issue.
38 Daepp MIG, Hamilton MJ, et al. The mortality of companies. *Journal of the Royal Society Interface* 2015; 12: 20150120.
39 Strotz LC, Simões M, Girard MG, et al. Getting somewhere with the Red Queen: chasing a biologically modern definition of the hypothesis. *Biology Letters* 2018; 14: 20170734.
40 Van Valen L. Extinction of taxa and Van Valen's law (reply). *Nature* 1975; 257: 515–16.
41 Van Valen L. A new evolutionary law. *Evolutionary Theory* 1973; 1: 1–30.
42 Van Valen L. The Red Queen. *American Naturalist* 1977; 111: 809–10.

43   Kraut, 1949.

Part 2

Chapter 5. 우리는 먹기 위해 어떻게 진화했는가

1   Bell EA, Boehnke P, Harrison TM, et al. Potentially biogenic carbon preserved in a 4.1-billion-year-old zircon. *Proceedings of the National Academy of Sciences USA* 2015; 112: 14518 – 21.
2   Bell et al, 2015.
3   Alleon J, Bernard S, Le Guillo C, et al. Chemical nature of the 3.4 Ga Strelley Pool microfossils. *Geochemical Perspectives Letters* 2018; 7:37 – 42.
4   Cavalazzi B, Lemelle L, Simionovici A, et al. Cellular remains in a~3.42-billion-year-old subseafloor hydrothermal environment. *Science Advances* 2021; 7: abf3963.
5   Dodd MS, Papineau D, Grenne T, et al. Evidence for early life in Earth's oldest hydrothermal vent precipitates. *Nature* 2017; 543: 60 – 64.
6   Gramling C. Hints of oldest fossil life found in Greenland rocks. 2016. Available from: http://www.sciencemag.org/news/2016/08/hintsoldest-fossil-life-found-greenland-rocks.
7   Li W, Beard BL, Johnson CM. Biologically recycled continental iron is a major component in banded iron formations. *Proceedings of the National Academy of Sciences USA* 2015; 112: 8193 – 98.
8   Haugaard R, Pecoits E, Lalonde S, et al. The Joffre banded iron formation, Hamersley Group, Western Australia: assessing the palaeoenvironment through detailed petrology and chemostratigraphy. *Precambrian Research* 2016; 273: 12 – 37.
9   Powell H. Fertilizing the ocean with iron. 2022. Available from: https://www.whoi.edu/oceanus/feature/fertilizing-the-ocean-withiron/.
10   Retallack GJ. First evidence for locomotion in the Ediacara biota from the 565 Ma Mistaken Point Formation, Newfoundland: COMMENT. *Geology* 2010; 38: e223.
11   Chen Z, Zhou C, Meyer M, et al. Trace fossil evidence for Ediacaran bilaterian animals with complex behaviors. *Precambrian Research* 2013; 224: 690 – 701.
12   Retallack, 2010.
13   Peterson KJ, Cotton JA, Gehling JG, et al. The Ediacaran emergence of bilaterians: congruence between the genetic and the geological fossil records. *Philosophical Transactions of the Royal Society B* 2008; 363: 1435 – 43.

14 Weidenbach K. Rock Star: *The Story of Reg Sprigg–an Outback Legend*. Kensington: East Street Publications, 2008.

15 Weidenbach, 2008.

16 Mote T, Villalba JJ, Provenza FD. Foraging sequence influences the ability of lambs to consume foods containing tannins and terpenes. *Behavioral Education for Human, Animal, Vegetation, and Ecosystem Management* 2008; 113: 57–68.

17 Villalba JJ, Provenza FD, Manteca X. Links between ruminants' food preference and their welfare. *Animal* 2010; 4: 1240–47.

18 Provenza F. Nourishment: *What Animals Can Teach Us about Rediscovering Our Nutritional Wisdom*. Hartford, VT: Chelsea Green Publishing, 2018.

19 Mote et al, 2008.

20 Hoste H, Meza-Ocampos G, Marchand S, et al. Use of agro-industrial by-products containing tannins for the integrated control of gastrointestinal nematodes in ruminants. *Parasite* 2022; 29:10.

21 Boback SM, Cox CL, Ott BD, et al. Cooking and grinding reduces the cost of meat digestion. *Comparative Biochemistry & Physiology* 2007;148: 651–66.

22 Furness JB, Bravo DM. Humans as cucinivores: comparisons with other species. *Journal of Comparative Physiology B* 2015; 185: 825–34.

23 Zink KD, Lieberman DE, Lucas PW. Food material properties and early hominin processing techniques. *Journal of Human Evolution* 2014; 77: 155–66.

24 Stevens CE, Hume ID. *Comparative Physiology of the Vertebrate Digestive System*. Cambridge: Cambridge University Press, 2004.

25 Koebnick C, Strassner C, Hoffmann I, et al. Consequences of a longterm raw food diet on body weight and menstruation: results of a questionnaire survey. *Annals of Nutrition and Metabolism* 1999; 43: 69–79.

26 *Scientific American*. The inventor of saccharin. 1886. Available from: https://web.archive.org/web/20170314015912/https:/books.google.com/books?id=f4I9AQAAI AAJ&pg=PA36v=onepage&q&f=false.

27 Brown HT, Morris GH. On the non-crystallisable products of the action of diastase upon starch. *Journal of the Chemical Society, Transactions* 1885; 47: 527–70.

28 Mepham B. Food additives: an ethical evaluation. *British Medical Bulletin* 2011; 99: 7–23.

29 Powers G. Infant feeding. Historical background and modern practice. *Journal of the American Medical Association* 1935; 105: 753–61.

30 Scheindlin B. "Take one more bite for me": Clara Davis and the feeding of young children. *Gastronomica* 2005; 5: 65–69.

31 Davis CM. Self-regulation of diet in childhood. *Health Education Journal* 1947; 5: 37–40.
32 Scheindlin, 2005.

Chapter 6. 자기 조절 능력이 위태로워진 이유

1 Chusyd DE, Nagy TR, Golzarri-Arroyo L, et al. Adiposity, reproductive and metabolic health, and activity levels in zoo Asian elephant (*Elephas maximus*). *Journal of Experimental Biology* 2021; 224: jeb219543.
2 Pontzer H, Brown MH, Raichlen DA, et al. Metabolic acceleration and the evolution of human brain size and life history. *Nature* 2016; 533: 390–92.
3 Pontzer H, Raichlen DA, Wood BM, Mabulla AZP, Racette SB, Marlowe FW. Hunter-gatherer energetics and human obesity. *pLoS One* 2012; 7: e40503.
4 Klimentidis YC, Beasley TM, Lin H-Y, et al. Canaries in the coal mine: a cross-species analysis of the plurality of obesity epidemics. *Proceedings of the Royal Society B* 2011; 278: 1626–32.
5 *ABC New*s. Is 'Big Food's' big money inf luencing the science of nutrition? 2011. Available from: https://abcnews.go.com/US/bigfood-money-accused-inf luencing-science/story?id=13845186.
6 Saul S. Obesity Researcher Quits Over New York Menu Fight. *The New York Times* [Internet]. 2008 Mar 3 [cited 2022 Feb 28]; Available from: https://www.nytimes.com/2008/03/03/business/03cnd-obese.html.
7 McDermott L. Self-representation in upper paleolithic female figurines. *Current Anthropology* 1996; 37: 227–75.
8 Michalopoulos A, Tzelepis G, Geroulanos S. Morbid obesity and hypersomnolence in several members of an ancient royal family. *Thorax* 2003; 58: 281–82.
9 Buchwald H. A brief history of obesity: truths and illusions. 2018. Available from: https://www.clinicaloncology.com/Current-Practice/Article/07–18/A-Brief-History-of-Obesity-Truths-and-Illusions/51221.
10 O'Rahilly S. Harveian Oration 2016: some observations on the causes and consequences of obesity. *Clinical Medicine* 2016; 16: 551–64.
11 Corbyn Z. Could 'young' blood stop us getting old? 2020. Available from: https://amp.theguardian.com/society/2020/feb/02/could-youngblood-stop-us-getting-old-transfusions-experiments-mice-plasma.
12 Kosoff M. Peter Thiel wants to inject himself with young people's blood. 2016.

Available from: https://www.vanityfair.com/news/2016/08/peter-thiel-wants-to-inject-himself-with-young-peoples-blood.

13   Hervey GR. The effects of lesions in the hypothalamus in parabiotic rats. *J Physiol.* 1959 Mar 3;145(2):336-52.

14   Paz-Filho G, Mastronardi C, Delibasi T, et al. Congenital leptin deficiency: diagnosis and effects of leptin replacement therapy. *Arquivos Brasileiros de Endocrinologia & Metabologia* 2010; 54: 690-97.

15   Murray EA, Wise SP, Rhodes SEV. What can different brains do with reward? In: Gottfried JA, editor. *Neurobiology of Sensation and Reward.* Boca Raton, FL: CRC Press/Taylor & Francis, 2012.

16   Hall KD, Farooqi IS, Friedman JM, et al. The energy balance model of obesity: beyond calories in, calories out. *American Journal of Clinical Nutrition* 2022; 115: 1243-54.

Chapter 7. 당분은 너무 많은 비난을 받고 있다

1   Petersen MC, Shulman GI. Mechanisms of insulin action and insulin resistance. *Physiological Reviews* 2018; 98: 2133-223.

2   Liebman, Bonnie/Center for Science in the Public Interest. Big Fat Lies – The Truth About the Atkins Diet. Nutrition Action [Internet]. 2002 Nov; 29. Available from: https://cspinet.org/sites/default/files/attachment/bigfatlies.pdf.

3   Hall KD, Chen KY, Guo J, et al. Energy expenditure and body composition changes after an isocaloric ketogenic diet in overweight and obese men. *American Journal of Clinical Nutrition* 2016; 104: 324-33.

4   Hall KD. A review of the carbohydrate-insulin model of obesity. *European Journal of Clinical Nutrition* 2017; 71: 323-26.

5   Gardner CD, Trepanowski JF, Del Gobbo LC, et al. Effect of low-fat vs low-carbohydrate diet on 12-month weight loss in overweight adults and the association with genotype pattern or insulin secretion: the DIETFITS randomized clinical trial. *Journal of the American Medical Association* 2018; 319: 667-79.

6   Low-fat diet compared to low-carb diet [Internet]. National Institutes of Health (NIH). 2021 [cited 2022 Sep 4]. Available from: https://www.nih.gov/news-events/nih-research-matters/low-fat-diet-compared-low-carb-diet.

7   Hall KD, Guo J, Courville AB, et al. Effect of a plant-based, low-fat diet versus an animal-based, ketogenic diet on ad libitum energy intake. *Nature Medicine* 2021; 27:

344-53.

8 Foster GD, Wyatt HR, Hill JO, et al. A randomized trial of a low-carbohydrate diet for obesity. *New England Journal of Medicine* 2003; 348:2082-90.

9 Ebbeling CB, Feldman HA, Klein GL, et al. Effects of a low carbohydrate diet on energy expenditure during weight loss maintenance: randomized trial. *British Medical Journal* 2018; 363: k4583.

10 Hall KD, Guo J, Speakman JR. Do low-carbohydrate diets increase energy expenditure? *International Journal of Obesity* 2019; 43: 2350-54.

11 Martin-McGill KJ, Bresnahan R, Levy RG. Ketogenic diets for drugresistant epilepsy. *Cochrane Database of Systematic Reviews* 2020; 6:CD001903.

12 Mintz SW. *Sweetness and Power: The Place of Sugar in Modern History*. London: Penguin Publishing Group, 1985.

13 Hardy K, Brand-Miller J, Brown KD, et al. The importance of dietary carbohydrate in human evolution. *Quarterly Review of Biology* 2015; 90: 251-68.

14 Soares S, Amaral JS, Oliveira MBPP, Mafra I. A comprehensive review on the main honey authentication issues: production and origin. *Comprehensive Reviews in Food Science and Food Safety* 2017; 16: 1072-100.

15 Sammataro D, Weiss M. Comparison of productivity of colonies of honey bees, *Apis mellifera*, supplemented with sucrose or high fructose corn syrup. Journal of Insect Science 2013; 13: 19.

16 Marlowe FW, Berbesque JC, Wood B, et al. Honey, Hadza, huntergatherers, and human evolution. *Journal of Human Evolution* 2014; 71:119-28.

17 Reddy A, Norris DF, Momeni SS, et al. The pH of beverages in the United States. *Journal of the American Dental Association* 2016; 147:255-63.

18 Public Health England. Child oral health: applying All Our Health.2022. Available from: https://www.gov.uk/government/publications/child-oral-health-applying-all-our-health/child-oral-health-applyingall-our-health.

19 Public Health England. National Dental Epidemiology Programme for England: oral health survey of five-year-old children 2017. Available from: https://assets.publishing.service.gov.uk/government/uploads/system/uploads/attachment_data/file/768368/NDEP_for_England_OH_Survey_5yr_2017_Report.pdf.

20 Touger-Decker R, van Loveren C. Sugars and dental caries. *American Journal of Clinical Nutrition* 2003; 78: 881S-92S.

21 Towle I, Irish JD, Sabbi KH, et al. Dental caries in wild primates:interproximal cavities on anterior teeth. *American Journal of Primatology* 2022; 84: e23349.

22 Grine FE, Gwinnett AJ, Oaks JH. Early hominid dental pathology: interproximal

caries in 1.5 million-year-old *Paranthropus robustus* from Swartkrans. Archives of Oral Biology 1990; 35: 381–86.
23   Coppa A, Bondioli L, Cucina A, et al. Palaeontology: early neolithic tradition of dentistry. *Nature* 2006; 440: 755–56.
24   Coppa et al, 2006.
25   Waldron T. Dental disease. In: *Palaeopathology*. Cambridge: Cambridge University Press, 2008: 236–48.
26   Oxilia G, Peresani M, Romandini M, et al. Earliest evidence of dental caries manipulation in the late upper palaeolithic. *Scientific Reports* 2015; 5: 12150.
27   Adler CJ, Dobney K, Weyrich LS, Kaidonis J, Walker AW, Haak W, et al. Sequencing ancient calcified dental plaque shows changes in oral microbiota with dietary shifts of the neolithic and industrial revolutions. *Nature Genetics* 2013; 45: 450–55.

Chapter 8. 당신의 의지력 문제가 아니다

1   Hill JO, Wyatt HR, Peters JC. The importance of energy balance. *European Endocrinology* 2013; 9: 111–15.
2   Hill JO, Wyatt HR, Peters JC. Energy balance and obesity. *Circulation* 2012; 126: 126–32.
3   Webber J. Energy balance in obesity. *Proceedings of the Nutrition Society* 2003; 62: 539–43.
4   Hill JO. Understanding and addressing the epidemic of obesity: an energy balance perspective. *Endocrine Reviews* 2006; 27: 750–61.
5   Shook RP, Blair SN, Duperly J, et al. What is causing the worldwide rise in body weight? *European Journal of Endocrinology* 2014; 10: 136–44.
6   Hand GA, Blair SN. Energy flux and its role in obesity and metabolic disease. *European Endocrinology* 2014; 10: 131–35.
7   Tudor-Locke C, Craig CL, Brown WJ, et al. How many steps/day are enough? For adults. *International Journal of Behavioral Nutrition and Physical Activity* 2011; 8: 79.
8   Katzmarzyk PT, Barreira TV, Broyles ST, et al. Relationship between lifestyle behaviors and obesity in children ages 9–11: results from a 12-country study. *Obesity* 2015; 23: 1696–702.
9   Griffith R, Lluberas R, Lührmann M. Gluttony and sloth? Calories, labor market activity and the rise of obesity. *Journal of the European Economic Association* 2016; 14: 1253–86.
10 Snowdon C. The fat lie. 2014. Available from: https://papers.ssrn.com/

abstract=3903961.

11 Ladabaum U, Mannalithara A, Myer PA, et al. Obesity, abdominal obesity, physical activity, and caloric intake in US adults: 1988 to 2010. *American Journal of Medicine* 2014; 127: 717 – 27.

12 Church TS, Thomas DM, Tudor-Locke C, et al. Trends over 5 decades in US occupation-related physical activity and their associations with obesity. *pLoS One* 2011; 6: e19657.

13 Hill et al, 2012.

14 Shook et al, 2014.

15 Katzmarzyk et al, 2015.

16 Lindsay C. A century of labour market change: 1900 to 2000. 2003. Available from: http://www.ons.gov.uk/ons/rel/lms/labour-markettrends-discontinued-/volume-111-no-3/a-century-of-labour-marketchange-1900-to-2000.pdf.

17 Office for National Statistics. Long-term trends in UK employment:1861 to 2018. 2019. Available from: https://www.ons.gov.uk/economy/nationalaccounts/uksectoraccounts/compendium/economicreview/april2019/longtermtrendsinukemployment1861to2018.

18 British Heart Foundation. Physical activity statistics 2012. London: British Heart Foundation, 2017.

19 Church et al, 2011.

20 Fox M. Mo Farah – base training (typical week). Available from: https://www.sweatelite.co/mo-farah-base-training-typical-week/.

21 Dennehy C. The surprisingly simple training of the world's fastest marathoner.2021. Available from: https://www.outsideonline.com/health/running/eliud-kipchoge-marathon-workout-training-principles/.

22 Snowdon, 2014.

23 Department for Environment, Food & Rural Affairs. Family Food 2012.2013. Available from: https://www.gov.uk/government/statistics/familyfood-2012.24.

24 Harper H, Hallsworth M. Counting calories: how under-reporting can explain the apparent fall in calorie intake. 2016. Available from: https://www.bi.team/wp-content/uploads/2016/08/16-07-12-Counting-Calories-Final.pdf.

25 Lennox A, Bluck L, Page P, Pell D, Cole D, Ziauddeen N, et al. Appendix X Misreporting in the National Diet and Nutrition Survey Rolling Programme (NDNS RP): summary of results and their interpretation [Internet]. [cited 2022 Sep 6]. Available from: https://www.food.gov.uk/sites/default/files/media/document/ndns-appendix-x.pdf.

26 Church et al, 2011.
27 Harper H, Hallsworth M. Counting calories: how under-reporting can explain the apparent fall in calorie intake. 2016. Available from: https://www.bi.team/wp-content/uploads/2016/08/16-07-12-Counting-Calories-Final.pdf.
28 Health and Social Care Information Centre. Health Survey for England – 2012. 2013. Available from: https://digital.nhs.uk/dataand-information/publications/statistical/health-survey-for-england/health-survey-for-england-2012.
29 NielsenIQ. The power of snacking. 2018. Available from: https://nielseniq.com/global/en/insights/report/2018/the-power-ofsnacking/.
30 Nielsen. Snack attack: what consumers are reaching for around the world. Available from: https://www.nielsen.com/wp-content/uploads/sites/2/2019/04/nielsen-global-snacking-report-september-2014.pdf.
31 Bee C, Meyer B, Sullivan JX. The validity of consumption data: are the Consumer Expenditure Interview and Diary Surveys informative? 2012. Available from: https://EconPapers.repec.org/RePEc:nbr:nberwo:18308.
32 Office for National Statistics. Survey sampling for Family Food. 2015. Available from: https://assets.publishing.service.gov.uk/government/uploads/system/uploads/attachment_data/file/486047/familyfoodmethod-sampling-17dec15.pdf.
33 Bean C. Independent review of UK economic statistics: final report. 2016. Available from: https://www.gov.uk/government/publications/independent-review-of-uk-economic-statistics-final-report.
34 Barrett G, Levell P, Milligan K. A comparison of micro and macro expenditure measures across countries using differing survey methods. In: Carroll CD, Crossley TF, Sabelhaus J (eds). *Improving the Measurement of Consumer Expenditures.* Chicago, IL: University of Chicago Press, 2015: 263–86.
35 Meyer BD, Mok WKC, Sullivan JX. Household surveys in crisis. *Journal of Economic Perspectives* 2015; 29: 199–226.
36 British Heart Foundation. Portion distortion. 2013. Available from: https://www.bhf.org.uk/what-we-do/news-from-the-bhf/newsarchive/2013/october/portion-distortion.
37 Waste and Resources Action Programme. Household food and drink waste in the United Kingdom 2012. 2013. Available from: https://wrap.org.uk/resources/report/household-food-and-drink-waste-unitedkingdom-2012.
38 Dray S. Food waste in the UK. 2021. Available from: https://lordslibrary.parliament.uk/food-waste-in-the-uk/.
39 Kantar. Consumer panels. 2022. Available from: https://www.kantarworldpanel.com/

id/About-us/consumer-panels.

40　Pontzer et al, 2012.

41　Ebersole KE, Dugas LR, et al. Energy expenditure and adiposity in Nigerian and African-American women. *Obesity* 2008; 16: 2148–54.

42　Pontzer et al, 2016.

43　Pontzer H. Energy constraint as a novel mechanism linking exercise and health. *Physiology* 2018; 33: 384–93.

44　Pontzer H, Yamada Y, Sagayama H, et al. Daily energy expenditure through the human life course. *Science* 2021; 373: 808–12.

45　Kraft TS, Venkataraman VV, Wallace IJ, et al. The energetics of uniquely human subsistence strategies. *Science* 2021; 374: eabf0130.

46　Ferro-Luzzi A, Martino L. Obesity and physical activity. *Ciba Foundation Symposium* 1996; 201: 207–21; discussion 221–7.

47　Luke A, Dugas LR, Ebersole K, et al. Energy expenditure does not predict weight change in either Nigerian or African *American women*. *American Journal of Clinical Nutrition* 2009; 89: 169–76.

48　Dugas LR, Harders R, Merrill S, et al. Energy expenditure in adults living in developing compared with industrialized countries: a metaanalysis of doubly labeled water studies. *American Journal of Clinical Nutrition* 2011; 93: 427–41.

49　Pontzer H. The crown joules: energetics, ecology, and evolution in humans and other primates. *Evolutionary Anthropology* 2017; 26: 12–24.

50　Pontzer H, Durazo-Arvizu R, Dugas LR, et al. Constrained total energy expenditure and metabolic adaptation to physical activity in adult humans. *Current Biology* 2016; 26: 410–17.

51　Pontzer H, Raichlen DA, Gordon AD, et al. Primate energy expenditure and life history. *Proceedings of the National Academy of Sciences* USA 2014; 111: 1433–37.

52　Ellison PT. Energetics and reproductive effort. *American Journal of Human Biology* 2003; 15: 342–51.

53　Ellison PT, Lager C. Moderate recreational running is associated with lowered salivary progesterone profiles in women. *American Journal of Ostetrics and Gynecology* 1986; 154: 1000–03.

54　Pontzer H. Energy constraint as a novel mechanism linking exercise and health. *Physiology* 2018; 33: 384–93.

55　Nabkasorn C, Miyai N, Sootmongkol A, et al. Effects of physical exercise on depression, neuroendocrine stress hormones and physiological fitness in adolescent females with depressive symptoms. *European Journal of Public Health* 2006; 16: 179–84.

56 @TateLyleSugars. 'Come along to the IEA ThinkTent for steaming porridge & Lyle's Golden Syrup & to discuss global trade: producers vs. consumers – where does the balance lie?' 2 October 2018. Available from: https://twitter.com/tatelylesugars/status/1047037066952028166.

57 Institute of Economic Affairs. After Brexit, building a global free trade environment. 2016. Available from: https://iea.org.uk/events/exiting-the-eu-reclaiming-trade-sovereignty/.

58 Lee I-M, Shiroma EJ, Lobelo F, Puska P, Blair SN, Katzmarzyk PT, et al. Effect of physical inactivity on major non-communicable diseases worldwide: an analysis of burden of disease and life expectancy. *Lancet* 2012; 380: 219–29.

59 Church et al, 2011.

60 Hill et al, 2012.

61 Wood B, Ruskin G, Sacks G. How Coca-Cola shaped the international congress on physical activity and public health: an analysis of email exchanges between 2012 and 2014. *International Journal of Environmental Research and Public Health* 2020; 17: 8996.

62 Serôdio PM, McKee M, Stuckler D. Coca-Cola – a model of transparency in research partnerships? A network analysis of Coca-Cola's research funding (2008–2016). *Public Health Nutrition* 2018; 21: 1594–607.

63 O'Connor A. Coca-Cola funds scientists who shift blame for obesity away from bad diets. 2015. Available from: https://well.blogs.nytimes.com/2015/08/09/coca-cola-funds-scientists-who-shift-blame-for-obesityaway-from-bad-diets/.

64 Wood et al, 2020.

65 O'Connor et al, 2015.

66 Serôdio et al, 2018.

67 Serôdio et al, 2018.

68 Coca-Cola. Transparency Research Report. 2022. Available from: https://www.coca-colacompany.com/content/dam/journey/us/en/policies/pdf/research-and-studies/transparency-research-report.pdf.

69 Botkin JR. Should failure to disclose significant financial conflicts of interest be considered research misconduct? *Journal of the American Medical Association* 2018; 320: 2307–08.

70 Anderson TS, Dave S, Good CB, et al. Academic medical center leadership on pharmaceutical company boards of directors. *Journal of the American Medical Association* 2014; 311: 1353–55.

71 Coca-Cola. Exercise is the best medicine. 2009. Available from: https://investors.coca-colacompany.com/news-events/press-releases/detail/392/exercise-is-the-

best-medicine.

72　Flacco ME, Manzoli L, Boccia S, et al. Head-to-head randomized trials are mostly industry sponsored and almost always favor the industry sponsor. *Journal of Clinical Epidemiology* 2015; 68: 811 – 20.

73　Stamatakis E, Weiler R, Ioannidis JPA. Undue industry influences that distort healthcare research, strategy, expenditure and practice: a review. *European Journal of Clinical Investigation* 2013; 43: 469 – 75.

74　Ioannidis JPA. Evidence-based medicine has been hijacked: a report to David Sackett. *Journal of Clinical Epidemiology* 2016; 73: 82 – 86.

75　Fabbri A, Lai A, Grundy Q, Bero LA. The influence of industry sponsorship on the research agenda: a scoping review. *American Journal of Public Health* 2018; 108: e9 – 16.

76　Lundh et al, 2017.

77　Rasmussen K, Bero L, Redberg R, et al. Collaboration between academics and industry in clinical trials: cross sectional study of publications and survey of lead academic authors. *British Medical Journal* 2018; 363: 3654.

78　Bes-Rastrollo M, Schulze MB, Ruiz-Canela M, et al. Financial conflicts of interest and reporting bias regarding the association between sugar-sweetened beverages and weight gain: a systematic review of systematic reviews. *PLoS Medicine* 2013; 10: e1001578.

79　Serôdio et al, 2018.

80　Serôdio et al, 2018. 'Three hundred and eighty-nine articles, published in 169 different journals, and authored by 907 researchers, cite funding from The Coca-Cola Company. But Coca-Cola's transparency lists are far from complete. After incorporating the results from a survey, our search identified up to 471 authors corresponding to 128 articles whose names do not appear on Coca-Cola's lists, but whose articles acknowledge funding from the company.'

81　Leme ACB, Ferrari G, Fisberg RM, et al. Co-occurrence and clustering of sedentary behaviors, diet, sugar-sweetened beverages, and alcohol intake among adolescents and adults: the Latin American Nutrition and Health Study (ELANS). *Nutrients* 2021; 13: 1809.

Chapter 9. 식품 늪에 빠진 가난한 아이들

1　@matthewsyed. 'Here I say that some obese people could lose weight with willpower – more exercise, less food. I explicitly exclude those with thyroid & other conditions. That this has caused offence underlines my point: we've seen a collapse in individual responsibility'. 14 February 2021. Available from: https://twitter.com/matthewsyed/status/1360913923340394499.

2. Cooksey-Stowers K, Schwartz MB, Brownell KD. Food swamps predict obesity rates better than food deserts in the United States. *International Journal of Environmental Research and Public Health* 2017; 14: 1366.

3. National Food Strategy, 2021.

4. National Food Strategy, 2021.

5. Folkvord F, Anschütz DJ, Wiers RW, et al. The role of attentional bias in the effect of food advertising on actual food intake among children. *Appetite* 2015; 84: 251–58.

6. Harris JL, Speers SE, Schwartz MB, et al. US food company branded advergames on the internet: children's exposure and effects on snack consumption. *Journal of Children and Media* 2012; 6: 51–68.

7. Folkvord F, Anschütz DJ, Buijzen M, et al. The effect of playing advergames that promote energy-dense snacks or fruit on actual food intake among children. *American Journal of Clinical Nutrition* 2013; 97: 239–45.

8. Harris JL, Bargh JA, Brownell KD. Priming effects of television food advertising on eating behavior. *Health Psychology* 2009; 28: 404–13.

9. Boyland E, McGale L, Maden M, et al. Association of food and nonalcoholic beverage marketing with children and adolescents' eating behaviors and health: a systematic review and meta-analysis. *JAMA Pediatrics* 2022; 176: e221037.

10. Laraia BA, Leak TM, Tester JM, et al. Biobehavioral factors that shape nutrition in low-income populations: a narrative review. *American Journal of Preventive Medicine* 2017; 52: S118–26.

11. Adam TC, Epel ES. Stress, eating and the reward system. *Physiology & Behavior* 2007; 9: 449–58.

12. Schrempft S, van Jaarsveld CHM, Fisher A, et al. Variation in the heritability of child body mass index by obesogenic home environment. *JAMA Pediatrics* 2018; 172: 1153–60.

13. Schrempft S et al, 2018.

14. Baraldi LG, Martinez Steele E, Canella DS, et al. Consumption of ultra-processed foods and associated sociodemographic factors in the USA between 2007 and 2012: evidence from a nationally representative cross-sectional study. *BMJ Open* 2018; 8: e020574.

15. Leung CW, Fulay AP, Parnarouskis L, et al. Food insecurity and ultra-processed food consumption: the modifying role of participation in the Supplemental Nutrition

Assistance Program (SNAP). *American Journal of Clinical Nutrition* 2022; 116: 197-205.

16 Marchese L, Livingstone KM, Woods JL, et al. Ultra-processed food consumption, socio-demographics and diet quality in Australian adults. *Public Health Nutrition* 2022; 25: 94-104.

17 Mischel W, Shoda Y, Rodriguez MI. Delay of gratification in children. *Science* 1989; 244: 933-38.

18 Mischel W, Ebbesen EB, Zeiss AR. Cognitive and attentional mechanisms in delay of gratification. *Journal of Personality and Social Psychology* 1972; 21: 204-18.

19 Watts TW, Duncan GJ, Quan H. Revisiting the marshmallow test: a conceptual replication investigating links between early delay of gratification and later outcomes. *Psychological Science* 2018; 29: 1159-77.

20 Watts et al, 2018.

21 Falk A, Kosse F, Pinger P. Re-revisiting the marshmallow test: a direct comparison of studies by Shoda, Mischel, and Peake (1990) and Watts, Duncan, and Quan (2018). *Psychological Science* 2020; 31: 100-04.

22 Evans GW, English K. The environment of poverty: multiple stressor exposure, psychophysiological stress, and socioemotional adjustment. Child Development 2002; 73: 1238-48.

23 Sturge-Apple ML, Suor JH, Davies PT, et al. Vagal tone and children's delay of gratification: differential sensitivity in resource-poor and resource-rich environments. *Psychological Science* 2016; 27:885-93.

24 Kidd C, Palmeri H, Aslin RN. Rational snacking: young children's decision-making on the marshmallow task is moderated by beliefs about environmental reliability. *Cognition* 2013; 126: 109-14.

25 Raver CC, Jones SM, Li-Grining C, et al. CSRP's impact on lowincome preschoolers' preacademic skills: self-regulation as a mediating mechanism. *Child Development* 2011; 82: 362-78.

26 The Economist. Desire delayed: Walter Mischel on the test that became his life's work. 2014. Available from: https://www.economist.com/books-and-arts/2014/10/11/desire-delayed.

27 Gill D. New study disavows marshmallow test's predictive powers. 2021. https://anderson-review.ucla.edu/new-study-disavows-marshmallowtests-predictive-powers/.

Chapter 10. 어떤 음식은 당신의 뇌를 해킹한다

1 Library of Congress. Who "invented" the TV dinner? 2019. Available from: https://www.loc.gov/everyday-mysteries/food-and-nutrition/item/who-invented-the-tv-dinner/.
2 Lynch, B. Understanding opportunities in the chilled ready meals category in the UK. 2021. Available from: https://www.bordbia.ie/industry/news/food-alerts/2020/understanding-opportunities-inthe-chilled-ready-meals-category-in-the-uk/.
3 Frings D, Albery IP, Moss AC, et al. Comparison of Allen Carr's Easyway programme with a specialist behavioural and pharmacological smoking cessation support service: a randomized controlled trial. *Addiction* 2020; 115: 977–85.
4 Carr A, Dicey J. *Allen Carr's Easy Way to Quit Smoking Without Willpower– Includes Quit Vaping: The Best-selling Quit Smoking Method Updated for the 2020s*. London: Arcturus, 2020.
5 Keogan S, Li S, Clancy L. Allen Carr's Easyway to Stop Smoking – a randomised clinical trial. *Tobacco Control* 2019; 28: 414–19.
6 World Health Organization. Allen Carr's Easyway. 2021. Available from: https://www.who.int/campaigns/world-no-tobacco-day/2021/quitting-toolkit/allen-carr-s-easyway.
7 Fletcher PC, Kenny PJ. Food addiction: a valid concept? *Neuropsychopharmacology* 2018; 43: 2506–13.
8 Fletcher & Kenny, 2018.
9 Polk SE, Schulte EM, Furman CR, et al. Wanting and liking: separable components in problematic eating behavior? *Appetite* 2017; 115: 45–53.
10 Morales I, Berridge KC. "Liking" and "wanting" in eating and food reward: brain mechanisms and clinical implications. *Physiology & Behavior* 2020; 227: 113152.
11 Ellin A. I was powerless over Diet Coke. 2021. Available from: https://www.nytimes.com/2021/08/11/well/eat/diet-coke-addiction.html.
12 Fletcher & Kenny, 2018.
13 Hebebrand J, Albayrak Ö, Adan R, et al. "Eating addiction", rather than "food addiction", better captures addictive-like eating behavior. *Neuroscience & Biobehavioral Reviews*; 47: 295–306.
14 Polk et al, 2017.
15 Gearhardt AN, Schulte EM. Is food addictive? A review of the science. *Annual Review of Nutrition* 2021; 41: 387–410.
16 Schulte EM, Sonneville KR, Gearhardt AN. Subjective experiences of highly

17. Schulte EM, Avena NM, Gearhardt AN. Which foods may be addictive? The roles of processing, fat content, and glycemic load. *PLoS One* 2015; 10: e0117959.
18. Allison S, Timmerman GM. Anatomy of a binge: food environment and characteristics of nonpurge binge episodes. *Eating Behaviors* 2007; 8: 31–38.
19. Tanofsky-Kraff M, McDuffie JR, et al. Laboratory assessment of the food intake of children and adolescents with loss of control eating. *American Journal of Clinical Nutrition* 2009; 89: 738–45.
20. Grant BF, Goldstein RB, Saha TD, et al. Epidemiology of DSM-5 alcohol use disorder: results from the national epidemiologic survey on alcohol and related conditions III. *JAMA Psychiatry* 2015; 72: 757–66.
21. Martin CB, Herrick KA, Sarafrazi N, Ogden CL. Attempts to lose weight among adults in the United States, 2013–2016. *National Center for Health Statistics Data Brief* 2018; 313: 1–8.
22. Grant et al, 2015.
23. Lopez-Quintero C, de los Cobos JP, Hasin DS, et al. Probability and predictors of transition from first use to dependence on nicotine, alcohol, cannabis, and cocaine: results of the National Epidemiologic Survey on Alcohol and Related Conditions (NESARC). *Drug and Alcohol Dependence* 2011; 115: 120–30.
24. Volkow ND, Wang G-J, Fowler JS, et al. Overlapping neuronal circuits in addiction and obesity: evidence of systems pathology. *Philosophical Transactions of the Royal Society B* 2008; 363: 3191–200.
25. Volkow ND, Wang GJ, Fowler JS, et al. Food and drug reward: overlapping circuits in human obesity and addiction. *Current Topics in Behavioral Neurosciences* 2012; 11: 1–24.
26. Afshin A, Sur PJ, Fay KA, et al. Health effects of dietary risks in 195 countries, 1990–2017: a systematic analysis for the Global Burden of Disease Study 2017. *Lancet* 2019; 393: 1958–72.

Part 3

Chapter 11. 초가공식품은 미리 씹어서 나온다

1. Haber GB, Heaton KW, Murphy D, Burroughs LF. Depletion and disruption of dietary fibre. Effects on satiety, plasma-glucose, and serum-insulin. *Lancet* 1977; 2:

679–82.

2   Ungoed-Thomas J. An honest crust? Craft bakeries rise up against 'sourfaux' bread. 2022. Available from: https://amp.theguardian.com/food/2022/apr/23/fake-bake-uk-government-steps-in-over-sourfauxthreat-to-craft-bakers.

3   Dodson TB, Susarla SM. Impacted wisdom teeth. *BMJ Clinical Evidence* 2014; 2014: 1302.

4   Corruccini RS. *How Anthropology Informs the Orthodontic Diagnosis of Malocclusion's Causes*. London: Edwin Mellen Press, 1999.

5   Lieberman, D. *The Story of the Human Body: Evolution, Health and Disease*. London: Penguin Books, 2011.

6   Corruccini RS. Australian aboriginal tooth succession, interproximal attrition, and Begg's theory. *American Journal of Orthodontics and Dentofacial Orthopedics* 1990; 97: 349–57.

7   Corruccini RS. An epidemiologic transition in dental occlusion in world populations. *American Journal of Orthodontics* 1984; 86: 419–26.

8   Lieberman DE, Krovitz GE, Yates FW, et al. Effects of food processing on masticatory strain and craniofacial growth in a retrognathic face. *Journal of Human Evolution* 2004; 46: 655–77.

9   BBC News. Mary Rose skeletons studied by Swansea sports scientists. 2012. Available from: https://www.bbc.co.uk/news/ukwales-17309665.

10 Ingervall B, Bitsanis E. A pilot study of the effect of masticatory muscle training on facial growth in long-face children. *European Journal of Orthodontics* 1987 Feb; 9(1):15–23.

11 Business Insider. There's a very simple reason why McDonald's hamburgers don't rot. 2017. Available from: https://www.businessinsider.com/why-mcdonalds-hamburgers-do-not-rot-2016-2?r=US&IR=T.

12 Rolls BJ. The relationship between dietary energy density and energy intake. *Physiology & Behavior* 2009; 97: 609–15.

13 Bell EA, Castellanos VH, Pelkman CL, et al. Energy density of foods affects energy intake in normal-weight women. *American Journal of Clinical Nutrition* 1998; 67: 412–20.

14 Rolls BJ, Cunningham PM, Diktas HE. Properties of ultraprocessed foods that can drive excess intake. *Nutrition Today* 2020; 55: 109.

15 Bell et al, 1998.

16 Rolls et al, 2020.

17 Ohkuma T, Hirakawa Y, Nakamura U, et al. Association between eating rate and

obesity: a systematic review and meta-analysis. *International Journal of Obesity* 2015; 39: 1589-96.

18   de Graaf C. Texture and satiation: the role of oro-sensory exposure time. *Physiology & Behavior* 2012; 107: 496-501.

19   Wee MSM, Goh AT, Stieger M, et al. Correlation of instrumental texture properties from textural profile analysis (TPA) with eating behaviours and macronutrient composition for a wide range of solid foods. *Food & Function* 2018; 9: 5301-12.

20   Zhu Y, Hsu WH, Hollis JH. Increasing the number of masticatory cycles is associated with reduced appetite and altered postprandial plasma concentrations of gut hormones, insulin and glucose. *British Journal of Nutrition* 2013; 110: 384-90.

21   Fogel A, Goh AT, Fries LR, et al. A description of an "obesogenic" eating style that promotes higher energy intake and is associated with greater adiposity in 4.5-year-old children: results from the GUSTO cohort. *Physiology & Behavior* 2017; 176: 107-16.

22   Llewellyn CH, van Jaarsveld CHM, Boniface D, et al. Eating rate is a heritable phenotype related to weight in children. *American Journal of Clinical Nutrition* 2008; 88: 1560-66.

23   de Wijk RA, Zijlstra N, Mars M, et al. The effects of food viscosity on bite size, bite effort and food intake. *Physiology & Behavior* 2008; 95: 527-32.

24   Forde CG, Mars M, de Graaf K. Ultra-processing or oral processing? A role for energy density and eating rate in moderating energy intake from processed foods. *Current Developments in Nutrition* 2020; 4:nzaa019.

25   Bell et al, 1998.

26   Gearhardt & Schulte, 2021.

Chapter 12. 초가공식품은 수상쩍은 냄새가 난다

1   Morrot G, Brochet F, Dubourdieu D. The color of odors. *Brain and Language* 2001; 79: 309-20.

2   Brochet F. Chemical object representation in the field of consciousness. Available from: https://web.archive.org/web/20070928231853if_/http://www.academie-amorim.com/us/laureat_2001/brochet.pdf.

3   Bushdid C, Magnasco MO, Vosshall LB, et al. Humans can discriminate more than 1 trillion olfactory stimuli. *Science* 2014; 343: 1370-72.

4   McGann JP. Poor human olfaction is a 19th-century myth. *Science* 2017; 356: eaam7263.

5   Sclafani A. Oral and postoral determinants of food reward. *Physiology & Behavior* 2004;

81: 773–79.

6. de Araujo IE, Lin T, Veldhuizen MG, et al. Metabolic regulation of brain response to food cues. *Current Biology* 2013; 23: 878–83.

7. Holman EW. Immediate and delayed reinforcers for flavor preferences in rats. *Learning and Motivation* 1975; 6: 91–100.

8. Holman GL. Intragastric reinforcement effect. *Journal of Comparative and Physiological Psychology* 1969; 69: 432–41.

9. Mennella JA, Jagnow CP, Beauchamp GK. Prenatal and postnatal flavor learning by human infants. *Pediatrics* 2001; 107: E88.

10. Barabási A-L, Menichetti G, Loscalzo J. The unmapped chemical complexity of our diet. *Nature Food* 2020; 1: 33–37.

11. Holliday RJ, Helfter J. *A Holistic Vet's Prescription for a Healthy Herd: A Guide to Livestock Nutrition, Free-choice Minerals, and Holistic Cattle Care*. Greeley: Acres USA, 2014.

12. Scrinis G. Reframing malnutrition in all its forms: a critique of the tripartite classification of malnutrition. *Global Food Security* 2020; 26:100396.

13. Scrinis G. Ultra-processed foods and the corporate capture of nutrition – an essay by Gyorgy Scrinis. *British Medical Journal* 2020; 371: m4601.

14. Elizabeth L, Machado P, Zinocker M, et al. Ultra-processed foods and health outcomes: a narrative review. *Nutrients* 2020; 12: 1955.

15. Reardon T, Tschirley D, Liverpool-Tasie LSO, et al. The processed food revolution in African food systems and the double burden of malnutrition. Global Food Security 2021; 28: 100466.

16. Swinburn BA, Kraak VI, Allender S, Atkins VJ, Baker PI, Bogard JR, et al. The global syndemic of obesity, undernutrition, and climate change: the *Lancet* Commission report. *Lancet* 2019; 393: 791–846.

17. National Food Strategy, 2021.

18. OECDiLibrary. Obesity Among Children. 2019 Available from: https://www.oecd-ilibrary.org/sites/health_glance_eur-2018-26-en/index.html?itemId=/content/component/health_glance_eur-2018-26-en.

19. Enserink M. Did natural selection make the Dutch the tallest people on the planet? 2015. Available from: https://www.science.org/content/article/did-natural-selection-make-dutch-tallest-peopleplanet.

20. Haines G. Why are the Dutch so tall? 2020. Available from: https://www.bbc.com/travel/article/20200823-why-are-the-dutch-so-tall:~:text=A%20land%20of%20giants%2C%20the,cm%20and%20163.5cm%20respectively.

21. García OP, Long KZ, Rosado JL. Impact of micronutrient deficiencies on obesity.

Nutrition Review 2009; 67: 559 – 72.

Chapter 13. 초가공식품은 맛이 이상하다

1 Chandrashekar J, Kuhn C, Oka Y, et al. The cells and peripheral representation of sodium taste in mice. *Nature* 2010; 464: 297 – 301.
2 Breslin PAS. An evolutionary perspective on food and human taste. *Current Biology* 2013; 23: R409 – 18.
3 Keast RSJ, Breslin PAS. An overview of binary taste – taste interactions. *Food Quality and Preference* 2003; 14: 111 – 24.
4 Henquin J-C. Do pancreatic β cells "taste" nutrients to secrete insulin? *Science Signaling* 2012; 5: e36.
5 Behrens M, Meyerhof W. Gustatory and extragustatory functions of mammalian taste receptors. *Physiology & Behavior* 2011; 105: 4 – 13.
6 Chandrashekar et al, 2010.
7 Breslin, 2013.
8 Breslin, 2013.
9 Breslin, 2013.
10 Coca-Cola. Does Coca-Cola contain cocaine? 2020. Available from: https://www.coca-cola.co.uk/our-business/faqs/does-coca-cola-containcocaine.
11 Tucker KL, Morita K, Qiao N, Hannan MT, Cupples LA, Kiel DP. Colas, but not other carbonated beverages, are associated with low bone mineral density in older women: The Framingham Osteoporosis Study. *American Journal of Clinical Nutrition* 2006; 84: 936 – 42.
12 Veldhuizen MG, Babbs RK, Patel B, et al. Integration of sweet taste and metabolism determines carbohydrate reward. *Current Biology* 2017; 27: 2476 – 2485.
13 Lopez O, Jacobs A. In town with little water, Coca-Cola is everywhere. So is diabetes. 2018. Available from: https://www.nytimes.com/2018/07/14/world/americas/mexico-coca-cola-diabetes.html.
14 Imamura F, O'Connor L, Ye Z, et al. Consumption of sugar sweetened beverages, artificially sweetened beverages, and fruit juice and incidence of type 2 diabetes: systematic review, meta-analysis, and estimation of population attributable fraction. *British Medical Journal* 2015; 351: h3576.
15 Fowler SP, Williams K, Resendez RG, et al. Fueling the obesity epidemic? Artificially sweetened beverage use and long-term weight gain. *Obesity* 2008; 16: 1894 – 900.
16 Fowler SPG. Low-calorie sweetener use and energy balance: results from

17 experimental studies in animals, and large-scale prospective studies in humans. *Physiology & Behavior* 2016; 164: 517–23.

17 Nettleton JA, Lutsey PL, Wang Y, et al. Diet soda intake and risk of incident metabolic syndrome and type 2 diabetes in the Multi-Ethnic Study of Atherosclerosis (MESA). *Diabetes Care* 2009; 32: 688–94.

18 Gallagher AM, Ashwell M, Halford JCG, et al. Low-calorie sweeteners in the human diet: scientific evidence, recommendations, challenges and future needs. A symposium report from the FENS 2019 conference. *Journal of Nutritional Science* 2021; 10: e7.

19 Tate DF, Turner-McGrievy G, Lyons E, et al. Replacing caloric beverages with water or diet beverages for weight loss in adults: main results of the Choose Healthy Options Consciously Everyday (CHOICE) randomized clinical trial. *American Journal of Clinical Nutrition* 2012; 95: 555–63.

20 Miller PE, Perez V. Low-calorie sweeteners and body weight and composition: a meta-analysis of randomized controlled trials and prospective cohort studies. *American Journal of Clinical Nutrition* 2014; 100: 765–77.

21 Tate et al, 2012.

22 Sylvetsky AC, Figueroa J, Zimmerman T, et al. Consumption of lowcalorie sweetened beverages is associated with higher total energy and sugar intake among children, NHANES 2011–2016. *Pediatric Obesity* 2019; 14: e12535.

23 Dalenberg JR, Patel BP, Denis R, et al. Short-term consumption of sucralose with, but not without, carbohydrate impairs neural and metabolic sensitivity to sugar in humans. *Cellular Metabolism* 2020; 31: 493–502.

24 Swithers SE, Sample CH, Davidson TL. Adverse effects of high-intensity sweeteners on energy intake and weight control in male and obesity-prone female rats. *Behavioral Neuroscience* 2013; 127: 262–74.

25 Onaolapo AY, Onaolapo OJ. Food additives, food and the concept of 'food addiction': is stimulation of the brain reward circuit by food sufficient to trigger addiction? *Pathophysiology* 2018; 25: 263–76.

26 Bartolotto C. Does consuming sugar and artificial sweeteners change taste preferences? *Permanente Journal* 2015; 19: 81–84.

27 Rodriguez-Palacios A, Harding A, Menghini P, et al. The artificial sweetener Splenda promotes gut Proteobacteria, dysbiosis, and myeloperoxidase reactivity in Crohn's disease-like ileitis. *Inflammatory Bowel Disease* 2018; 24: 1005–20.

28 de-la-Cruz M, Millán-Aldaco D, Soriano-Nava DM, et al. The artificial sweetener Splenda intake promotes changes in expression of c-Fos and NeuN in hypothalamus and hippocampus of rats. *Brain Research* 2018; 1700: 181–89.

29   Suez J, Korem T, Zeevi D, et al. Artificial sweeteners induce glucose intolerance by altering the gut microbiota. *Nature* 2014; 514: 181-86.
30   HM Treasury. Soft drinks industry levy comes into effect. 2018. Available from: https://www.gov.uk/government/news/soft-drinks-industry-lvycomes-into-effect.
31   Pell D, Mytton O, Penney TL, et al. Changes in soft drinks purchased by British households associated with the UK soft drinks industry levy: controlled interrupted time series analysis. *British Medical Journal* 2021; 372: n254.
32   First Steps Nutrition Trust, 2019.
33   First Steps Nutrition Trust, 2019.
34   Breslin, 2013.

Chapter 14. 식품첨가물의 세계

1   Wood Z. Pret a Manger censured over natural sandwich ingredients claim.2018. Available from: http://www.theguardian.com/business/2018/apr/18/pret-a-manger-censured-over-natural-sandwich-ingredients-claim.
2   Sustain. Pret's progress. 2018. Available from: https://www.sustainweb.org/news/dec18_pret_progress/.
3   Jab Holding Company. Annual report 2020. 2021. Available from: https://www.jabholco.com/documents/2/FY20_JAB_Holding_Company_Sarl_Consolidated_Financial_Statements.pdf.
4   Appelbaum B. Bagels and war crimes. 2019. Available from: https://www.nytimes.com/2019/03/27/opinion/bagels-war-crimes-nazireimann.html.
5   Bennhold K. Germany's second-richest family discovers a dark Nazi past. 2019. Available from: https://www.nytimes.com/2019/03/25/world/europe/nazi-laborers-jab-holding.html.
6   Kiewel M. 33 Milliarden Euro reich: die Nazi-Vergangenheit der Calgon-Familie. 2019. Available from: https://www.bild.de/bild-plus/politik/inland/politik-inland/33-milliarden-euro-reich-die-nazivergangenheit-der-calgon-familie-60835802,view=conversionToLogin.bild.html.
7   Rising D. Family who owns Krispy Kreme, Panera, Peet's Coffee acknowledges Nazi past. 2019. Available from: https://www.nbcbayarea.com/news/national-international/family-that-owns-krispy-kremepanera-peets-coffee-acknowledges-nazi-past/159805/.
8   McCann D, Barrett A, Cooper A, et al. Food additives and hyperactive behaviour in

3-year-old and 8/9-year-old children in the community: a randomised, double-blinded, placebo-controlled trial. *Lancet* 2007; 370: 1560–67.

9 Neltner TG, Kulkarni NR, Alger HM, et al. Navigating the US food additive regulatory program. *Comprehensive Reviews in Food Science and Food Safety* 2011; 10: 342–68.

10 Naimi S, Viennois E, Gewirtz AT, et al. Direct impact of commonly used dietary emulsifiers on human gut microbiota. *Microbiome* 2021;9: 66.

11 Richey Levine A, Picoraro JA, Dorfzaun S, et al. Emulsifiers and intestinal health: an introduction. *Journal of Pediatric Gastroenterology and Nutrition* 2022; 74: 314–19.

12 Dupont Nutrition and Biosciences. Panodan DATEM: emulsifier for efficient processing and fat reduction. Available from: https://www.dupontnutritionandbiosciences.com/products/panodan.html.

13 Environmental Protection Agency. Lifetime health advisories and health effects support documents for perfluorooctanoic acid and perfluorooctane sulfonate. 2016. Available from: https://www.regulations.gov/document/EPA-HQ-OW-2014-0138-0037.

14 Rich N. The lawyer who became DuPont's worst nightmare. 2016.Available from: https://www.nytimes.com/2016/01/10/magazine/the-lawyer-who-became-duponts-worst-nightmare.html.

15 Rich, 2016.

16 Morgenson G, Mendell D. How DuPont may avoid paying to clean up a toxic "forever chemical". 2020. Available from: https://www.nbcnews.com/health/cancer/how-dupont-may-avoid-paying-clean-toxic-foreverchemical-n1138766.

17 Morgenson & Mendell, 2020.

18 Sevelsted A, Stokholm J, Bønnelykke K, et al. Cesarean section and chronic immune disorders. *Pediatrics* 2015; 135: e92–98.

19 Nickerson KP, Homer CR, Kessler SP, et al. The dietary poly-saccharide maltodextrin promotes Salmonella survival and mucosal colonization in mice. *PLoS One* 2014; 9: e101789.

20 Bäckhed F, Fraser CM, Ringel Y, et al. Defining a healthy human gut microbiome: current concepts, future directions, and clinical applications. *Cell Host & Microbe* 2012; 12: 611–22.

21 Dinan TG, Stilling RM, Stanton C, Cryan JF. Collective unconscious: how gut microbes shape human behavior. *Journal of Psychiatric Research* 2015; 63: 1–9.

22 Gilbert JA, Blaser MJ, Caporaso JG, et al. Current understanding of the human microbiome. *Nature Medicine* 2018; 24: 392–400.

23 Holder MK, Peters NV, Whylings J, et al. Dietary emulsifiers consumption alters

anxiety-like and social-related behaviors in mice in a sex-dependent manner. *Scientific Reports* 2019; 9: 172.

24   Chassaing B, Koren O, Goodrich JK, et al. Dietary emulsifiers impact the mouse gut microbiota promoting colitis and metabolic syndrome. *Nature* 2015; 519: 92-96.
25   Nickerson et al, 2014.
26   Nickerson KP, McDonald C. Crohn's disease-associated adherentinvasive Escherichia coli adhesion is enhanced by exposure to the ubiqui tous dietary polysaccharide maltodextrin. *PLoS One* 2012; 7: e52132.
27   Arnold AR, Chassaing B. Maltodextrin, modern stressor of the intestinal environment. *Cellular and Molecular Gastroenterology and Hepatology* 2019; 7: 475-76.
28   Hofman DL, van Buul VJ, Brouns FJPH. Nutrition, health, and regulatory aspects of digestible maltodextrins. *Critical Reviews in Food Science and Nutrition* 2016; 56: 2091-100.
29   Ostrowski MP, La Rosa SL, Kunath BJ, et al. The food additive xanthan gum drives adaptation of the human gut microbiota. *bioRxiv* (preprint) 2021. DOI:10.1101/2021.06.02.446819.
30   Rodriguez-Palacios et al, 2018.
31   Naimi et al, 2021.
32   Nickerson et al, 2014.
33   Chassaing et al, 2015.
34   Nickerson & McDonald, 2012.
35   Arnold & Chassaing, 2019.
36   Nair DVT, Paudel D, Prakash D, et al. Food additive guar gum aggravates colonic inflammation in experimental models of inflammatory bowel disease. *Current Developments in Nutrition* 2021; 5: 1142.
37   Roberts CL, Keita AV, Duncan SH, et al. Translocation of Crohn's disease *Escherichia coli* across M-cells: contrasting effects of soluble plant fibres and emulsifiers. *Gut* 2010; 59: 1331-39.

Part 4

Chapter 15. 규제의 사각지대

1   Maffini M, Neltner T. Broken GRAS: a scary maze of questions a corn oil producer couldn't answer. 2022. Available from: http://blogs.edf.org/health/2022/03/25/broken-gras-a-scary-maze-of-questions-acorn-oil-producer-couldnt-answer/.

2   Goldacre B. *Bad Pharma: How Medicine is Broken, And How We Can Fix It.* London: HarperCollins, 2012.

3   Neltner TG, Kulkarni NR, Alger HM, Maffini MV, Bongard ED, Fortin ND and Olson ED. Navigating the U.S. Food Additive Regulatory Program. *Comprehensive Reviews in Food Science and Food Safety* 2011; 10: 342–68. https://doi.org/10.1111/j.1541-4337.2011.00166.x.

4   Maffini MV, Neltner TG, Vogel S. We are what we eat: regulatory gaps in the United States that put our health at risk. *PLoS Biology* 2017; 15: e2003578.

5   Neltner TG, Alger HM, O'Reilly JT, et al. Conflicts of interest in approvals of additives to food determined to be generally recognized as safe: out of balance. *JAMA Internal Medicine* 2013; 173: 2032–36.

6   Delaney JJ. Investigation of the use of chemicals in food products. 1951. Available from: https://aseh.org/resources/Documents/Delaney-Investigation..Use%20of%20Chemicals%20in%20Foods-1.3.51.pdf.

7   Corn Oil ONE. FDA GRAS 704 Corn Oil Zero 1st Application. Available from: https://www.fda.gov/media/107554/download.

8   Maffini & Neltner, 2022.

9   Okull D. Stabilized chlorine dioxide in fuel ethanol fermentation: efficacy, mechanisms and residuals. 2019. Available from: https://distillersgrains.org/wp-content/uploads/2019/05/5-Okull-Stabilized-Chlorine-Dioxide-Fuel-Ethanol-Fermentation.pdf.

10 Maffini & Neltner, 2022.

11 Neltner et al, 2011.

12 Maffini et al, 2017.

13 Backhaus O, Benesh M. EWG analysis: Almost all new food chemicals greenlighted by industry, not the FDA. 2022. Available from: https://www.ewg.org/news-insights/news/2022/04/ewg-analysisalmost-all-new-food-chemicals-greenlighted-industry-not-fda.

14 Neltner TG, Alger HM, Leonard JE, et al. Data gaps in toxicity testing of chemicals allowed in food in the United States. *Reproductive Toxicology* 2013; 42: 85–94.

15 US National Toxicology Program. NTP technical report on the toxicology and carcinogenesis studies of isoeugenol (CAS no. 97–54-1) in F344/N rats and B6C3F1 mice. 2010. Available from: https://ntp.niehs.nih.gov/ntp/htdocs/lt_rpts/tr551.pdf?utm_source=direct&utm_medium=prod&utm_campaign=ntpgolinks&utm_term=tr551.

16 Nicole W. Secret ingredients: who knows what's in your food? *Environmental Health*

Perspectives 2013; 121: A126 – 33.

17 Watson E. Where are the dead bodies? Toxicology experts hit back at latest attack on food additive safety system. 2013. Available from: https://www.beveragedaily.com/Article/2013/08/15/Where-are-thedead-bodies-Toxicology-experts-hit-back-at-latest-attack-on-foodadditive-safety-system.

18 Hartung T. Toxicology for the twenty-first century. *Nature* 2009; 460:208 – 12.

Chapter 16. 전통 식단의 종말

1   Nestlé. 2016 full year results conference call transcript. 2017. Available from: https://www.nestle.com/sites/default/files/asset-library/documents/investors/transcripts/2016-full-year-results-investor-calltranscript.pdf.

2   Jacobs A, Richtel M. How big business got Brazil hooked on junk food. 2017. Available from: https://www.nytimes.com/interactive/2017/09/16/health/brazil-obesity-nestle.html.

3   Nestlé. Door-to-door sales of fortified products. 2015. Available from: https://web.archive.org/web/20150923094209/https://www.nestle.com/csv/casestudies/allcasestudies/door-to-doorsalesoffortifiedproducts.brazil.

4   Nestlé. Nestlé launches first floating supermarket in the Brazilian north region. 2010. Available from: https://www.nestle.com/sites/default/files/asset-library/documents/media/press-release/2010-february/nestl%C3%A9%20brazil%20press%20release%20-%20 a%20bordo.pdf.

5   Figueiredo N. ADM sets record for single soybean shipment from northern Brazil. 2022. Available from: https://www.reuters.com/business/energy/adm-sets-record-single-soybean-shipment-northernbrazil-2022-02-22/.

6   Weight to Volume conversions for select substances and materials [Internet]. [cited 2022 May 8]. Available from: https://www.aqua-calc.com/calculate/weight-to-volume.

7   Lawrence F. Should we worry about soya in our food? 2006. Available from: http://www.theguardian.com/news/2006/jul/25/food.foodanddrink.

8   *Dry Cargo International*. Barcarena now handling export soya. 2015. Available from: https://www.drycargomag.com/barcarena-nowhandling-export-soya.

9   EFSA Panel on Food Additives and Flavourings. Re-evaluation of dimethyl polysiloxane (E 900) as a food additive. *EFSA Journal* 2020; 18:e06107.

10 Hall AB, Huff C, Kuriwaki S. Wealth, slaveownership, and fighting for the

Confederacy: an empirical study of the American Civil War. *American Political Science Review* 2019; 113: 658–73.

11 Eskridge L. After 150 years, we still ask: why 'this cruel war'? 2011. Available from: https://web.archive.org/web/20110201183505/http://www.cantondailyledger.com/topstories/x1868081570/After-150-yearswe-still-ask-Why-this-cruel-war.

12 Gallagher G. Remembering the Civil War. 2011. Available from: https://www.c-span.org/video/?298125-1/remembering-civil-war.

13 Thompson M. I've always loved fried chicken. But the racism surrounding it shamed me. The Guardian [Internet]. 2020 Oct 13 [cited 2022 May 9]; Available from: http://www.theguardian.com/food/2020/oct/13/ive-always-loved-fried-chicken-but-the-racism-surrounding-it-shamed-me.

14 Searcey D, Richtel M. Obesity was rising as Ghana embraced fast food. Then came KFC. 2017. Available from: https://www.nytimes.com/2017/10/02/health/ghana-kfc-obesity.html.

15 Domino's Pizza. Annual report 2016. 2016. Available from: https://ir.dominos.com/static-files/315497fc-5e31-42f9-8beb-f182d9282f21.

16 Statista. Number of Domino's Pizza outlets in India from 2006 to 2021. 2022. Available from: https://www.statista.com/statistics/277347/numberof-dominos-pizza-stores-india/.

17 Odegaard AO, Koh WP, Yuan J-M, et al. Western-style fast food intake and cardiometabolic risk in an Eastern country. *Circulation* 2012; 126: 182–88.

Chapter 17. 프링글스의 진짜 가격

1 Monckton Chambers. Regular Pringles – once you pop (open VATA 1994, Schedule 8, Group 1, Excepted Item 5), the fun doesn't stop! 2007. Available from: https://www.monckton.com/wp-content/uploads/2008/11/ProcterGamblePringlesAug07AM.pdf.

2 Monckton Chambers, 2007.

3 British and Irish Legal Information Institute Tribunal. Procter & Gamble (UK) v Revenue & Customs [2007] UKVAT V20205. 2007. Available from: https://www.bailii.org/cgi-bin/format.cgi?doc=/uk/cases/UKVAT/2007/V20205.html.

4 British and Irish Legal Information Institute Tribunal. Revenue & Customs v Procter & Gamble UK EWCA Civ 407. 2009. Available from: https://www.bailii.org/cgi-bin/format.cgi?doc=/ew/cases/EWCA/Civ/2009/407.html&query=(18381).

5   Hansen J. Kellogg's is taking the government to court over putting milk in cereal. 2022. Available from: https://london.eater.com/23044506/kelloggs-breakfast-cereal-milk-suing-government-coco-pops-frosties.

6   Sweney M. Kellogg's to challenge new UK rules for high-sugar cereals in court. 2022. Available from: https://amp.theguardian.com/business/2022/apr/27/kelloggs-court-challenge-new-uk-rules-high-sugarcereals.

7   Cook SF, Borah W. *Essays in Population History: Mexico and California*. Berkeley, CA: University of California Press, 1979.

8   Denevan WM, Lovell WG. *The Native Population of the Americas in 1492*. Madison, WI: University of Wisconsin Press, 1992.

9   Nunn N, Qian N. The Columbian Exchange: a history of disease, food, and ideas. *Journal of Economic Perspectives* 2010; 24: 163–88.

10 Marshall M, Climate crisis: what lessons can we learn from the last great cooling-off period? 2022. Available from: theguardian.com/environment/2022/may/09/climate-crisis-lessons-to-learn-from-thelittle-ice-age-cooling.

11 Koch A, Brierley C, Maslin MM, et al. Earth system impacts of the European arrival and Great Dying in the Americas after 1492. *Quaternary Science Reviews* 2019; 207: 13–36.

12 Clark MA, Domingo MGG, Colgan K, et al. Global food system emissions could preclude achieving the 1.5° and 2℃ climate change targets. *Science* 2020; 370: 705–08.

13 Anastasioua K, Baker P, Hadjikakou M. A conceptual framework for understanding the environmental impacts of ultra-processed foods and implications for sustainable food systems. *Journal of Cleaner Production* 2022; 368: 133155.

14 Soil Association. Ultra-processed planet: the impact of ultra-processed diets on climate, nature and health (and what to do about it). 2021. Available from: https://www.soilassociation.org/media/23032/ultraprocessed-planet-final.pdf.

15 National Food Strategy, 2021.

16 Fardet A, Rock E. Perspective: reductionist nutrition research has meaning only within the framework of holistic and ethical thinking. *Advances in Nutrition* 2018; 9: 655–70.

17 International Food Policy Research Institute. Women: The key to food security. 1995. Available from: https://www.ifpri.org/publication/women-key-food-security.

18 Wilson B. The irreplaceable. 2022. Available from: https://www.lrb.co.uk/the-paper/v44/n12/bee-wilson/the-irreplaceable.

19 Edwards RB, Naylor RL, Higgins MM, et al. Causes of Indonesia's forest fires. *World Development* 2020; 127: 104717.

20. Greenpeace International. The final countdown. 2018. Available from: https://www.greenpeace.org/international/publication/18455/thefinal-countdown-forests-indonesia-palm-oil/.
21. Edwards et al, 2020.
22. Pearce F. UK animal feed helping to destroy Asian rainforest,study shows. 2011. Available from: https://www.theguardian.com/environment/2011/may/09/pet-food-asian-rainforest.
23. van der Goot AJ, Pelgrom PJM, Berghout JAM, et al. Concepts for further sustainable production of foods. *Journal of Food Engineering* 2016; 168: 42–51.
24. International Monetary Fund. Fossil fuel subsidies. 2019. Available from: https://www.imf.org/en/Topics/climate-change/energy-subsidies.
25. van der Goot et al, 2016.
26. National Food Strategy, 2021.
27. Rosane O. Humans and big ag livestock now account for 96 percent of mammal biomass. 2018. Available from: https://www.ecowatch.com/biomass-humans-animals-2571413930.html.
28. Bar-On YM, Phillips R, Milo R. The biomass distribution on Earth. *roceedings of the National Academy of Sciences* 2018; 25: 6506–11.
29. Monteiro CA, Moubarac J-C, Bertazzi Levy R, et al. Household availability f ultra-processed foods and obesity in nineteen European countries. *Public Health Nutrition* 2018; 21: 18–26.
30. Lawrence, 2006.
31. Ritchie H, Roser M. Soy. 2021. Available from https://ourworldindata.org/soy.
32. National Food Strategy, 2021.
33. Lawrence, 2006.
34. Cliff C. Intensively farmed chicken: the effect on deforestation,environment and climate change. 2021. Available from: https://www.ilassociation.org/blogs/2021/august/4/intensively-farmed-chickenand-its-affect-on-the-environment-and-climate-change/.
35. Worldwide Fund For Nature. Riskier business: the UK's overseas and footprint. 2020. Available from: https://www.wwf.org.uk/sites/default/files/2020-07/RiskierBusiness_July2020_V7_0.pdf. 36 Worldwide Fund for Nature. Appetite for Destruction. 2017._ Available from: https://www.wwf.org.uk/sites/default/files/2017-11/WWF_AppetiteForDestruction_Full_Report_Web_0.pdf.
37. Soil Association. Peak poultry – briefing for policy makers. 2022.Available from: https://www.soilassociation.org/media/22930/peakpoultry-briefing-for-policy-

makers.pdf.
38 Worldwide Fund for Nature, 2017.
39 Soil Association, 2022.
40 Friends of the Earth Europe. Meat atlas: facts and figures about the nimals we eat. Available from: https://friendsoftheearth.eu/wpcontent/uploads/2014/01/foee_hbf_meatatlas_jan2014.pdf.
41 Leite-Filho AT, Costa MH, Fu R. The southern Amazon rainy season: he role of deforestation and its interactions with large-scale mechanisms. nternational Journal of Climatology 2020; 40: 2328–41.
42 Butt N, de Oliveira PA, Costa MH. Evidence that deforestation affects he onset of the rainy season in Rondonia, Brazil. Journal of Geophysical Research 2011; 116: D11120.
43 Gustavo Faleiros MA. Agro-suicide: Amazon deforestation hits Brazil's soy producers. 2020. Available from: https://dialogochino.net/en/agriculture/37887-agri-suicide-amazon-deforestation-hits-rain-brazilssoy-producers/.
44 Gatti LV, Basso LS, Miller JB, et al. Amazonia as a carbon source linked to deforestation and climate change. Nature 2021; 595: 388–93.
45 Carrington D. Amazon rainforest now emitting more CO2 than it absorbs. 2021. Available from: https://amp.theguardian.com/environment/2021/jul/14/amazon-rainforest-now-emitting-more-co2-than-it-absorbs.
46 Tilman D, Clark M. Global diets link environmental sustainability and human health. Nature 2014; 515: 518–22.
47 Soil Association, 2021.
48 International Assessment of Agricultural Knowledge, Science, Technology for Development. Agriculture at a crossroads – global report. 2009. Available from: https://wedocs.unep.org/handle/20.500.11822/8590.
49 Poux X, Aubert P-M. An agroecological Europe in 2050: multifunctional agriculture for healthy eating. Findings from the Ten Years For Agroecology (TYFA) modelling exercise. 2018. Available from: https://www.soilassociation.org/media/18074/iddri-study-tyfa.pdf.
50 Aubert P-M, Schwoob M-H, Poux X. Agroecology and carbon neutrality:what are the issues? 2019. Available from: https://www.soilassociation.org/media/18564/iddri-agroecology-and-carbonneutrality-what-are-the-issues.pdf.
51 Poux X, Schiavo M, Aubert P-M . Modelling an agroecological UK in 2050 – findings from TYFAREGIO. 2021. Available from: https://www.iddri.org/sites/default/files/PDF/Publications/Catalogue%20Iddri/Etude/202111-ST1021-TYFA%20UK_0.pdf.

52 Röös E, Mayer A, Muller A, et al. Agroecological practices in combination with healthy diets can help meet EU food system policy targets. *Science of the Total Environment* 2022; 847: 157612.

53 Muller A, Schader C, El-Hage Scialabba N, et al. Strategies for feeding the world more sustainably with organic agriculture. *Nature Communications* 2017; 8: 1290.

54 Fiolet et al, 2018.

55 Chen X, Zhang Z, Yang H, et al. Consumption of ultra-processed foods and health outcomes: a systematic review of epidemiological studies. *Nutrition Journal* 2020; 19: 86.

56 Dicken & Batterham, 2021.

57 Break Free From Plastic. Global brand audit report 2020. Available from: https://www.breakfreefromplastic.org/globalbrandauditreport2020/?utm_medium=email&utm_source=getresponse&utm_content=LIVE%3A+Plastic+Polluters+Brand+Audit+Report+%26+Invitation+to+Press+Briefing&utm_campaign=Breakfreefromplastic+Membership+Master+List.

58 Laville S. Report reveals 'massive plastic pollution footprint' of drinks firms. 2020. Available from: https://amp.theguardian.com/environment/2020/mar/31/report-reveals-massive-plastic-pollutionfootprint-of-drinks-firms.

59 McVeigh K. Coca-Cola, Pepsi and Nestlé named top plastic polluters for third year in a row. 2020. Available from: https://amp.theguardian.com/environment/2020/dec/07/coca-cola-pepsi-and-nestle-namedtop-plastic-polluters-for-third-year-in-a-row.

60 Laville S. Coca-Cola admits it produces 3m tonnes of plastic packaging a year. 2019. Available from: https://www.theguardian.com/business/2019/mar/14/coca-cola-admits-it-produces-3m-tonnes-ofplastic-packaging-a-year.

61 Geyer R, Jambeck JR, Law KL. Production, use, and fate of all plastics ever made. *Scientific Advances* 2017; 3: e1700782.

Part 5

Chapter 18. 어떻게 과잉 섭취를 유도하는가

1 Yi J, Meemken E-M, Mazariegos-Anastassiou V, et al. Post-farmgate food value chains make up most of consumer food expenditures globally. *Nature Food* 2021; 2: 417-25.

2 Justia Patents. Patents by inventors Gary Norman Binley. 2022. Available from: https://patents.justia.com/inventor/gary-norman-binley.

3. Friedman M. A Friedman doctrine – the social responsibility of business is to increase its profits. 1970. Available from: https://www.nytimes.com/1970/09/13/archives/a-friedman-doctrine-the-socialresponsibility-of-business-is-to.html.
4. Sorkin AR, Giang V, Gandel S, et al. The pushback on ESG investing. 2022. Available from: https://www.nytimes.com/2022/05/11/business/dealbook/esg-investing-pushback.html.
5. BlackRock. 2022 climate-related shareholder proposals more prescriptive than 2021. 2022. Available from: https://www.blackrock.com/corporate/literature/publication/commentary-bis-approach-shareholderproposals.pdf.
6. MacAskill W. Does divestment work? 2015. Available from: https://www.newyorker.com/business/currency/does-divestment-work.
7. Nestlé. Nestlé enters weight management market – Jenny Craig acquisitionenhances group's nutrition, health and wellness dimension. 2006. Available from: https://www.nestle.com/media/pressreleases/allpressreleases/weightmanagementmarketjennycraig-19jun06.
8. Jenny Craig. Jenny Craig Meals & Nutrition. 2022. Available from: https://www.jennycraig.com/nutrition-mission.
9. Reuters. Nestlé sells most of Jenny Craig to private equity firm. CNBC. 2013. Available from: https://www.cnbc.com/2013/11/07/nestle-sells-most-of-jenny-craig-to-private-equity-firm.html.
10. Nestlé. Acquisitions, partnerships & joint ventures. 2022. Available from: https://www.nestle.com/investors/overview/mergers-and-acquisitions/nestle-health-science-acquisitions.
11. Kirchfeld A, David R, Nair D. Nestle eyed biggest-ever deal in aborted move for GSK unit. 2022. Available from: https://www.bloomberg.com/news/articles/2022-05-25/nestle-eyed-biggest-ever-deal-in-abortedmove-for-gsk-consumer.
12. Danone. Danone's subsidiaries and equity holdings as of December 31, 2020. Available from: https://www.danone.com/content/dam/danone-corp/danone-com/investors/danone-at-a-glance/List%20of%20subsidiairies%202020.pdf.
13. Ralph A. Philip Morris buys respiratory drugs company Vectura for £1bn. 2022. Available from: https://www.thetimes.co.uk/article/philip-morris-buys-respiratory-drugs-company-vectura-for-1bn-9mfts7jxq.

Chapter 19. 정부에 무엇을 요구할 수 있는가

1. War on Want. The baby killer. 1974. Available from: http://archive.babymilkaction.org/pdfs/babykiller.pdf.
2. Quigley MA, Carson C. Breastfeeding in the 21st century. *Lancet* 2016; 387: 2087−88.
3. Stoltz T, Jones A, Rogers L, et al. 51 donor milk in the NICU: a community pediatrics perspective. *Paediatrics & Child Health* 2021; 26:e36−e36.
4. Lucas A, Cole TJ. Breast milk and neonatal necrotising enterocolitis. *Lancet* 1990; 336: 1519−23.
5. Johns Hopkins Medical Institutions. Formula-fed preemies at higher risk for dangerous GI condition than babies who get donor milk. 2011. Available from: https://www.sciencedaily.com/releases/2011/04/110430171122.htm.
6. Jelliffe DB. Commerciogenic malnutrition? *Nutrition Reviews* 1972; 30:199−205.
7. Jelliffe, 1972.
8. War on Want, 1979.
9. Jelliffe, 1972.
10. *New Internationalist*. Action now on baby foods. 1973. Available from: https://newint.org/features/1973/08/01/baby-food-action-editorial.
11. Fitzpatrick I. Nestléd in controversy. *New Internationalist*. 2010.Available from: https://newint.org/columns/applause/2010/10/01/nestlebaby-milk-campaign.
12. UNICEF. Research on marketing and the code. 2022. Available from: https://www.unicef.org.uk/babyfriendly/news-and-research/babyfriendly-research/research-on-marketing-and-the-code/.
13. Save the Children. Don't push it: why the formula industry must clean up its act. 2018. Available from: https://resourcecentre.savethechildren.net/pdf/dont-push-it.pdf/.
14. Quigley & Carson, 2016.
15. Lamberti LM, Zakarija-Grković I, Fischer Walker CL, et al. Breastfeeding for reducing the risk of pneumonia morbidity and mortality in children under two: a systematic literature review and meta-analysis. *BMC Public Health* 2013; 13: S18.
16. Global Breastfeeding Collective. Nurturing the health and wealth of nations: the investment case for breastfeeding. Available from: https://www.globalbreastfeedingcollective.org/media/426/file/The%20investment%20case%20for%20breastfeeding.pdf.
17. Quigley & Carson, 2016.
18. Baker P, Smith J, Salmon L, et al. Global trends and patterns of commercial milk-

based formula sales: is an unprecedented infant and young child feeding transition underway? *Public Health Nutrition* 2016;19: 2540-50.

19. Forsyth BW, McCarthy PL, Leventhal JM. Problems of early infancy, formula changes, and mothers' beliefs about their infants. *Journal of Pediatrics* 1985; 106: 1012-17.
20. Polack FP, Khan N, Maisels MJ. Changing partners: the dance of infant formula changes. *Clinical Pediatrics* 1999; 38: 703-08.
21. Lakshman R, Ogilvie D, Ong KK. Mothers' experiences of bottlefeeding: a systematic review of qualitative and quantitative studies. *Archives of Disease in Childhood* 2009; 94: 596-601.
22. Lakshman R. Establishing a healthy growth trajectory from birth: the Baby Milk trial. Available from: https://heeoe.hee.nhs.uk/sites/default/files/docustore/baby_milk_trial_results18april17.pdf.
23. UK Food Standards Agency. Statement on the role of hydrolysed cows' milk formulae in influencing the development of atopic outcomes and autoimmune disease. Available at: https://cot.food.gov.uk/sites/default/files/finalstatement-hydrolysedformula.pdf.
24. Japanese guidelines for food allergy 2017. *Allergology Int.* 2017 Apr; 66(2): 248-64.
25. The Australasian Society of Clinical Immunology and Allergy infant feeding for allergy prevention guidelines. *Medical Journal of Australia* 2019, Feb; 210(2):89-93 doi: 10.5694/mja2.12102.
26. The Effects of Early Nutritional Interventions on the Development of Atopic Disease in Infants and Children: The Role of Maternal Dietary Restriction, Breastfeeding, Hydrolyzed Formulas, and Timing of Introduction of Allergenic Complementary Foods. Pediatrics 2019; 143: e20190281.
27. van Tulleken C. Overdiagnosis and industry influence: how cow's milk protein allergy is extending the reach of infant formula manufacturers. *British Medical Journal* 2018; 363: k5056.
28. Brown A. *Why Breastfeeding Grief and Trauma Matter*. London: Pinter & Martin, 2019.
29. Sankar MJ, Sinha B, Chowdhury R, et al. Optimal breastfeeding practices and infant and child mortality: a systematic review and meta-analysis. *Acta Paediatrica* 2015; 104: 3-13.
30. Horta BL, Loret de Mola C, Victora CG. Long-term consequences of breastfeeding on cholesterol, obesity, systolic blood pressure and type 2 diabetes: a systematic review and meta-analysis. *Acta Paediatrica* 2015; 104: 30-37.
31. Bowatte G, Tham R, Allen KJ, et al. Breastfeeding and childhood acute otitis media: a systematic review and meta-analysis. *Acta Paediatric*a 2015; 104: 85-95.
32. Victora CG, Bahl R, Barros AJD, et al. Breastfeeding in the 21st century:

epidemiology, mechanisms, and lifelong effect. *Lancet* 2017; 387: 475–90.

33. Lodge CJ, Tan DJ, Lau MXZ, et al. Breastfeeding and asthma and allergies: a systematic review and meta-analysis. *Acta Paediatrica* 2015;104: 38–53.

34. Thompson JMD, Tanabe K, Moon RY, et al. Duration of breastfeeding and risk of SIDS: an individual participant data meta-analysis. *Pediatrics* 2017; 140: e20171324.

35. Horta BL, Loret de Mola C, Victora CG. Breastfeeding and intelligence: a systematic review and meta-analysis. *Acta Paediatrica* 2015;104: 14–29.

36. Baker et al, 2016.

37. British Nutrition Foundation. What we do. 2022. Available from: https://www.nutrition.org.uk/our-work/what-we-do/.

38. British Nutrition Foundation. Current members. 2022. Available from: https://www.nutrition.org.uk/our-work/support-what-we-do/corporate-partnerships/current-members/.

39. Carriedo A, Pinsky I, Crosbie E, et al. The corporate capture of the nutrition profession in the USA: the case of the Academy of Nutrition and Dietetics. *Public Health Nutrition* 2022; 25: 3568–82.

40. O'Connor A. Group shaping nutrition policy earned millions from junk food makers. 2022. Available from: https://www.washingtonpost.com/wellness/2022/10/24/nutrition-academy-processed-food-companydonations/.

41. Diabetes UK. Our current partners. 2022. Available from: https://www.diabetes.org.uk/get_involved/corporate/acknowledgements/partners.

42. Cancer Research UK. About our corporate partnership programme. 2022. Available from: https://www.cancerresearchuk.org/get-involved/become-a-partner/about-our-corporate-partnership-programme.

43. British Heart Foundation. Our current partners. 2022. Available from: https://www.bhf.org.uk/how-you-can-help/corporate-partnerships/our-corporate-partners.

44. The Association of UK Dietitians. BDA corporate members. 2022.Available from: https://www.bda.uk.com/news-campaigns/workwith-us/commercial-work/bda-corporate-members.html.

45. Greenpeace International. Top consumer companies' palm oil sustainability claims go up in flames. 2019. Available from: https://www.greenpeace.org/international/press-release/25675/burningthehouse/.

46. Taillie LS, Reyes M, Colchero MA, et al. An evaluation of Chile's law of food labeling and advertising on sugar-sweetened beverage purchases from 2015 to 2017: a before-and-after study. *PLoS Medicine* 2020;17: e1003015.

47. Jacobs A. In sweeping war on obesity, Chile slays Tony the Tiger. 2018. Available

from: https://www.nytimes.com/2018/02/07/health/obesitychile-sugar-regulations.html.

48 Reyes M, Garmendia ML, Olivares S, et al. Development of the Chilean front-of-package food warning label. *BMC Public Health* 2019; 19: 906.

출간 후일담

1 Whipple T. Is ultra-processed food bad for you? Not always, scientists say. 2023. Available from: https://www.thetimes.co.uk/article/is-ultra- processed-food-bad-for-you-not-always-scientists-say-jd05qflg5.

2 Bawden T. 10 ultra-processed foods that are actually good for you. 2023. Available from: https://inews.co.uk/news/ultra-processed-foods- good-for-you-2646725.

3 Knapton S. Ultra-processed food can still be good for you, it depends on what is in it. 2023. Available from: https://www.telegraph.co.uk/news/ 2023/09/27/ultra-processed-food-can-be-good-for-you-say-experts/.

4 Wilson C. Ultra-processed food isn't always unhealthy, say UK food officials. 2023. Available from: https://www.newscientist.com/art- icle/2394414-ultra-processed-food-isnt-always-unhealthy-say-uk-food- oofficials/.

5 Gregory A. Scientists on panel defending ultra-processed foods linked to food firms. 2023. Available from: https://www.theguardian.com/science/2023/sep/28/scientists-on-panel-defending-ultra-processed- foods-linked-to-food-firms.

6 Quinn I. Carbohydrates-probe scientists hit back at Dispatches. 2014. Available from: https://www.thegrocer.co.uk/topics/carbohydrates-probe-scientists-hit-back-at-dispatches/353891.article.

7 British Medical Journal. Sugar's web of influence. British Medical Journal 2015; 350: h231.

8 Ungoed-Thomas J, Mansey K. Sugar advisers have their cake and eat it. 2014. Available from: https://www.thetimes.co.uk/article/sugar- advisers-have-their-cake-and-eat-it-9cwrr3gb2sf.

9 Quinn I, 2014.

10 Coombes R. Row over ultra-processed foods panel highlights con- flicts of interest issue at heart of UK science reporting. British Medical Journal 2023; 383: 2514.

11 Science Media Centre. Expert reaction to observational study of ultra processed food and risk of depression. 2023. Available from: https:// www.sciencemediacentre.org/expert-reaction-to-observational-study-of-ultra-processed-food-and-risk-ofdepression-as-published-in-jama-network-open/.

12. Science Media Centre. Expert reaction to SACN (Scientific Advisory Committee on Nutrition) statement on processed foods and health. 2023. Available from: https://www.sciencemediacentre.org/expert-reaction-to-sacn-scientific-advisory-committee-on-nutrition-statement-on-processed-foods-and-health/.

13. Science Media Centre. Expert reaction to IARC press release and art- icle in The Lancet Planetary Health looking at food processing and cancer risk in Europe. 2023. Available from: https://www.sciencemediacentre.org/expert-reaction-to-iarc-press-release-and-article-in-the-lancet-planetary-health-looking-at-food-processing-and-cancer-risk-in-europe/.

14. Science Media Centre. Expert reaction to study looking at association of consumption of ultra-processed food and cognitive decline. 2022. Available from: https://www.sciencemediacentre.org/expert-reaction-to-study-looking-at-association-of-consumption-of-ultra-processed-food-and-cognitive-decline/.

15. Science Media Centre. Expert reaction to SACN (Scientific Advisory Committee on Nutrition) statement on processed foods and health, 2023.

16. Science Media Centre. Expert reaction to study looking at consump- tion of ultra-processed foods and risk of multimorbidity of cancer and cardiometabolic diseases. 2023. Available from: https://www.sciencemediacentre.org/expert-reaction-to-study-looking-at-consumption-of-ultra-processed-foods-and-risk-of-multimorbidity-of-cancer-and-cardiometabolic-diseases/.

17. Scientific Advisory Committee on Nutrition Scientific Advisory Com- mittee on Nutrition: register of interests. 2023. Available from: https://assets.publishing.service.gov.uk/media/6571ae24049516000f49bdf7/SACN_Register_of_Interests_v41.pdf.

18. Schillinger D, Tran J, Mangurian C, et al. Do sugar-sweetened bever- ages cause obesity and diabetes? Industry and the manufacture of scientific controversy. Annals of Internal Medicine 2016; 165: 895–97.

19. British Nutrition Foundation. Position statement on the concept of ultra-processed foods (UPF). 2023. Available from: https://www.nutrition.org.uk/news/2023/position-statement-on-the-concept-of-ultra-processed-foods-upf/.

20. Samuthpongtorn C, Nguyen LH, Okereke OI, et al. Consumption of ultraprocessed food and risk of depression. JAMA Network Open 2023; 6: e2334770.

21. Science Media Centre. Expert reaction to observational study of ultra processed food and risk of depression, 2023.

22. Zheng L, Sun J, Yu X, et al. Ultra-processed food is positively associ- ated with depressive symptoms among United States adults. Frontiers in Nutrition 2020; 7: 600449.

23. Adjibade M, Julia C, Allès B, et al. Prospective association between ultra-processed food consumption and incident depressive symp- toms in the French NutriNet-Santé cohort. BMC Medicine 2019; 17: 78.
24. Gómez-Donoso C et al, 2020.
25. TobaccoTactics. Tobacco Industry Research Committee. 2020. Avail- able from: https://tobaccotactics.org/article/tobacco-industry-research- committee/.
26. Chang K, Gunter MJ, Rauber F, et al. Ultra-processed food consump- tion, cancer risk and cancer mortality: a large-scale prospective analysis within the UK Biobank. EClinicalMedicine 2023; 56: 101840.
27. Cordova R, Viallon V, Fontvieille E, et al. Consumption of ultra- processed foods and risk of multimorbidity of cancer and cardiometabolic diseases: a multinational cohort study. The Lancet Regional Health – Europe 2023; 35: 100771
28. Fiolet T et al, 2018.
29. Dicken SJ, Batterham RL. The role of diet quality in mediating the association between ultra-processed food intake, obesity and health- related outcomes: a review of prospective cohort studies. Nutrients 2021; 14: 23.
30. Science Media Centre. Expert reaction to study looking at ultra- processed foods and risk of different cancers. 2023. Available from: https://www.sciencemediacentre.org/expert-reaction-to-study-looking- at-ultra-processed-foods-and-risk-of-different-cancers/.
31. Chang et al, 2023.
32. Cordova et al, 2023.
33. Sellem L, Srour B, Javaux G, Chazelas E, Chassaing B, Viennois E, et al. Food additive emulsifiers and risk of cardiovascular disease in the NutriNet-Santé cohort: prospective cohort study. BMJ. 2023 Sep 6;382:e076058.
34. Song Z, Song R, Liu Y, et al. Effects of ultra-processed foods on the microbiota-gut-brain axis: the bread-and-butter issue. Food Research International 2023; 167: 112730.
35. Rios JM, Berg MK, Gearhardt AN. Evaluating bidirectional predict- ive pathways between dietary restraint and food addiction in adolescents. Nutrients 2023; 15: 2977.
36. Gearhardt AN, Bueno NB, DiFeliceantonio AG, et al. Social, clinical, and policy implications of ultra-processed food addiction. British Med- ical Journal 2023; 383: e075354.
37. Ayton A, Ibrahim A, Dugan J, et al. Ultra-processed foods and binge eating: a retrospective observational study. Nutrition 2021; 84: 111023.
38. Martinez Steele E, Marrón Ponce JA, Cediel G, et al. Potential reduc- tions in ultra-processed food consumption substantially improve population cardiometabolic-related dietary nutrient profiles in eight countries. Nutrition, Metabolism and Cardiovascular

Diseases 2022; 32: 2739–50.

39 Samuthpongtorn et al, 2023.

40 Tucker KL, Morita K, Qiao N, et al. Colas, but not other carbonated beverages, are associated with low bone mineral density in older women: the Framingham Osteoporosis Study. American Journal of Clinical Nutrition 2006; 84: 936–42.

41 UNICEF. Engaging with the food and beverage industry: UNICEF programme guidance. 2023. Available from: https://www.unicef.org/ media/142056/file/ Programme%20Guidance%20on%20Engagement% 20with%20the%20Food%20 and%20Beverage%20Industry.pdf.

42 Childs R, Sibson V. Ultra-processed foods (UPF) in the diets of infants and young children in the UK: what they are, how they harm health, and what should be done to reduce intakes. 2023. Available from: https://www.firststepsnutrition.org/s/FSN_UPF-Report_Digital-for-web-June-2023.pdf.

43 Joseph Rowntree Foundation. Counting the cost of UK poverty. 2016. Available from: https://www.jrf.org.uk/counting-the-cost-of-uk-poverty.

자주 묻는 질문들

1 Ayton A et al, 2021.

2 Ayton A, Ibrahim A. The Western diet: a blind spot of eating disorder research? A narrative review and recommendations for treatment and research. Nutrition Reviews 2020; 78: 579– 96.

3 Gearhardt et al, 2023.

옮긴이
김성훈

치과의사의 길을 걷다가 번역의 길로 방향을 튼 번역가. 중학생 시절부터 과학에 대한 궁금증이 생길 때마다 틈틈이 적어온 과학노트는 아직도 보물 1호로 간직하고 있다. 물질세계의 법칙에 재미를 느끼다가, 생명이란 무엇인지가 궁금해졌고, 결국 이 모든 것을 궁금해하는 인간의 마음이 어떻게 생겨났는지가 몹시도 궁금해졌다. 이런 관심을 같은 꿈을 꾸는 이들과 함께 나누고 싶다. 경희대학교 치과대학을 졸업, 경희의료원 치과병원 구강내과에서 수련을 마쳤고, 현재 출판번역 및 기획그룹 바른번역 회원으로 활동 중이다. 『늙어감의 기술』로 제36회 한국과학기술도서상 번역상을 수상했다.

초가공식품, 음식이 아닌 음식에 중독되다

초판 1쇄 발행 2024년 10월 5일
초판 3쇄 발행 2024년 11월 18일

지은이 크리스 반 툴레켄
옮긴이 김성훈

발행인 이봉주 **단행본사업본부장** 신동해
편집장 조한나 **책임편집** 이혜인 **교정교열** 박나래
디자인 [★]규
마케팅 최혜진 백미숙 **홍보** 송임선
국제업무 김은정 김지민 **제작** 정석훈

브랜드 웅진지식하우스
주소 경기도 파주시 회동길 20
문의전화 031-956-7208(편집) 031-956-7129(마케팅)
홈페이지 http://www.wjbooks.co.kr
인스타그램 www.instagram.com/woongjin_readers
페이스북 https://www.facebook.com/woongjinreaders
블로그 blog.naver.com/wj_booking

발행처 ㈜웅진씽크빅
출판신고 1980년 3월 29일 제406-2007-000046
한국어판출판권 ⓒ ㈜웅진씽크빅, 2024
ISBN 978-89-01-28847-5 03300

- 웅진지식하우스는 ㈜웅진씽크빅 단행본사업본부의 브랜드입니다.
- 이 책 내용의 전부 또는 일부를 이용하려면 반드시 저작권자와 ㈜웅진씽크빅의 서면 동의를 받아야 합니다.
- 책값은 뒤표지에 있습니다.
- 잘못된 책은 구입하신 곳에서 바꾸어 드립니다.